改革开放40年

市场体系

建立、发展与展望

国务院发展研究中心市场经济研究所 著

中国发展出版社

图书在版编目（CIP）数据

改革开放40年：市场体系建立、发展与展望 / 国务院发展研究中心市场经济研究所著. —北京：中国发展出版社，2018.12

ISBN 978-7-5177-0936-7

Ⅰ.①改… Ⅱ.①国… Ⅲ.①中国经济—社会主义市场体系—研究报告—978-2018 Ⅳ.①F123.9

中国版本图书馆CIP数据核字（2018）第263509号

书　　名：改革开放40年：市场体系建立、发展与展望
著作责任者：国务院发展研究中心市场经济研究所
出 版 发 行：中国发展出版社
（北京市西城区百万庄大街16号8层　100037）
标 准 书 号：ISBN 978-7-5177-0936-7
经　销　者：各地新华书店
印　刷　者：河北鑫兆源印刷有限公司
开　　本：710mm×1000mm　1/16
印　　张：27.25
字　　数：370千字
版　　次：2019年1月第1版
印　　次：2019年1月第1次印刷
定　　价：65.00元

联 系 电 话：（010）68990630　68990692
购 书 热 线：（010）68990682　68990686
网 络 订 购：http://zgfzcbs. tmall. com//
网 购 电 话：（010）88333349　68990639
本 社 网 址：http://www.develpress. com. cn
电 子 邮 件：bianjibu16@vip. sohu. com

《改革开放40年：市场体系建立、发展与展望》

编　写　组

组　　长：

王　微　国务院发展研究中心市场经济研究所 所长 研究员

副 组 长：

王　青　国务院发展研究中心市场经济研究所 副所长 研究员

任兴洲　国务院发展研究中心市场经济研究所 原所长 研究员

协 调 人：

王立坤　国务院发展研究中心市场经济研究所 副研究员

编写组成员：

邓志雄　国务院国资委产权局 原局长 教授级高级工程师

徐　忠　中国人民银行研究局 局长 研究员

莫　荣　中国劳动和社会保障科学研究院 副院长（正司级）研究员

邓郁松　国务院发展研究中心市场经济研究所 副所长 研究员

廖英敏　国务院发展研究中心市场经济研究所 研究员

刘卫民　国务院发展研究中心人事局 研究员

邵　挺　国务院发展研究中心市场经济研究所 研究员

漆云兰　国务院发展研究中心市场经济研究所 研究员

赵　勇　国务院发展研究中心市场经济研究所 副研究员

李汉卿　国务院发展研究中心市场经济研究所 副研究员

王　念　国务院发展研究中心市场经济研究所 助理研究员

陈　云　中国劳动和社会保障科学研究院就业创业研究室 副主任

管晓明　中国人民银行研究局金融市场处 副研究员

何亚斌　中国产权协会 原党委副书记，中国诚信集团高级顾问

吴汝川　中国产权协会 会长，北京产权交易所 党委书记 董事长

陈志祥　中国产权协会 副会长，武汉光谷联合产权交易所 党委书记 董事长

苗　伟　中国产权协会 副会长，山东产权交易中心 党委书记 董事长

刘　闻　中国产权协会 常务理事，广东省产权交易集团 党委书记 董事长

雷庆西　中国技术市场协会 副秘书长 常务理事

张江雪　北京师范大学经济与资源管理研究院 副教授

陈　彦　科学技术部火炬高技术开发中心 高级工程师

张英杰　中国诚信信用管理股份有限公司 副总裁 研究员

刘　茜　中国诚信信用管理股份有限公司 高级信用分析师

陈　亮　中国诚信信用管理股份有限公司 高级信用分析师

刘　兵　中诚信国际信用评级有限责任公司 市场总监

尚　珂　北京物资学院法学院 院长 教授

高　泉　北京物资学院法学院 副教授

黄雨婷　北京物资学院经济学院 讲师

序　一

1978年12月，中国共产党召开十一届三中全会，作出了把党和国家工作重心转移到经济建设上来、实行改革开放的重大决策，开启了中国改革开放的伟大历程。

改革开放40年的历程波澜壮阔，中国走过了一条既前无古人、没有先例可循，也不能照抄照搬西方发达国家模式的发展道路，这是极不平凡、极其艰辛的探索过程，始终伴随着思想解放和理论创新，集中体现在对计划与市场的关系、社会主义与市场经济结合等问题的认识上。改革开放之初，由于理论储备和实践经验都严重不足，又没有现成发展模式可以照搬，改革开放的总设计师邓小平同志提出了“摸着石头过河”。我们在渐进式改革中不断深化对社会主义市场经济规律的认识，从理论和实践的结合上先后取得了从计划经济为主、市场调节为辅，到有计划的商品经济，再到建立社会主义市场经济体制和完善社会主义市场经济体制等一系列重大突破性进展，开启了在社会主义条件下发展市场经济的伟大创举，这是中国共产党人对马克思主义政治经济学的历史性贡献，也是对人类文明的重大贡献。

从高度集中的计划经济体制向社会主义市场经济体制的转变是经济体制的全方位、系统性、根本性转变，涉及经济发展的各领域和环节。其中，市场体系作为由商品、服务市场及要素市场构成的有机整体，是社会主义市场经济体制的重要组成部分和有效运转的重要基础。中国市场体系建设和改革进程从商品市场体系探索起步，再逐步推进到要素市场及相关服务领域。经过40年的改革实践，政府对资源的直接配置已大幅度减少，市场在资源配置中的决定性作用日益增强；多元化的市场主体已经形成，市场主体数量从不足50万户增加到1亿户以上，增长了200多倍；竞争性领域和环节价格基本全面放开，97%的商品及居民服务的价格和供求已由市场决定，主要生产要素资源的配置基本由市场决定。总体上看，中国已经属于市场经济国家。

市场体系的建立和发展，极大激发了亿万人民的积极性和市场主体的创新活力，促进了商品和要素的优化配置，对于解放和发展社会生产力，保持经济持续快速发展、经济结构优化调整、人民生活和消费水平稳步提高以及中国更好融入全球市场，发挥了基础性作用。40年来，中国经济规模从1978年的2683亿美元发展到2017年的122452亿美元，稳居世界第二（2010年以来）；人均GDP从1978年的156.4美元提高到2017年的8827美元，进入中等偏上收入国家行列；7亿多农村人口摆脱绝对贫困，短缺经济已基本消除，人民生活由温饱不足到总体小康，正在加快向全面小康迈进。40年的改革实践充分证明，发展社会主义市场经济是正确的、必须的和有效的，是发展中国特色社会主义、实现中华民族伟大复兴的必由之路。

当前，中国发展的内外部条件正在发生着深刻变化，经济社会发展呈现一系列新的阶段性特征。党的十九大报告作出了“中国特色社会主义进入新时代”的重大判断，基本依据是中国社会主要矛盾已经转化为人民日益增长的美好生活需要和不平衡不充分的发展之间的矛盾。“不平衡”讲的是经济社会体系结构问题，主要指比例关系不合理、包容性不足、可持续性不够，制约生产率的全面提升；“不充分”说的是总量和水平问题，主要指发展不足、潜力释放不够、发展中还有很多短板，发展水平特别是人均水平同世界发达国家还有不小距离，发展能力还不能适应建设社会主义现代化强国的要求。

由高速增长阶段转向高质量发展阶段，实现发展由量到质的转型，是中国经济发展进入新时代的最鲜明特征，也是解决中国不平衡、不充分发展的根本途径。高质量发展，意味着高质量的供给、高质量的需求、高质量的配置、高质量的投入产出、高质量的收入分配和高质量的经济循环。实现高质量发展，最根本的还是要坚持社会主义市场经济改革方向，推动市场在资源配置中起决定性作用，更好发挥政府作用，进一步释放市场活力和创新动力，为经济转型和实现经济高质量发展奠定坚实的基础。

国务院发展研究中心作为直属国务院的政策研究和咨询机构，主要研究中国国民经济、社会发展和改革开放中的全局性、战略性、前瞻性、长期性以及热点、难点问题，开展对重大政策的独立评估和客观解读，为党中央、国务院提供政策建议和咨询意见。党的十八大以来，中心认真贯彻落实习近平总书记关于智库建设的系列重要指示批示精神，牢牢把握为中央决策服务的根本方向，提出建设一流智库、国际一流智库、国际一流高端智库的接续奋斗目标，全面实施质量提升、人才优化、国际交流合作、成果传播、支撑保障和党的建设等六大工程，高端智库建设取得了阶段性成就。

市场经济研究所作为国务院发展研究中心的重要研究部门，长期从事市场体系方面的研究工作，形成了不少有重要影响的研究成果，在改革开放以来党和国家一些重大决策中发挥了积极的咨询作用。在纪念改革开放40周年之际，市场经济研究所组织撰写了《改革开放40年：市场体系建立、发展与展望》一书，将其作为一份特殊的礼物，呈献给社会和广大读者。此书力图真实、客观地回顾改革开放以来中国市场体系的改革历程和发展成就，深入总结改革的基本经验，并对进入新时代建设现代市场体系的改革方向和发展趋势进行了展望。希望此书不仅是一部纪念改革开放40周年的历史画卷，更能对中国今后的改革与发展提供有益的借鉴并产生积极的影响。

是为序。

2018年12月6日于北京

作者系国务院发展研究中心主任、党组副书记

序　二

1978年召开的党的十一届三中全会开启了改革开放的大幕。改革开放这一决定中国命运的关键一招，深刻地改变着党和国家的面貌。改革开放释放出的巨大活力，推动中国特色社会主义现代化建设取得了举世瞩目的伟大成就，市场经济不断发展壮大，综合国力持续增强，人民生活水平显著提高，成为人类经济发展历史上的壮举。

40年来，在中国经济不断跃升的同时，中国市场发展也经历了从无到有、从小到大、从商品到要素、从封闭到开放的一系列重要转变，包括商品市场和要素市场的现代市场体系基本形成，成为社会主义市场经济体制的重要组成部分，为市场在资源配置中发挥决定性作用提供了坚实的基础。

党领导人民踏上改革开放的步伐是坚定的。在党的十一届三中全会实现伟大历史转折后，1984年10月，党的十二届三中全会通过《关于经济体制改革的决定》，提出我国社会主义经济是公有制基础上的有计划的商品经济。1992年初，邓小平同志视察南方的讲话，推动了改革开放又一个春天的到来。当年10月召开的党的十四大，明确提出中国经济体制改革的目标是建立社会主义市场经济体制，明确“要使市场对资源配置起基础性作用”，十四届三中全会进一步提出了“建立全国统一开放的市场体系”。这是一次重大的理论突破，是对市场经济理论和规律认识的历史性飞跃。2012年10月召开的党的十八大开启了中国社会主义市场经济建设的新进程。2013年11月召开的党的十八届三中全会决定，我国经济体制改革的方向，是使市场在资源配置中起决定性作用和更好发挥政府作用。习近平总书记在2018年1月30日中共中央政治局第三次集体学习时的重要讲话中，将统一开放、竞争有序的市场体系作为建设现代化经济体系的重要组成部分，对现代市场体系建设提出了更新更高的要求。这一过程标志着我们党对政府与市场关系认识的不断深化，思想认识的深化又指导着市场改革和发展的实践变革。

国务院发展研究中心是改革开放的产物。研究和推动社会主义市场经济是中心和市场所的使命。1993年，中心党组任命我为市场经济研究所主持工作的副所长。为了全面总结中国市场体系改革的进展和经验，分析并前瞻下一步改革的重点和发展路径，从1994年始，在我们的老主任孙尚清同志的指导下，我和市场所的同事们开始了中国市场发展年度报告的编写工作。我离开中心后，先后继任的张军扩、任兴洲、王微同志把这项工作很好地坚持下来，并不断创新。记得我在《中国市场发展报告1994》的主报告中，曾谈到中国经济市场化的主要内容有四个方面：一是资源的配置由主要靠计划转变为基本上靠市场；二是要建立和形成统一、开放、竞争和有序的市场体系；三是逐步建立保证市场经济有效运转和市场主体良性行为的调控体系与法律制度；四是逐步形成产权明晰、自主经营、自负盈亏的市场主体。经过二十多年的历程，这些改革和建设取得了令人瞩目的进展，记录这些成就的历年《中国市场发展报告》也具有了见证历史的独特价值。

当前，中国特色社会主义建设进入新时代，市场经济发展和市场体系建设也进入新时代。要按照党的十九大精神和战略部署，以完善产权制度和要素市场化配置为重点，建立产权有效激励、要素自由流动、价格反应灵活、竞争公平有序、企业优胜劣汰的体制和机制。要通过改革，建立公平开放透明的市场规则，完善主要由市场决定价格的机制。要改革市场监管体系，不断完善市场体系的功能，提升法治化、制度化和信息化治理手段，不断夯实市场在资源配置中发挥决定性作用的制度基础。通过奋力革新，攻坚克难，把统一开放、竞争有序的市场体系建设推向新高度。

离开国务院发展研究中心22年后，又回到曾学习工作过的凝结着青春和奉献的发展中心，很高兴地看到，这些年市场所的同志们仍然在坚持不懈地对市场体系建设进行持续跟踪研究，并且与时俱进，紧跟发展的脚步，把握时代的要求，在市场体系研究中取得了更多丰硕的成果。在纪念改革开放四十周年的特别时刻，市场所组织所内外研究力量，在深入调研、细致分析和认真总结的基础上，形成了这部著作。这部著作不仅是对改革开放四十年来我国市场体系发展进程的忠实历史记录，而且对市场未来发展做了理性思考和前瞻性研究，具有很强的现实意义和理论价值，希望能为各级决策部门提供有益的参考，也能为广大读者提供一定的启发和借鉴。

是为序。

2018年12月5日于北京

作者系国务院发展研究中心党组书记、副主任

目 录

总　论

改革开放40年中国市场体系建设与发展的历程、成效与展望

在改革开放40年波澜壮阔、风云激荡的辉煌历程中，中国实现了从计划经济体制向社会主义市场经济体制的巨大变革。在这一历史进程中，作为社会主义市场经济体制的重要组成部分和有效运转基础，市场体系得以建立和发展，经历了从无到有、从小到大、从发育到成熟、从封闭到开放的一系列历史转变，推动了市场机制在商品和要素配置中从发挥补充作用、基础性作用到决定性作用的逐步升级。市场体系的建立与发展，不仅有力地促进了商品的有序流通和要素的合理配置，而且对促进中国经济持续快速发展、经济结构不断优化调整、人民生活和消费水平稳步提高以及更好融入全球市场，发挥了极为重要的作用。

一、中国市场体系建立与发展的历程

1978年12月，具有划时代意义的中国共产党第十一届三中全会拉开了经济体制改革的大幕，由此推动了中国市场体系的建立和发展。回顾

40年来的改革和发展历程，中国市场体系的建立和发展，具有明显的阶段性、渐近性特征，大体可以划分为四个阶段。

（一）启动改革与探索培育阶段（1978～1991年）

1978年12月，中国共产党第十一届三中全会明确提出“公有制基础上有计划的商品经济”的改革方向，要求“加强建立和培育社会主义市场体系”，明确了“国家调节市场，市场引导企业”的改革路径，并陆续推出了一系列改革措施。作为改革的重要内容，培育和探索建立市场体系率先起步，其主要改革措施有以下几个方面。

1. 培育生产经营主体，增加和丰富商品市场供给

以家庭联产承包责任制为主要内容的农村经济体制改革率先启动并迅速发展，赋予农民家庭自主市场经营权，极大地释放了农业生产活力，促进了主要农产品产量快速增长和城乡集贸市场得到较快恢复。随着逐步消减指令性生产计划，国家逐步放开对个人和集体的市场准入，大量城乡个体工商户和东部沿海地区乡镇企业迅速崛起，工业品产量大规模增加，为培育和建立市场流通体系提供了重要基础。

2. 逐步放开计划分配管理体制，启动价格形成机制改革

这一时期，国家逐步放开了对小商品价格、工业消费品价格的计划管理，采取“调放结合”的方式，对部分工业消费品先实行浮动价格，随后逐步放开，由市场调节形成价格。对钢铁、煤炭、粮食等重要生产资料和农产品，采取了逐步降低计划分配比例方式，并实行价格“双轨制”改革，即计划分配管理的产品实行政府定价，计划分配管理之外的产品允许以市场价格自行销售，形成了政府定价和政府指导价与市场调节价并存的格局。到1992年，价格改革取得明显成效，在社会消费品零售总额、农产品收购总额及生产资料销售总额中，政府定价比例分别从1979年的97%、92%和100%，大幅度减少到1992的5.9%、12.5%和

18.7%；1992年政府指导价比例分别达到1.9%、5.7%和0%，市场调节价比例分别达到93%、81.8%和78.8%。

3. 打破计划分配流通模式，培育和建立市场流通体系

在逐步削减指令性生产和分配计划并逐步放开价格的同时，政府开始推动商品流通体制改革。一是打破计划分配体制下从中央到地方的一、二、三级批发体制，给予国有流通企业销售自主权。二是培育和建立了一大批商品批发交易市场、集贸市场、生产资料贸易中心，为计划外生产的商品提供交易场所和销售渠道。三是推动国有流通企业改革。通过承包经营、股份制改造引入新的经营主体等方式，打破了国有流通企业的垄断，逐步形成了国有、集体及民营等多种经营主体竞争发展的市场格局。

4. 要素市场开始发育，劳动力、产权、证券等市场起步探索

首先，劳动力市场发育快速起步。政府逐步放开企业自主用工权力并允许农民进城务工经商，大批农村劳动力开始进入城市、进入工业或服务业，允许用工单位与劳动者协商确定劳动报酬。政府通过开设企业用工招聘市场、职业中介等方式，帮助农民及城市劳动者进行就业选择，由此推动了中国劳动力市场体系的发育和发展。

其次，探索建立产权、证券交易市场。在推进国有企业改革的过程中，为服务国有企业资产重组和股份制改造，开始探索培育产权和证券交易的市场机构。1986年5月，全国第一家产权交易市场在武汉成立；之后，昆明、深圳、北京、上海、南京等地产权交易机构陆续成立，由此开启了发展产权市场的探索。伴随国有企业股份制改造，1984年第一家股份制企业成立并公开发行股票，1990年上海证券交易所和深圳证券交易所成立，标志着中国证券市场开始起步和发展。

5. 探索建立市场调控体系，抑制市场大幅波动

在打破计划分配和推动价格改革的过程中，商品市场出现了较大

幅度的波动。特别是1988年至1989年期间，价格上涨分别达到18.8%和18%。面对经济运行中出现的通货膨胀问题，1988年9月底，国家开始着手稳定市场，采取了稳定价格、控制货币发行和紧缩需求等一系列政策措施。一是加强物价管理，暂缓调价措施，推迟出台原定的价格改革方案；二是紧缩需求，包括压缩基本建设规模，控制货币发行，提高存款利息，3年以上的存款利息不低于乃至略高于物价上涨幅度。三是稳定市场，加大粮、棉、油等重要商品的收购，建立国家粮食储备制度，保证市场供应。这些措施出台后，抢购风潮渐渐平息下去，价格快速上涨得到有效抑制。至1989年初，价格上涨幅度开始回落。

历史地看，这一时期中国经济仍然是计划体制主导，市场发育和建设存在着明显的局限性，市场体系与计划分配体系并行，价格的“双轨制”使商品流通秩序出现混乱，要素交易发生扭曲，对经济健康运行带来干扰，甚至产生了“权力寻租”和腐败行为。进一步加快市场化改革、加快建立市场体系的呼声和要求日益高涨和迫切。

（二）加快改革和快速成长阶段（1992～2001年）

1992年初邓小平同志的南方谈话进一步推动了中国市场化的改革进程。其后，党的十四大和十四届三中全会提出了建立“社会主义市场经济体制”的改革目标，勾画了社会主义市场经济体制的基本框架，并首次提出“建立全国统一开放的市场体系”的重要改革任务，由此开启了中国全面推进市场体系建设的进程。

1. 继续推进价格改革和商品流通体制改革

除少数重要生产资料和农产品外，国家基本取消了指令性分配计划和政府定价，商品和资源的配置和流通主要依靠市场，价格由市场决定的格局基本形成[①]。2000年，社会消费品零售额、农产品收购总额和生产资料

① 1997年《价格法》颁布实施后，以法律形式确立了由市场形成价格为主的价格形成机制。

销售总额中，市场决定价格的比重已经分别达到95.8%、92.5%和87.4%。

2. 商品市场体系建设全面展开，市场规模迅速扩大

从1992年起，全国兴起了下海热、经商热，商品批发零售领域基本实现了对国内市场的全面开放。一方面，零售市场大量涌现出百货店、大型综合超市、专卖店、专营店等多种业态，连锁经营在全国迅速发展。另一方面，在生产资料和大宗商品领域形成了大量的批发贸易企业、专业批发市场，并建立了期货市场，商品批发市场体系逐步形成。2001年，全国亿元以上商品批发交易市场数量为3273个，成交额17719.05亿元，在农产品、工业消费品和生产资料的批发流通和市场价格形成中发挥着重要作用。此外，商品市场的统一性有较大进展，市场竞争秩序明显改善。

3. 要素市场改革有序展开，市场体系建设加快推进

这一阶段，证券市场和产权市场快速发展，金融市场改革有序展开。随着国企改革的快速推进和民营企业的加快发展，产权市场和证券市场的发展空间得到进一步拓展。至2000年底，上海、深圳证券交易所的上市企业达到1088家，总市值超过2.6万亿元，分别比1991年扩大了100倍和200倍，市场呈现迅猛发展格局。相比而言，产权市场在实现短期快速发展后出现停滞现象。1993年底，全国已有产权交易机构170多家，但由于缺乏法律规范和有效监管，产权市场发展一度较为混乱，国家也为此采取了严厉的清理整顿措施，关停了部分产权市场。

以1995年《商业银行法》颁布实施为标志，确立了四大国有商业银行的法律地位，也为各类银行机构建立和准入、规范经营、有序竞争确立了规则，促进了银行信贷的市场化，也为银行间拆借市场、债券市场等金融市场的发展奠定了基础。

4. 住房制度改革全面推开，房地产市场开始起步

1998年，中国城镇住房制度改革全面推开。其内容为，停止福利分

配住房，实行货币化分配，建立和完善以经济适用住房为主的多层次城镇住房供应体系，培育和规范住房交易市场[①]；2001年，中国开始推进城镇国有土地制度的改革，明确提出大力推行土地使用权招标、拍卖，标志着经营性土地向市场化配置转变[②]。

5. 加快完善宏观调控体系，促进市场稳定运行

1992年十四大召开之后，全国掀起新一轮的改革和发展浪潮，在经济发展不断加快的同时，基建投资规模显著扩大，价格水平快速上涨、各地出现了房地产热、开发区热、股票热等现象，经济过热问题凸显。其中，1993–1995年价格总水平分别上涨14.7%、24.1%以及17.1%。为了治理经济过热并制止通货膨胀的进一步恶化，国家采取16项措施来稳定经济，主要措施可归纳为：（1）实行紧缩的财政政策，强化税收征管，控制基建投资规模，加强对房地产开发的宏观管理，减少社会总需求。（2）实行紧缩的货币政策，控制货币发行，减少信贷总规模。纠正违规拆借资金行为，制止各种乱集资。（3）物价改革稳妥推进，暂缓出台新的调价项目。（4）灵活利用利率，增加储蓄对三年、五年和八年期定期储蓄存款实行保值。（5）加快金融改革，强化中央银行的金融宏观调控能力，将投资体制改革与金融体制改革相结合。这些措施最终扭转了经济运行中突出矛盾进一步恶化的趋势，使经济于1996年实现"软着陆"，通胀率也逐步回落至正常水平。

6. 市场经济法律制度建设开始起步，推动市场体系规范发展

一是市场主体法律制度基本确立。国家先后颁布实施了《公司法》《合伙企业法》《个人独资企业法》等法律法规，实现了以所有制为导向向以组织和责任形式为导向的立法的转变，为建立现代企业制度、保障公司投资者和利益相关人的合法权益、促进国有企业改革奠定了法律基础。

二是加强民商事立法，逐步完善市场规则。先后颁布实施了《合同

① 参见1998年7月国务院出台的《国务院关于进一步深化城镇住房制度改革加快住房建设的通知》。

② 参见2001年5月国务院下发的《关于加强国有土地资产管理的通知》。

法》《担保法》《保险法》《证券法》等重要立法，确立了合同自由原则，为规范商品和要素流转建立了基本规范。

三是加强市场行为规范和监督管理，主要立法有《反不正当竞争法》《产品质量法》《消费者权益保护法》《食品卫生法》《广告法》《价格法》等，以法律手段维护市场公平竞争和规范市场秩序。

至此，经过20多年的改革和发展，中国社会主义市场经济体制框架初步建立，包括商品市场和要素市场在内的市场体系基本形成，市场逐步成为商品流通的主导和要素配置的基础。但总体来看，这一时期中国市场体系的总体发展水平依然较低，商品和要素市场发展不尽协调，市场秩序较为混乱，进一步深化市场化改革的任务依然较为繁重。

（三）开放促改革与加快创新阶段（2001～2012年）

进入21世纪之后，以2001年底中国加入WTO为标志，以现代信息技术加快应用为契机，中国市场经济发展进入以开放促改革、市场创新不断涌现的发展阶段。市场的开放和创新，不仅进一步丰富和完善了中国的市场体系结构，特别是要素市场发展得到了快速推进，还有力地促进了市场体系的现代化、国际化和规范化发展，并推动中国进入全球市场大国的行列。

1. 商品市场逐步全面开放，要素市场转向有序开放

2001年底，我国加入世贸组织。在零售领域开放方面，承诺除化肥和汽车零售业之外，在5年之内取消全部投资准入限制，其他地域、控股等方面的限制也将在3年之内取消。至2004年底，零售行业基本实现了全面对外开放。2006年，商务部下放外商投资商业领域的部分审批权至省级商务主管部门；同年，国家6部委出台《关于外国投资者并购境内企业的规定》，进一步放宽并购门槛。行政审批权的下放和并购门槛的放宽为外资批发、零售业进入中国市场提供了更加便利的条件和法律法规依据。这一时期，我国流通领域的外商投资规模大幅度增加、开店

速度明显加快、并购活动更加频繁。

根据入世的相关承诺，中国政府开始有序推进要素市场对外开放。在保险市场方面，在1992年试点开放的基础上，中国进一步放宽外资准入及地域等方面的限制。仅2002年，就有6家外资保险公司获准进入中国市场，16家外资保险营业机构获准开业。此后，还有大量外资通过参股中资保险公司方式进入中国保险市场，保险市场开放程度大幅度提高。在资本市场方面，实施了允许“合格的境外机构投资者（QFII）”进入中国证券市场、允许中国企业到国外上市等开放举措。在银行业开放方面，境内主要金融机构相继完成股份制改造并在境外挂牌上市，外资参股境内金融机构数量显著增加，持股比例上限不断提高；外资银行获准进入数量进一步增加，业务准入范围不断拓展，金融机构“走出去”与“引进来”步伐明显加快。

2. 商品市场体系转型和创新步伐加快

在零售方面，这一时期大型综合超市、购物中心、折扣店、便利店、专业店、专卖店、无店铺销售等现代零售业态[①]相继进入中国消费品市场，并呈现蓬勃发展势头，带动了连锁经营、物流配送等现代流通组织方式和运营模式的快速发展，出现了国美、苏宁等一批大型零售企业，基本形成业态类别日益丰富及连锁化、规模化、现代化发展的态势。在批发领域，传统商品批发市场在保持市场数量、营业面积和成交额快速增长的同时，加快了提档升级、功能拓展和融入全球市场的步伐。如义乌小商品市场、绍兴轻纺城等逐步转型成为全球商品采购中心。

在全球新一轮技术革命的推动下，现代信息技术和互联网逐步普及并广泛应用，有力地推动了各类市场主体管理手段、经营方式等方面的创新。其中，以电子商务为代表的新型商业模式，在中国批发、零售、国际贸易等领域取得了飞速发展。自2003年以来，大量互联网企业进军网上零售市场，推出了B2B、B2C、C2C等新型商业模式，创新了支付宝

① 参见国标《零售业态分类（GB/T18106-2004）》，中国标准化委员会。

等互联网支付方式，创造了全新的互联网市场生态，推动中国网络零售市场进入高速发展时期。2008～2012年，中国网络零售市场年均增速超过50%，涌现出阿里巴巴、京东等一批世界领先的互联网企业。与此同时，批发、国际贸易等领域也运用互联网和电子商务积极探索新型交易方式，形成了电子大宗商品市场、互联网跨境电商平台等新的批发、贸易模式。

3. 要素市场进入改革和发展快车道

一是土地出让制度改革和相关政策调整推动房地产市场进入高速发展阶段。2003年8月，国家出台《国务院关于促进房地产市场持续健康发展的通知》，进一步明确“要坚持住房市场化的基本方向，不断完善房地产市场体系，更大程度地发挥市场在资源配置中的基础性作用”；2004年8月31日起，按国务院相关部门要求，所有经营性土地一律都要公开竞价出让（业内称之为“831大限”）。这一系列政策措施开启了中国房地产市场的高速发展阶段。

二是要素价格形成机制改革启动。2007年1月，上海银行间同业拆放利率（Shibor）正式运行，成为我国利率定价机制市场化改革的重要标志，极大地推动了银行间拆借市场、票据市场、动产融资市场等多样化货币资金市场的快速发展；在2005年确立了以市场供求为基础、参考一篮子货币进行调节、有管理的浮动汇率制度的基础上，2010年进一步推进人民币汇率形成机制改革，通过不断扩大人民币汇率浮动区间、增强汇率双向浮动弹性，为跨境资本流动管理与金融市场进一步开放奠定良好的基础。

三是多层次资本市场得到加快发展。2001年以后，证监会先后取消股票发行额度、发行指标等行政性限制，新股发行由审批制改为核准制，确立以强制性信息披露为核心的市场化约束机制和发行监管法规体系，不断提高发行审核工作的程序化、标准化和规范化程度。此后陆续启动上市公司债券发行试点、融资融券业务试点等相关改革。在市场建设方面，分别于2004年和2009年在深圳证券交易所推出中小企业板块和创业板；于2006年在北京中关村科技园开展利用“证券公司代办股份转让系统”进行股份报价转让的试点，进一步促进资本市场发现价格和优化资源配置，不断拓展企业投融资渠道和丰富证券投资品种，多层次、多功能资本市场体系实现加快发展。

四是深入推进金融市场改革。一方面，2003年，以中国银行业监督管理委员会成立为标志，金融市场的监管体制正式确立，为构建多元化金融机构体系和多层次、多功能的金融市场体系奠定了重要基础。另一方面，银行业金融机构改革加快进行，全面推进了商业银行股份制改革，通过稳步推进国家注资、剥离处置不良资产、设立股份公司、引进境内外战略投资者、在境内和香港上市等方式，不断完善商业银行的公司治理架构，促进资本充足率和资产质量提升，强化风险防控能力，更好地服务实体经济发展。

4. 进一步完善市场调控体系，调控重点转向重要商品和要素市场

进入新世纪之后，随着我国商品市场供求结构逐步实现过去平衡和供过于求格局，商品市场运行日趋稳定，市场调控重点转向粮食、成品油、住房、股市等重要商品和要素市场领域。在重要商品方面，进一步加强国家粮食储备体系建设、设立成品油国储制度等。在金融方面，通过剥离监管职能，人民银行作为中央银行，进一步强化了制定和执行货币政策、维护金融稳定等职能，开始构建宏观审慎政策框架，宏观调控能力和系统性风险防范能力得到稳步提高。在房地产方面，2003年之后，出现了多次部分城市房价大幅上涨现象，低收入家庭住房困难日益突现等问题。为此，国家对房地产市场进行了多次宏观调控，采取了控制信贷、首付比例、增加土地供应等措施，也实施了一些行政管控手段，如限购、限贷等；同时加大了保障性住房建设，比较好地缓解了低收入居民的住房困难问题。

5. 市场体系的法律法规体系进一步健全

一是，加快完善市场经济法律框架。特别是2007年《反垄断法》的颁布及反垄断执法机构的成立，对于制止垄断行为、保护公平竞争具有

十分重要的意义，为完善市场经济制度和促进市场体系发展提供了重要制度保障。

二是，进一步规范市场行为。针对市场体系建设中出现的新问题，陆续出台《直销管理条例》《禁止传销条例》《商业特许经营管理条例》《食品安全法》《药品管理法》等有关的法律、法规，推动我国在市场秩序的治理、重要商品的安全保障等方面取得明显成效。

三是更加重视产权保护。国家先后出台了《物权法》并修改完善了《商标法》《专利法》《著作权法》等相关法律，实施了《计算机软件保护条例》《信息网络传播权保护条例》《知识产权海关保护条例》等行政法规，极大地提高了包括知识产权在内的各类产权保护水平。

四是加强了网络与电子商务方面的立法，先后颁布实施了《关于维护互联网安全的决定》《电子签名法》《电信条例》《互联网信息服务管理办法》等法律、法规，为市场体系的创新发展保驾护航。

总体来看，这一阶段的开放和创新，不仅推动了改革的深入，还促进了中国市场体系的快速发展和日益完善。在融入全球市场并成为全球市场大国的同时，市场规则、运行机制、法律制度等方面也逐渐实现了与国际接轨，对全球市场发展的贡献日益扩大。

（四）深化改革和开启高质量发展阶段（2013年以来）

党的十八大召开以来，中国经济呈现出由高速增长转向高质量发展的新趋势，对进一步完善社会主义市场经济体制，加快建设统一开放、竞争有序的现代市场体系提出了更为迫切的要求。中国市场体系深化改革和现代化建设的序幕由此拉开。

1. 明确现代市场体系建设的新目标

十八届三中全会明确提出“使市场在资源配置中起决定性作用和更好发挥政府作用”，要求“加快完善现代市场体系”。党的十九大后，习近平同志进一步提出“要建设统一开放、竞争有序的市场体系，实现市场准入畅通、市场开放有序、市场竞争充分、市场秩序规范，加快形成企业自主经营公平竞争、消费者自由选择自主消费、商品和要素自由流动平等交换的现代市场体系”①，为新时代中国加快现代市场体系建设明确了新的改革和发展目标。

2. 加快建立公平、开放、透明的市场规则

在自贸区和部分地区试点探索的基础上，2017年开始全面实施市场准入负面清单制度，放宽市场准入限制，特别是要素和服务领域的市场准入，深化以“放管服”为主要内容的商事制度改革，建设法治化营商环境，激发各类市场主体活力。

3. 加快要素市场改革，完善主要由市场决定价格的机制

继续推进水、石油、天然气、电力、交通、电信等领域价格改革，放开竞争性环节价格。政府定价范围主要限定在重要公用事业、公益性服务、网络型自然垄断环节。加快推进要素市场化改革，建立城乡统一的建设用地市场，完善金融市场体系，深化科技体制改革，推进产权制度改革，注重发挥市场形成要素价格的作用。

4. 改革市场监管体系，实行统一的市场监管

清理和废除妨碍全国统一市场和公平竞争的各种规定和做法，严禁和惩处各类违法实行优惠政策的行为，反对地方保护，反对垄断和不正当竞争。强化对知识产权和消费者权益的保护力度。建立健全社会征信体系。健全优胜劣汰市场化退出机制。

整体而言，经过40年的持续发展，中国市场体系已经建立，市场规模不断扩大，市场结构日趋完善，市场主体更加成熟，市场规则逐步健全，市场机制在商品和要素配置中的作用不断增强，为统一开放、竞争有序的现代市场体系建设奠定了坚实的基础。

---

① 参见2018年1月30日中共中央政治局第三次集体学习会上习近平同志的讲话。

二、中国市场体系发展的主要成效

40年来，中国市场体系建设取得巨大成就。市场发展水平大幅提升，多样化、多层次的市场体系日益丰富，市场化程度显著提高，对外开放程度不断扩大，市场管理方式日益规范化、法制化。市场体系对中国经济的持续健康发展和社会主义市场经济体制的不断完善发挥了巨大的基础、支撑和引领作用。

（一）发展水平大幅提升，已进入全球市场大国行列

商品市场规模位居全球前列。从1978年到2017年，中国消费品市场规模从0.16万亿元增长到36.6万亿，增长228.75倍，年均增长14.95%；从改革开放初期不足美国的5%，到2017年已与美国基本持平。外贸进出口总额也从1979年的109亿美元增加到2017年的4.1万亿美元，已连续多年稳居全球货物贸易总额第一位。2017年社会物流总额达到252.8万亿元，是当年GDP的3.06倍，自1991年有统计数据以来，年均增速达18.6%，铁路货运量、公路货运量、港口集装箱吞吐量及快递运量等主要物流指标均位居全球第一。

要素市场规模快速扩大。从信贷市场来看，2017年金融机构本外币各项贷款余额达125.6万亿元，较1978年增长了664.4倍；占全球信贷市场总额份额从不足5%上升到25%。从证券市场来看，中国股票市值、上市公司数量和质量稳步提高，截至2017年末，国内上市公司共计3485家，排名世界第四位；总市值约57万亿元，居世界第二位。2017年国内各类债券发行额达13.6万亿元，较1997年增长了近65倍，中国已发展成为仅次于美国、日本的全球第三大债券市场。从保险市场来看，中国保险业总体规模和市场竞争力稳步提升，商业性保险和政策性保险均获得快速发展。截至2017年，国内保险业总资产和净资产分别达到16.7万亿元和1.9万亿元，较1999年分别增长了64.3倍和20.8倍。国内保险市场规

模已超过日本，成为全球第二大保险市场。

（二）市场供给极大丰富，供求格局实现根本性转变

改革开放初期，由于工农业基础薄弱，计划经济体制的僵化，商品供应存在着严重供不应求状况。随着改革开放的推进和生产力的快速释放，工农业产出水平快速提高，市场供给得到极大丰富。改革初期我国市场上有不到12万种商品，现在仅仅是义乌小商品市场就有180万种不同规格和品种的商品，占联合国贸发组织工业品品种品类的90%以上。在贸发组织统计525个品种主要工业品中，中国有225个产能排在世界第一位。

伴随市场供给的不断改善，中国市场供不应求的短缺问题逐步得到缓解和改善，供不应求的商品比重逐年下降。至1998年，除少数商品外，商品市场上供求平衡甚至供过于求的商品比重达到99%，基本实现从供不应求向供过于求的历史性转变。进入21世纪以来，伴随中国经济持续快速发展，市场机制配置商品和要素资源作用不断上升，商品市场供应得到极大丰富，有力地促进市场供求格局从供过于求向市场供求动态平衡的根本性转变（见图1）。

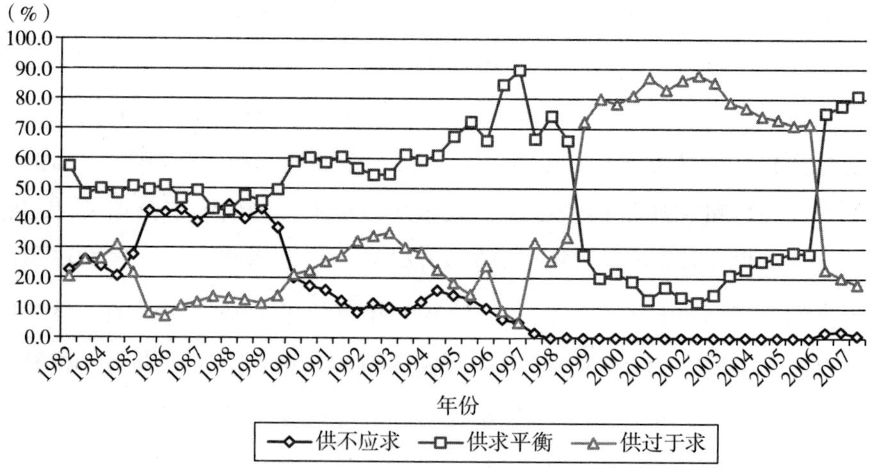

图1　1982～2007年中国消费品市场供求结构变化趋势

（三）市场化程度显著提高，市场机制作用不断增强

多元化市场主体空前活跃。改革开放40年来，随着市场准入的放开和企业制度改革不断深入，中国市场的竞争主体经历了由国营、集体所有制企业主导到非公经济、中小企业为主，已经形成国有、股份制、外资、私营等多种所有制共同发展、充满活力的市场竞争格局。截至2016年，中国国有企业数量已不足100万户，而非公经济企业则已超过1000万户，个体工商户超过4000万户，非公经济对GDP的贡献率已超过60%，税收贡献率超过50%，就业贡献率超过80%。随着国有企业改革持续推进，公司制改革已接近完成，混合所有制改革有序推进，国有企业基本转变成为具有现代公司治理结构、自主经营的市场竞争主体。目前，全国102家中央企业中已有83家建立了规范的董事会，88%的省级国有企业建立了董事会。2016年底，中央企业及其下属企业混合所有制企业占比接近70%，省级企业及其下属企业的占比也已达到47%。

市场决定价格的机制已经确立。经过40年来的持续改革，除一些与国计民生关系重大的少数重要商品和服务项目及少数垄断行业外，当前中国的商品已经全面放开，价格决定已基本实现了全面市场化。在要素方面，劳动力、土地、产权、技术等要素价格也基本实现了由市场机制决定。金融市场方面，随着商业银行存贷款利率上限的放开和汇率市场化改革加速推进，利率和汇率的市场化形成机制目前已基本形成。据统计，改革初期的1978年，商品领域政府定价比例为97%；2017年，商品价格由市场决定的比例已高达97%。两个不同的97%生动地表明，经过40年的改革开放，市场化程度得到极其显著的提高。

（四）市场结构加快调整，多样化多层次市场体系加快形成

商品市场体系日趋丰富和完善。经过40年的建设发展，商品市场数量不断增加，市场覆盖范围和领域日趋宽泛，已经形成涵盖生产资料

和生活资料、有形市场和无形市场相结合、期货市场和现货市场相互补充、批发和零售相互联通、线上与线下融合互动的商品市场体系；形成了多种经济成分、多种市场流通渠道、多种经营方式并存，新业态、新模式不断涌现的商品市场发展格局。绝大多数商品已经形成了跨区域的流通网络。以工业品批发为例，计划经济时代按照行政层级、分类管理的三级批发体系已被彻底打破，形成了专业批发市场、大型批发贸易企业、电子大宗商品市场、期货市场并行的，有形市场与无形交易网络紧密结合的新型现代批发市场体系。其中，专业批发交易市场成为中国最为典型的批发企业聚集载体，覆盖了生活资料和生产资料的批发交易活动。据统计，到2016 年，全国成交额亿元以上的专业批发市场4861 个，涉及农产品、钢材、建材、煤炭、服装鞋帽、日用小商品等，形成了一批交易规模大、辐射功能强、引领作用显著、国内外知名的大型市场。

多层次、多样化的金融市场体系基本形成。40年来，中国的金融市场经历了一系列重大改革，市场类型不断增多，市场层次日益丰富，多样化、多层次的金融市场体系框架基本形成。从货币市场来看，形成了包括贷款市场、票据市场、动产融资市场以及同业拆借市场、银行间债券市场与回购市场在内的市场体系，成为企业资金融通、各类型金融机构资金调剂、进行流动性管理的重要场所。从资本市场来看，形成了包括债券市场、股票市场、产权市场、风险投资市场等多样化的资本市场体系。进一步来看，资本市场的内部结构和产品工具也在日益丰富。以股票市场为例，由最初的主板逐步形成由主板、中小板、创业板在内的多层次市场体系，可满足不同发展阶段企业的融资需求。多层次、多样化市场体系的形成，极大地促进了金融市场服务实体经济能力的稳步提高。

劳动力、技术、土地等各类要素市场竞相快速发展。劳动力市场方面，从早期开办劳务市场和人才市场，向人力资源市场整合发展。从政府包办就业服务向各类劳动力市场服务机构蓬勃发展，覆盖城乡、延伸到基层的公共就业服务体系基本形成，人力资源服务机构和产业迅速发展，服务内容更加丰富、服务能力更加专业化。此外，劳动力市场也随经济发展出现结构性变化。首先，改革开放后，农村劳动力向非农产业和城市转移，逐步成为劳动力市场最重要的力量之一。2017年，我国农民工总量达到28652万人，占城镇从业人员的六成以上。其次，从业人员结构发生结构性转变。第三产业就业人员占比由1978年的12.2%逐步上升至2017年的44.9%，成为中国最大的就业领域。第二产业就业人员占比由1978年的17.3%上升至28.1%；而第一产业人员占比显著下降。再次，随着“大众创业、万众创新”持续推进，新就业形态的蓬勃发展，创客群体不断扩大。以分享经济为例，2016年我国参与提供服务者人数约为6000万人，其中平台员工数约585万人。

技术市场方面，40年来，我国技术市场从无到有，实现了跨越式发展。技术成果由计划开发、无偿拨款和使用、禁止交易转变为可以像商品一样进行自由交换；科技管理由计划项目管理体制转变为市场导向的研发机制；科研投入由单一的国家财政投入转变为政府引导、市场配置的科研投入方式。当前，技术市场已成为技术成果转移、转化的主要渠道和重要平台，也是我国市场经济领域最具活力的市场之一。从成交总额看，技术市场开放之初的1984年，全国登记的技术合同成交总额仅仅只有7亿元，到2017年已经增长到13424亿元，增长了1900多倍，平均增速超过20%。交易规模扩大的同时，交易质量同步提升，技术商品的“含金量”不断增加。各类知识产权、高新技术领域交易额持续快速增长。电子信息、先进制造、新材料、新能源、生物医药、环境保护等领域技术交易成效显著。技术市场的提供者也由高校和科研院所逐步转移至企业，内生创新动力不断增强。

（五）区域市场一体化发展加快，全国统一市场基本形成

区域市场一体化协同发展加快。随着我国多种形式的区域协调发展战略的实施，区域间在互联互通、合作交流、利益共享等方面已经有了多种探索。一方面，区域市场之间发展差距有所减少。2000年以前，

我国中西部地区流通业法人企业数量较少，且较为分散。2016年我国中部与西部地区流通业法人企业数明显增加，而且许多东部流通企业如国美、苏宁、王府井等加快进入中西部地区市场，流通主体的发展水平差距逐步缩小。另一方面，区域之间的发展协调机制逐步完善，长三角、珠三角、京津冀和中部六省、东北地区、成渝地区等在区域协同、协调发展方面已经有了广泛的实践。有的区域已经形成了省级层面的协调机制和机构。例如，长三角在流通和市场建设方面建立了多层次协商机制，对于加强区域市场之间的合作、协商、联动发挥了重要的作用，区域市场一体化发展取得了实质性进展。

统一市场基本形成。经过40多年的建设发展，根植于计划经济的市场分割、地方保护等现象得到较大改善。全国性批发市场、连锁经营、电子商务、物流配送等现代流通方式的发展，极大地促进了各种商品在全国范围内的自由流动和充分竞争。近年来随着电子商务的发展，形成了“一个平台覆盖全国”的网络化市场格局，使商品的流通空间和范围得到极大扩展，大大减少了交易环节、降低了流通成本，对于打破地区封锁、形成统一市场具有革命意义。劳动力、资金、技术等要素资源，也基本实现了全国统一市场，可在全国范围内实现自由流动与配置。随着各类要素交易平台的电子化、网络化、信息化，要素资源交易规模、流动速率显著提升，配置的广度和效率得到极大提高。

（六）市场发展环境日趋向好，支撑服务体系不断完善

信用体系建设取得长足进展。伴随市场体系的建立和不断发展，信用体系建设也得到快速推进，形成了包括公共信用体系、企业信用体系和个人信用体系在内的社会信用体系。一是个人征信系统起步早发展快。2006年1月由中国人民银行开发和运营的个人信用信息基础数据库系统正式运行。截至2018年6月底，已收录9.6亿自然人信息，个人信用信息报告日均查询达530万次，已成为全球最大的个人征信系统。二是

全方位推进企业信用信息平台建设。目前中国人民银行、工商、税务等有关政府部门都已建立企业信用信息基础数据库。其中，2014年2月国家工商总局建立了国家企业信用信息公示系统并上线运行，该系统可全面提供全国企业、农民专业合作社、个体工商户等市场主体信用信息，成为我国企业基础信用信息最全的系统平台。三是加强政务信用体系建设，以行政许可、行政处罚信息公开公示为手段推动政务公开，以专项治理为契机减少政务失信。据“信用中国”网站统计，截至2018年“双公示”数据归集量已逾8000万条，比2017年年初增长3倍之多。在此基础上，近年来通过建立统一的社会信用代码制度，开通“信用中国”网站，创建了信用城市，开展了多行业守信联合激励、失信联合惩戒工作，大力培育和规范信用市场，为市场体系发展和规范运行提供了重要支撑。

专业服务体系发展迅速。40年来，包括法律、会计审计、公证、资产评估、市场信息服务等在内多样化服务行业得到迅速发展，基本形成了市场化为主导的专业服务体系，在服务市场体系运行、维护市场秩序，促进公平竞争等方面发挥了不可或缺的作用。例如，1979年底我国恢复律师制度时，全国仅有212名律师，且主要从事民事刑事法律事务。1990年以后，随着律师队伍壮大，服务范围更多地介入交易、金融、房地产等市场领域。截至2016年，全国律师事务所达到2.6万个，律师工作人员32.6万人。同样，公证服务也是市场体系不可或缺的专业服务，其对市场主体行为、合同文书等的真实性、合法性给予第三方鉴证服务。截至2016年底，全国公证处3006个，有公证员1.3万人，办理公证文书1221.6万件，为市场体系运行和信用体系建设提供了重要支撑。

（七）对外开放水平不断提升，市场体系国际化程度大幅提高

中国的对外开放采取的是渐进式推进战略，从早期以兴建经济特区为突破口吸引外商投资，到加入世界贸易组织（WTO）主动融入全球

市场，再到鼓励中国企业、资本“走出去”开展国际化运营，中国逐步形成了全方位、多层次、宽领域的市场体系对外开放格局。

外资企业持续快速进入中国市场。2001年中国加入WTO后，中国市场体系的开放程度不断提升，不仅全面放开了零售市场，还逐步推进批发市场开放和放开要素市场的投资准入和业务范围，推动市场体系中外商投资持续快速增长。1979～1982年，我国吸引外商直接投资共计只有17.69亿美元。而到了2015年，全年引进外资达1356亿元，为历年峰值，此时中国累计吸收外资已达17409亿美元，已成为发展中国家中排名第一、全球排名第三的引资大国。与此同时，外资企业数量大幅度增加，截至2015年底，全国共设立外商投资企业48.12万户，成为促进市场体系发展的重要参与者。例如，在零售市场，2001年外商投资零售企业法人数不足100家，到2016年增加到1000余家，其中外商独资企业数量占全部外资企业数量比例达到61.4%，比2001年提高了50个百分点。

市场体系国际化不断提高，市场主体“走出去”步伐加快。进入21世纪后，特别是2008年以来，中国企业“走出去”步伐加快，对外投资且呈现高速发展态势。到2016年，非金融类对外直接投资流量已达到1701亿美元，排在美国、英国之后，居列全球投资母国第三位。截至2016年底，中国累计对外投资存量为1.28万亿美元，居全球第六位。从商品市场来看，自20世纪90年代以来，大量中小贸易企业采取“抱团出海”方式，在国外建立中国商品市场，成为中国商品走出去的重要渠道，实现了中国商品市场体系向国际市场的延伸。从要素市场来看，近年来中国金融机构通过跨境合作积极参与国际金融市场，在同业融资、贸易融资、银团贷款、清算服务等领域与境外金融机构开展合作；此外，境内交易所和证券期货经营机构也在积极“走出去”，包括合作建立国际交易所、收购或参股境外各类金融交易所等，为中国企业“走出去”和参与全球要素配置提供便利的投融资和风险管理服务。

推动市场双向开放，促进国内国际市场互联互通。以资本市场为例，2014年以来，相继开启“沪港通”“深港通”“债券通”，“沪伦通”相关制度安排稳步推进，内地与香港证券投资基金跨境发行销售机制推出，资本项目可兑换实现新突破。以沪港通、深港通和债券通等为代表的境内外资本市场互联互通机制，开启了跨境证券投资的一种新模式，在有效防范金融风险的前提下，推动了境内外资本市场的双向开放、合作和健康发展，对于加强国内资本市场与国际市场的深度融合，丰富资本市场品种和投资者结构，健全国内资本市场机制，加快资本市场多层次发展，拓宽离岸人民币资金投资渠道，推动人民币跨境有序流动和人民币国际化等方面都发挥了积极作用。

（八）创新驱动日趋显现，现代化程度不断提高

基础设施现代化水平不断提升。40年来，交通、通讯等基础设施建设飞速发展，为我国市场体系建设提供了有力支撑。经过多年快速建设和持续发展，我国已基本形成了以铁路、公路为骨干，以普通国道和省道为基础，与民航、水路和管道共同组成的连接东西、贯穿南北的综合交通运输网络。到2014年底，“五纵七横”12条主要由高等级公路组成的国道主干线网建成，覆盖了全国特大城市的所有人口和大城市93%的人口；全国高速公路通车总里程已达到11.2万公里，其中高铁运营里程达到1.1万公里，居世界之首。更为重要的是，我国通讯业发展迅猛。宽带、互联网等基础设施高速推进，全国互联网宽带接入端口数量突破4亿个，互联网国际出口带宽增速显著，为市场体系高效运转、商品和要素自由流动、商业模式创新提供了有力支撑。

信息化水平全面提升。自1994年中国接入国际互联网至今，现代信息技术应用和普及实现了飞速发展，成为市场体系现代化最为重要的推动力。截至2018年6月，我国互联网用户数量已达到8.0亿人，移动电话用户总数达15.0亿户，普及率分别达到58%和110%。从企业来看，计算机、POS系统、管理软件等现代信息技术应用不断加快，应用范围从财务管理、交易管理转向电子商务、流程再造、供应链管理等方面。以流

通企业为例，2016年流通业企业计算机使用数量达527.4万台；有电子商务交易活动的企业数达20740个，占企业总数比达10.8%；电子商务采购额为2.23万亿元，电子商务销售额为4.40万亿元，流通行业整体信息化水平仅次于制造业，在国民经济各行业中位于前列。

市场创新动力日益强劲。2000年以来的新一轮科技革命，在信息、交通、能源、材料、生物等领域实现了许多重大突破，为中国市场体系创新发展注入了强大创新动力。中国高新技术的快速发展，不仅为市场提供大量高新技术、高附加值的产品，而且带动市场交易和管理等方面的一系列创新。如随着互联网和移动智能终端的普及，使得电子支付由网上银行逐步发展为互联网移动支付。以支付宝和财付通为代表的互联网第三方支付机构迅速崛起，为电子商务、共享经济等提供了必要的基础设施，提高了网络经济乃至整个市场体系支付、清算的效率，并带动了众多新兴产业的发展。中国人民银行《2017年支付体系运行总体情况》数据显示，2017年我国移动支付业务375.52亿笔，金额202.93万亿元，移动支付规模遥遥领先美国、欧洲、日本等发达国家。在目前全球232家大型互联网独角兽公司中，有62家来自中国，成为仅次于美国的互联网创新大国。

（九）市场监管日益规范化、法治化，运行秩序不断改善

改革开放以来，特别是自1992年明确建立社会主义市场体制的改革目标以来，中国政府对商品流通和要素配置的管理开始告别发“红头文件”的方式，逐步进入依法治理监管市场的轨道，市场运行秩序得到较大改善。

与市场体系发展相适应的法律法规体系基本形成。这一体系是以宪法为核心、法律为主干，由宪法及宪法相关法、民法商法、行政法、经济法和社会法、刑法、诉讼与非诉讼程序法七个法律部门和法律、行政法规、地方性法规三个层次规范构成的统一整体。第一，我国从宪法的

层面保障市场经济运行中各主体基本权利，如私营企业的存在和发展，土地使用权的转让等。第二，制定相关法律保障微观领域经济活动的有序开展，即建立完备的市场主体法律规范、完善的民商事法律制度、健全对外经贸合作法律制度，如制定《公司法》《合同法》《中外合资企业法》等一系列法律。第三，制定相关法律以完善国家对市场的管理和宏观调控制度，如颁布《反垄断法》《价格法》等。第四，注重保护市场参与者的合法权益，如制定《著作权法》《劳动合同法》《消费者保护法》等相关法律和法规。在此基础上，不断完善相关法规制度和配套法规，不断强化对市场竞争行为和监管执法的规范。

大力推进市场体系标准化建设。以商品市场为例，截至2015年底，中国推出商品流通标准1301项，其中基础标准和管理标准比例超过50%[①]；同时，物流标准化、农产品流通标准化等试点示范成效显著，极大提高了试点企业物流作业效率及经营效率。

政府管理体制改革逐步深化。在改革开放的40年中，中国政府对经济管理机构及其职能进行了多轮改革，极大地减少了政府对市场活动的干预，为市场体系的建立和完善提供了重要制度基础。如2003年进行的国务院机构改革，大幅度调整政府职能部门设置，撤销了原国家经济贸易委员会、对外贸易经济合作部，组建商务部，同时管理国内贸易和对外贸易，从管理体制上结束了内外贸分割的状态，为加快商品市场体系发展、全国统一市场建设和内外贸一体化进程奠定了基础。

政府职能加快转变。2014 年以来，我国启动了商事制度改革，全面实施市场准入负面清单制度，大力推动“放管服”，加快了中政府转变职能的部分，从行政审批、直接干预转向事中事后监管。如在金融市场领域，根据金融市场的发展要求，自20世纪90年代以来，逐步将金融监管职能从央行剥离，成立银监会、证监会及保监会分业监管格局，为构建多元化金融机构体系和促进多层次、多样化金融市场体系发展奠定了重要基础。

---

① 资料来源：“商务部流通发展司负责人解读国内贸易流通标准化建设‘十三五’规划”，http://ltfzs.mofcom.gov.cn/article/swfg/swfgbl/201702/20170202515153.shtml。

三、中国市场体系建立与发展的基本经验

在过去的40年中，中国在市场体系建立和发展方面取得了巨大成效，积累了丰富的改革经验和政策实践，可为新时代更好推动现代市场体系建设和实现高质量发展提供借鉴，也将为世界经济发展、特别是发展中国家加快发展提供宝贵的知识财富和经验借鉴。

（一）始终坚持市场化改革方向，促进市场在资源配置中的作用不断升级

从20世纪80年代初期改革伊始提出“有计划的商品经济”，到党的十四大提出“让市场在资源配置中发挥基础性作用”，再到十八届三中全会提出“让市场在配置资源中发挥决定性作用”，我国经济体制改革的总体方向始终朝着市场化方向推进。在此基础上，根据改革的实践和对市场经济发展规律认识的深化，不断解放思想，在明确建立社会主义市场经济体制改革目标的基础上，采取一系列有效改革措施，不断促进市场在资源配置中的作用升级，为市场体系的建立和发展提供行动指南和实现路径。

（二）坚持循序渐进、先易后难的改革策略，在渐进式改革中推动市场的发育、发展与市场机制的完善

中国市场体系的建立和发展是在渐进改革、逐步开放的过程中逐渐形成，而非一蹴而就的。在40年的改革开放进程中，中国政府采取先消费品后生产资料、先商品后要素、先对内开放后对外开放的渐进式改革开放策略，逐步推进相关体制机制改革，放开市场准入，激发市场活力，逐渐完善竞争机制、价格机制、信用激励机制等，并采取“摸着石

头过河”，对重大改革措施采取“先局部试点再全面推广”的做法。在循序渐进的改革过程中，中国市场体系实现了从探索培育、不断壮大，进而规范有序、持续健康发展的转变。

（三）坚持处理好改革与发展的关系，形成以“增量”发展促进“存量”改革的推进方式

以生产资料价格改革为例，在20世纪80年代中期，开始探索“双轨制”改革方式，企业计划内商品（存量）仍然按计划价格销售；而计划外产品（增量）允许以市场价格自行销售。“增量”改革带来的震动较小，考虑了社会承受能力和社会的稳定。但也撕开了生产资料价格改革的口子，刺激了企业生产积极性，推动了经济发展，缓解了供求矛盾，进而推进或倒逼“存量”加快改革。

（四）坚持以开放促改革，实现对内改革与对外开放联动发展

在40年的发展历程中，市场体系建立和发展首先开端于对内改革，包括取消商品和要素市场对市场主体所有制的限制，激发市场的发展活力，促进市场自身的发育和发展；在市场体系发展取得一定成效的基础之上，主动、稳妥、有序地实施对外开放，有利于吸引外资企业进入、增强国内市场的竞争，形成对国内市场主体的良性倒逼机制，促使其提升经营管理水平，加快向现代企业转型创新，促进市场体系发展水平更快提升。市场体系的不断发展和完善，为进一步扩大开放提供坚实的市场基础。

（五）坚持更好发挥政府作用，持续转变和优化政府职能

40年来，中国政府通过变体制、活机制、立法规、定标准、强服务，给市场体系的建立和完善营造了良好环境。尤其是党的十八大以

来，政府大力推动简政放权和“大众创业、万众创新”，通过“放水养鱼”，进一步激发了各类商品和要素市场的创新活力，大量前所未有的新业态、新模式不断涌现，极大促进了市场体系的现代化。40年的实践证明，市场体系建立和发展离不开政府的服务、引导与监管，深化政府职能转变是促进现代化市场体系建设和高质量发展的重要保障。

四、新时代我国建设现代市场体系面临的机遇与挑战

经过改革开放40年的持续发展，中国市场体系已取得长足发展，为建设现代市场体系奠定了基础。进入新时代，中国经济发展的内外环境已发生深刻变化，加快建设和完善现代市场体系，更好地服务和促进高质量发展，既面临难得的新发展机遇，也面临着内部问题和矛盾的制约以及十分严峻的外部挑战，迫切需要加快改革和创新。

（一）新时代建设现代化市场体系的机遇

1. 高质量发展为现代市场体系建设开启新征程

随着我国经济从高速增长转向高质量发展，正处在转变发展方式、优化经济结构、转换增长动力的关键时期，对建设现代市场体系的要求更为迫切。历史地看，发达国家现代化市场体系的形成与高质量发展密切相关。一方面，高质量发展需要更好地发挥市场机制的决定性作用，更加有效地整合和利用商品和要素资源，以提升经济增长的质量与效率；另一方面，只有更加完善的市场体系、现代化的市场功能、不断创新的商业模式，才能促进供求结构的快速调整、产业结构的优化升级和

创新产品的市场转化，从而实现高质量发展。因此，进入高质量发展阶段，将为中国开启现代市场体系建设的历史机遇，为市场机制作用的升级、体系结构和功能的现代化、资源要素配置方式的创新，提供全新的发展空间和实现途径。

2. 新一轮技术革命为建设现代市场体系提供巨大创新动力

以大数据、云计算、人工智能、区块链等为代表的新兴技术蓬勃发展和深度应用，极大推动消费创新，并深刻改变了生产方式和生活方式，同时也为建设现代市场体系提供了全新的技术手段和实现路径。新技术和商业模式的快速发展，将在相当程度上改变传统市场体系的发展格局和路径，中国有望在创新驱动现代市场体系建设方面走在世界前列。

3. 新一轮消费变革为市场体系现代化提供坚实的市场基础

当前，我国正处在新一轮消费变革的关键阶段，在消费结构、消费方式、消费人群、消费市场格局等方面出现了不同以往的深刻变化，消费正在成为驱动经济增长、实现高质量发展的主要动力。其突出特点有，一是居民中高端商品及服务消费成为消费结构升级的新亮点。2017年我国人均GDP突破8800美元，达到中高收入水平，居民消费总体由“有没有”向“好不好”转变，更加注重品牌和品质，中高端商品需求快速增长。二是服务消费需求快速扩张，增速明显高于商品消费增速，占整个消费支出的比重已经上升到42%，并有望在未来5年突破50%，成为消费增长的新来源。三是消费群体快速分化，其中中等收入群体规模持续扩大，2017年已达4.3亿人，成为全球中等收入群体人数最多的国家[①]，将成为支撑和引领中国乃至全球消费市场扩张和升级的中坚力

① 中等收入群体是指一个国家中生活较为宽裕、收入达到一定水平的人群。目前，对中等收入群体的判断标准并不一致，使用较多的是Homi Kharas（2010年）提出的“家庭人均每天支出10～100美元”的标准，该标准的下限是两个贫困线最低的发达国家（葡萄牙、意大利）的平均贫困线，上限为最富裕的发达国家（卢森堡）收入中位数的2倍，由此排除了低收入发达国家中的穷人和高收入发达国家中的富人。测算数据参见Brookings学会的Development，Aid and Governance Indicators：Middle Class database。

量。更为重要的是，“80后”“90后”“00后”等新生代消费群体加快崛起，对消费品及服务市场发展提出新要求，将成为驱动消费创新的主要动力。中高端消费和服务消费需求的快速扩张，以及消费群体分化形成的多样化新需求，将推动市场主体、商业模式、体系结构和竞争格局等全方位的升级和创新，而且也会倒逼市场规则、竞争制度、监管体系等方面的改革和创新，进而引发并加速现代市场体系建设和完善的进程。

4. 基础设施现代化为完善现代市场体系提供保障

从全球来看，当前世界范围内出现新一轮基础设施建设高潮，不仅极大提升全球市场互联互通水平，也将推动基础设施数字化、智能化、绿色化发展。从国内看，随着工业化、城镇化、信息化的持续推进，我国产业结构正在加速调整和升级，生产力布局和城镇化布局也将进入新一轮调整期，将带动交通、能源、通讯和互联网、电力等基础设施布局调整和技术升级。例如，未来我国不仅要推动综合交通运输网络加快形成，而且更加需要推动航空、高铁、快递等快速交通基础设施升级，为高新技术、高附加价值、高时效商品的流通提供支撑。基础设施的现代化将极大促进商品和要素在更大范围内实现更高效率的流通和配置，为现代市场体系的建设和发展提供有力支撑。

5. 构建全面开放新格局为现代市场体系建设开辟更为广阔的发展空间

党的十九大明确提出要推动形成全面开放新格局，强调要以“一带一路”建设为重点，坚持引进来和走出去并重，形成陆海内外联动、东西双向互济的开放格局。要拓展对外贸易，培育贸易新业态、新模式，推进贸易强国建设。要实行高水平的贸易和投资自由化、便利化政策，全面实行准入前国民待遇加负面清单管理制度，大幅度放宽市场准入，扩大服务业对外开放，保护外商投资合法权益。要优化区域开放布局，加大西部开放力度。要赋予自由贸易试验区更大改革自主权，探索建设自由贸易港。还要创新对外投资方式，促进国际产能合作，形成面向全球的贸易、投融资、生产、服务网络，加快培育国际经济合作和竞争新优势。全面开放新格局加快形成无疑将推动中国加速融入全球市场，通过开放市场和加强国际合作，进一步优化国内市场商品和要素供给，更好利用全球要素和资源支撑高质量发展，在更高水平上实现国内外市场一体化发展；通过对接全球市场规则提升国内市场规范化、法治化营商环境，提高我国在全球市场体系中的话语权和竞争力，促进我国从市场大国加快走向市场强国。

（二）新时代建设现代化市场体系面临的挑战和障碍

1. 全球市场格局变化对现代化市场体系建设带来多重挑战

近年来，国际贸易和世界经济环境日趋复杂，贸易保护主义有所抬头，大国之间、地区之间的贸易摩擦不断，对全球经济贸易发展带来新的不确定性，全球经济治理也将进入新一轮改革阶段。这些变化都将对我国进一步拓展全球发展空间、整合国际市场要素及资源、加大市场体系的开放力度和更好融入全球市场体系产生不利影响，进而对建设和完善现代市场体系形成挑战甚至阻碍。

此外，从当前全球市场格局来看，发达经济体在中高端商品及要素市场中居于主导地位，具有较强的整合和配置资源能力，而部分发展中国家在全球中低端商品及要素中的地位和作用日益提升，我国传统商品及市场主体的全球化竞争日益激烈。如果不能借助技术创新、深化改革和加大开放等途径，加快推进建设现代化市场体系进程，对于持续提升我国市场体系国际化、现代化水平，持续提高我国产品和服务的国际竞争能力和发展空间，以及合理利用整合全球市场资源等，都将形成严峻挑战。

2. 市场发展不平衡、不充分对加快现代市场体系建设形成制约

一是要素市场和部分重要服务领域的市场化程度依然较低。相对于

商品市场，我国要素市场和重要服务业的改革起步相对较晚，在不同时期、不同领域的改革力度和进展也不均衡。在价格形成方面，市场机制决定价格的商品及服务比重，已从改革开放初期的3%提升到97%，少数重要商品和服务价格还存在政府定价或对价格形成的干预。例如，金融市场目前仍然在很大程度上存在“利率双轨制”，极大地影响了要素资源的合理配置和经济运行效率的提升。

二是市场体系发展不平衡问题相对突出。在商品市场方面，不仅存在着经济发达地区和欠发达地区市场体系建设不均衡、城市与农村商品市场发展差距不断扩大的问题，而且面对人民群众对美好生活向往和消费升级的需求，出现了无效低端供给过剩与中高端有效供给不足并存的供求结构性矛盾。要素市场方面，在金融市场上，直接融资市场与间接融资市场发展不协调的状况仍未得到根本改变，过度依赖银行体系的融资结构，既导致金融风险过度向银行体系集聚，也降低了资源配置的效率，难以有效满足市场主体多元化融资和服务实体经济需求。在土地市场上，供地结构不合理，土地主要用于保障经济社会的生产性需求和基础设施需求，城市的生活生态用地特别是住房用地的供应比重长期偏低。在劳动力市场上，供需不匹配的问题日益突出，对高技能产业工人、高端复合型人才的巨大需求无法得到满足；高校毕业学生就业形势依然严峻，企业招工难和学生就业难现象并存。

3. 市场主体创新能力和竞争能力整体不强

无论是商品还是要素领域，我国市场主体整体上仍然存在创新能力和市场竞争力不强的问题。从商品市场来看，市场主体仍以中小微企业为主导，组织化程度低、集中度不高，缺乏资本、技术、人才和大数据，竞争能力偏弱，创新能力不强。从要素市场看，这一情况也比较明显。例如在金融市场上，尽管央企、国企占据市场主导地位，但是在金融产品、盈利能力、服务水平和创新能力等方面，与全球知名金融企业相比仍有较大差距。

4. 统一开放、竞争有序市场体系建设仍待推进

要素市场分割问题远未解决。例如在土地市场上，城乡土地二元分割特征依然明显。国有建设用地配置中仍有相当大比重土地以行政划拨和协议形式出让，国有土地有偿出让市场空间偏小；同时，城乡土地市场尚未一体化，农村集体建设用地和宅基地的商品化、资本化滞后，不利于城乡生产要素优化配置，也不利于提高城市化发展质量。再如在劳动力市场上，户籍管理制度使得外来就业人员、农民工在就业准入、社会保障、子女教育、医疗等方面难以享受与城市居民相同的政策保障，造成地区之间、城乡之间劳动力市场分割。

各种形式的地方保护主义和区域贸易壁垒依然存在。一些地方政府通过采取设立纳税主体要求、地方法规标准、采购招标条款等形式，对外地企业、产品和服务设置歧视性市场准入限制和市场壁垒，给予本地企业保护和政策支持。此外，各地为了促进经济发展和招商引资，为本地企业或在本地注册企业提供各类政府补贴、隐性担保，为本地企业提供更低成本的资金和土地等，统一公平、公开透明的全国市场体系还有待进一步推进。

5. 市场治理体系和能力的现代化水平有待提高

法律法规和标准体系不完善，市场法治化水平有待提升。一方面，现有法律法规体系还存在不完善、不健全等问题，市场秩序混乱问题依然存在，商业欺诈、假冒伪劣、侵犯知识产权、侵犯消费者合法权益等现象仍时有发生。另一方面，随着新业态、新商业模式的迅猛发展，市场体系发展也出现了一些新问题，相关立法和制度规范建设滞后。如在服务消费、数字经济等方面，缺乏有效的法规和标准体系作为规范和监管依据。

监管理念和监管方式有待创新。商品和服务领域仍然是以条块为主的监管体系，过多依赖行政手段，重审批、轻监管的情况依然存在，产业政策更多体现为支持特定行业、技术、企业为主的选择性政策，在监管中引入大数据、社会共治等新手段和新理念步伐偏慢。要素市场方

面，例如在金融市场，相关法律法规制修订和金融监管改革滞后于金融市场发展和金融产品与服务创新，加大了系统性风险防范和处置的难度。在产权市场上，国有资产交易监督领域缺乏上位法支撑，导致业务规则把握尺度不一、无序竞争等问题突出。此外，由于监管能力和手段的创新不足，跨区域联合执法和多部门联合执法机制不完善，消费者保护和消费安全监管力度弱等，已经成为市场有序发展和创新发展所面临的突出问题和难点问题。

6. 对内外开放水平仍有较大提升空间

整体而言，我国市场体系在对内对外开放、与国际市场接轨程度等方面，仍有较大提升空间。特别是要素市场，民营和外资企业还面临许多制度或隐形障碍，对丰富要素供给、提升要素配置效率产生不利影响。例如金融市场上，双向开放虽然迈出积极步伐，但外资和民营资本进入金融行业的门槛依然偏高，在参与机构、金融产品与服务创新、经营理念、市场功能、相关制度建设等方面与发达国家成熟金融市场仍存在较大差距。

在商品市场方面，国内外市场之间的联通水平有待进一步提升。特别是在商品进口方面，由于我国进口关税、进口环节增值税和消费税相对偏高，国内市场主体缺乏与国际市场的联系和合作，造成国际进口渠道不畅、中高端消费品国内销售价格高昂，不仅造成大量消费外流，而且不利于市场借给优化和国内制造业加快转型升级。

五、新时代我国建设现代市场体系的方向与重要改革任务

随着中国特色社会主义进入新时代，中国经济正处在从高速增长转向高质量发展的关键阶段。加快建设和完善现代市场体系，需要把握好

难得的新发展机遇，以更大的政治勇气和改革力度，破解阻碍市场体系发展的约束与问题，应对可能的风险和挑战，为完善社会主义市场经济制度和促进高质量发展，提供坚实的市场基础和支撑。

（一）建设现代市场体系的目标与方向

根据中国经济社会发展进入新时代的历史方位、主要矛盾和发展目标，党的十九大对经济发展做出了总体部署，明确提出建设现代化经济体系，并将加快建设统一开放、竞争有序的市场体系作为其中一项重大改革和发展任务。

统一开放、竞争有序的市场体系，是实现市场准入畅通、市场开放有序、市场竞争充分、市场秩序规范，加快形成企业自主经营公平竞争、消费者自由选择自主消费、商品和要素自由流动平等交换的现代市场体系。这是建设现代化经济体系的关键基础和重要支柱，也是进一步激发市场活力、促进创新创业、加快形成新动能、实现从高速增长向高质量发展的有效途径。

按照党的十九大精神和部署，建设现代市场体系必须以完善产权制度和让市场机制在商品和要素配置中发挥决定性作用为重点，进一步深化改革和扩大开放，特别是要素市场的改革开放，构建体系健全、功能多样、层次分明、内外联通、高效运行、设施现代的市场体系，实现产权有效激励、商品要素自由流动、价格反应灵活、竞争公平有序、企业优胜劣汰，推动我国从市场大国向市场强国迈进。

（二）建设现代商品市场体系的主要任务

1. 进一步深化重要商品价格形成机制改革

按照“管住中间、放开两头”的思路，坚持稳步放开竞争性领域和环节价格、科学管理政府定价相结合的原则，推进重要商品和垄断行业价格改革。建立健全以“准许成本+合理收益”为核心、约束与激励相结合的网络型自然垄断环节定价制度。稳步推进农产品价格改革，在确保国家粮食安全的基础上，改革“价补合一”的收储政策，调整改进“黄箱”支持政策，逐步扩大“绿箱”支持政策实施规模和范围，加强农产品成本调查和价格监测，为政府制定农产品价格、农业补贴等政策提供决策支撑。

2. 促进商品市场结构调整和转型创新

优化供给结构。推进商品市场供给侧结构性改革，提高供给效率和供给水平，加强知识产权保护与市场监管，提升商品与服务市场供给，使之与居民消费升级要求相匹配。

优化区域结构。继续发挥东部地区发展优势，以建设国际消费中心等为突破口，进一步提高商品及服务领域供给水平和市场化程度；以东部地区为标杆，加快中西部地区建设统一开放、竞争有序的现代市场体系，丰富商品有效供给，强化竞争机制，提升市场服务水平和市场规模。

优化城乡市场结构。推进乡村振兴战略，以现有乡镇集市、夫妻店为载体，稳步提升广大农村地区的商品及服务市场建设水平，提升教育、养老、医疗等服务市场有效供给；加强农村地区流通基础设施建设，提升农村地区市场软硬件水平；推进农村电子商务发展，推进农产品上行、工业品下行，畅通农村市场渠道。

3. 继续推进全国统一大市场构建

推进区域市场一体化建设，建立健全区域市场一体化机制、区域合作机制和区域利益共享机制，引导商品及服务跨区域自由流动。

加快推进建成全国统一大市场。强化市场规则的统一性、市场监管执法的统一性，建立统一协调的执法体制、执法规则和执法程序。在地方层面推广市场准入负面清单管理制度，清除对外地企业、产品和服务设置的歧视性市场准入限制和市场壁垒，促进全国范围内形成商品及服务市场要素自由流动、市场主体自由竞争的格局。

打破行业垄断，加强市场监管，建立和完善反垄断常态化监管机制，依法制止滥用行政权力排除、限制竞争的行为，维护市场公平竞争。严格落实竞争审查制度，采取自我审查、社会监督、强化执法监督等多种方式，全面加大对地方性法规、政策规定的审查力度。进一步增强在招投标、政府采购、项目审批等方面竞争规则和市场运行的透明度。

4. 继续推进商品市场对内对外开放

提升商品市场对内对外开放程度。继续完善市场准入负面清单制度和外商投资准入负面清单制度，对确需保留的准入限制，应建立公平、透明、规范的准入规范，明确市场准入的质量安全、环境和技术等标准。重点加大对禁止进入、限制市场主体资质、限制股权比例、限制经营范围和商业模式等方式直接或者变相限制市场准入等行为的审查，加快落实对外资放开领域的政策。

加强国内外商品市场合作。积极参与“一带一路”建设，充分发挥中国国际进口博览会、中国进出口商品交易会等贸易平台，完善双边及多边协作机制，建设与“一带一路”沿线国家双向畅通的商品贸易与投资通道。积极利用自贸区对外开放政策，推进由商品市场对外出口为主向进出口双向流通并重转型，对接国际国内市场深化商品及服务市场结构性改革，推进商品市场创新发展。进一步完善贸易及监管制度，提升贸易便利化水平，加大对跨境电商的扶持力度，鼓励国内电商平台积极“走出去”。

5. 完善市场基础性制度和优化商品市场秩序

优化商品市场秩序，针对电商平台、农村市场等假冒伪劣产品相对集中的领域，加强交易执法监管和市场监督检查，建立健全备案制度。将常态化监管和专项整治相结合，重点围绕仿冒、虚假宣传、价格欺诈、商业贿赂、侵犯商业秘密、侵犯知识产权等不正当竞争行为，加强消费者保护力度，强化反不正当竞争执法力度。

进一步完善社会信用体系。加快诚信立法工作，建立跨区域、跨部门协同推进机制，完善以信用为基础的联合惩戒机制，形成多层次信用服务体系。

坚持依法行政、坚持政务公开、坚持勤政高效、坚持守信践诺、坚持失信惩戒，推进政务诚信建设，在法律框架下加快推进决策公开、执行公开、管理公开、服务公开和结果公开。

（三）加快要素市场体系发展的主要改革任务

1. 深化金融市场改革开放

发挥市场价格信号在优化金融要素配置中的决定性作用。加快培育市场化金融资产价格形成机制，培育市场基准利率和收益率曲线，健全市场化利率形成机制，深化人民币汇率形成机制改革，推进新股发行市场化定价。进一步提高直接融资比重，积极推进金融体制改革，构建符合我国国情的现代金融市场体系。

加大金融市场双向开放力度，积极构建高层次开放型金融市场体系。放宽境外金融机构市场准入限制，落实外资准入前国民待遇加负面清单制度，支持有条件的中资金融机构“走出去”，提升国内金融市场的影响力。坚持防范系统性金融风险，提高金融机构和金融市场风险防御能力和风险处置能力。

2. 构建统一平衡的劳动力市场

坚持实施就业优先战略，建立劳动力市场政策与经济社会发展战略相互调适机制，实现劳动力市场改革与其他要素改革协同推进。

促进人力资源市场规范化发展，建立健全人力资源市场法规体系、市场监管体系，持续推进人力资源服务机构诚信体系建设，加强人力资源服务标准化建设。

加快建立更加统一、公平的劳动力市场。进一步打破长期以来形成的户籍、地域、行业等劳动力市场分割；破除体制内外的编制、人事、收入、社保和福利壁垒；加快完善社会保障体系，提高养老、医疗等社会保险统筹层次，完善养老保险关系转移接续和医疗保险异地结算体系，提高社会保障的制度公平性和服务便捷性；逐步缩小行业、地区和部门之间的收入差距，消除各种各样的就业歧视，促进劳动力市场统一公平发展。

3. 建立统一平等的土地市场

改变城乡土地权利二元、市场进入不平等、价格扭曲和增值收益分配不公的格局，以权利平等、放开准入、公平分享为重点，深化土地制度改革，促进土地利用方式和经济发展方式转变。在规划和用途管制下，允许农村集体土地与国有土地平等进入非农用地市场，形成权利平等、规则统一的公开交易平台，建立统一土地市场下的价格体系。改革土地出让制度和用地模式，合理确定城市土地用于建设与农民留用比例。建立土地价值评估体系。强化土地利用总体规划实施刚性，依法落实用途管制。加强土地权属管理，建立统一地籍管理体系。

4. 提升产权市场服务经济的功能

继续推进产权市场的市场化改革，明确产权市场的资本市场功能定位，坚守非标准化资本市场的立场，积极加强与证券市场的互动和衔接，加快向完善的资本市场转型升级。

加快产权市场立法工作，明确产权市场的概念、限定条件、运行规范、功能定位及主管部门，明确相关各方的法律责任。加快实现全国范围内信息披露、交易制度、交易系统、过程监测的统一。

转变监管模式，建立“一部门牵头、多部门参与、业务分类指导、部门联合检查”的复合监管模式，推进全国产权市场协调发展、有序竞争，提升行业规范和信息透明度。

加快产权市场开放，借鉴国内外资本市场和相关机构的先进经验和做法，加快推进产权市场国际化发展，探索与国外交易平台和相关机构合作与交流。

5. 形成技术市场支撑经济创新发展的体制机制

强化市场导向，逐步形成促进和规范技术市场和技术转移发展的法律体系。逐步弱化部门和机构对技术成果定价的干预，通过活跃交易、增加供需和保障公平，回归技术市场对技术要素的定价功能。

探索社会资本与财政经费联合支持，知识产权共享、风险利益共担、以企业为主体的协同创新机制。加快培养高素质的技术市场管理和技术转移人才，包括高级技术经理人、技术许可高级管理人等国际化技术转移人才。

积极探索技术市场与资本市场的协调发展，创造并丰富与技术转移规律和科技创新规律、特点相适应的金融产品和多样性的投融资手段，建立并完善技术产权交易制度和风险投资制度。

执笔：王　徽　王　青　任兴洲　王立坤

第一章

中国商品批发市场建设与发展40年

在我国改革开放40年波澜壮阔的历程中，商品批发交易市场的产生、发展和变革最具中国特色，成为社会主义市场经济体系的重要组成部分，在推动经济发展和市场体系建设中发挥了独特的功能和作用。新时期随着国内外环境的变化和我国经济从高速增长阶段迈向高质量发展阶段，商品批发交易市场也面临转型升级、创新发展的迫切要求。认真回顾总结商品批发交易市场发展的历程和经验，厘清现存的矛盾和问题，前瞻未来发展的前景，对于促进商品批发交易市场平稳健康发展，更有效地服务实体经济具有重要意义。

一、我国商品批发市场体系发展的历程和基本经验

（一）发展历程

我国商品交易市场有广义和狭义之分。广义是指所有从事商品交易

的各类场所。狭义是指商品批发交易市场（以下简称商品批发市场），经政府有关部门和机构批准设立，有固定设施、有市场开办者、经营管理者和经营商户参与，主要经营生活消费品、生产资料等现货商品，实行公开批发交易并提供相关服务的交易场所。商品批发市场是我国流通的重要载体，关系国民经济发展和居民日常生活。伴随改革开放和经济社会发展40年的历程，商品批发市场大体经历了四个发展阶段。

1. 1979～1991年：初步发展阶段

20世纪80年代初，随着农村经济体系改革的推进，农副产品商品率明显提高，城乡集市贸易得到恢复和发展。1984年以后，伴随城市经济体制改革全面展开和价格改革的推进，商业流通体制改革首当其冲，在小商品价格放开，部分工业消费品实行浮动价格，生产资料价格实行“双轨制”的背景下，传统计划经济体制下的商品批发体系被打破，促进了一批初级商品批发市场的发育。如温州桥头纽扣市场、义乌小商品市场、武汉“汉正街”市场等都是在这一时期起步和发育的。此时各地批发市场规模和辐射能力不太大，多为“前店后厂”方式，处于自发、粗放的初步发展阶段。随着企业改革的推进，特别是乡镇企业异军突起，商品量大规模增加，亟须探索适宜的分销渠道和流通方式，进而为批发市场的迅速发展奠定了基础。到20世纪90年代初，批发市场建设步伐明显加快。大量农副产品、工业消费品和生产资料批发市场纷纷建立，各地政府也重视培育和发展批发市场，形成了一批规模大、辐射范围广的区域性或全国性中心批发市场，市场的功能和作用进一步发挥出来。

2. 1992～2001年：快速发展阶段

1992年邓小平南巡讲话推动了改革进一步深化。特别是党的十四大召开，确立了社会主义市场经济体制的改革目标。党的十四届三中全会明确提出“让市场对资源配置起基础性作用”，“建立全国统一开放的市场体系”，明确了市场体系建设的发展方向，促使90年代全国市场体系建设迎来新热潮。批发市场数量快速增加，流通规模迅速扩张，辐射范围持续扩大，出现了大量产地型、销地型和集散地型的农产品、工业消费品和生产资料批发市场，一大批重点骨干市场迅速成长起来。到20世纪末，基本形成了遍布城乡、多层次、多门类、广覆盖的商品批发市场体系；形成了以专业市场和综合市场共同发展的市场格局；形成了多种成分市场主体共同发展的态势，民营经济主体投资兴建的市场已占绝大部分。商品批发市场的功能得到进一步发挥，并在更大范围内配置社会商品资源，连接产需、深购远销、货畅其流。这一时期，农产品批发市场的经由率已达60%～70%；一大批与产业集群紧密配套的专业市场发展起来，为集群中的制造企业提供产前产中产后的系列服务，形成了产业制造和市场分销服务“双轮驱动”的格局。1998年亚洲金融危机对国内商品批发市场产生一定影响，部分市场进入低迷期，进入调整阶段。

3. 2002～2012年：持续发展和扩大开放阶段

2001年12月，我国正式加入WTO，对外开放进入新阶段。批发市场对外开放显著扩大。一批大型批发市场的外向度明显提高。例如，义乌小商品市场发展成为全球小商品采购中心，大量国外采购商在义乌常年采购经营，商品销往世界各地。义乌市场从“卖全国”进入“卖全球”阶段。2008年在应对全球金融危机影响的进程中，我国商品批发市场对外开放步伐进一步加快。2011年 3 月，国务院批复浙江义乌在转变国际贸易发展方式上先行先试，政府在市场采购贸易国际化方面给予支持和鼓励，旨在开拓国际市场，推动内外贸一体化发展。同时，一大批市场进入设施更新和功能提升阶段。多数市场加强信息化建设，促进商流、物流、信息流和资金流的结合。这一时期，全国批发市场数量扩张明显放缓，一些新型市场组织形式和交易方式开始出现，运用互联网和电子商务进行网上批发交易，创新批发模式，促进了一些大宗商品的高效流通。

4. 2013至今：商品批发市场转型升级、创新发展阶段

党的十八大召开和十八届三中全会通过了《关于全面深化改革若干

重大问题的决定》，明确提出“使市场在资源配置中起决定性作用”，促进了市场体系进一步建立和完善。同时，随着我国经济新常态的到来，经济增速放缓，下行压力加大，商品批发市场面临发展环境的变化和新的挑战。一方面，居民消费能力进一步提升，市场需求总量、结构和消费方式都发生重大变化；另一方面，供给侧结构性问题日益突出，市场需求与供给结构失衡现象有所加剧。与此同时，互联网和电子商务的快速发展和商业模式创新，引发了批发市场重构的客观要求，对传统商品批发市场带来较大冲击。加上国际贸易形势有所恶化，部分国家贸易保护主义强增，对我国部分出口商品加征高关税，使出口面临更大压力。另外，伴随城市化发展和城市功能的变化以及城市定位的调整，出现了一些城市的传统批发专业市场面临空间布局的调整和向外地疏解迁移的趋势。在此背景下，商品批发市场进入转型、升级、改造、创新发展阶段。

（二）发展背景和主要作用

1. 产生和发展的经济社会背景

我国商品批发市场的产生具有深刻的经济和社会根源。一是改革开放初期，联产承包责任制等农村改革的成功极大地释放了生产力，促进了农业增产和城乡集贸市场的恢复发展，也带动了城乡关系的重大调整。大量农村剩余劳动力从农村转移出来，商品批发市场成为承接农村劳动力转移的重要载体和平台。二是20世纪80年代初期乡镇企业异军突起，成为催生商品批发市场的重要动力。乡镇企业在较低产品档次和技术结构上，迅速弥补了当时商品供给不足的矛盾，较大的市场需求空间促进了乡镇企业的快速发展。到1984年，全国乡镇企业总产值已达到1731亿元，增长率高达70.21%。乡镇企业生产的大规模产品迫切需要寻找适当的市场分销渠道，由此促使批发市场应运而生并迅速发展。党的十四大确立了建立社会主义市场经济体制的改革目标，也极大地促进了各类商品批发市场的快速发展。三是大量分散的中小企业组织形式的特点决定了批发市场的产生和发展。这些企业由于自身规模的局限和企业产品结构的特点，使其无能力自建分销体系，也未能纳入当时“国合商业”的流通体系。而批发市场提供了众多原子式的小型商品经销商共享规模效益的聚集平台。批发市场集中了大量的买者和卖者，产销迅速对接，信息快速传递，商品价格和质量直接比较，在价格发现、提高信息对称性，降低交易成本，以及提供综合服务等方面显示了其特有的功能和作用，为众多中小民营企业找到一条有效的分销和流通交换的平台。四是批发市场经营的商品结构迎合了刚刚解决温饱的农村居民和城市中低收入居民的消费需求，从而获得了较大的发展空间，并随着城乡居民消费的提升，市场中的商品结构也不断升级。五是政府的支持是商品批发市场发展的催化剂。各级地方政府在促进当地批发市场的发展方面发挥了较大作用，成为地方批发市场迅速扩张的助推器。

以上因素的综合作用促成了我国商品批发市场的产生和发展。可以说，这是我国广大人民群众在建设中国特色的社会主义市场经济过程中的一个创举。

2. 主要作用

纵观40年的发展历程，商品批发市场在我国改革开放和经济社会发展中发挥了重要作用。

第一，扩大了内需，丰富和改善了城乡居民生活。农产品批发市场保障并丰富了居民生活的“菜篮子”“米袋子”和“果盘子”；工业消费品批发市场满足了城乡居民日常生活品的需求。建材家居市场和汽车交易市场不断发展，为百姓“住”和“行”的需求以及消费的升级创造了市场条件。

第二，丰富了商品流通模式，促进了大市场、大流通、大贸易的形成。商品批发市场品类齐全和小额批发等特点，是相对于传统订货会方式效率更高的分销模式。原子式的小型经销商的聚集使其共享规模效益，形成了独特的商流、物流、信息流、资金流聚集和结合的方式，一定程度上为解决分散的生产与需求之间的矛盾提供了有效途径，为商品分销提供了成本相对较低，效率明显提高的有效方式。

第三，为我国特色产业集群的发展提供了适宜的分销和服务模式。产业集群和“块状经济”带有我国产业发展的鲜明特色，专业批发市场作为产业集群的内生因子和重要组成部分，为集群提供全方位的服务，与制造业一起建构了独特的集群产业链、供应链和价值链，形成了生产制造与分销服务的有效生态系统。

第四，活跃了地方经济、带动了当地及周边地区的产业发展。批发市场产销一体化的特征，使得相当一部分产地型、销地型和集散地型批发市场带动了地方经济的发展、实现了建一个市场，带动一个产业，兴一方经济，富一方百姓的局面。

第五，吸纳了大量就业人口，促进了社会稳定和城乡二元结构的平稳转型。30多年来，各类商品批发市场吸纳了大量城镇人员和农村转移劳动人口就业。围绕一个大型批发市场的直接和间接就业人员可达几万人。批发市场还在指导生产、发现价格、综合服务等方面发挥了重要作用。市场信息网络的建立和供求信息的传递，及时向生产商提供市场供求动态，为其调整产品结构提供了依据。一些场内农产品批发价格已经成为引导生产的重要参考价格，还成为国家制定价格政策的重要参考依据。

（三）发展的基本经验

我国商品批发市场40年发展的基本经验可概括如下。

一是始终坚持市场化的改革方向。商品批发市场从发育的初期开始，就是以市场化为取向和发展目标。1992年，党的十四大确立了社会主义市场经济体制改革的目标，明确提出让市场配置资源发挥基础性作用，提出建立统一开放竞争有序的市场体系，党的十八届三中全会提出让市场配置资源发挥决定性作用，这些重大理论突破进一步促使商品批发市场的市场化发展方向更加坚定。

二是始终坚持尊重市场主体的探索和创新精神。我国商品批发交易市场的发展模式不是预先设计出来的，也不是照搬外国经验模仿来的，而是广大市场主体在改革开放的伟大实践中创造出来的，是体制和制度变革激发出来的，是市场的效率和效益激励出来的。当体制改革释放出蓬勃的生产力，当乡镇企业和民营经济快速崛起，当原有以国合商业为主体的计划经济流通体系“线断网破”之时，亟须蹚出一条新的路子，找到市场化、效率高的批发和分销渠道。由此从马路市场发育起步到软硬件设施不断改善，到功能不断提升的专业和综合性市场，到因地制宜的产地、集散地和销地市场，广大市场主体始终坚持积极探索、勇于实践和创新，不受制于任何条条框框，坚定不移地探索适合我国经济发展阶段性需要的批发市场形态。

三是始终坚持立足国情，探索中国特色的市场发展道路。我国商品批发市场与日本、韩国和欧洲等国家的发展模式不同。日韩等国多是以政府投资建设和管理的中央及地方批发市场为主，采取以中间商为主的市场会员制，多以拍卖方式进行交易。而我国则坚持立足国情，从经济社会发展的客观实际出发，采取以市场主体投资建设为主，政府部门实行日常监管的模式，坚持“谁投资，谁受益”的市场发展原则。改革初期，虽然有些批发市场由当地工商部门组织开办，但在20世纪90年代初期就已果断实行“管办分离”，工商部门不再开办市场，而是集中精力做好批发市场的日常监管。这种中国特色的市场发展模式整合了市场资源，调动了社会力量和广大市场主体的积极性，促使我国商品批发市场布局广、发展快、活力强。

四是始终坚持政府的支持和引导，鼓励大胆试、勇敢闯。40年发展的实践表明，商品批发市场的发展离不开各级政府的支持和引导。改革之初，在对“割资本主义尾巴”仍心有余悸的形势下，1979年，武汉市政府率先恢复“汉正街”小商品市场，发展个体私营经济，被誉为“对内搞活动典范”。80年代初，面对马路市场兴起的现状，义乌县委县政府正式颁布“红头文件”，明确规定允许各类市场主体摆摊设点经营小商品，鼓励大胆试、勇敢闯。由此使得“无中生有”的义乌小商品市场发育、发展和壮大，“点石成金”为全球小商品采购中心。同时，商品批发市场的发展还得益于地方政府的规划和优惠税收政策。长期实行的小规模纳税人制度（“包税制”），形成“放水养鱼”效应，使各类批发市场能够轻装前行，快速发展。各地政府和监管部门加以坚定地支持批发市场的发展，加以引导和提供多样化的公共服务，促使市场在活跃流通、引导生产、吸纳就业、带动地方经济过程中发挥了独特作用。

五是始终坚持循序渐进、与时俱进、创新发展。40年来，商品批发市场发展循序渐进。一些市场从马路市场、大棚市场开始发育，进而退路进厅，不断发展。始终坚持与时俱进，紧紧围绕市场的客观需求，不断自我扬弃和创新发展；从最初粗放无序的市场，到逐步规范交易、规行划市；从第一代初级市场到第八代现代化交易场所；从最初单一买方和卖方的集聚交易，到聚集商流、物流、信息流和资金流，实现价格发现和提供综合服务的交易场所；从自发的市场交易到自觉的监管有规、竞争有序、公平开放的市场载体；从最初多为个体主体办市场到发展成为规范的现代治理结构的公司化经营，我国商品批发市场不断扬弃糟粕，创新符合市场体系要求的市场形式、规则和诚信体系，创新更加规范的管理方式。随着技术进步和环境变化，新的市场形态不断涌现，交叉跨界，探索“市场+互联网”，实现线上线下融合创新和物流、支付方式的创新。正是与时俱进和不断创新，才使批发交易市场能适应不断变化的需求，实现持续发展。

六是始终坚持市场的统一和开放。商品批发市场的发展得益于坚持统一和开放，越是坚持做全国统一大市场，专业市场发展得就越大，配置资源的范围就越广，市场的影响力和竞争力就越强。例如，一些全国性的大市场不搞地域封锁，不设歧视性门槛，深购远销，货流四方。越是坚持对外更大幅度开放的市场，越是有其竞争力和生命力。义乌小商品市场和一些大宗商品批发市场就是典型范例。它们“买全球、卖全球”，拓展国际市场更大的发展空间，成为世界商品市场的重要组成部分。在“一带一路”的大背景下，一些批发市场对外开放的前景更加广阔。

二、商品批发市场体系发展的现状和新特点

（一）发展现状和新特点

截至2017年，我国商品批发市场总体上保持平稳发展态势，呈现出一些新的发展特点。

1. 覆盖城乡的商品批发市场体系已经形成

经过40年的发育和发展，我国已经形成了包括农产品、日用工业品和生产资料在内的、覆盖城乡和东中西部、多种经济成分经营、多样化的商品批发市场体系（见图1–1）。

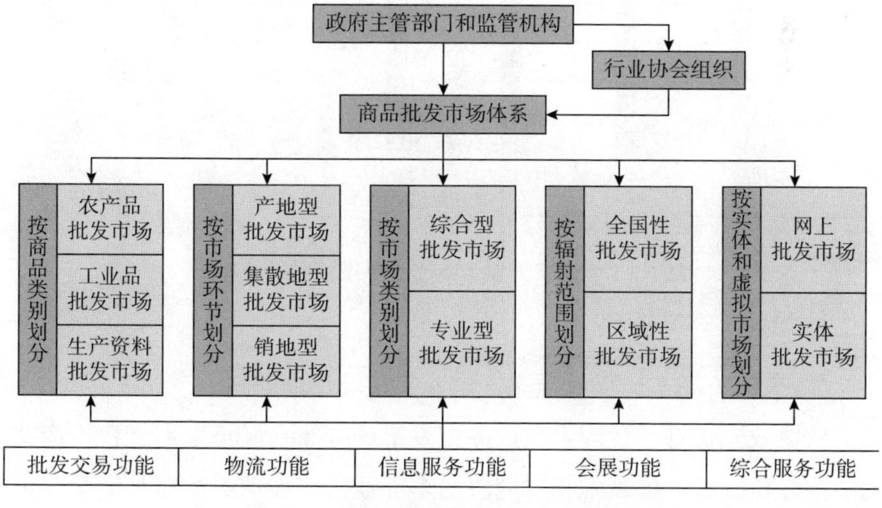

图1-1　中国商品批发市场体系结构图

2. 市场数量有所减少，交易额增速相对平稳

“十二五”以来，全国亿元以上商品批发市场数量逐年减少。从“十一五”末的4940个减少到2016年的4861个，表明市场数量快速扩张的阶段已经过去，集约化、规模化发展的趋势更为明显。同时，亿元以上市场的成交总额在增加，由2010年的72703.5亿元，增加到2016年的102139.7亿元，但增速有所放缓（见表1–1、图1–2）。

表1-1　　2010～2016年全国亿元以上商品批发市场发展情况

年份	市场数量（个）	总摊位数（个）	营业面积（万平方米）	成交额（亿元）
2010	4940	3193365	24832.3	72703.5
2011	5075	3334787	26234.5	82017.3
2012	5194	3494122	27899.4	93023.8
2013	5089	3488170	28868.3	98365.1
2014	5023	3534757	29567.9	100309.9
2015	4952	3468638	30065.7	100133.8
2016	4861	3457899	30023.4	102139.7

数据来源：国家统计局。

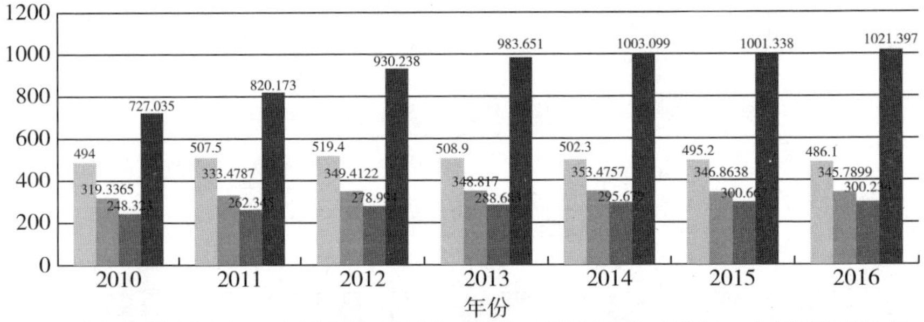

图1-2　全国亿元以上商品交易市场发展情况

数据来源：国家统计局。

3．东部市场占比仍然居高，中西部市场增速较快

从地域分布看，我国多数商品批发市场分布在经济发展较快、产业基础较好和流通基础设施相对完善的东部地区，如珠三角、长三角和京津冀地区，无论是市场数量还是交易总额，始终占有较高的比重。随着

国家区域发展战略的实施和相关政策的落实，以及制造业逐步向中西部地区梯度转移，中部和西部地区商品批发市场呈较快发展态势。从市场总量和交易额等重要指标看，东部地区市场占比仍然居高，但数量在减少。2016年，东部地区亿元以上市场数量由2010年的3011个减少到2843个；而同期西部地区亿元以上市场数量由655个增加到795个，且交易额增速快于东部地区，其市场成交额占全国总成交额的比重持续上升。东北地区由于近年经济增速放缓，出现了批发市场数量和成交额同时下降的情况（见表1-2、图1-3、图1-4）。

表1-2　　2010～2016年商品批发市场区域分布和发展情况

年份	东部地区		东北地区		中部地区		西部地区	
	市场数（个）	成交额（亿元）	市场数（个）	成交额（亿元）	市场数（个）	成交额（亿元）	市场数（个）	成交额（亿元）
2010	3011	51967.0	382	4852.8	892	8345.8	655	7538.0
2011	3072	57529.0	384	5376.6	937	9984.0	682	9127.7
2012	3125	65435.0	391	6113.1	961	11686.1	717	9789.5
2013	3037	68074.5	372	6209.1	939	12931.9	741	11149.6
2014	2986	69005.7	359	5759.7	906	13495.3	772	12049.3
2015	2909	68743.0	345	5494.2	901	13641.5	797	12255.1
2016	2843	69930.0	337	5378.1	886	14541.0	795	12290.6

数据来源：国家统计局。

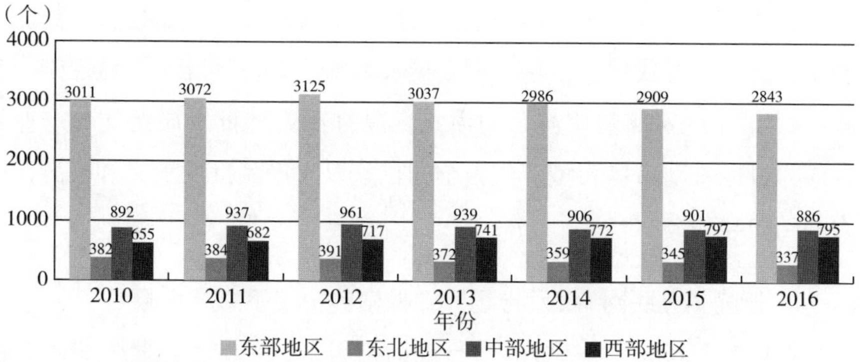

图1-3　全国亿元以上商品交易市场数量地区分布情况

资料来源：国家统计局。

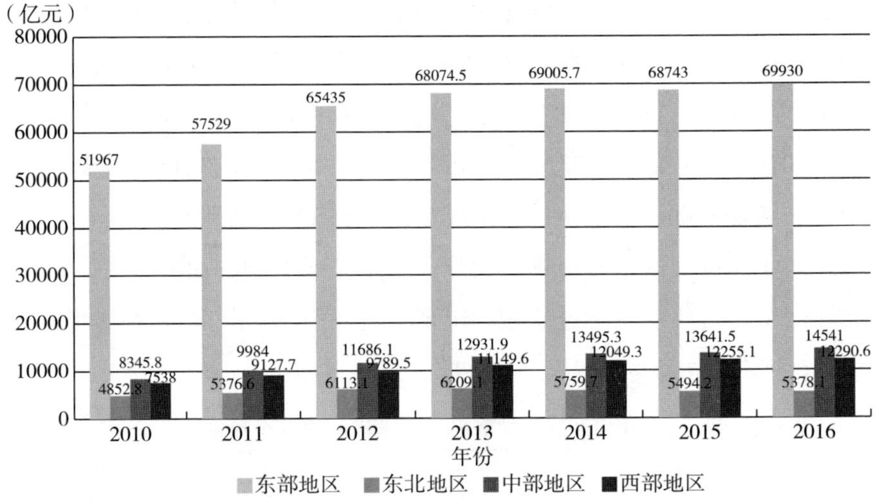

图1-4　全国亿元以上商品交易市场成交额地区分布情况

资料来源：国家统计局。

4. 各地积极探索市场转型升级的新方式和新路径

一是在市场软硬件设施改造更新中实现提档升级。例如，浙江绍兴轻纺城完成国际物流中心监控系统改造等重大项目，旨在全面改善物流系统，提升物流功能；广州白马服装市场投资千万余元完善基础设施，优化市场环境和软件设施。二是实现市场品牌化、标准化、连锁化发展。如红星美凯龙和居然之家等家居建材市场坚持品牌化发展，以泛家居主题购物中心形式实现传统批发市场的升级转型。三是通过“商旅文创”相结合的方式促进市场转型发展。如浙江舟山国际水产城探索“互联网+水产市场+商贸旅游”的模式，以打造大型批发旅游文化产业综合体为目标带动市场转型，成为全国首家以水产品批发贸易和旅游休闲为基础的4A级景区。

5. 尝试“互联网+批发市场”，探索线上线下融合发展

在国务院推进“互联网+”行动的指引下，一些商品批发市场积极探索“互联网+”，其路径与方式呈多样化趋势。一种类型是批发市场自建电子商务平台，依托市场的经营户和商品资源，将实体商铺与线上

网店有效连接，为商户提供线上展示、导流，开展网上交易。如北京锦绣大地农产品批发市场自建“锦绣云集”电商平台，引导2000多家批发商户入驻，在网上提供优质、可溯源的农产品，并提供全方位服务，实现产地与销地市场、优质农产品与市场需求的精准对接和市场效益提升[①]。依托义乌小商品城建立的“义乌购”平台，实现将义乌市场实体店铺全部进入“义乌购”平台（监管部门核准平台上的网商执照）。商户在平台上展示和发布商品信息、管理订单、实现全天候在线交易，实现市场商户与国内批发、采购和零售商户的对接，形成线上和线下、有形和无形市场的融合。另一种类型是实体批发市场与大型电商平台合作，探索线上批发新业态。运用“互联网+专业市场”的模式，通过大数据优势促进市场和商家线上连接，实现市场转型（见专栏1）。

专栏1　专业市场与电商平台合作探索“互联网+批发市场”

《国务院关于积极推进“互联网+”行动的指导意见》（国发〔2015〕40号）中提出，要“积极利用电子商务平台优化采购、分销体系，提升企业经营效率。推动各类专业市场线上转型，引导各方整合资源”。

阿里巴巴1688网是全球B类用户采购批发平台之一。近年来与一些大型专业批发市场合作，积极探索“互联网+批发市场”新模式。例如，1688网与杭州四季青的中纺中心服装市场、杭派服装服饰城等签订了合作协议，在支付宝云市场为两家市场建立了品牌市场专区，为批发市场内所有商户提供集中的展示和交易，实现线上线下店铺联动。批发市场的商家可用手机开通阿里微店，及时将实体店面的货品信息上传进入云市场，由云市场推荐给全国专业买家。同时，还为买家提供多渠道网上交易途径，优化实时便利交易流程。力求更加精准地实现供求对接，提高线上线下市场的整体效

① 资料来源：中国市场学会批发市场专业委员会《2017年批发市场发展报告》。

率。与互联网平台的合作也提升了线下实体批发市场的专业化服务水平，带动了营销培训、信用评价、检验认证和配套服务等市场管理的创新。

6. 批发市场内外贸融合发展及“走出去”取得新突破

近些年来，一些商品批发市场开始向内外贸融合发展转型。一是以交易市场为主体，组织场内商户和企业与国外、境外专业市场和相关机构建立常态化交流机制。如广州白马市场与韩国东大门市场协会建立交流机制，组织商户参与国外交流。江苏东方丝绸市场组织商户参加国外专业展会，推介国内商品。二是市场整合多种资源，积极参与“一带一路”建设。如新疆华凌商贸城整合国内外资源，在格鲁吉亚首都第比利斯市建设集批发零售和国际贸易于一体的国际商贸广场。三是通过举办国际贸易洽谈会增加国际采购规模。如辽宁海城西柳市场举办“进出口贸易洽谈会”，吸引了20余个国家和地区的参展商、采购经销商参加，为开拓国际贸易搭建平台。四是一批大型专业批发市场积极采用“市场采购贸易方式”扩大外贸出口。经国务院批准，商务部会同有关部门自2013年—2018年已先后分3批在浙江义乌小商品城、江苏海门叠石桥国际家纺城、浙江海宁皮革城、江苏省常熟服装城、广东省广州花都皮革皮具市场、山东省临沂商城工程物资市场、湖北省武汉汉口北国际商品交易中心、河北省白沟箱包市场等8家市场开展市场采购贸易方式试点。试点激发了这些批发市场的活力，在外贸创新发展方面取得积极成效（见专栏2）。

专栏2　　创新“市场采购贸易方式”

“市场采购贸易方式”是指由符合条件的经营者在经国家商务主管等部门认定的市场集聚区内采购的、单票报关单商品货值15万（含15万）美元以下，并在采购地办理出口商品通关手续的贸易方式。这是为专业批发市场“多品种、多批次、小批量”的外贸特点量身定制的贸易方式，使得小批量交易行为可以合法、便捷地申报出口，更好地满足中小微企业的出口需求，是一种创新的国际贸易方式。

市场采购贸易方式主要的政策创新点：一是按照“特定区域、特定主体和特定通关地”明确了市场采购贸易方式实施要件；二是进一步简化了市场采购出口商品增值税征、退管理方式；三是进一步提高了市场采购出口商品通关便利；四是积极推进商品国际贸易汇兑制度创新，允许市场采购贸易采用人民币结算，对市场采购贸易外汇收支实施主体监管、总量核查和动态检测。市场贸易采购方式试点有利于探索形成新的管理模式，形成可复制、可推广的经验，进一步促进外贸创新发展。

7. 城市功能定位和规划布局调整促使一批商品批发市场在疏解和搬迁中转型升级

2017年，我国城镇化率达到58.52%，户籍人口城镇化率达到42.35%。随着城市的发展和城市规模的扩大，以及全国中心城市和城市群的形成，空间规划调整使得一些批发市场外迁成为必然趋势。一是城镇化持续推进，城市形态和外延迅速扩大，一些批发市场所在地已变为主城区，加上新型交通网络格局的变化，已不适应城市空间布局的新要求；二是“大城市病”凸显，亟须功能优化调整、纾解城市非核心功能；三是城市化带动土地价值不断攀升，占地面积较大、物流、仓储较多的传统批发市场难以承受不断上升的租金；四是城市节能环保要求提高，对批发市场物流运输及排放约束增强。同时，区域经济一体化、城市群的协同发展，城市定位调整、在更大范围内配置资源的内在动力，都对传统批发市场的空间布局调整和迁移提出了客观要求。例如，随着《京津冀协同发展规划纲要》的出台和实施，京津冀的功能定位发生重要变化。经中央批准的《北京城市总体规划（2016年—2035年）》中明确北京城市建设“四个中心”（全国政治中心、文化中心、国际交往中心、科技创新中心）的核心功能，并提出调整疏解非首都核心功能的任务。北京批发市场的外迁和纾解取得突破性进展（见专栏3）。

专栏3　北京市对商品批发市场进行有序纾解

北京市坚持把有序疏解非首都功能作为优化提升首都核心功能、解决北京“大城市病”的先导和突破口。其中，对占地面积大、人流大规模聚集，物流运输量和排放量不断增大的各类批发市场向中心城区之外和外省市区集中疏解和搬迁取得突破性进展。在2016年疏解117家各类商品批发市场的基础上，2017年上半年共完成疏解提升市场131个。动物园商圈内的批发市场已全面关停；大红门商圈内的市场除5家市场就地转型升级外其余全部完成关停、腾退和搬迁工作。“天意”“万通”等批发市场也已经关停。其相关物业已向科技和高端服务业转型。

为承接北京商品市场疏解和搬迁，一些环北京的河北省城市，按照京津冀一体化协同发展战略规划，投资兴建了多家大型多功能现代化新型商品批发市场，力求实现转型升级。在硬件设施信息化建设、互联网应用和创新市场管理等方面下功夫，为承接北京非首都功能转移起到实体支撑作用。

（二）商品交易市场现存的突出问题和局限性

第一，一些市场存在盲目发展的情况。近些年来，一些地方存在批发市场体量越建越大、经营面积越来越大、投资规模越来越大的现象，其结果或者是“有场无市”，造成社会资源的浪费；或者是经营雷同，同质化严重，缺乏特色，影响了市场功能和作用的发挥。

第二，传统交易方式仍占主流。目前，仍有相当一部分商品批发市场停留在传统现场、现金、现货的对手交易模式。部分市场缺乏规范管理，现代企业组织制度建设不足，仍未摆脱低水平、低档次经营的状况。面对电商的渗透和竞争，部分市场难以应对，交易量出现明显下降趋势。

第三，市场信息化建设不足。虽然一些批发市场铺设了宽带，安装了电脑，商品也已上网陈列，但是，信息化水平仍然较低，数字驱动力明显不足，甚至存在“有电脑缺商务”的现象。电商带来的快捷、便利、高效、低成本未得到真正体现，难以适应市场需求和竞争格局的变化。

第四，市场管理人才普遍缺乏。一些市场管理人员熟悉传统市场方式的运作，但对现代流通模式和现代企业管理方式了解较少。市场交易人员素质参差不齐，制约了市场的发展。

第五，部分市场绿色、环保、可追溯体系尚不健全。有的农产品批发市场缺乏严格规范的商品检测流程；有的市场虽然设有快速检测装置，但因为市场不具备处罚权力，即使检测出不合格产品也无权处理和销毁；一些市场缺乏必要的商品可追溯体系。

第六，打击假冒伪劣商品尚缺乏有效机制。一些批发市场中仍存在假冒、仿冒商品等侵权行为。打假成本高，且缺乏有效的打假和保护知识产权的制度安排。

三、新时期商品批发市场转型创新发展的方向和趋势

在我国现阶段，供求两端高度分散的市场格局是批发市场形成的产业基础，品类齐全和小额批发模式是批发交易市场存在的主要依据。这样的基础和条件目前尚未发生根本性改变，电商对传统批发市场虽然带来很大的影响，但尚不能完全替代批发市场形式。但是，发展环境和市

场需求的变化，也对我国商品批发市场提出了严峻挑战，将倒逼商品批发市场转型升级和创新发展。未来商品批发市场将呈现转型升级和创新发展的新趋势。

（一）批发市场形态的转型趋势

一是向城市商业综合体转型。即将商业、办公、居住、酒店、展览、餐饮、会议、娱乐等城市生活空间中部分功能进行组合，并在各部分之间建立一种相互依存、互动的能动关系，从而形成一个多功能、高效率的综合体。目前一些新建的大型批发交易市场已经出现这种趋势。原有的规模较大的部分批发市场也力求通过升级改造，向商业综合体方向转型。但这种转型需要具备一定的条件。例如，市场多建在城市交通便利、人流相对聚集、商业氛围比较浓郁的城市地带，应避免不顾客观条件的盲目转型。

二是向商业主题购物中心转型。红星美凯龙和居然之家是其典型代表。其商业形态与传统批发市场已有较大区别，不仅表现在硬件设施上，还体现在整体购物环境、体验式氛围、综合服务功能和统一活动组织实施等方面。而且批发交易占比明显下降，零售占比大幅上升。这类市场的赢利模式虽然仍以租金收益为主，但已实现统一收银、先行赔付、统一服务标准、统一诚信体系等。这类市场多以家具、家居、精细型建材等对展示、体验和消费场是要求较高的商品经营为主。目前这类市场转型数量在不断增加。

三是向综合商场型市场转型。北京百荣世贸商城等具有这种形态特征。由于北京市要求带有大规模仓储物流功能的批发市场向外疏解，因此倒逼一些原来的批发市场转型。这类市场转型形态虽然仍是综合性的，但已转向以城市居民的零售消费为主，并更多向展示、体验和新产品发布、产品设计等综合经营方向发展，其管理模式、服务方式也发生相应变化。这种转型适用于一些大中城市的百货服装等专业市场。但在电商的分流下，这类市场转型后对经营特色要求较高，要努力寻求与电商和百货商场的差异性，更加注重消费的体验性。

（二）批发市场类型的分化趋势

随着市场环境和竞争格局的变化，一些商品批发市场未来会出现分化的趋势。

一是农产品批发市场的资源整合和数字化驱动趋势。未来解决我国农产品小规模生产组织与大市场的对接问题，解决南北方农产品长距离、宽半径、广集散以及分拨和组合的客观需求，农产品批发市场仍有较大发展空间。但市场形式和经营内容将发生改变。包括加大市场信息系统和大数据建设，使农产品供求信息更加对称，指导生产和流通；提升市场的集聚效应，提升供求匹配度和产需更加精准的对接能力；建立有效的可追溯体系，提高进场商品的快速检测能力，建立必要的处罚机制。同时，加大线上线下融合交易的程度，形成新的批发交易方式。

二是工业消费品批发市场将出现向多种形态分化的趋势。实践表明，工业消费品批发市场的优势在于品类品种齐全，商品丰富，“一站式”购齐，客户选货、组货的选择空间大。在供求两端主体都高度分散的情况下，这一优势更为重要。未来这类市场的转型变化趋势是：一类市场向行业工厂店聚集的商品展贸中心转变。这在与产业集群配套紧密的“产地型”市场表现得更为明显。例如广东古镇的灯饰市场、浙江绍兴轻纺城、常熟的服装城、广东佛山的装饰陶瓷市场等都具有这类特点。市场与制造业紧密结合，成为工厂店聚集中心，其商品展示、洽谈、贸易功能进一步凸显。未来这类“产地型”市场仍有一定发展空间，而且自身还将不断演化、升级。另一类市场是进一步发展成为聚集全国甚至世界商品资源的展示、采购和贸易中心。如义乌小商品市场是典型模式。其特点是辐射范围更广，经营种类不断增加，服务配套能力和外向度进一步增强。再一类是线上线下结合的市场，实体市场更注重线下体验和物流功能，线上集中导流和交易功能增加。如杭州四季青服装市场与大型电商结合，实现线上线下交易。市场以女装为主，多达上万个款式，产品齐全、具有更强的线下体验性。

三是大宗商品和生产资料市场将呈现平台化发展趋势。大宗商品批发市场具有价值量大、标准化程度高和交易对象相对集中、产（经）销关系相对稳定等特点。这类商品通过互联网进行电子商务将更加便捷、高效，信息更加对称。未来这类批发市场将以平台化电子交易为主，实体市场将向生产资料的加工、物流配送和为交易双方提供综合服务的专业物流园等方向转变。

四是非标化商品市场向管理和经营全面提升转型。如珠宝首饰、文化产品和工艺品等需要现场看货、选货、组货，检测真伪、选择款式、查看品质和工艺质量，等等。因此，非标化商品对实体市场的依赖度相对较高。市场的管理和综合服务能力亟须提升。

五是批发市场内部功能呈分化的趋势。传统的批发市场具备商流、物流、信息流集中的特点，并且由于聚集了大量的买者和卖者，也是价格发现和信息聚集中心。然而，随着互联网的强劲渗透，实体批发市场中的商品纷纷“上网”，原有的市场功能出现分离。商品展示、价格发现和比价功能最易在网上实现，特别是一些B2B的批发业务和大宗商品的交易适宜在网上交易，形成公开透明的价格。同时，商流与物流将出现分离。商流可以在网上或者在实体市场的店铺看样订货来实现，物流则可直接从生产地发出，使流程更加合理、高效节约成本。

（三）各类市场的融合与创新发展趋势

一是线上线下融合发展。未来这种融合将更加广泛，更具实质性内容。互联网与实体批发市场的结合，使得基于网上的批发平台可以突破线下门店的物理空间和交易时间的限制，实现海量商品在线交易，还可通过搜索、分类索引，让寻货、组货更加快捷，提高效率。同时，通过交易在线化，建立评价和信用体系，倒逼商户改善品质、加快交货期。未来在咨询、交易、结算、以数据驱动为特征的线上定制和线下的实体体验、展示和交流，线上线下融合将进一步加深。

二是不同业态和服务方式的融合，即交叉跨界。例如，一些家居市场中引入咖啡、书法文化等经营内容，陶瓷市场中引入DIY的陶瓷制作和体验馆等。

三是“商旅文创”之间的融合。一些专业市场在商品交易的同时，着力促进商业与旅游和文化创意产业结合。有的市场向特色小镇方向发展。例如，浙江桐乡羊毛衫专业市场利用已形成的知名度和吸引力，着力打造购物+休闲+旅游目的地的经营模式，以羊毛衫加工批发为特点，并开发利用自身的水乡资源建设宜居小镇，吸引江浙沪等地的客户群体来此购物、休闲和旅游，促进了专业市场的发展和特色小镇的繁荣。

四是上下游产业链的融合和延伸。一些商品批发市场通过供应链有效连接生产和流通各环节，并通过供应链金融增加市场服务功能，为中小微企业服务。部分建材家居市场谋求产业链的整合和延伸，将商品销售与家庭装饰装修有机结合，提供全链条的服务和家装整体解决方案。汽车市场向购车一条龙综合服务延伸，将购车、保险、上牌、保养等综合服务打包提供。

（四）市场空间调整和布局的优化

随着城市化的推进和城市功能及规划的调整，一些城市商品批发市场的空间调整仍将继续。一种趋势是向本城市的郊区和城乡结合部迁移，解决城市核心区“腾笼换鸟”的问题。同时，也解决城市交通紧张、仓储物流设施不足等问题。另一种趋势是向城市以外迁移，如北京、上海等特大城市，一些批发市场迁移至周边地区。未来市场的空间变化不是简单的地理空间的挪移，还会伴随迁移出现转型升级和形态创新。一些市场整体迁移，也有一些市场商户融入其他市场，还有的市场在迁移中已不复存在。同时，市场在空间迁移中完成转型和升级。不仅是硬件设施的更新，更包括市场整体功能的提升；也有的市场业态发生改变或与其他业态实现融合。

四、促进商品批发市场转型升级和创新发展的政策建议

一是进一步深化改革，切实转变政府职能，完善“放管服”的制度安排，建立公平竞争的保障机制，打破地域的市场分割和封锁。优化批发市场发展的营商环境并加强市场监管，维护公平竞争秩序。

二是有效发挥市场机制作用，创造市场资源自由流动的机制。让市场在配置商品资源中发挥决定性作用。更好激发市场微观主体的活力。

三是加强地方政府对商品批发市场的规划引导，防止市场盲目发展和过剩供给。通过市场竞争的力量，对已有实体市场进行整合，鼓励规模大、辐射面广、实力雄厚的大型批发市场以控股、参股或建分市场的形式，跨地区兼并市场，或以联合体的方式增强市场协同发展，提升辐射功能。

四是促进商品批发市场组织形式的创新和规范。引导市场开办主体建立现代企业制度，规范内部治理结构，提高企业经营管理能力。促使场内经销主体向股份制、有限责任公司等经营机构转化，培育适应现代市场流通方式的经营主体。

五是完善政府监管职能，适应线上线下交易和平台型市场交易和服务创新的变化，提高综合监管水平。加强市场诚信体系建设，形成诚信企业畅通无阻，失信企业处处受限的社会信用氛围。依法保护市场各方主体的合法权益。

六是完善商品批发市场法律法规，强化标准体系建设。发挥各类行业协会对市场发展的促进和自律作用。

七是政府主管部门适时推出一批转型升级示范市场，加强经验总结和示范引导；完善商品批发市场转型升级、绩效评价体系；完善重点市场联系制度和相关工作机制，促进批发市场规范发展。

八是加强对市场秩序的治理和知识产权的保护，严厉打击侵权行为。畅通消费者维权渠道，建立和完善消费纠纷调解处理机制，切实保护消费者的合法权益。

执笔：任兴洲

参考文献

[1] 十八届三中全会通过的《关于《中共中央关于全面深化改革若干重大问题的决定》，2013年11月12日

[2] 国务院办公厅印发《关于促进内贸流通健康发展的若干意见》，国办发〔2014〕51号，2014年10月24日

[3] 任兴洲.建立市场体系：30年市场化改革进程.北京：中国发展出版社，2008

[4] 中国市场学会批发市场专业委员会.2017年中国批发市场发展报告，2018

第二章

中国消费品市场建设与发展40年

改革开放40年以来，消费品流通领域逐渐成为市场化程度最高、对经济增长贡献巨大、就业吸纳能力最强的市场领域。作为连接生产与消费的关键环节，消费品市场始终是中国市场化改革开放的前沿和引领，经历了从无到有、从小到大、从发育到逐步成熟、从封闭到全面开放、从追赶到领跑的历史转变，已经成为全球最大规模的消费品市场，在推动中国经济稳定运行、引领消费变革、促进经济增长中发挥了“压舱石”和“推进器”的作用。

一、中国消费品市场改革开放的历史进程

（一）市场发育与起步发展阶段（1979～1991年）

1978年12月，中国共产党十一届三中全会作出了中国进行经济体制改革的决定，在“计划经济为主，市场调节为辅”的思想指导下，消费品市场率先开始得到恢复。1984年党的十二届三中全会通过的《中

共中央关于经济体制改革的决定》指出，社会主义经济是“在公有制基础上的有计划商品经济”，并明确提出“加强建立和培育社会主义市场体系”。以此为标志，商品流通体制改革进入了“计划调节”与“市场调节”并重的阶段，为消费品市场发育和起步发展打开了制度空间。

第一，培育多元化市场主体。通过扩大国营商业企业的经营自主权，推行经营责任制和承包制，在小型国营商业企业和供销社推行“官办”改“民办”“国营”转“集体经营”或“个人租赁经营”，恢复发展集体和个体商业，初步形成包括国营、集体、个体及合营在内的多元化市场主体。进一步，在普遍实行“利改税”和全面推行企业经营承包责任制的基础上，在国营大中型商业企业中推进转换企业经营机制，实行经营、价格、分配、用工“四放开”，给予企业自主经营权力，逐步确立了企业自主经营的市场主体地位；与此同时，继续放开小型国营商业企业，在“改、转、租”的基础上试行拍卖和兼并，加快所有权和经营权转换；明确允许个体、私营企业从事商业及居民服务业。

第二，改革消费品的计划管理和流通体制。一方面大幅度减少由原商业部管理的消费品种类，从1978年的274种，减少到1984年的60种，并取消了日用消费品统购包销制度，实行统购包销、计划收购、订购和选购等多种购销形式。另一方面，将工业消费品按城乡分工的管理与流通体制，改为按商品分工、城乡通开的体制；除指令性计划商品外，允许各级批发企业自主经营，以及工业部门自销；允许批发、零售企业批零兼营，逐渐打破了消费品由国家统一收购、分配和调拨的传统流通体制。

第三，调整不合理的比价和差价体系。大幅度提高18种主要农副产品收购价格，允许部分农副产品实行议价，部分行业的工业消费品实行浮动价格，逐步放开160种小商品价格等，初步改变了价格管得过死、不能发挥价格杠杆作用的状况。

第四，培育消费品市场体系。在加强零售及服务网点建设的同时，恢复了城乡集贸市场，开始建设小商品批发市场和贸易中心。

第五，调整消费品流通管理体制。撤销原商业部、粮食部、中华全国供销合作总社，组建新的商业部，成为负责全国消费品流通和零售市场发展的政府主管部门。

虽然，这一阶段的改革在一定程度上冲击和松动了消费品计划流通体制，但还不是真正意义的市场化改革，只是在计划体制之外冲开了一条新路，从表层上纠正和消除了一些计划体制的弊端。因此，这一阶段消费品市场的发育还极其缓慢和脆弱，但为下一步市场化改革的全面展开和消费品市场快速发展创造了条件。

（二）全面改革与市场快速发展阶段（1992～2000年）

1992年初邓小平同志南巡讲话和党的十四大及十四届三中全会之后，中国确立了建立社会主义市场经济体制的改革目标，提出了建立“统一开放、竞争有序的市场体系”的改革任务，推开了真正意义上流通领域的市场化改革，为商品市场体系的大发展提供了政策和制度保障，并由此推动中国消费品市场迈上了快速发展的新阶段。

第一，深化国有流通企业体制改革。通过在流通企业中建立现代企业制度、实行股份制改造、完善承包经营责任制，使大中型流通企业经营活力进一步提升；通过在小型国有商业企业中实行“改、转、租、包、卖、并”等多种方式，使一批国有资本退出了流通领域，促进民营、私营及各种所有制流通企业的快速发展，促进消费品市场多元化竞争格局的加快形成。

第二，逐步推进零售领域对外开放的试点。1992年，我国开始进行商业零售领域对外开放的试点，在北京、上海、天津、广州、大连、青岛和五个经济特区各试办一至两个外商投资商业企业。在试点取得经验的基础上，1999年6月，由原国家经济贸易委员会和对外贸易经济合作部联合发布了《外商投资商业企业试点办法》，以加强规范各地商业领域吸收外资的试点工作，并将设立中外合营商业零售企业的试点地区扩大到所有省会城市、自治区首府、直辖市、计划单列市和经济特区，暂不允许外商独资设立商业企业。

第三，继续缩减消费品计划管理的种类和加快价格改革。除少数涉及国计民生商品仍由国家计划管理外，计划管理的消费品种类进一步缩减至12种，各地消费品定量供应的票证陆续停止使用和取消，市场调节价格在全社会消费品零售总额中的比重已达93.2%。最为重要的是，这一阶段全面放开了粮食购销价格，实现了粮食的市场化经营，结束了长达40年的粮食统购统销制度。

第四，消费品市场建设掀起新高潮。全国各种商业、服务业网点建设速度加快，大多数城市结合城市规划，对商业街区进行了大规模的改造和新建，兴建了一大批现代化的大型商场、饭店和购物中心，各类贸易中心、专业市场和期货市场的建设步伐也不断加快。仅1992年全国市场建设资金就突破百亿元大关，超过1986～1991年6年间的投资总和。

第五，市场管理体制进一步变革。在1993年国家机构改革的过程中，撤销原商业部和物资部，组建了新的国内贸易部，成为主管全国商品流通的职能部门，开启了发展大市场、大流通和大贸易的宽广之路。

总体来看，这一阶段的消费品市场的改革与发展，无论在深度上、广度上和速度上都是前所未有的，使得消费品市场成为中国市场体系改革与建设的重要引领。

（三）市场开放与转型创新阶段（2001～2012年）

第一，形成全面对外开放的新格局。2001年底我国加入世贸组织，在零售业领域开放方面做出承诺，除化肥和汽车零售业之外，在5年之内取消全部限制之外，其他地域、控股等方面的限制将在三年之内取消。至2004年底，零售行业基本实现了全面对外开放。2006年，商务部下放外商投资商业领域的部分审批权至省级商务主管部门；同年，国家

6部委出台《关于外国投资者并购境内企业的规定》，进一步放宽并购门槛。行政审判权的下放和并购门槛的放宽为外资零售业进入中国消费品市场提供了更加便利的条件和法律法规依据。这一时期，我国零售领域的外商投资规模大幅度增加，开店速度明显加快，并购活动更加频繁。

第三，零售业现代化发展不断加速。伴随消费品市场的全面开放和城乡居民消费的升级，超市、百货、购物中心、折扣店、便利店、专业店、专卖店、无店铺销售等现代零售业态①相继进入中国消费品市场，并呈现蓬勃发展势头，带动了连锁经营、电子商务、物流配送等现代流通组织方式和运营模式的快速发展，也促进现代化商业设施的大规模建设和POS系统等现代零售技术装备的广泛应用，基本形成业态类别齐全、连锁化、规模化、现代化发展的态势。

第三，“互联网+”流通创新开始起步。随着现代信息技术和互联网在我国的快速普及，消费品市场领域的电子商务应用取得了飞速发展。特别是自2003年以来，阿里巴巴集团成立淘宝网，京东公司成立，出现了大量互联网电商企业进军网上零售市场的发展热潮，推出了B2B，B2C，C2C等新商业模式和支付宝等支付方式的创新，创造了全新的互联网零售生态，推动中国网上零售市场进入高速发展时期，2008 ~ 2012年，中国网络零售市场年均增速超过50%，涌现出阿里巴巴、京东等一批世界级的互联网领先企业。

第四，继续推进流通改革。大力推进国有流通企业改组、改制，推进现代企业制度在国有流通企业的建立；鼓励企业跨行业、跨地区、跨所有制的资产重组，鼓励多种资本参与国有流通企业的改组。培育大型商贸流通企业，鼓励和支持支持中小商贸流通企业发展。鼓励有竞争力的大型流通企业通过参股、控股、兼并、收购等多种方式进行市场扩张，金融机构在扶持流通企业做大做强方面给予充分的资金支持。

第五，农村流通改革大力推进。国家高度重视农村现代流通业的

① 参见国标《零售业态分类（GB/T18106-2004）》，中国标准化委员会。

发展，颁布一系列政策措施鼓励农村流通业发展，以搞活农村流通业发展、开拓农村消费品市场。2005年，商务部启动“万村千乡市场工程”，通过安排财政补贴引导城市流通企业向农村延伸，发展“农家店”。同时，商务部会同国家开发银行印发了《关于进一步支持农村市场体系建设的通知》，在国家开发银行对流通业提供的500亿元政策性贷款中，专项安排100亿元用于支持农村市场体系建设。2007年推动“家电下乡”计划试点，2008年，财政部、商务部、工业和信息化部印发了《关于全国推广家电下乡工作的通知》，推广试点范围。上述政策的出台极大激活了农村消费市场，推进了城乡流通业一体化发展进程。

第六，市场管理体制改革进一步深化。2003年进行国务院机构改革，调整政府职能部门设置，撤销了国家经济贸易委员会、对外贸易经济合作部，组建商务部，同时管理国内贸易和对外贸易。至此，国家从行政管理体制上结束了内外贸分割的状态，为推进内外贸一体化进程奠定了基础。同时，强调转变政府职能，重点发挥政府的服务职能和引导监督职能。

（四）开启全面创新与高质量发展阶段（2013至今）

党的十八大以来，中国经济发展进入增速放缓、动力转换及结构调整的转型阶段，从高速增长转向高质量发展的特征开始显现，对加快完善社会主义市场经济体制提出了更为迫切的要求。由此，中国市场经济发展进入全面深化改革的新阶段，并开启了现代化市场体系市场建设和高质量发展的新征程。

首先，确立建设现代化市场体系的新目标。十八届三中全会通过了《关于全面深化改革若干重大问题的决定》，明确提出“让市场配置资源发挥决定性作用和更好发挥政府作用”，要求“加快完善现代市场体系”。党的十九大进一步提出“要建设统一开放、竞争有序的市场体系，实现市场准入畅通、市场开放有序、市场竞争充分、市场秩序规范，加快形成企业自主经营公平竞争、消费者自由选择自主消费、商品和要素自由流动平等交换的现代市场体系”。为新时代中国加快包括消费品市场在内的现代市场体系建设明确了改革和发展的新目标。

其次，加快建立公平开放透明的市场规则和法治化营商环境。在自贸区和部分地区试点探索的基础上，2017年开始全面实施市场准入负面清单制度，放宽市场准入限制，深化以“放管服”为主要内容的商事制度改革，推进国内贸易流通体制改革，建设法治化营商环境，激发各类市场主体活力。

第三，积极鼓励创新创业，创新驱动发展格局加快形成。积极支持“大众创业、万众创新”，推动“互联网+”、大数据、云计算和人工智能等现代信息技术在各行各业，特别是消费领域的加快应用，在消费品市场领域催生了一系列新业态、新行业、新商业模式的发展，带动传统零售行业加快互联网应用和创新，为消费品市场发展注入了资本、技术、数据和高层次创新人才等创新要素和动力，形成了消费品市场创新驱动发展的新格局。

第四，改革市场监管体系。实行统一的市场监管，清理和废除妨碍全国统一市场和公平竞争的各种规定和做法，严禁和惩处各类违法实行优惠政策行为，反对地方保护，反对垄断和不正当竞争。强化对知识产权和消费者权益的保护力度。建立健全社会征信体系。健全优胜劣汰市场化退出机制。

二、改革开放40年中国消费品市场发展的巨大成效

过去的40年，中国消费品市场得到了长足发展。伴随市场规模的不

断扩大，消费品市场竞争日益充分，对外开放水平持续提高，市场秩序日渐完善，在市场化、组织化、现代化、国际化、规范化等方面取得了巨大的改革和发展成效，实现了向全球消费品市场大国的跃升，为推动中国经济稳定运行、引领和扩大消费、促进经济增长中发挥了极其重要的作用。

（一）市场规模持续扩大

改革开放40年，是消费品市场快速发展的40年。我国社会消费品零售总额总体规模持续上升，由1978年的1558.6亿元上升至2017年的366261.6亿元，增长约43倍[①]；扣除价格因素，40年来我国消费品市场平均增长率达9.69%。

从增速上看，在市场发育与起步发展阶段（1978～1991年），社会消费品零售总额的增速呈现出较为剧烈的波动；在全面改革与市场快速发展阶段（1992～2000年），消费品市场发展进入新一轮发展高潮，甚至出现了市场过热和随之而来的调整，社会消费品零售总额增速呈现前三年高速增长、后续大幅度调整的倒V型特点；在市场开放与转型创新阶段（2001–2012年），我国消费品市场迎来了黄金发展阶段，除2008年受全球进入危机影响有所回调外，社会消费品零售总额增速呈现持续快速上升的发展态势；在开启全面创新与高质量发展阶段（2012至今），我国消费品市场逐渐步入成熟期，社会消费品零售总额增长逐步回落至稳定增长区间，2013～2017年年均增速为10.21%，扣除价格因素的增速为8.52%，仍高于GDP增速1.6个百分点。这表明，经过改革开放40年的发展，中国消费品市场正在告别高速发展阶段，开始走向稳定增长、结构升级、创新驱动的高质量发展阶段（见图2–1）。

① 1992年以前为社会商品零售总额，包括农业生产资料零售额。1992年以后，改为社会消费品零售总额，自1997年起社会消费品零售总额中已不包括居民购买住房。

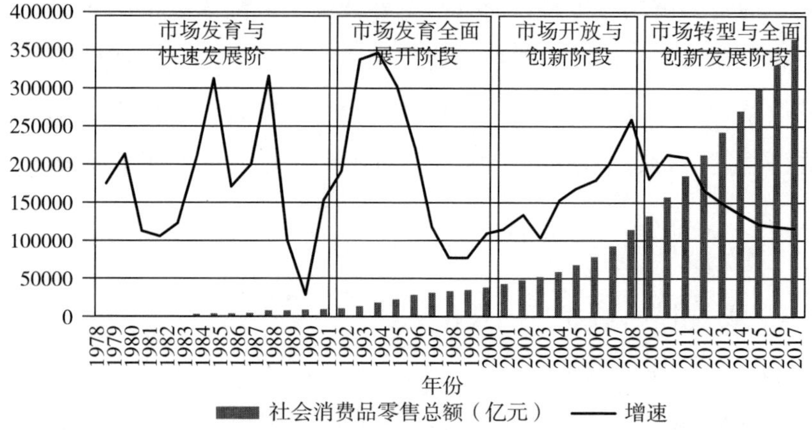

图2-1　1978～2017年我国社会消费品零售总额及增速

数据来源：国家统计局。

从全球来看，中国已经实现了向全球消费品市场大国的跃升。2017年社会消费品零售总额为366261.6亿元，按照人民币平均汇率6.75折算成美元为54261亿美元，略低于2017年美国社会消费品零售总额57564亿美元。2017年中美两国消费品市场增速分别为10.2%和4.2%，据此估计，2018年中国有望超越美国成为全球最大消费品市场国家。

（二）市场化水平逐渐提升，市场决定性作用日益凸显

1. 市场主体由单一向多元转变。改革开放40年，消费品市场竞争主体经历了从内资为主，到内外资企业并存，由国营、集体所有制企业主导到私营企业为主，国有、集体、股份制等多种所有制企业百花齐放、充满活力的市场竞争格局。

以零售行业为例，1978年，我国零售企业以内资集体所有制机构为主，全国零售商业机构总数为104.8万个，其中集体所有的机构占比达85.02%，国有机构占比为4.58%，个体机构占比为10.31%；随着初期改革的推进，个体经济被极大激活，至1992年，零售商业机构总数达1006.3万个，个体占比高达84.58%，集体占比为12.18%，国营机构占比

为3.22%，合营占比为0.02%，零售市场国营、集体、合营、个体的多元化市场主体结构初步形成（见图2–2）。

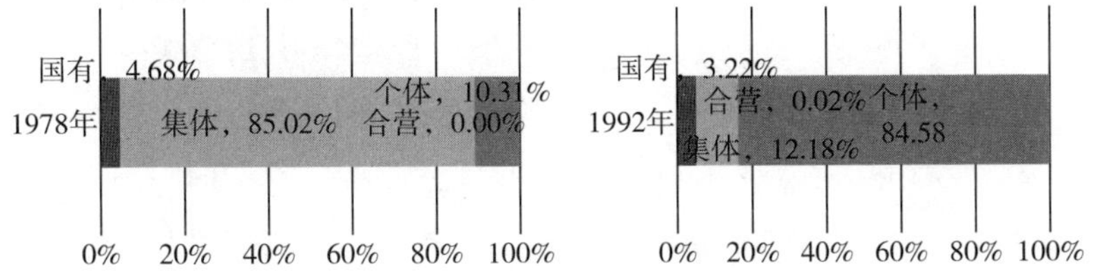

图2-2　1978年、1992年各种所有制零售机构占比图

数据来源：《中国统计年鉴1993》。

随着国有流通企业体制改革的深化和流通业对外开放试点的推进，零售业市场主体的多元化趋势日益明显，港、澳台商投资和外商投资企业法人数呈现显著上升，基本形成内资企业主导、港澳台投资企业和外商投资企业共同发展的市场格局（见图2–3）。从内资企业内部构成来看，各所有制企业占比发生显著变化，“国退民进”趋势明显——国有企业、集体企业、股份合作企业、联营企业、股份有限公司法人总数占比呈现明显下降；有限责任公司和私营企业法人企业数占比实现显著提高。至2016年，零售业私人企业法人数占内资法人数比重达57.86%，有限责任公司占比为34.74%；国有企业和集体企业占比均不足2%。

图2-3　2001年、2008年、2016年我国限额以上零售企业各类法人企业数

数据来源：中经网统计数据库。

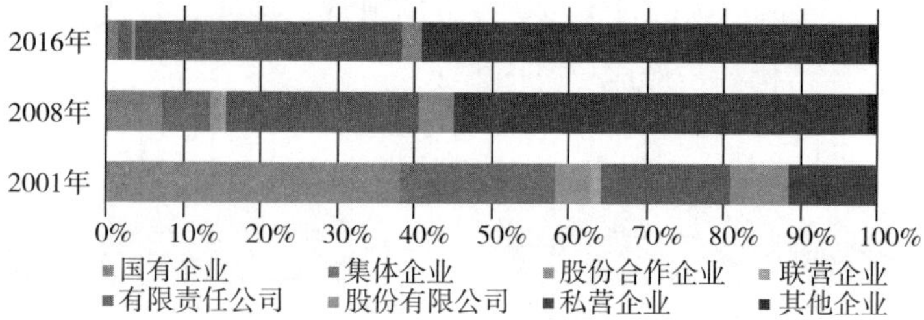

图2-4　2001年、2008年、2016年限额以上内资零售企业各类法人企业构成

数据来源：中经网统计数据库。

2. 市场供给由单一业态向多样业态体系转变。从零售市场来看，20世纪90年代以前，中国零售经营形态比较单一，国营百货和供销社为市场上主要业态。自20世纪90年代，百货、超市、便利店等现代零售业态先后在我国出现，但并未形成规模；目前，经过20余年的发展，中国基本形成门类齐全的现代零售业态体系，百货店、超市、专业店、便利店等现代零售业态的门店数量和销售额均呈现明显增长，零售业态供给日益多元化和多样化。随着市场需求的日趋差异化，零售业态供给结构实现动态优化，传统零售业态内部的市场细分进一步深化，折扣店、仓储会员店等新业态出现并不断发展，无店铺零售（尤其是网络零售）实现飞速增长。

表2-1　　2000年、2008年、2016年连锁零售业态门店数量

业态	2000年	占比	业态	2008年	占比	2016年	占比
百货店	1550	4.73%	便利店	16196	8.27%	18588	6.93%
超级市场	10281	31.40%	折扣店	784	0.40%	540	0.20%
专业店	12177	37.19%	超市	30240	15.44%	33372	12.43%
专卖店	2901	8.86%	大型超市	8072	4.12%	8452	3.15%
便利店	3324	10.15%	仓储会员店	331	0.17%	97	0.04%
其他	513	1.57%	百货店	3805	1.86%	4987	1.86%
——			专业店	93656	47.82%	118601	44.19%
			#加油站	27361	13.97%	35970	13.40%
			专卖店	14651	7.48%	32413	12.08%
			家居建材商店	116	0.06%	57	0.02%
			厂家直销中心	50	0.03%	612	0.23%
			其他	601	0.31%	14725	5.49%

数据来源：国家统计局。

（三）市场由封闭走向高度开放

1. 外资零售规模持续扩大。中国零售业自1992年进行对外开放试点，外资企业允许以合资形式进入中国市场11个城市；2000年，中国政府发布《外商投资商业试点办法》，将开放地域由原来的11个城市扩大到所有的省会城市、自治区首府和中心城市，外资可以办单店，也可以办连锁店；至2004年底，我国流通领域基本实现全行业对外开放，取消外资零售企业进入中国市场的一系列限制，至此，中国零售企业步入内资企业与外资企业在全面竞争中共同发展的新阶段。

随着对外开放政策的变化，外资投资零售企业开始快速进入中国市场，外商投资企业数及外商投资企业资产规模均实现较快提升。2005～2014年，外资零售企业经历了蓬勃发展的10年（见图2-5）；从2015年开始，受到国内零售市场移动电商快速发展的影响，外资零售进入我国市场速度放缓，在华零售企业的经营也受到较大冲击。值得注意的是，在零售业全行业开放后，外商独资零售企业迎来较快发展（见图2-6），至2016年，外商独资企业数占外资企业比重达61.4%，较1999年提升了54个百分点。

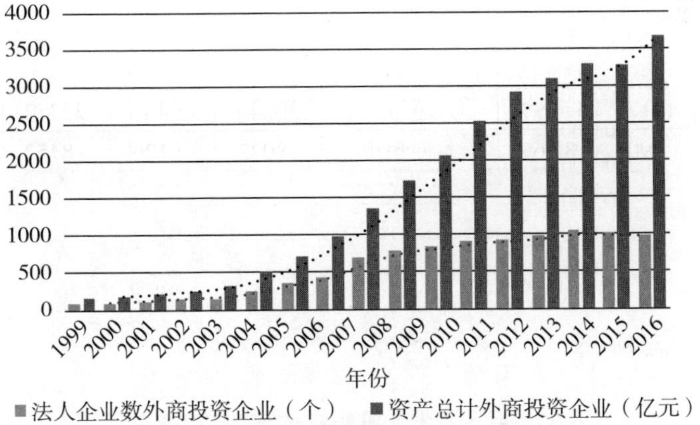

图2-5　限额以上外资企业法人数及资产总计

数据来源：中经网统计数据库。

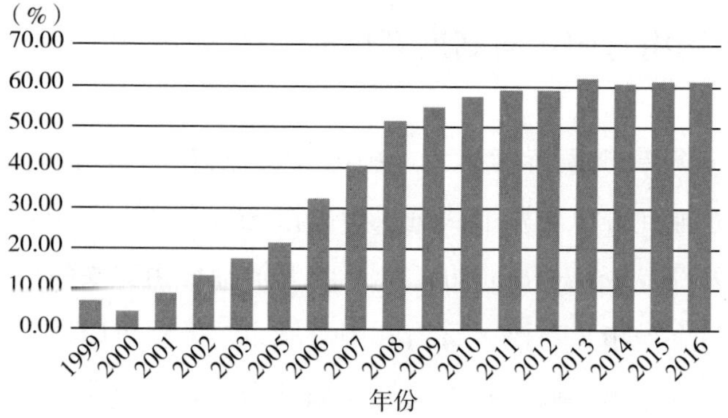

图2-6　外商独资企业法人数占外资企业法人数比重

数据来源：中经网统计数据库。

2. 内资零售企业"走出去"步伐加快。随着我国流通领域对外开放进程的加快，内资零售企业"走出去"的步伐也愈发迅速。2003～2006年我国流通业对外投资处于起步阶段，总体投资额较低、增速较慢；自2007年开始，流通领域的对外投资净额开始显著提升，但整体增速较低；自2011年，流通领域对外直接投资步入快速发展阶段，对外投资净额逐年稳步攀升。

从零售业来看，2004～2016年，限额以上零售企业出口商品销售额呈现出波动式上升的特点，在2014年出口商品销售额出现跳跃式上升，销售额超过100亿元。

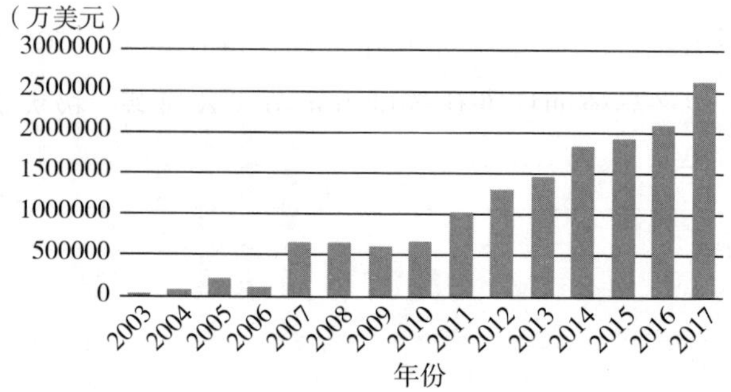

图2-7　我国批发和零售业对外直接投资净额

数据来源：中经网统计数据库。

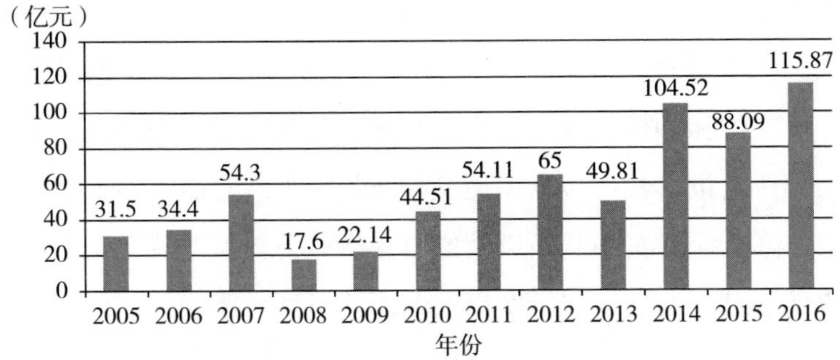

图2-8 我国限额以上零售企业出口商品销售额

数据来源：《中国贸易外经统计年鉴》（2006～2017年）。

（四）市场规范化建设不断完善

1. 行业法制化和标准化建设持续推进。自1992年明确建立社会主义市场体制的改革目标以来，国家对消费品市场及流通的管理开始逐步告别发“红头文件”的方式，开始进入法制化和规范化的轨道。一方面，制定和修订了一系列专门的法规和部门规章，包括《反垄断法》《价格法》《对外贸易法》《商业特许经营管理办法》《拍卖管理办法》等，并不断完善相关法规制度，推动配套法规制度，不断强化对市场竞争行为和监管执法的规范。另一方面，大力推进流通标准化建设，组织制定内贸流通行业规范和标准，根据商务部统计数据，截至2015年底，共有流通标准1301项，其中基础标准和管理标准比例超过50%[①]；同时，物流标准化、农产品流通标准化等试点示范成效显著，极大提高了试点企业物流作业效率及经营效率。行业法制化和标准化建设持续推进为流通领域的依法治市和市场化改革有序推进提供了法律保障，对促进消费品市场规范、有序发展发挥了重要作用。

2. 相关政策配套出台为行业高质量发展奠定基础。改革开放以来，国务院推动消费品市场及流通行业发展的相关文件高达41个，政策重点

① 《商务部流通发展司负责人解读国内贸易流通标准化建设“十三五”规划》，http://ltfzs.mofcom.gov.cn/article/swfg/swfgbl/201702/20170202515153.shtml。

经历了关注流通方式改革向营商环境改革的转变（见图2-9）。自2005年以来，国务院先后下发了关于推动流通行业改革发展意见的19号文件、39号文件和59号文件，其中，39号文件明确提出对流通行业发展配套相关支持政策，具体包括用地支持政策、财政金融支持政策、税收减免政策、降低流通费用政策以及健全支撑服务体系等相关政策。此外，国家通过家电下乡、万村千乡以及电商扶贫等政策支持鼓励农村零售市场的发展，不断引导城市与农村零售市场实现高质量均衡发展。近年来，随着电子商务的井喷式发展，国家进一步推进政策措施不断完善，鼓励零售行业线上线下融合的创新发展，重点关注农村电商、跨境电商以及相关产业的协同发展（见表2-3）。具体的，进一步推进简政放权，要求各地区、各部门禁止增设线上、线下互动企业的市场准入行政审批，加快完善市场准入资质条件；加快构建线上、线下企业公平竞争的税收环境；推广网上办税服务和电子发票的应用等。

表2-2　1978年以来国务院出台推动流通行业发展的相关文件数量

国发	国办发	国函	国办函	国令
13	18	5	2	3

资料来源：根据中华人民共和国中央人民政府官网相关资料整理。

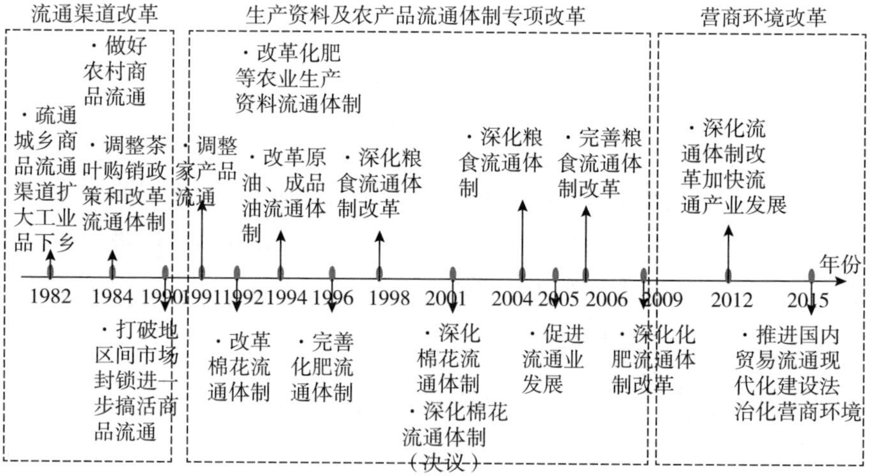

图2-9　改革开放以来国发文件关注的流通领域内容

资料来源：根据中华人民共和国中央人民政府官网相关资料整理。

表2-3　近年来国务院推动电子商务发展的相关文件

2005年	2015年	2016年	2018年
国务院办公厅关于加快电子商务发展的若干意见	国务院办公厅关于促进农村电子商务加快发展的指导意见 国务院办公厅关于促进跨境电子商务健康快速发展的指导意见 国务院关于大力发展电子商务加快培育经济新动力的意见 国务院关于同意设立中国（杭州）跨境电子商务综合试验区的批复	国务院关于同意在天津等12个城市设立跨境电子商务综合试验区的批复	国务院办公厅关于推进电子商务与快递物流协同发展的意见

资料来源：根据中华人民共和国中央人民政府官网相关资料整理。

（五）现代化水平极大提升

1. 信息化水平全面提升。自1994年中国接入国际互联网至今，现代信息技术应用和普及实现了飞速发展，成为推动消费品市场现代化的最为重要的推动力。据统计，2016年，流通业企业计算机使用数量达527.4万台；有电子商务交易活动的企业数达20740个，占企业总数比达10.8%；电子商务采购额为2.23万亿元，仅次于制造业；电子商务销售额为4.40万亿元，流通行业整体信息化水平在各行业中位于前列。

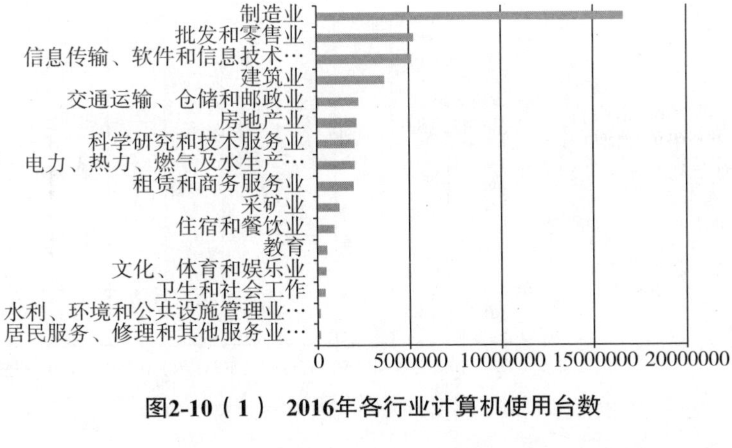

图2-10（1） 2016年各行业计算机使用台数

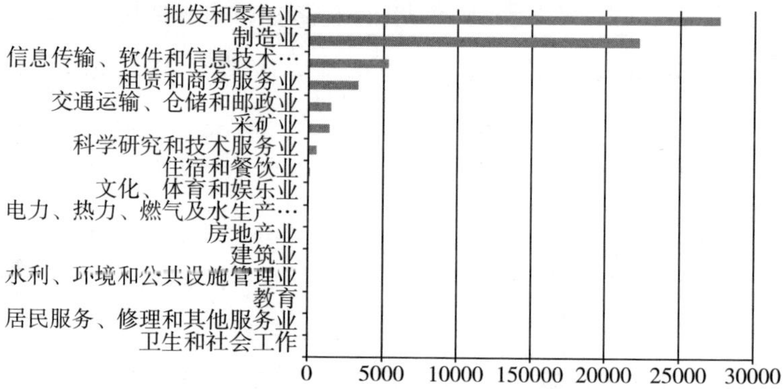

图2-10（2） 2016年各行业电子商务采购额

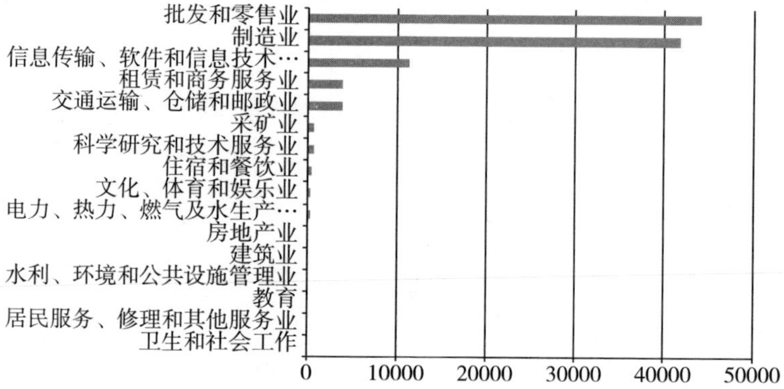

图2-10（3） 2016年各行业电子商务销售额

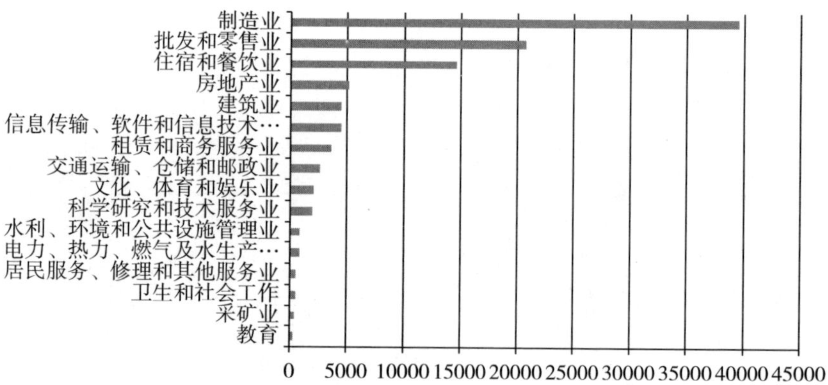

图2-10（4） 2016年各行业有电商交易企业数

数据来源：《中国统计年鉴2017》。

消费品市场信息化发展经历了由简单信息化——全面信息化——数字化转型的发展阶段。20世纪八九十年代，POS机等结算技术运用于零售行业，零售行业开始了信息化历程的起步阶段；至21世纪前十年，第三代POS技术、EFID、CRM客户关系管理以及供应链管理等信息系统应用于零售业企业，我国零售企业的信息化水平全面提升；至2013开始，随着零售行业全渠道融合的发展趋势日趋明朗，实体零售企业加快数字化转型的步伐，零售业开启了商品数字化、会员数字化、卖场数字化、管理数字化以及供应链数字化的全面数字化转型进程，零售行业的信息化水平实现了从无到有、从低水平到全面应用的跨越式发展。

图2-11　我国零售业信息化历程

2. 市场现代化基础设施建设不断加快。40年来，中国消费品市场的基础设施供给能力和供给质量显著提升，与消费品流通直接相关的物流、冷链、仓储等流通装备得以较快发展，配送中心、物流园区和商业地产等基础设施供给明显改善。以物流园区为例，至2015年，全国物流园区为1210个，较2006年增长了4.85倍（见图2-12）。多式联运物流园区、保税物流中心以及冷链物流中心建设持续推进，冷库与自动化智能仓库广泛应用，为商贸流通行业的快速发展提供保障。此外，快递物流实现高速增长，“十二五”期间保持了近50%的年增长率。至2016年，快递物流业务量达312.8亿件，同比增长51.4%（见图2-13）。

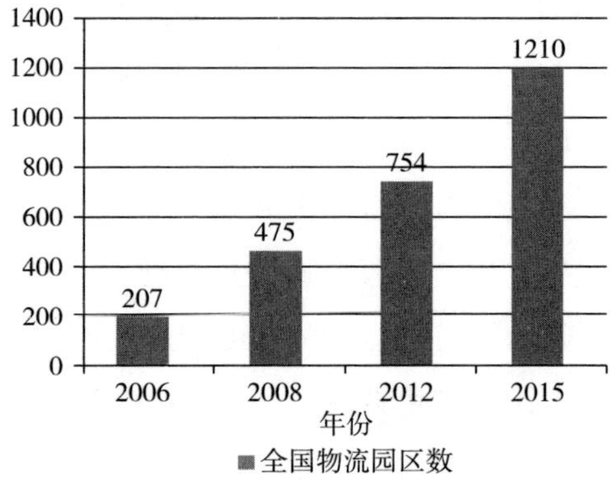

图2-12　全国物流园区数量

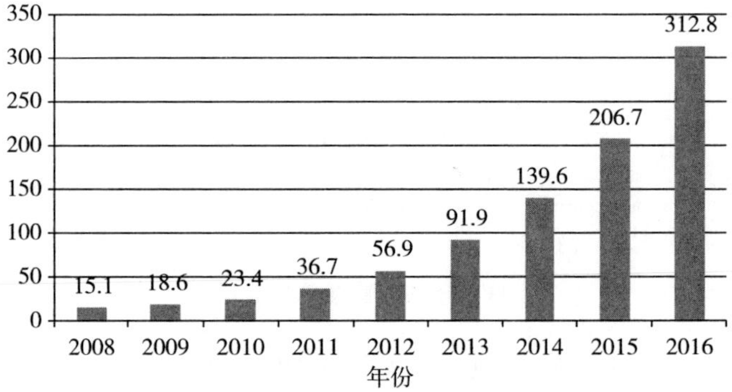

图2-13　全国快递物流业务量级

数据来源：《中国现代物流发展报告2017》。

3. 网络零售创新成为引领市场现代化的生力军。随着网络零售在我国的蓬勃发展，消费品市场发展格局发生明显调整。一方面，网络零售市场规模呈现指数增长（见图2–14）。1999年，我国第一家电子商务企业诞生；2003年，淘宝网成立，B2C电商模式开始在我国快速发展；随着智能手机的普及，移动电子商务迎来巨大机会，网络零售步入繁荣发展的时期；网络零售发展速度超过实体零售、成为当前我国消费品市场发展的排头兵。

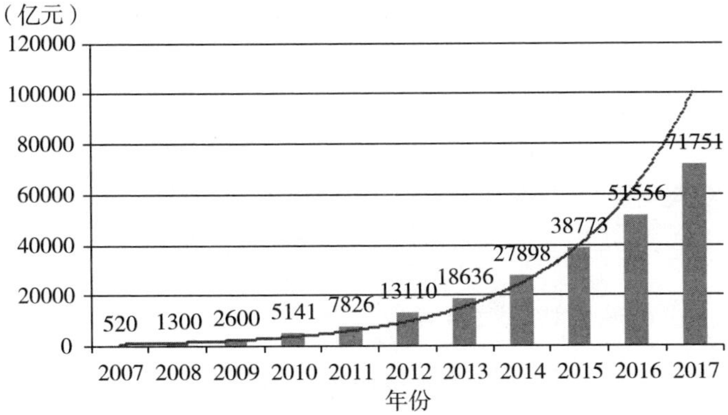

图2-14　网络零售市场交易规模

数据来源：2010～2017年《中国电子商务市场数据监测报告》。

另一方面，电子商务带动零售市场现代化。自2013年开始，实体零售企业积极“触网”转型，通过自建网络平台或与互联网平台企业合作，探索线上、线下融合发展的新出路；同时，电子商务企业也尝试“落地”，探索线上、线下融合的创新业态，例如盒马鲜生、7Fresh等电商企业的实体零售新业态纷纷出现。实体零售与电子商务的融合发展不仅丰富并创新了零售市场的服务供给内容，满足了更高层次的消费需求，也在相当程度推动了消费品市场的现代化转型。

案例1　线上线下融合-王府井百货的全渠道战略

早在2007年王府井百货就涉足网上商城，以北京双安商场、广州王府井、长沙王府井作为试点，但当时线上业务仅作为实体零售渠道的补充和延伸。自2012年以来，受宏观市场的换挡降速、消费需求日趋多元化和差异化、跨界竞争加剧、经营成本攀升以及电子商务快速发展、新兴业态不断冲击等因素的影响，传统实体经济受到了很大的冲击。在这一大背景下，王府井百货于2014年提出“第三次创业”，O2O战略转型以及全渠道建设就是“第三次创业”中的关键内容。

2013年，王府井集团启动全渠道建设，规划全渠道发展战略，王府井网上商城上线。2014年，王府井集团核心中台系统建设基本完成——进行商务电子化，打通线上、线下信息流；进行ERP升级；O2O战略的外围系统（店内WIFI铺设、用户定位系统等）建成并相继投入使用。2014年2月，王府井百货与腾讯签署战略合作框架协议，在旗舰店试水微信购物，开通移动支付接口；同时，王府井百货自身的移动端APP应用也投入使用。2016年，集团明确了全渠道建设的核心任务是打造移动端流量平台，紧紧围绕顾客触达，以线下引流、交易为目标，从人、货、场三个维度，以场景闭环完整为重点，开展项目落实，打通用户触达、营销互动、商品交付、交易支付、数据流通等五大通路；构建贯通线上线下渠道，贯通百货、购物中心、奥莱、超市四个业态的一体化顾客生态圈，聚合全集团的用户资源；2017 年，王府井集团全渠道建设的全面数字化进程进一步推进，会员电子化进一步加快发展，对跨渠道、跨业态的内外部用户资源进行整合；在线运营进一步发展，微信商城在门店全面上线；beacon平台得以广泛应用，37家门店接入统一平台，大数据营销系统在14家门店运行，精准营销对增强客户粘性、促进企业经营业绩的作用进一步发挥；开展王府井数据仓搭建工作，以会员数据为核心，以到店用户、商圈人群为补充，用户数据化进程得到有效推进。

资料来源：作者根据网络资料整理。

（六）创新驱动发展格局加快形成

改革开放以来，中国消费品市场的发展动力强劲，主要得益于市场化改革释放的制度红利，对外开放和竞争带来的市场活力。进入新世纪，特别是2013年以来，创新逐步成为中国消费品市场发展的重要动力，创新驱动市场发展的格局日趋显现。

1. 市场发展逐渐由劳动密集型向技术和资本密集型转变。随着中国消费品市场规模扩张渐趋稳定，依靠低成本竞争的传统发展格局难以持续，市场发展更加依赖于资本、技术及高素质人力资源等创新要素的投入。以当前蓬勃发展的“新零售”为例：

一方面，互联网企业通过资本运作参股实体零售企业，利用互联网平台赋能对传统实体零售进行改造，实现全渠道融合的新零售发展；另一方面，新零售领域的创新业态和创新商业模式极大的吸引了天使投资及风投的关注，为新零售业态的市场培育和市场扩张提供有力的资本支持。此外，从零售企业的团队构成来看，高学历人才和IT技术人员在零售企业中的占比显著提升①，零售行业趋向于超着资本密集型和技术密集型行业转型。

表2-4　　无人零售便利店与投资方

企业	融资轮次	投资方
缤果盒子	A轮	GGV、启明、源码、Ventech等
F5未来商店	A轮	创新工场、TCL资本、创达Innohub
淘咖啡	——	阿里巴巴
小麦便利店	A轮	洪泰基金、晨山资本、君紫资本
神奇屋	A轮	绿瘦集团、蓝衫资本、优创投资、等深圳万利加集团

资料来源：根据网络资料整理。

2. 技术进步成为推动市场变革发展的主要动力。在近40年我国零售市场的发展过程中，零售技术的进步逐渐成为推动市场变革的主要动力，IT技术在零售行业的广泛运用直接推动连锁经营、统一配送和电子商务的发展，使其成为主要流通方式。随着全球新一轮技术变革的加速推进，大数据、云计算、物联网、VR技术以及人工智能技术等大量新技术层出不穷，不仅极大丰富消费品市场供给，也成为驱动零售等行业

① 根据《link in中国消费品零售行业人才库报告》，在消费品零售行业中，近半数的人拥有硕士及以上学历，并且有20%的人才拥有海外教育背景。在最高学历分布中，硕士学历占比28.5%、MBA占比12%，博士占比1.8%；计算机科学、工业工程和管理等工科专业人才在消费品零售行业的专业排名中也位于前列。

创新的核心和关键，极大地推动消费品市场市场逐渐朝着智能化和智慧化方向发展。

3. 经营效率持续改善成为市场主体的内在发展动力。近年来，中国流通领域正在开启由粗放低效发展向高效率和高质量的转型。尤其是在消费品市场全面对外开放后和市场竞争更为激烈的背景下，流通行业的效率改善有明显变化。以零售业为例，零售业的劳动生产率和营业效率都呈现增长态势。其中，劳动生产率呈现出逐年稳定增长的趋势，零售企业经营效率的代表指标——坪效在2005～2010年出现波动式回落，但在进入2011年后表现出明显提升，并在近五年维持稳定增长（见图2–15和图2–16）。

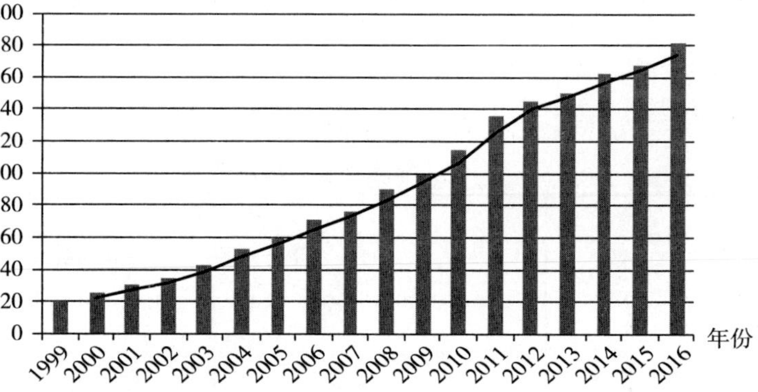

图2-15　1999～2016年限额以上零售企业劳效

数据来源：根据统计数据计算。

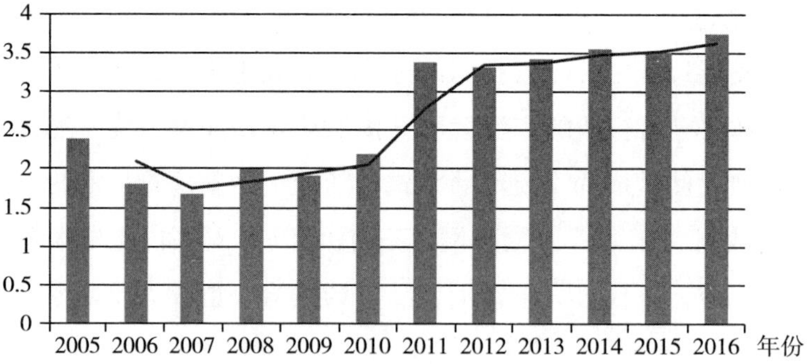

图2-16　2005～2016年限额以上零售企业坪效

数据来源：根据统计数据计算。

（七）市场主体组织化程度加快提升

1.市场集中度不断提高。我国现代化零售业发展起步较晚，市场竞争长期处于垄断竞争格局，全国性垄断零售企业尚未形成，但全国性连锁零售企业快速扩张、区域性大型零售企业实力不断积累、加之电子商务零售企业寡头竞争的市场格局日趋清晰，零售市场整体市场集中度不断提升。

根据零售百强企业销售规模数据，2004～2017年，零售百强零售企业销售总额保持稳定上升，增速在2004～2009呈波动式下降，在2009年之后增速总体呈上升趋势，且高于社会消费品零售总额的增速（见图2–17）；从百强销售额占社会消费品总额的比重来看，百强销售额占比持续提升，至2017年，零售百强企业销售总额为6.08万亿元，占社会消费品零售总额的比重近16.6%，较2016年提升2.1个百分点。通过计算零售市场规模排名前4企业的市场份额总额可见，至2017年，前四家销售规模总额占社会消费品零售总额比重为10.72%，占零售百强企业销售总额比重为64.59%，仅天猫、京东两家电商销售规模就占零售百强的55.97%。

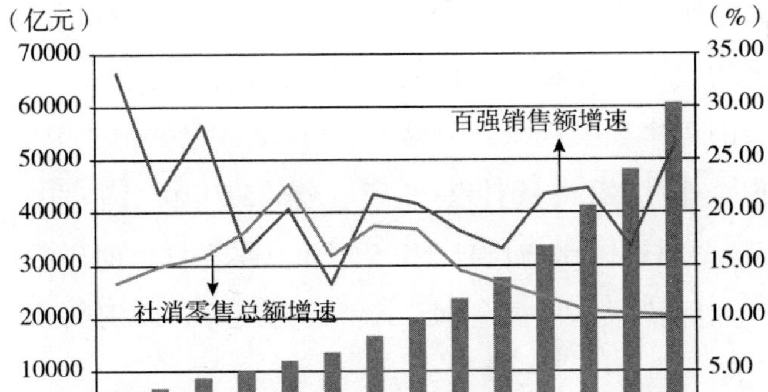

图2-17　2004～2017年中国零售百强销售额、增速及社会消费品零售总额增速

数据来源：根据中商情报网的公开数据整理。

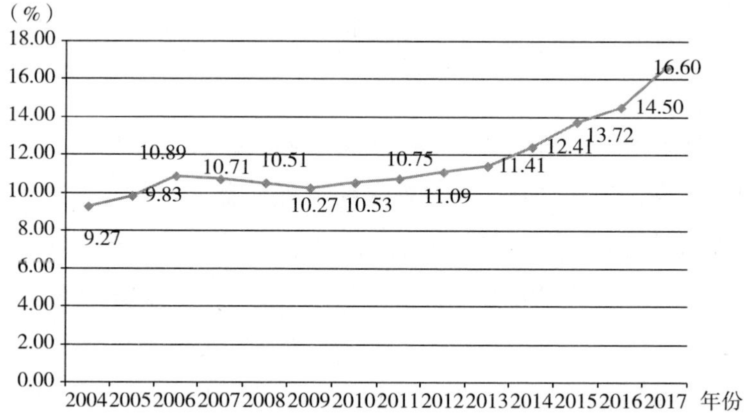

图2-18　2004～2017年我国零售百强企业销售总额占社会消费品零售总额比例

数据来源：根据中商情报网的公开数据整理。

2.大型企业组织成为消费品市场发展龙头。进入新世纪以来，随着资本市场的发展和连锁经营的普及，以连锁企业为代表的大型流通企业发展迅速。自2001年以来，连锁零售企业商品销售额及营业面积均呈现显著上升态势，其中商品销售规模在进入2009年以后呈现出波动上涨的特点（见图2–19）；连锁零售企业的统一配送商品购进率超过70%。在中国零售百强企业中，有50%以上为连锁企业，对比历年中国零售百强前10名名单，大型连锁企业始终占据领先地位。但自2012年开始，网络零售企业开始出现在零售百强前10名，天猫和京东商城分列第二位和第七位；至2017年，天猫、京东分列中国零售百强企业一、二位，电商企业唯品会的销售规模也跃升至第9位。在全部百强企业中，上榜的电子商务零售企业共7家[①]，销售总额高达35682.7亿元，占百强总体销售比重达58.7%，增速同比增长41.2%。此外，零售百强前10名企业中有6家是“实体+电商”[②]型零售企业，其销售规模为6415.9亿元，同比增长15.5%（见表2–5）。

---

① 7家电商企业分别为天猫、京东、唯品会、亚马逊中国、当当网、考拉严选、和聚美优品。

② 6家“实体+电商”企业分别为苏宁云商、国美电器、沃尔玛、永辉、步步高和银泰商业。

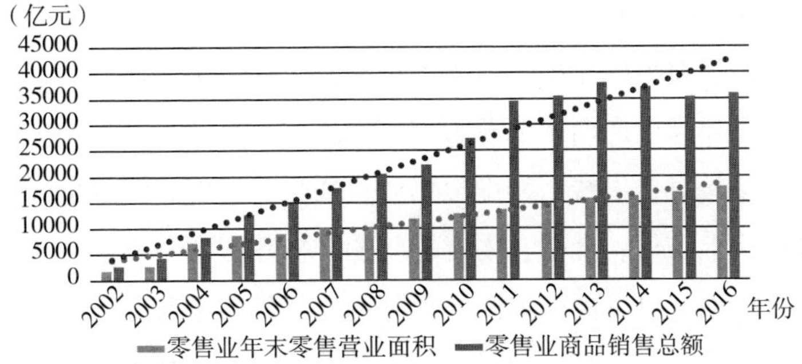

图2-19　连锁零售业营业面积及销售总额

数据来源：中经网统计数据库。

表2-5　　　　　　　　我国零售百强企业前十名变动

排名	2004年	2008年	2012年	2017年
1	百联（集团）有限公司	国美电器有限公司	苏宁控股集团	天猫
2	国美电器有限公司	苏宁电器集团	天猫	京东
3	大连大商集团有限公司	百联集团有限公司	大连大商集团有限公司	大商集团有限公司
4	苏宁电器连锁集团股份有限公司	华润万家有限公司	百联集团有限公司	苏宁云商集团股份有限公司
5	家乐福（中国地区各企业）	大商集团有限公司	国美电器有限公司	国美零售控股有限公司
6	北京华联集团投资控股有限公司	家乐福（中国）管理咨询服务有限公司	华润万家有限公司	华润万家有限公司
7	上海永乐家用电器有限公司	康成投资（中国）有限公司（大润发）	京东商城	康成投资（中国）有限公司（大润发）
8	苏果超市有限公司	物美控股集团有限公司	康成投资（中国）有限公司（大润发）	沃尔玛（中国）投资有限公司
9	农工商超市（集团）有限公司	沃尔玛（中国）有限公司	沃尔玛（中国）有限公司	唯品会
10	北京物美投资集团有限公司	农工商超市（集团）有限公司	重庆商社（集团）有限公司	永辉超市服份有限公司

数据来源：根据网络公开数据整理。

3.新型市场组织不断涌现。近年来，消费品市场涌现许多新新型市场组织，最为典型的是电子商务平台型的市场组织。例如，零售领域的天猫平台搭建起生产商和消费者直接沟通、交易的平台，为生产商与消费者的直接接触提供线上的虚拟场所；通过支付宝、蚂蚁金服、菜鸟联盟等解决线上支付、金融、物流等问题，构建起完备的商品流通配套支持；通过移动支付、高德地图、视频网络、外卖平台等入口形成与消费者的多维度接触点，获取消费者的大数据资源，并利用后台强大的数据处理和分析能力，形成对消费者行为的精准刻画和预测，为零售商提供市场层面更加精准的预测信息，实现对上游生产企业的赋能。平台组织作为“中间商”的传统产业链角色已经发生改变，零售商不再仅仅依靠商品的经销活动参与产业链分工，而是发挥起组织和协调的职能，通过对各流通环节乃至整个供应链的重塑，成为产业活动的组织者和赋能者。

案例2　电商平台与供应链重塑--韩都衣舍柔性供应链

韩都衣舍是成立于2006年的互联网品牌服装提供商，凭借“款式多，更新快，性价比高”的产品理念广受市场欢迎。2016年7月，韩都衣舍获批成为互联网服饰品牌第一股。2017年上半年，韩都衣舍实现营业收入8.5亿元，净利润达7522.32万元。韩都衣舍的成功很大程度上得益于依托网络平台改造传统服装企业的经营管理，尤其是柔性供应链助其成为快时尚的服装品牌的核心竞争力。

区别于传统服装企业大批量、少批次订单的形式，韩都衣舍采取的是以需求为导向的小批量、多批次的订单模式，这就要求上游供应商的生产方式和作业方式也相应发生改变。传统服装企业当季的商品要提前半年进行大批量生产，整体是推式供应链模式，结果是导致了大量的库存积压。韩都衣舍则可以实现当季生产当季销售，这主要归功于其“多款式、小批量、多批次”及快速反应的供应链系统——每季的新品首先在线上进行试销，每款订单量只有300～500件；上线后，企业后台根据点击率、收藏率、销量三个指标决定是否追加订单；如一款服装被认定为畅销款，三五天后即可追加订单，批量仍是300～500件，可反复多次追加；滞销款则立刻打折抛售。由此保证了对市场需求的快速响应，真正实现了由需求端拉动的柔性供应链，极大降低了企业的库存风险。目前，韩都衣舍产品由设计到上架仅需30天，而传统服装企业则需3个月以上才能实现。

在进行柔性供应链改造方面，韩都衣舍主要从以下几个方面入手——加强公司IT系统建设，完善软件和基础硬件设施，SCM、CRM、BI 系统陆续上线，并且要求供应商同步；实施“优质资源产原地、类目专攻”的供应链布局战略，通过“生产代理商”合作的方式，由韩都衣舍制定生产标准、由代理商整合当地的资源，形成供应体系；在全国范围内选择供应商，并对供应商进行分级管理；与OEM 供应商联手进行生产流程再造，切分生产线、进行小微供应链再造。

作者根据网络资料整理。

（八）消费品市场空间布局不断优化

1. 消费品市场向城市集聚集中加快。伴随城市化的加快发展，中国城市消费品市场发展中心逐渐从农村向城市，特别是大型中心城市加快集中。2017年城市消费品零售总额占全社会消费品零售总额的比重达到85.8%，相比改革开放之处的1980年40%提高了近45个百分点。值得注意的是，大型中心城市聚集效应更为突出，2017年全国位居前10名的10个大型城市消费品零售总额占全社会零售总额的比重为21%。其中，北京、上海、广州等一线城市的消费市场规模都已突破万亿元，其中北京和上海已进入全球最大零售城市的前10名。

2. 区域市场发展差距扩大趋势有所改善。如图2–20所示，2000年，我国相邻省份之间流通业法人企业数量表现出较大差异，尤其是中部地区和西部地区；至2016年，中部与西部相邻地区之间流通业法人企业数的差异逐渐缩小，区域内部零售行业基本实现了协同发展，中部地区和东部地区基本形成了畅通的流通网络和零售产业集聚带。

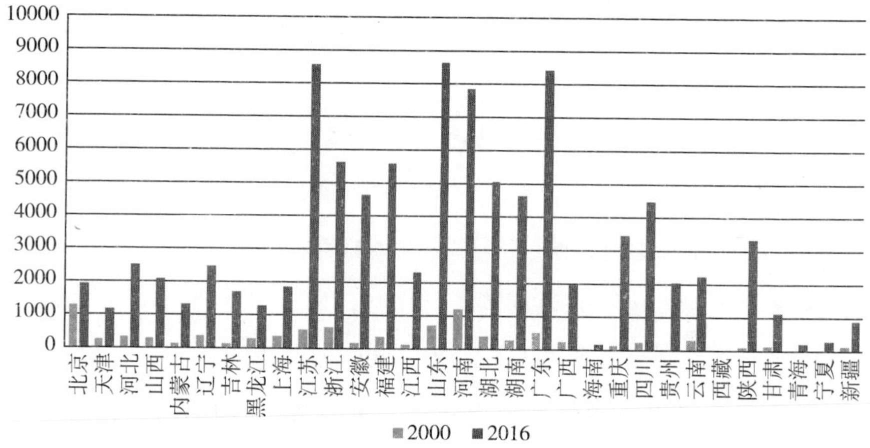

图2-20　2000年、2016年我国各省份限额以上零售业法人企业数

数据来源：中经网统计数据库

3. 全国统一市场建设加快推进。过去的40年，消费品市场的地区分割局面不断被打破，全国统一大市场建设持续推进。2015年，商务部等10部门联合印发《全国流通节点城市布局规划（2015～2020年）》，目的是加快构建全国骨干流通网络，努力提升流通节点城市功能；在流通节点城市布局中，37个城市成为国家级流通节点城市、66个城市成为区域级流通节点城市。此外，城镇商业网点规划稳步推进，根据商务部公布的数据，至2016年，全国279个地级以上城市已有266个编制完成了商业网点规划，总编制完成率超过95%[①]。

① 资料来源：http：//field.10jqka.com.cn/20180319/c603478737.shtml。

三、改革开放40年消费品市场建设和发展的主要经验

1. 在渐进式改革中推动市场发育发展与市场机制的完善。中国消费品市场是在逐步开放、渐进改革的过程中逐渐形成和发展壮大的，而非一蹴而就。在40年的改革开放进程中，国家首先推进流通体制机制改革和逐步放开国内市场准入的策略，对于重大改革措施采取“先局部试点再全面推广”的做法，通过培育市场主体，逐步完善市场决定价格机制，有序推动建立竞争机制、信用机制和完善市场规范等措施，激发市场活力和推动市场有序发展，为消费品市场健康、持续、有序地发展创造了良好的政策和制度环境。

2. 坚持市场在资源配置中的决定性作用。40年改革发展的经验表明，多元化的市场主体、企业自主经营和自负盈亏以及灵活的价格机制，促进了面向需求的市场供给、要素的自由流动和充分的市场竞争，极大地激发了消费品市场创新发展活力，有效地推动了市场主体的发展壮大，不仅很好地满足了人民群众日益增长的消费需求，也有力促进了社会就业和国民经济的发展。市场是促进供需对接的基本机制，是引导资源配置的重要机制，是实现高质量发展的有效机制。发挥市场在资源配置中的决定性作用，是被我国40年发展实践充分证明的重要经验，需要长期坚持。

3. 积极稳妥地推进对内改革与对外开放联动发展。在过去40年的发展历程中，国家对流通领域首先进行了对内改革，取消对市场主体所有制的限制，激活国内市场，促进消费品市场逐步发育和加速发展；在取得较好发展的基础之上，主动地、稳妥地、有序地实施对外开放，使消费品市场成为我国改革开放最早、对外开放程度最大、市场化水平最高的市场。一方面，高度开放的消费品市场率先吸引了外资企业的进入，

促进了管理、技术和知识的外溢，增强了国内市场竞争，有利于形成对市场主体的良性倒逼机制，推动中国流通企业加快向现代企业的转型创新；另一方面，对外开放促进我国消费品率先实现国际化，不仅推动了中国商品出口，也加快了中国流通企业“走出去”的步伐，更好地促进中国市场与国际市场的对接，进一步提升中国消费品市场的发展水平和全球竞争力。

4. 持续转变和优化政府职能。40年来，中国政府通过变体制、活机制、立法规、定标准、强服务，给消费品市场营造了良好的发展环境。在我国建立并不断完善社会主义市场经济体制的过程中，中国政府持续深化流通体制改革，多次改革和调整商品流通政府主管部门的职能，大幅度减少和去除政府对消费品市场资源配置、价格决定、消费者选择等方面的干预和管制，逐步减少市场准入和经营资质等方面的审批事项，更加注重事中事后监管，为消费品市场健康快速发展提供了可靠的保障。尤其是党的十八大以来，政府大力推动简政放权和“大众创业、万众创新”，通过“放水养鱼”，进一步激发了市场的创新创业活力，大量的前所未有的新业态、新模式不断涌现，使中国消费品市场成为全国乃至全球新兴技术应用最深入、最直接、最广泛的领先者。40年的实践证明，消费品市场的培育和发展离不开政府自身的改革，加快转变政府职能，更好服务、引导和监管市场发展，是促进消费品市场未来高质量发展的重要保障。

四、消费品市场发展展望

一是人口结构的变化将进一步推进市场创新发展。目前，我国正处在人口结构变化的转型期，其中中等收入群体扩大、新世代消费者群体的壮大[①]、“全面开放二孩政策”带来新人口增长将成为促进消费品市场发展主要力量。此外，人口老龄化趋势的加快，也将成为影响消费品市场发展的重要因素。人口结构的变化使得消费者异质性特征更为突出，社会需求的结构更加多元、内容更加丰富、层次差异更为显著。在市场整体消费升级步伐加快、消费异质性和个性化突出的背景下，市场细分将更加深入。这将带来消费品市场内部的结构调整升级和更大范围创新的加快，进一步推动和深化消费品市场的供给侧结构改革，更好促进消费品市场发展空间扩张和发展活力提升。

二是全球新一轮技术革命将进一步推动消费品市场的创新发展和效率提升。当前全球新技术革命仍在不断演进和发展，大数据、云计算、物联网、移动终端、人工智能等新技术不仅带来大量新的消费产品，也将共同构成数字经济时代的新型社会基础设施，成为未来消费品市场发展的关键所在。从消费端来说，新技术的采用（人工智能语音识别、图像识别等技术、移动智能穿戴技术）使得企业与用户产生更多链接，能够获得大量的用户行为与消费等数据，并根据海量数据实现对用户行为的精准判断和预测。从市场主体的运营来看，构成消费活动的全部要素在新技术的运用下实现数字化；数字化的零售要素实现企业内部要素和流程的打通，各环节可以通过算法的优化实现更加高效的调整和运行；商流、物流、资金流和信息流在算法的驱动下不断实现优化和调整，朝着效率的极大改善和用户体验的极大提升发展。

三是“一带一路”战略的实施为我国消费品市场在更高水平上实现对外开放提供了新的机遇。随着“一带一路”建设进程的加快，中国企业“走出去”和在沿线国家和地区的投资不断扩大，其中跨境电商成为“一带一路”建设的发展亮点和龙头。据统计，泰国、新加坡、马来西亚、以色列和捷克是中国跨境电商零售进口排名前5位的“一带一路”

① 波士顿咨询公司（BCG）和阿里研究院日前发布的《中国消费趋势报告——三大新兴力量影响消费新经济》指出，上层中产及富裕阶层消费、新世代消费者以及网络购物将成为拉动需求增长的“三驾马车”。

沿线国家[①]。与此同时，“一带一路”沿线地区广阔的消费市场也为中国企业走出国门、打开国际消费品市场提供了巨大机会。有关国际机构调研分析，“一带一路”沿线65个国家全部人口中，15～45岁的人口占比超过45%，这意味着这些市场具有极大的电子商务发展潜力[②]。更为重要的是，依托“一带一路”建设，国内沿线节点城市，特别是中西部地区的大型节点城市，可以依托地理区位、产业优势，加快建设和发展国际化的消费品市场，提升参与全球市场的竞争力，从而推动我国消费品市场在更高水平上的对外开放。

四是新型城镇化建设为消费品市场发展带来更多机会。当前我国城镇化仍在不断深化，正处在大型城市群加快发展的新阶段。城镇化的持续推进，将进一步推动消费品市场向城市，特别是城市群市场加快集中积聚，形成一批区域性、全国性乃至国际化的消费中心城市，成为引领和创新消费、带动中小城市市场的龙头，成为不同城市群市场之间、区域市场之间、国内和国际市场之间一体化发展的对接平台和纽带。

五是法制化营商环境加快形成将进一步推动消费品市场的公平竞争和有序发展。2007年《 中华人民共和国反垄断法》正式颁布以来，我国不断加大反垄断与管制的配套政策制定和相关执法的完善，于2010年颁布了《工商行政管理机关禁止垄断协议行为的规定》《工商行政管理机关禁止滥用市场支配地位行为的规定》《工商行政管理机关制止滥用行政权力排除、限制竞争行为的规定》三个《反垄断法》配套实体规章，推动了我国反垄断事业的发展。随着快速发展的电子商务催生了垄断平台企业的诞生，对于平台企业的反垄断和不正当竞争行为的关注已经成为当前商业领域政策制定的重点。近年来，相关部门加快步伐推进线上、线下公平竞争的政策制定和执行，对平台企业的不正当竞争行为进行了严格执法。法律法规的日渐完善和执法力度的加强，有利于促进法治化营商环境加快形成，将进一步推进中国消费品市场的公平竞争，

① 资料来源：http：//www.ec.com.cn/article/dsyj/yjsd/201705/17270_1.html。

② 资料来源：http：//field.10jqka.com.cn/20180319/c603478737.shtml。

推动市场有序、健康、高质量发展。

执笔：王　微　黄雨婷

参考文献

[1] 卜克刀. 从韩都衣舍转型看柔性供应链的威力. 销售与市场（管理版），2017（10）：69–73

[2] 陈甬军. 中国现代市场体系改革三十年. 企业经济，2009（3）：5–8

[3] 经济观察网，供应链跟不上互联网？看韩都衣舍怎么做！http：//www.handu.com/news/details/18578.html

[4] 李飞，宋刚. 零售业对外开放：现状分析及对策建议. 国际经济合作，2004（2）：12–15

[5] 李飞. 零售革命. 经济管理出版社，2003

[6] 刘向东，商业经济学概论.中国人民大学出版社，2009

[7] 罗仲伟，李先军，宋翔. 从“赋权”到“赋能”的企业组织结构演进——基于韩都衣舍案例的研究. 中国工业经济，2017（9）：174–192

[8] 马化腾，张晓峰，杜军. 互联网+：国家战略行动路线图.

[9] 商务部内贸流通中心报告《走进零售新时代——深度解读新零售》，2017.

[10] 杨青松. 零售信息化十年. 连锁与特许，2008（6）：90–92

[11] 任兴洲. 建立市场体系：30年市场化改革进程.中国发展出版社，2008

[12] 任兴洲，王微，王青.互联网+流通：创新实践、成效与政策.中国发展出版社，2016

第三章

中国期货市场建立与发展

中国期货市场是在中国经济体制改革进程中，适应社会主义市场经济体制的建立和经济发展的需要而诞生，是在理论研究和借鉴国外经验的基础上开始试点起步。在短短20多年的发展历程中，中国期货市场从无到有、从小到大，历经风雨，逐步规范，伴随着经济体制改革的深化而发展，为促进中国经济的快速发展和社会主义市场经济体制的完善发挥了重要作用。

一、中国期货市场的发展历程

（一）起步和探索阶段（1988～1993年）

1. 改革开放为期货市场的诞生创造了条件

中国期货市场的出现不是偶然现象，而是中国经济体制由计划经济迈向市场经济的必然产物，是中国经济发展实践的内在要求。

1978年12月，党的十一届三中全会做出了经济体制改革的决定，拉开了中国市场化进程的序幕。1984年党的十二届三中全会通过了《中共中央关于经济体制改革的决定》，改革的目标进一步深化，开始了从农村到城市，逐步推进市场化的全面改革。1987年，大部分农副产品价格已经放开，生产资料实行双轨制，市场机制逐步发挥作用，随之而来的市场价格风险也在加大。尤其是农副产品，价格暴涨暴跌，伤害了农民的生产积极性，损害了消费者利益。

如何形成统一的基准价格来反映供求和指导产销，成为商品市场发展中亟待破解的制度难题。针对现货市场的缺陷，国外专家向当时的国家领导人提出了发展期货市场的建议，即利用期货市场的价格发现功能，提供未来价格的变动趋势，引导生产；利用期货市场的套期保值功能，帮助生产者和消费者规避价格波动风险。这一建议受到有关方面的重视，中共中央和国务院领导先后做出重要指示，决定研究期货交易。时任总理李鹏同志于1988年2月10日亲笔给国务院发展研究中心主任、著名经济学家马洪同志写信："请考虑是否能组织几位同志研究下国外的期货制度，运用给城市的副食品购销，特别是大路蔬菜和猪肉，保护生产者和消费者双方利益，保持市场价格的基本稳定。"1988年3月，第七届全国人大第一次会议审议通过的《政府工作报告》指出："加快商业体制改革，积极发展各类批发市场，探索期货交易"。

经过两年不懈努力，期货市场在我国终于从理论准备进入试点实施阶段。1990年10月12日，作为第一家期货市场的改革试点，中国郑州粮食批发市场正式开业。该市场首先从现货交易入手，引入部分期货交易机制，再逐步向期货市场转变，从此开起了中国期货市场的发展历程。

2. 较快发展带来的问题

1992年，尤其是党的十四大以后，期货市场发展速度加快。1992年5月28日，上海金属交易所开业。1992年6月10日，深圳有色金属交易所成立，并在1992年10月正式推出第一个标准化期货合约。但这一阶段各地建立期货交易所的热情高涨。到1993年底，国内期货交易所就达到50多家，期货经纪公司300多家，期货兼营机构（银行、证券公司、信托公司）2000多家。交易品种100多个；期货从业人员从1992年不足万人剧增至1993年底的13.5万人；期货市场成交金额从1992年不足500亿元增长到1993年底的5000多亿元，一年时间翻了10倍。各地一哄而上办期货市场，暴露出了一系列问题：交易品种高度重复，过度投机，市场操纵频发；盲目发展境外期货，地下交易盛行；期货经营机构运作不规范；市场监管无法可依，管理多头政策混乱；经济纠纷和社会问题频发，尤其是监管主体不明确。试点探索阶段出现的上述问题亟待整顿。

（二）治理整顿、夯实基础阶段（1993～2003年）

从1993年底开始，国务院及有关部门陆续出台一系列监管措施，期货市场进入治理整顿阶段。

1. 明确监管机构

1993年11月，国务院下发《国务院关于坚决制止期货市场盲目发展的通知》，提出发展期货市场必须“规范起步，加强立法，一切经过试验和严格控制”的原则，明确期货市场试点工作由国务院证券委员会负责，具体工作由中国证监会执行。

2. 整顿市场主体

在中国证监会的组织下，1994年先后审批15家交易所为试点；重新审批注册期货经纪公司；并从严控制国有企业、事业单位参与期货交易；1994年初暂停了期货外盘交易。1998年，中国证监会对期货经纪机构的业务准入、资质和经营范围等方面开始严格限制，力图从中介渠道规范市场秩序。不符合条件的机构全部被撤销、合并，期货兼营机构全部退出代理业务。到1998年，期货经纪公司减少为180家左右。1998

年8月1日，国务院下发《国务院关于进一步整顿和规范期货市场的通知》，15家交易所被压缩合并为3家——上海期货交易所、大连商品交易所和郑州商品交易所，从而奠定了我国现有的商品期货交易所格局。

3. 清理交易品种

在1993年关停10多个交易品种的基础上，1998年全国期货交易品种进一步由35个削减为12个。被保留的12个交易品种在保证金方面采取“扶大限小”的政策，即对铜、铝、大豆等表现稳定的品种继续收取5%的保证金，其他9个品种的保证金水平提高至10%，以稳定不同期货品种的市场交易。

4. 制定法律法规

在总结经验的基础上，1999年6月国务院颁布《期货交易管理暂行条例》（以下简称《期货暂行条例》），从不同角度对期货交易所、期货经纪公司、投资主体等的职责和权限及具体运作方式做了规定。如禁止金融机构参与期货交易，严禁国有企业违规参与期货交易，严禁信贷资金、财政资金以任何形式流入期货市场，金融机构不得为期货交易提供融资或担保等。此外，还明确了期货市场的监管由中国证监会集中统一负责。随后，证监会相应发布了《期货交易所管理办法》等四个配套法规文件。《期货暂行条例》及配套文件的出台，标志着期货市场终于从“无法可依”的无序发展阶段进入“有法可依”的规范发展阶段。

5. 组建行业自律组织

在构建期货市场监管体系的同时，中国证监会也借鉴国际经验，加强了期货行业自律管理。2000年12月29日，中国期货业协会在北京成立。作为非营利性的团体法人，在行业自律、从业人员管理、服务会员、宣传教育、内部建设等方面做了大量工作，为建立有效的自律管理体系和推动期货市场稳步发展做出了积极贡献。

通过整顿规范，中国期货市场的非理性发展得到了有效遏制，期货监管体系基本建立，期货市场法律法规初步形成，市场布局和产品结构得到调整，期货交易所的管理制度逐步完善、风险防控能力显著提高，期货代理业得到规范发展，市场秩序逐步恢复。通过10年左右的治理，期货市场进入了规范发展阶段，制度基础也进一步夯实，为期货市场的持续发展创造了条件。

（三）稳步推进阶段（2003～2012年）

2001年加入WTO标志着我国对外开放、经济发展进入一个全新阶段。与全球经济贸易规则接轨、融入国际市场等对金融等要素市场发展提出了更高的要求。同时，加入WTO使中国经济迈入了新的一轮快速增长阶段，经济规模快速增长，制造业的迅速崛起加大了资源型商品对国际的依赖程度。在此背景下，我国迫切需要发展与之相适应的期货市场体系。这一时期，在“建立现代金融企业、大力发展直接融资、建设多层次资本市场”的思路下，期货市场进入稳步发展时期。

1. 政策上得到肯定与支持

2003年10月，党的十六届三中全会审议通过的《中共中央关于完善社会主义市场经济体制若干问题的决定》明确提出，要稳步发展期货市场。2004年，《国务院关于推进资本市场改革开放和稳定发展的若干意见》（简称“老国九条”）中提到，“在严格控制风险的前提下，逐步推出为大宗商品生产者和消费者提供发现价格和套期保值功能的商品期货品种；要建立以市场为主导的品种创新机制，研究开发与股票和债券相关的新品种及其衍生品”。这一文件的出台，为期货市场稳步发展和创新奠定了政策基调。

2. 新的期货品种陆续上市

2004年6月，经国务院同意，中国证监会批准郑州商品交易所上市棉花期货品种，这是自1993年期货市场治理整顿10年来，首个上市新品种，表明新品种上市机制对期货市场发展的约束被突破。随后，各期货交易所陆续推出并成功运行燃料油、螺纹钢、玉米、白糖、黄金等关系国计民生的交易品种。期货市场品种序列不断丰富。

3. 中国金融期货交易所成立

2006年9月，经国务院同意、中国证监会批准，由郑州商品交易所、大连商品交易所、上海期货交易所、上海证券交易所和深圳证券交易所共同发起的中国金融期货交易所成立。使中国期货市场的服务范围，由商品领域扩展到金融领域。2010年4月，我国首个金融期货产品“沪深300指数期货”成功上市。

4. 完善期货监管体系

为及时防范和化解重大风险事件，期货市场在制度和机构安排上进一步创新。2006年5月，作为期货保证金安全存管机构，中国期货保证金监控中心（2015年更名为中国期货市场监控中心，简称“监控中心”）正式成立。其基本职能是及时发现并报告期货保证金被挪用的风险状况，配合期货监管部门处置保证金风险事件。此外，监控中心还依托数据集中优势，从实名制开户、市场及期货经营机构监控等多个角度对期货市场实施全方位监测，及时防范个体风险和系统性风险，市场监管能力得到有效提升。

5. 进一步完善法律法规

2007年 4 月，在总结期货市场多年发展实践的基础上，国务院对1999年的《期货交易管理暂行条例》进行全面修订，正式施行《期货交易管理条例》，对期货市场的监督管理更加完善，在新品种上市、市场服务范围、期货公司定位上，给予期货市场与期货业务许多新的突破，并留有更多拓展空间，解除了期货市场许多束缚，为进一步规范与发展提供了制度保障。2012年，国务院再次修改《期货交易管理条例》，允许外国人参与境内特定期货品种交易。这为国际化的原油期货上市及铁矿石等大宗商品期货的国际化创造了条件。

（四）创新发展阶段（2013年至今）

党的十八大以来，我国期货市场进入创新发展的新阶段。新的品种、新的衍生品工具加快推出，期货公司新的业务模式不断涌现，期货交易所的国际化战略也迈出实质性步伐，期货市场的发展愈发成熟、稳健，服务实体经济能力显著增强。

1. 新“国九条”推动期货市场步入快速发展阶段

2014年，《国务院关于进一步促进资本市场健康发展的若干意见》（简称“新国九条”）发布，为期货市场的深化发展奠定基础。新国九条将创新和深化期货市场发展、促进期货市场成熟发展作为目标，指出要扩大资本市场开放，壮大专业机构投资者，放宽期货公司的业务准入，支持民营资本进入证券期货服务行业，促进引导期货公司创新及有序发展，并要求期货公司加强中小投资者保护工作，加强与期货监管部门的信息共享与协同配合。随后，中国期货市场各种创新业务不断涌现，开始步入创新发展的阶段。

2. 期货市场品种上市步伐加快

党的十八大以来，在短短6年时间里，我国期货市场新上市期货、期权品种31个，超过了之前20多年上市品种的总和。不仅先后上市了油菜籽、鸡蛋、玉米淀粉、动力煤、锡、镍等传统的农产品和工业品，还创新性的推出了全球首个苹果、铁矿石期货。这体现出期货市场更加紧密的与我国产业和实体经济发展相融合，不仅有助于稳定和提高农民收入、促进相关产业的规范化、标准化发展，还充分体现出我国期货市场在历经多年稳健发展后的成熟与自信。这一阶段，金融期货发展步伐加快，股指期货品种体系进一步完善，增加了上证50、中证500股指期货两个品种；国债期货市场起步，推出了2年期、5年期、10年期国债期货三个品种。场内期权实现“零”的突破，2015年，上市了首个金融期权——上证50ETF（交易型开放式指数基金）期权；豆粕、白糖、铜期货期权等场内商品期权也于2017~2018年间先后上市。

3. 迈出国际化步伐

经过多年的筹备，战略性大宗商品期货品种“原油期货”于2018年3月成功上市。原油期货在“国际平台、净价交易、保税交割、人民币计价”的基本框架下，对境外交易者和境外经纪机构开放，并支持外币资金充当保证金。同年，铁矿石期货、PTA期货也顺利实现国际化。从此，我国期货市场正式走向国际舞台。

4. 期货公司加快创新发展

2014年9月，中国证监会发布《关于进一步推进期货及衍生品行业创新发展的意见》，明确界定期货经营机构为“衍生品服务提供商”，具有“风险管理”和“资产定价”两项基本职能。同时，提出加快推出集合资产管理业务和期货公司代理境内客户参与境外期货交易的试点，进一步扩大期货公司设立风险管理子公司试点范围，支持期货经营机构自主创设场外衍生品合约，并鼓励有条件的期货公司开展集团化经营，努力打造一批具有国际竞争力、以风险管理和资产定价为核心业务的衍生品服务集团。自此，期货公司朝着集团化、规模化、多产品、多服务的综合经营商方向发展。尤其值得一提的是，截至2018年9月底，期货公司中共有79家成立风险管理子公司，为实体经济提供基差交易、合作套保、场外期权等多种风险管理产品和服务。多家期货公司与保险公司、交易所合作，推出“期货+保险”业务，通过农民投保、保险公司和期货公司合作将相关风险向期货市场转移的方式，减少农产品价格波动对农民的影响为稳定农民收入提供了新的市场化保障。

二、中国期货市场的发展成就、作用和经验

（一）发展成就

改革开放40年来，中国期货市场砥砺前行，在为实体经济服务的过程中，自身也实现了跨越式发展。

1. 市场规模不断扩大，位居世界前列

多年来，我国期货市场保持快速增长势头，市场规模呈不断扩大趋势，成交量和成交额持续增长。2017年，我国商品期货市场成交量为30.52亿手，成交额达73.31万亿元（单边）。据美国期货业协会（FIA）统计，我国商品期货市场成交量已连续9年位居世界第一，在全球商品期货市场中占比达55%。多年来，我国期货市场保持快速增长势头。2001～2017年间，我国商品期货市场成交量增长25倍，年均复合增长率为120.9%，成交额增长近64倍，年均复合增长率为127.7%（见图3-1）。

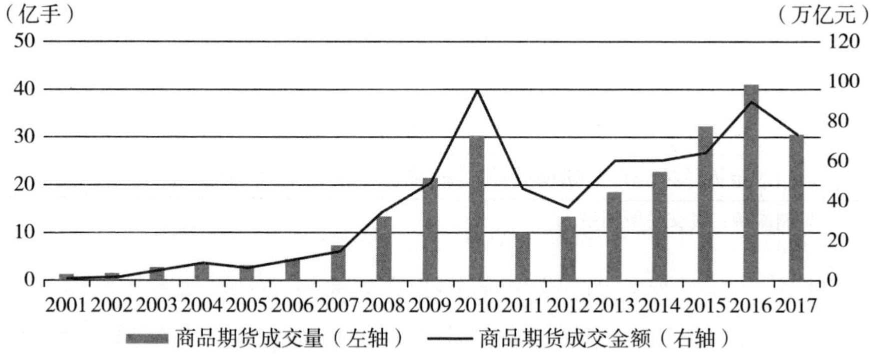

图3-1　我国商品期货成交情况（2001～2017年）

数据来源：中国期货业协会，Wind。

2. 期货品种日益丰富，品种体系逐步形成

我国期货市场品种体系较为齐全，产品序列不断丰富。当前我国

共上市商品期货合约50个、期权合约3个，基本涵盖了农产品、基本金属、能源化工等国际市场主要的商品期货种类，形成了相对完整的品种体系。尤其是形成了如大豆、大豆油、豆粕等上下游相关联的产业链品种体系，对促进相关产业发展起到了积极作用；同时，上市金融期货合约6个，金融期权合约1个（见表3-1），扩大了期货市场的服务范围。近几年来，我国期货市场产品创新步伐加快，先后推出了镍期货、苹果期货、原油期货、白糖期权、豆粕期权、铜期权等多个品种。不但丰富了期货品种、增加了衍生品工具种类，还结合国情培育了若干有中国特色的期货品种，彰显出我国期货市场更加稳健、成熟的特征。

表3-1　　我国上市的期货、期权品种及数量

排名	期货品种	数量
农产品	棉花、早籼稻、菜籽油、油菜籽、菜籽粕、白糖、强麦、普麦、黄大豆1号、黄大豆2号、玉米、豆粕、豆油、棕榈油、粳稻、晚籼稻、棉纱、鸡蛋、胶合板、纤维板、玉米淀粉、鲜苹果期货，白糖、豆粕期权	24
金属	铜、铝、锌、铅、黄金、螺纹钢、线材、白银、铁矿石、热轧卷板、镍、锡、硅铁、锰铁期货，铜期货	15
能源化工	天然橡胶、燃料油、PTA（精对苯二甲酸）、LLDPE（线性低密度聚乙烯）、PVC（聚氯乙烯）、焦炭、玻璃、甲醇、沥青、动力煤、焦煤、聚丙烯、原油、纸浆期货	14
金融	沪深300、上证50、中证500股指期货，2年期、5年期、10年期国债期货，上证50ETF期权	7
合计	期货品种56个，期权品种3个；商品53个，金融7个	60

资料来源：各交易所网站。

2017年，我国共有6个品种进入全球商品期货品种交易量前10名（见表3-2）。从商品类别看，2017年豆粕、玉米在农产品类别中排名第一、第二位，成交量分别为1.63亿手和1.27亿手；螺纹钢、铁矿石、热轧卷板等在金属类中分列前三位，成交量分别达7.02亿手、3.29亿手和1.03亿手。

表3-2　　**2017年全球交易量排名前10的商品期货**

排名	期货品种	国家	类别	成交量（亿手）
1	螺纹钢	中国	金属	7.02
2	布伦特原油	俄罗斯	能源	4.52
3	铁矿石	中国	金属	3.29
4	轻质原油	美国	能源	3.10
5	布伦特原油	英国	能源	2.42
6	豆粕	中国	农产品	1.63
7	PTA	中国	化工品	1.40
8	甲醇	中国	化工品	1.37
9	玉米	中国	农产品	1.27
10	天然气	美国	能源	1.08

资料来源：FIA。

从国内市场结构看，黑色金属、能源化工类品种在国内商品期货市场占比较大。以2018年8月为例，成交额排名前三的期货品种分别为螺纹钢、焦炭、原油，当月成交额分别为2.35万亿元、2.03万亿元、1.72万亿元（见图3–2）。

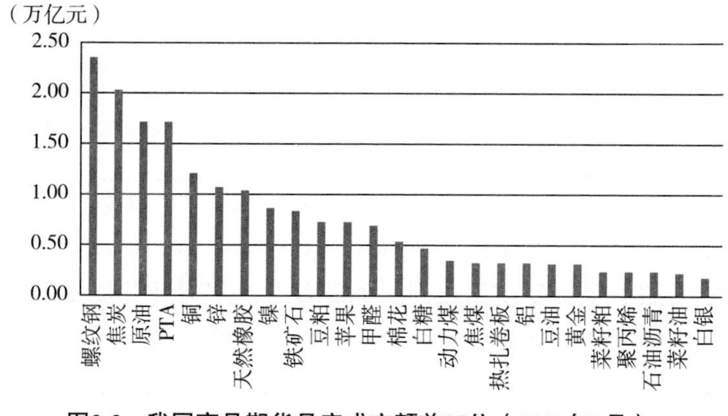

图3-2　我国商品期货月度成交额前25位（2018年8月）

数据来源：中国期货业协会，Wind。

3. 市场主体逐步成熟，服务能力显著提升

近年来，我国商品期货市场在推进国际化、服务实体经济等方面不断创新，促进了整体业务水平的提升。

（1）期货交易所发挥核心作用

期货交易所作为期货市场创新和期货功能发挥的核心，专注于服务企业需求、不断创新，提升服务功能。

其主要举措有：首先，坚持优化交易和交割规则，推出期货仓单交易平台、推进厂库交割等，方便实体企业参与期货交割；通过增加夜盘交易时段、灵活运用限仓制度，保障国内期货价格的连续性和稳定性。其次，推动我国在外汇管理、海关、税务等制度上的突破，并成功引入境外投资者，促进我国期货市场的国际化。第三，三家商品期货交易所竞相发力产品创新，加速推出了新的期货品种和衍生品工具。

随着业务水平不断进步，我国三家商品期货交易所在全球期货市场的地位也显著提升。根据世界交易所联合会数据显示，以商品期货和期权合约成交量为参考，2017年上海、大连、郑州三家期货交易所在全球商品交易所中排名靠前，分列第一、第三和第四位。

（2）期货公司加快结构调整

近年来，期货公司逐步告别单一业务模式，风险管理、资产管理等新业务蓬勃发展。主要表现在，期货公司单一通道型经纪业务收入占比持续下降，同时资产管理和风险管理等创新业务探索取得显著成效。值得一提的是，风险管理业务发展迅速，仓单采购、仓单质押、仓单回购、基差交易、合作套保等以现货为基础的服务型业务规模迅速扩大，场外期权、掉期等工具型业务呈现井喷式发展势头，在特定品种上不同期限的定价服务也广受市场欢迎。创新业务的提升及其规模的扩大，为实体经济发展起到了转移风险的积极作用。

此外，近年来期货行业集中度合理提高，一批综合实力、创新意识、风控水平较强的期货公司脱颖而出，成为行业创新发展领头羊，在促进期货市场功能发挥、服务供给侧结构性改革和脱贫攻坚战略等方面发挥了积极作用。

（3）投资者结构逐步优化

长期以来，我国期货市场的投资者结构存在个人户多、法人和机构户少的情况。2016年我国期货市场投资者数量合计118.64万户，其中个人客户数115.06万人，法人客户数3.58万。法人客户占比偏低，仅为3.02%。

但近年来，期货市场法人客户数增速较快。实体企业生产经营避险需求比以往更加强烈；私募等金融机构加大商品类资产配置；期货市场进一步对外开放，吸引国际投资者入场；各期货交易所不断优化制度安排，以吸引机构投资者入市。在众多因素共同作用下，产业和机构投资者越来越重视大宗商品期货及衍生品市场，并积极参与。

同时，期货市场投资者结构也在悄然变化，出现机构化、产业化趋势。从交易所和期货公司的交易、持仓、保证金等单位客户的占比数据看，多个品种已接近境外成熟市场水平，单位客户已成为市场的主导力量。此外，随着期货基金、期货资管、阳光私募等机构客户数量的日渐增多，以及产业客户对期货市场的认知和参与度不断提高，套期保值者和套利者的参与越来越多，投机者对市场的影响正在削弱。

4. 市场监管体系日臻完善

经过多年的积累与中国特色社会主义市场经济体制和经济发展进程相适应的期货市场监管制度、组织架构、运行体系已经基本确立，促进了期货市场的规范发展。

一是法律法规体系逐步完善。在国家法律层面上已有《公司法》《证券法》《合同法》《刑法》和《期货交易管理条例》等，为维护期货市场健康发展提供了法律制度保障。与《期货交易管理条例》相配套，监管部门又制定了《期货交易所管理办法》《期货公司监督管理办法》《期货从业人员管理办法》等多个部门规章。在市场自律管理层面，有期货业协会《章程》和期货交易所《章程》，突出对期货行业的运行及市场主体的行为监管，成为国家现行法律制度的有益补充。

二是建立起了由中国证监会、各地证监局、期货交易所、中国期货业协会和中国期货市场监控中心等“五位一体”的期货监管协调工作机制。中国证监会负责监管协调机制统一领导、统筹协调和监督检查。中国证监会及各地证监局对期货公司及其分支机构进行监督管理。期货交易所、中国期货业协会对期货公司和市场参与主体实行自律管理。其中，期货交易所主要发挥一线监管职能，对投资者交易行为、期货公司合规、交割仓库运行等进行多维度、深层次监督。期货业协会主要从期货公司及从业人员的执业资格、行为以及投资者保护等方面进行监管。期货市场监控中心对客户的保证金实施监控。多层次、多主体的监管体系的建立和完善，为我国期货市场的平稳运行和健康发展提供了制度保障。

三是建立了具有中国特色的风险管理制度。经过近30多年的实践探索，一方面中国期货市场学习、借鉴了国际市场一般性的交易机制与制度，如产品设计、集中竞价、双向交易、中央对手方集中清算、保证金制度、会员制度、自律管理、政府监管等与国际市场一致或相近；另一方面，还结合中国国情形成了自己的一些特色，如中国期货市场实行保证金事前足额缴纳和安全存管制度、当日无负债结算制度、期货账户“穿透式”监管制度等，可保障交易各方履约能力，并降低市场操纵和保证金挪用风险。中国期货市场的这些特色，得到了国际机构的积极评价。国际货币基金组织、世界银行和国际证监会组织在其联合开展的2015–2017年第二次金融部门评估规则（FSAP）中，认为中国在投资者保护和市场风险监测方面的先进做法值得其他市场借鉴。

5. 对外开放步伐加快

为适应新形势发展的需要，近几年我国期货市场对外开放取得实质性的进展，期货市场对外开放的深度和广度不断拓展。2018年3月，原油期货成功上市，以“国际平台、净价交易、保税交割、人民币计价”的模式向境外开放。该品种运转情况良好，当前日均成交量达到了单边15万手，持仓达到了平均3万手以上，市场规模已经上升至全球第三。原油期货的推出，使上海的原油价格得到了国内外市场的认可；铁矿石、PTA等品种也相继对外开放，成功引入境外投资者；2018年8月，

《外商投资期货管理办法》正式颁布，期货行业对外开放的政策正式落地，受到国外机构的积极关注。与此同时，“引进来”与“走出去”同步进行，各家交易所也都在积极深化各自的海外布局，通过与境外交易所的合作，探索产品的互挂、互通、互联等模式，加快自身的国际化。随着开放程度的扩大，我国期货市场的国际影响力正逐步增强。

（二）功能和作用不断增强

多年来，我国期货市场秉承为实体经济服务的宗旨，不断探索和创新，服务能力显著提升，期货的功能和作用不断增强。

1. 定价机制更加完善提高资源配置效率

由于交易机制的特点，期货市场可以快速集中大量的供求信息，形成在未来不同时点的一系列价格，可以反映出市场参与主体对未来市场趋势的判断和预期，并及时、真实的反映出未来市场的供需状况。与现货市场相比，期货市场更具价格发现优势。随着各期货品种交易规模的扩大、流动性的增强，期货市场的价格发现功更能有效发挥，在引导供求、配置资源方面更加有效率。因此，期货市场形成价格的机制是现货市场定价的有益补充，促使我国商品市场的定价机制更加完善。近年来，越来越多的现货市场定价开始参考期货价格。特别是有色金属、油脂油料行业，对期货市场发现的价格接受程度较高，95%以上的企业都在利用期货价格作为定价基准，进行原材料采购、安排生产。此外，用商品期货价格编制的指数也可以提供有效的价格信号，并一定程度上反映未来的宏观经济形势，有助于国家及时监测价格走势、制定相应的宏观经济政策。

2. 定价模式日益丰富，有利于企业扩大规模和转型升级

在微观领域，围绕期货价格，商品贸易的定价模式日趋多样化。利用期货价格，买卖双方可以组合出多种贸易定价模式，以满足某一方非常个性化的需求。当前，比较常见的有：远期合约定价、销售期

周均价、现货月均价、到货后数月内定价、基差点价（期货价格+升贴水）。其中，采用基差点价的基差贸易模式近年来在我国逐步流行，尤其是在黑色金属领域，近年来向这一模式的转变十分明显。这一贸易模式下，企业签订的是现货购销合同，双方在合同中提前明确购销货物的时间、地点和品质，并约定可在一定时期内主动点选期货价格作为基准价格。这一模式在转移风险的同时还解决了采购、销售、物流、仓储、品质升贴水等实际经营问题，与实际生产经营联系更为紧密。因此，这一模式被越来越多的企业理解和接受。

多种定价模式的出现，不仅满足了企业的个性化需求，还在潜移默化中改变着企业的生产经营活动。如果生产、贸易企业能灵活提供、合理运用多种定价模式，将有助于其在市场竞争中占据优势，促使其实现横向规模扩张和纵向产业链上下游整合，提高产业集中度和生产经营效率，最终实现整个产业的优化升级。随着期货市场的深入发展和企业对期货工具运用能力的提高，近年来我国有越来越多的企业通过灵活定价成功实现了做大做强和转型升级。

3. 避险功能有效发挥，企业开始综合运用期货工具

我国是大宗商品的消费大国，也是资源短缺的国家，能源、金属、大豆、棉花等主要商品大部分需要进口，国际依存度很高。当前，国际政治、经济形势动荡，贸易保护主义抬头，带来国际大宗商品价格的波动，给企业经营带来极大的风险，对整个实体经济也可能造成较大的冲击。面对市场风险，我国期货市场规避风险功能正在发挥积极作用，越来越多的企业开始积极利用期货市场来管理经营中的风险。

同时，随着期货市场的逐步发展、成熟，企业综合运用期货工具的能力显著提高。主要表现在，第一，除传统意义的套期保值锁定成本外，企业还能利用全产业链期货品种提前锁定利润，如利用下游的螺纹钢期货和上游原材料铁矿石期货及能源类焦煤、焦炭期货按比例进行套期保值，农产品领域利用下游的鸡蛋期货和上游饲料类玉米、豆粕期货

进行套期保值。第二，部分企业还利用期货市场进行供应链管理，在价格有利时建立“虚拟库存”，一方面可规避未来价格风险，另一方面可降低原材料或产品库存成本和未来供货风险。

此外，企业的风险管理还出现覆盖经营全过程的趋势，风险管理的范围也扩大至整个市场风险。以我国粮油行业为例，企业面临价格、运输成本、汇率、天气、信用和政策等多个方面立体交叉的风险，这些风险贯穿企业的种植、采购、贸易、运输、加工以及销售等产业链上的所有环节。综合运用多种期货和衍生品工具，实施对经营全过程的覆盖，不仅降低了成本、改善了盈利，还使企业避免了因原材料或产品价格大幅变动所带来的损失。

期货与各种衍生品的多重功能被不断挖掘，与企业生产经营活动的结合也更加紧密。由此可见，在企业的发展和经济的转型升级中，期货市场的功能和作用将更加凸显。

4. 业务模式不断创新，服务实体经济能力显著增强

随着期货市场的深入发展，各类创新业务不断涌现，期货市场的综合服务能力显著提升。

一方面，围绕仓单，交易所或期货公司可提供仓单串换、仓单转让等服务，为交割或仓单流转提供便利。此外，期货公司或银行还可提供仓单质押、仓单回购等业务，有助于实体企业提高资金利用效率、降低融资成本。

另一方面，围绕风险管理，期货公司尤其是期货风险管理子公司可为实体企业或农户提供多种服务。主要方式有，一是基于期货和现货市场进行合作套保。即期货公司根据实体企业生产经营需要提供专业化的套期保值服务。二是提供新型衍生品工具，如场外期权、掉期等。由于场外期权更具灵活性、容错性以及资金利用的高效性，更能满足客户个性化的服务需求。近几年来我国商品市场场外期权业务呈井喷态势，业务规模迅速扩大。当前，场外期权已经用到企业经营过程中的采购、生

产、储存、销售等各个环节。三是期货公司与保险公司保险公司合作，为广大农户提供“期货+保险”服务。这一服务可通过发挥期货公司和保险公司的各自优势，将价格波动风险从农户手中转移至期货市场，从而保障农民收入。经过多年试点，这一模式已在我国多地成功运用。

在我国中小企业和农户众多、工农业生产散而小的现象广泛存在的情况下，期货市场通过产品和业务创新，使得风险管理服务能惠及资金管理水平相对有限、金融知识相对匮乏的中小企业和广大农户，期货市场服务实体经济的能力显著提升。

（三）促进期货市场规范发展的经验

期货市场已经走过近30年的发展历程，认真总结经验、教训，对新时期进一步促进期货市场发展、扩大对外开放、提升为实体经济服务能力及建设具有竞争力的国际化期货市场，具有十分重要的意义。

1. 坚持市场化方向，在深化改革中发展壮大

市场化改革是期货市场生存的基础，期货市场是伴随着改革不断深化、市场机制逐步建立而实现发展的。期货市场作为市场体系的重要组成部分，在建立和发展中，始终坚持市场化方向，坚持适应改革开放、经济发展的需要，不断创新。使得期货的功能和作用日益显现，在完善社会主义市场经济体制、规范现货市场的发展、服务实体经济等方面发挥了积极的作用。

2. 坚持借鉴国际经验与我国国情相结合

我国的期货市场是在向国际期货市场学习，借鉴国际经验的基础上建立起来的。但并没有完全照抄、照搬规则和经验，而是在认真学习国际期货市场的理论、期货运行机制，合理借鉴其管理方式、运行模式以及相关经验教训的基础上，结合我国的国情和发展需要，设计和推动中国期货市场的建立与发展。例如，在改革开放初期，我国并没有直接建

立期货市场，而是通过批发市场引入期货机制，逐步过渡到期货市场。经过不断的创新、发展，我国期货市场在组织架构、风险控制、交易形式以及品种选择上，都形成了自己的特色。

3. 坚持适应经济发展需要，为实体经济服务

我国经济的快速发展和市场机制的不断完善，客观上对期货市场的发展有着更高要求。为与之相适应，期货市场在自身的建设中，始终坚持为实体经济服务的宗旨，积极适应实体经济发展的多样化需要，不断推出新的品种，改进实物交割标准和交割规则，降低企业交易成本；期货市场在积极发挥期货功能和作用、提升服务实体经济能力的同时，也促进了自身的发展。

4. 坚持严格控制风险，保护投资者利益

期货市场是管理风险的场所，在管理风险的同时也聚集着较大风险。中国期货市场在实践中，逐步建立起独具特色的风险管理体系，包括多层次的法律法规、规章制度和监管体系，以及先进的互联网交易系统和科学的电子预警监控系统等。能做到有效的防范、监控和管理市场风险，促进市场交易公开、公平、公正，保障市场平稳运行，保护投资者利益不受侵害。

三、新时代期货市场发展任重道远

（一）新时代对期货市场发展提出更高要求

1. 发挥市场机制的决定性作用要求期货市场更好的发挥价格发现功能

党的十九大指出，要使市场在资源配置中起决定性作用。而市场

机制中最重要的机制是价格机制，市场通过价格信号对资源配置起决定性作用。市场价格不仅有现货价格，还包括时间序列上的一系列期货价格。现货价格主要对当期消费起作用，期货价格则影响未来的生产和投资。期货交易形成的价格往往能领先于现货价格，反映出大宗商品市场供应和产业运行情况。因此，更好地发挥期货市场发现价格的功能，让期货价格更有效的引导资源配置，不仅是市场机制起决定作用的内在要求，更是其重要保障。

2. 国内外政治经济形势新变化要求期货市场提供更好地管理和分散风险的服务

当前，我国经济正处于由高速增长转向高质量发展的关键时期，经济增速开始换挡，经济结构正经历调整，经济下行风险有所上升。与此同时，国际上单边主义、贸易保护主义主义抬头，原有的经济贸易秩序被打破，世界格局面临深层次调整，全球经济不确定性增大。在我国全面融入全球经济的背景下，我国已逐步发展成为全球大宗商品最大的进口国和消费国，很多基础原材料和农产品的产量和消费量均位于世界前列，同时还是全世界唯一拥有联合国产业分类中全部工业门类的国家。因此，我国企业受国内外不确定性因素冲击的风险加大，迫切需要分散、管理相关风险的工具和服务，这对期货市场提出了新的要求。

3. 建设现代化经济体系需要更广阔、更有深度的期货市场支持

党的十九大报告指出，建设现代化经济体系是我国战略发展目标，也是新时代转变经济发展方式、优化经济结构、转换经济增长动力的迫切要求。建立现代化经济体系的核心是以深化供给侧结构性改革为主线，大力发展实体经济，实现经济高质量发展。市场主体要提质增效、高质量发展，面对更加激烈的市场竞争，对期货市场服务的要求将更加多元，市场主体对风险管理的需求将更加多样、更加复杂，将迫切需要期货市场拓展市场的深度和广度，提供更丰富的期货品种、更多样化的衍生品工具和风险管理服务。

4. 实现现代化强国目标需要具有国际竞争力的期货市场的支撑

党的十九大提出，二〇三五年到本世纪中叶，在基本实现现代化的基础上，把我国建成富强民主文明和谐美丽的社会主义现代化强国。现代化强国的特征之一是经济具有较强的国际竞争力和话语权。而高效的期货市场不仅可以帮助我国企业稳定和改善经营业绩、促进上下游良性整合、实现产业优化升级，还可以促使中国因素成为全球大宗商品交易基础信息中最重要的组成部分，提升我国的定价话语权。因此，成熟、稳健、强大、高效的国际化期货市场，将成为我国实现现代化强国目标的有力支撑。

（二）当前期货市场存在的短板和不足

1. 期货市场不能满足经济发展的需要

期货品种是期货定价以及期货市场功能发挥的基础，期货市场通过各个期货品种的交易，实现为实体经济服务的功能。我国是制造业大国，工业门类比较齐全，需要风险管理的行业较多。但目前已上市的期货和期权品种远远不能满足经济发展的需要。此外，我国期货市场存在衍生品工具较为单一、产品层次不够丰富、场内场外市场发展不协调等问题。场内期货市场能提供的管理风险的方式是标准的、统一的，难以满足实体企业的风险管理多样化、个性化的需求，因此迫切需要发展多元化的衍生品工具和灵活的场外市场。

2. 期货市场发展质量有待提高

当前期货市场的一些薄弱环节限制了服务实体功能的有效发挥。主要表现为，一是投资者结构不合理，实体企业（特别是相关大型企业）及金融企业的期货市场参与度有待提高；二是合约流动性结构不合理，存在“近月合约不活跃，活跃合约不连续”的现象；三是期货与现货市场衔接不紧密。这造成市场流动性质量不高、价格波动性较大、价格信号不稳定、实体企业套保合约与实际需求不匹配等问题，不利于价格发现和套期保值功能的有效发挥。

3. 难以适应当前形势的新变化

近年来，我国期货市场创新不断涌现，但也带来一些新问题、新情况，亟待各方及时调整，以适应新的形势变化。例如，境内人民币计价的原油期货的上市和国际投资者的引入，催生对汇率期货的需求；场外市场的蓬勃发展催生了对场外业务的清算、风险防范等方面进行规范和监管的需求；期货风险管理子公司的创新业务导致金融实体和贸易实体的界限变得模糊，其多重角色和单一身份难以协调，限制了服务实体经济的能力等，也限制了期货市场功能的进一步发挥。

4. 金融期货发展滞后

当前，我国期货市场主要以商品期货为主，随着我国金融市场改革的不断深化，利率和汇率正逐步市场化，企业面临的利率和汇率风险加大，而相应的期货品种还不丰富，无法充分满足企业对利率和汇率风险的管理需求。同时，我国也尚未推出个股期权。在国外成熟的期货市场，金融期货及衍生品的占比较高。而在我国，当前金融期货发展滞后问题依然较为突出。

5. 缺乏国际竞争能力

与实体经济较高的对外开放水平相比，我国期货市场的国际化程度仍然不高。迄今为止，我国仅有原油期货、铁矿石期货、PTA期货真正实现对外开放。期货交易所也尚不具备全球化的交割库布局。此外，我国期货市场法律制度尚不健全，期货经纪机构服务海外客户的经验、能力仍显不足，导致海外投资者在中国期货市场的参与度仍然较低。在这种情况下，我国期货市场虽然流动性较为充裕，但在大宗商品的国际定价方面能力依然偏弱，也缺乏相应的海外辐射能力和国际竞争力。

6. 法律法规体系不健全

与期货市场迅速发展相比，目前期货市场的法治化进程还相对滞后。现阶段，我国期货市场的法规体系以《期货交易管理条例》（简称《条例》）为中心，并由若干司法解释、部门规章、规范性文件以及相关自律规则组成。《期货法》虽多次起草，但仍未能出台。上位法的缺失，使得期货市场法律层级不够，缺乏对期货市场基础法律关系、民事权利义务、法律责任方面的规范，这不利于期货市场的进一步创新发展。

（三）建设中国特色的国际化期货市场

为满足高质量发展要求，我国迫切需要建设一个适应中国国情、满足实体经济发展需要的、高效的、开放的和具备国际竞争力的期货市场。

1. 促进期货与现货市场协调发展，优化市场资源配置并强化定价影响力

作为更高级的市场组织形式，期货市场具有价格公开透明、履约率高、风险可控等优势。但不可忽视的是，现货市场是期货市场的基础，具有一定规模的、高效的、运行良好的现货市场，能促进期货市场功能更好发挥。因此，一方面，期货市场不应独立发展，而是应当主动寻求与现货市场对接。另一方面，期货市场已在保障履约、控制风险等方面积累了丰富的经验，可供现货市场借鉴，促进现货市场规范发展、提高服务质量和效率。

综合来看，与现货市场有效对接，可以更加有效地发挥期货市场发现价格功能，促进期现市场优化配置资源，扩大我国期货价格在国内外市场的接受程度和影响力，为取得国际大宗商品定价权提供支撑。

2. 加快期货市场建设，拓展期货市场的广度和深度

为解决现货企业风险管理需求与交易所产品供给之间的矛盾，解决

分散的现货市场与交易所标准化产品在空间、时间、品种、质量等方面的不匹配问题，要根据实体经济的需要，加快推出相应的期货品种，做精做深现有品种；积极开发期权品种，增加适合于不同规模、不同产品的风险管理工具；增加各类衍生品工具上市的数量和速度。同时，加快金融期货市场的建设，满足金融领域的新型风险管理需求。

要大力培养和提高我国企业的风险意识和风险管理能力，使其积极参与期货市场，从而促进市场主体结构进一步优化和市场功能更加有效发挥。一方面，在我国期货市场不断发展完善、相关法律法规不断健全的背景下，要切实加大宣传和推广力度，使更多企业理解和认识期货市场的避险功能，鼓励更多实体企业，尤其是涉及大宗商品生产、使用的大型国有企业直接或间接参与期货市场。另一方面，要引导实体企业建立科学、严格、高效的套期保值监督管理体系，避免将套期保值变成投机行为。

3. 鼓励业务创新，助力经济高质量发展

建议扩大“保险+期货”试点，增加参与试点的期货公司、保险机构和农业品种，总结推广期货市场服务“三农”的成功经验，扩大期货市场“点基地、面基地”建设，推广“期货+订单”等服务“三农”新模式。积极探索期货市场的普惠金融功能和机制，发挥期货行业优势，充分履行社会责任，形成多层次、多渠道、多方位的精准扶贫格局，为全面建成小康社会提供有力支持。

鼓励围绕期货市场，采用新的贸易定价模式。在国内金属、粮食、油脂油料、农产品、能源化工产品等各行业，在现货贸易中大力推广“期货价格+升贴水”的基差定价模式，使企业在贸易和经营活动中与国际接轨，更好地应对国际市场竞争，更快地做大做强，促进企业产品结构调整和产业链结构优化升级。

4. 支持期货公司风险管理业务的发展

大力发挥期货风险管理公司的作用。通过各种定制化服务，使期货市场的标准化产品与企业的多样化、个性化需求更好地对接，在资金管理、库存管理、价格风险管理等方面开展合作，助力实体企业不断发展壮大。

为期货公司提供更多支持。鼓励其运用上市、增资扩股以及发行债务等方式增加净资本，当涉及风险管理业务时，给予信贷资金支持，以增强其资金实力和风险抵抗能力，更好地为实体经济提供服务。

5. 加快对外开放步伐，扩大期货价格国际影响力

加快推进期货市场双向开放。一是加快引入境外投资者参与我国市场；二是扩大境内外交割库布局；三是开展灵活多样对外合作；四是鼓励期货经营机构国际化发展。欢迎国际金融机构参股、控股国内期货公司；支持国内期货经营机构在境外发展，积极开展跨境业务；五是加强与境外监管机构的跨境监管合作，为期货市场对外开放创造良好环境。

此外，期货市场应积极服务“一带一路”建设，并努力增强我国期货价格的影响力。应加快建立与国际通行规则接轨的现代市场体系，把期货的风险管理体系建设作为未来国际合作中贸易、投资、建设不可或缺的组成部分，发挥期货在国际贸易和投资中的定价和价格预测、预评估作用，增强我国在国际大宗商品市场的话语权和定价权，着力营造更加良好的国际化、法治化、便利化的优质营商环境，与境内境外市场深度融合，促进我国经济的国际竞争力不断提升。

6. 加快完善期货市场法律法规体系

加快完善期货市场法律法规体系，推进《期货法》立法，以保障期货市场的健康发展。应该本着有效规范市场主体关系、推动市场创新发展的原则，明确各方基础法律关系、民事权利义务、法律责任，明确期货市场的基本制度、规则，完善监督管理、纠纷处理等方面的制度安排。其中，主要任务有，对当前行之有效的制度进行法律层级的固化、提升；扫除体制、机制障碍，鼓励实体企业利用期货和衍生品从事风险管理活动；鼓励、引导、规范期货市场的品种和业务创新；建立多元

化、时效性强的纠纷解决机制；主动适应期货市场国际化的需要，为跨境风险防范、跨境监管、跨境执法提供法律保障。

执笔：廖英敏　王立坤

参考文献

[1] 任兴洲. 建立市场体系——30年市场化改革[M]. 中国发展出版社，2008年11月.

[2] 姜洋. 中国期货市场发展历史与前瞻[N]. 根据作者2018年2月11日在中国金融四十人论坛和北方新金融研究院主办的“中国金融四十人看四十年”系列讲座第2期上的演讲整理.

[3] 邢全伟. 中国期货市场发展的历史阶段和向成熟状态的嬗变[J]. 中国经济史研究，2018（2）：146–159.

[4] 吴国华. 不忘行业初心 我国期货市场发展的新探讨[N]. 期货日报，2018年1月28日.

[5] 中国证监会期货监管部. 脚踏实地 大胆探索 为中国期货市场走出一条成功之路[N]. 中国证券报，2017年9月28日.

第四章

中国电子商务市场的创新与发展

我国电子商务市场于20世纪90年代开始起步，在经历了初期的探索实践和国际互联网泡沫冲击后，进入持续快速发展阶段，目前已成为我国消费及商业模式创新的重要支撑。在当前，电子商务市场已经从传统的网购市场，逐步扩大到出行、旅游、餐饮等服务消费领域，同时对制造业和流通业转型升级的引领带动作用日益显现。

一、电子商务发展的历程和主要经验

（一）发展历程

1. 探索认知和市场培育阶段（1990～1999年）

1995年，美国亚马逊（Amazon）和易贝（eBay）相继成立，中国开始对电子商务有了初步认识，并意识到电子商务将对流通和消费市场产生巨大影响。1994年全球电子商务销售额仅为12亿美元，到1998年达到500亿美元，市场规模是1994年的42倍。自1994年中国正式接入国际互联网开始，电子商务市场从无到有，进入了起步和培育阶段。1997年12月，中国化工网（英文版）上线，成为国内第一家B2B电子商务网站。1998～1999年，腾讯、阿里巴巴、易趣网、中国网、8848网、当当网相继注册成立。在当时，由于社会和消费者对电子商务普遍缺乏了解和认识，加之电子支付和社会信用体系不完善，我国电子商务企业和市场发展滞后于全球发展水平。

2. 初步发展和市场整合阶段（2000～2005年）

2000年，欧美资本市场出现网络经济泡沫，当年美国纳斯达克指数上涨了17倍。在随后经历泡沫破灭之后，全球资本市场对网络科技公司进行了重新估值，大量公司破产裁员，一定程度上也促使中国电子商务市场主体进行市场整合和价值重构。1999年中国诞生了370家B2C的电子商务公司，到2001年市场上有一定市场规模和竞争力的电子商务企业只剩下3～4家[①]。

尽管如此，随着居民网上消费习惯的逐步形成，中国电子商务市场依然得到了一定发展。特别是在2003年"非典"疫情爆发后，越来越多的消费者主动转向网上购物，上网人数从2000年的890万人，增长到2005年的10300万人，参与网上购物与销售人数占上网人数比例也从2000年的7.7%快速上升到2005年的26.2%[②]。这一阶段的标志性事件是淘宝、京东等电商平台的成立。2003年，阿里巴巴集团成立淘宝网，进军C2C市场。同年，阿里巴巴推出支付宝，解决了困扰电子商务零售市场的信用和支付难题，彻底改变了整个产业生态、商业模式和支付方式，将电子商务从B2B向C2C和B2C普及。2004年，京东也开始上线电子商务平台。此后，B2B、B2C、C2C等各种电商模式开始出现快速发展。

① 郝建彬："中国电子商务发展史话"，《阿里商业评论》，2015年第7期。

② CNNIC：《中国互联网络发展状况调查统计报告（2000～2005年）》。

3. 快速普及和高速扩张阶段（2006～2011年）

2006年开始，线上支付应用日益成熟，支付宝与银行的合作继续深化，通过绑定银行卡和支付宝账户，使非网银用户实现了网上购物，网络购物方式得到了社会普遍认可，消费群体高速扩张，电子商务市场规模加速增长。2006年，淘宝网发展成为亚洲最大的购物网站，每天有近900万人上淘宝网购物。2007年，淘宝网成为亚洲最大的网络零售商，全年成交额突破400亿。2009～2011年，我国电子商务交易规模分别为3.6万亿元、4.8万亿元和7.0万亿元，网络零售额占社会消费品零售总额比重从2008年的1.13%，快速提升到2011年的4.06%。

4. 跨界融合和生态重构阶段（2012年至今）

随着网络购物的进一步发展，线上线下融合互动成为商业模式创新的新趋势。2012年，以线下业务为主的苏宁、国美分别上线“苏宁易购”和“国美在线”网购业务，成为线上线下融合发展的标志性事件。2014年起，阿里巴巴先后投资、收购了三江购物、高鑫零售、银泰商业等线下零售企业。2017年起，阿里巴巴、永辉超市、京东集团分别布局盒马鲜生、超级物种、7-fresh等新零售项目，互联网平台企业开始大规模布局线下业务。随着移动互联网的发展，2015年，移动端交易规模占比首次超过50%，成为网购市场的主流交易方式，消费场景极大丰富。文体娱乐、旅游休闲、交通出行、餐饮服务等服务消费领域的线上业务出现快速发展。2012～2017年，我国网络购物用户人数从2.42亿人增长至5.33亿人，增长1.2倍；电子商务交易额也从8.1万亿元增长至26.1万亿元，年均增长34%，其中移动购物市场交易规模从1000亿元，增长到4.2万亿元，5年增长41倍（见图4-1）。

在电子商务消费领域快速迭代升级的同时，2013年以来，B2B电子商务蓬勃发展，以大宗商品为代表的电子商务发展迅速，孕育了找钢网、上海钢联等多家独角兽企业和上市公司。大宗商品电商平台已从最初“收取会员费、竞价排名、线下会展”的传统模式，纷纷切入交易、金融和数据业务，为产业链上下游企业提供增值服务。

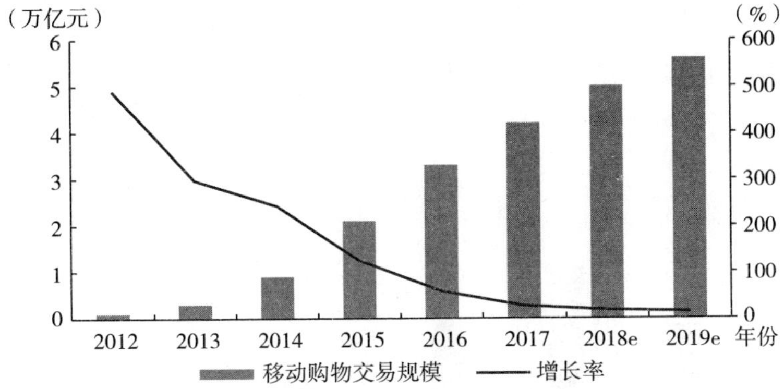

图4-1　中国移动购物市场交易规模（2012～2019年）

资料来源：艾瑞研究院。

（二）主要经验

1. 相对宽松的政策和监管环境

我国电子商务市场能够实现快速发展，首先得益于发展初期相对宽松的政策环境。一方面，对于网络购物，政府基本采取了“放水养鱼”的思路，监管上也以鼓励、观察为主，使电商在发展过程中逐步通过技术手段和规则创新，缓解和解决了一些发展过程中存在的矛盾和问题，例如信用体系不完善和支付方式不便利等问题。另一方面，在市场规模逐步扩张、商业模式创新日益活跃之后，对于新兴业态，政府也基本按照“鼓励创新、包容审慎”原则，谨慎出台新的准入和监管政策，这些都有助于市场主体破除行业和地域壁垒。

2. 网购市场和消费群体的规模经济

电子商务和互联网经济存在较明显的规模经济特征。中国具有世界上最大的消费市场，而且网民数量也较世界其他经济体有明显优势（见图4-2）。这不仅使各个细分领域和市场都具有足够大的市场规模和足够多的目标消费群体，而且在同一领域，也能支撑多家企业实现创新探索和激烈竞争。这使得在以电子商务市场为代表的互联网经济领域，能够在市场发展和商业模式创新方面具有较大积极性，在竞争中不断优化产业组织和服务品质，进而推动整个电子商务市场在创新发展过程中走在世界前列（见表4–1）。

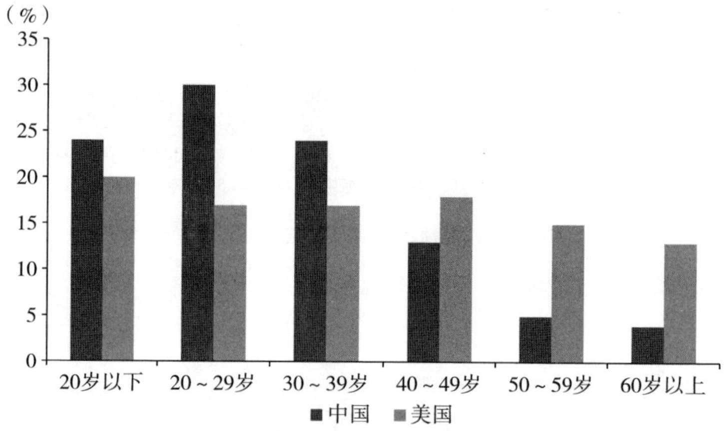

图4-2　2016年中美不同年龄网民数量占比

注：中国网民平均年龄为28岁，美国网民平均年龄为42岁。

资料来源：波士顿咨询公司（BCG）、阿里研究院、百度发展研究中心、滴滴政策研究院。

表4-1　　我国电子商务B2C市场格局（2017年）

排名	企业	市场份额（%）
1	天猫	52.73
2	京东	32.50
3	唯品会	3.25
4	苏宁易购	3.17
5	拼多多	2.50
6	国美在线	1.65
7	亚马逊中国	0.80
8	当当	0.46
	其他	2.95

资料来源：中国电子商务研究中心。

3. 技术创新及其深度应用不断提升电商体验

电子商务市场不断与新技术、新场景相互融合，将新技术、新模式在各领域深入融合应用，与出版传媒、文体娱乐、交通物流、零售、教育、医疗等领域的跨界深度融合，已成为我国鼓励技术创新与应用的重要阵地。而虚拟现实（VR）、人工智能（AI）、大数据等先进技术，最先也都在电子商务市场有深度应用。例如电商平台应用大数据资源进行精准营销、个性定制、网络众筹、O2O结合等新模式，充分整合供应链上下游资源，将生产、经营、销售和消费环节融为一体，逐步升级换代，越来越优化便捷。随着在线支付体系逐步建立，移动支付全面渗透人们的日常生活，在商场、餐馆、小摊贩等绝大多数场景都有广泛应用，使我国移动支付交易额在全世界处于领先水平。截至2017年6月，我国使用网上支付的用户规模达到5.11亿，我国网民使用网上支付的比例为68.0%[①]。

4. 活跃的资本市场发挥了强大的支撑作用

电子商务市场快速的发展，离不开多元化、多渠道投融资体系，资本要素和资本市场对电子商务发展发挥了强大的支撑作用，实现电子商务市场的资源优化配置；天使投资、风险投资、私募股权、股票市场等多层次资本市场，都对不同类型、不同阶段和不同领域的电子商务发展提供了持续、巨额和充分的资本要素支持（见图4-3）。仅阿里巴巴、

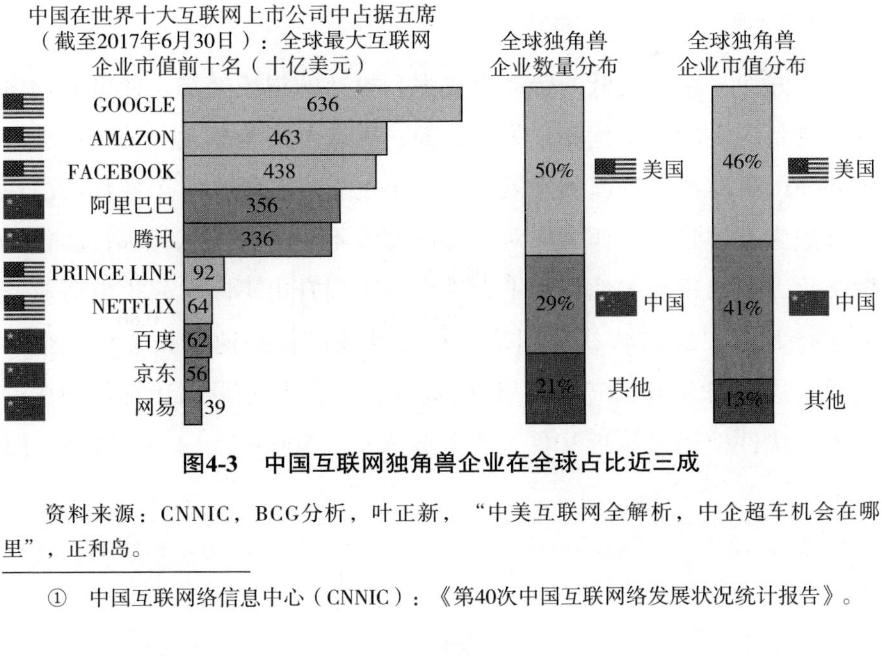

图4-3 中国互联网独角兽企业在全球占比近三成

资料来源：CNNIC，BCG分析，叶正新，“中美互联网全解析，中企超车机会在哪里”，正和岛。

① 中国互联网络信息中心（CNNIC）：《第40次中国互联网络发展状况统计报告》。

腾讯、京东三家上市公司的上市市值就已超过6.5万亿元；还有蚂蚁金服、滴滴出行、美团、菜鸟网络等互联网独角兽企业，市场估值也超过千亿元。在电商企业在多轮融资过程中，资本倒逼电商企业不断完善公司治理结构，推动公司和业务不断提高现代化和国际化水平。

5. 快递业快速发展为电商发展提供基础

电子商务市场的快速发展，与之相适应的物流体系也面临前所未有的发展机遇，并成为电商发展最重要的配套体系之一（见图4–4）。

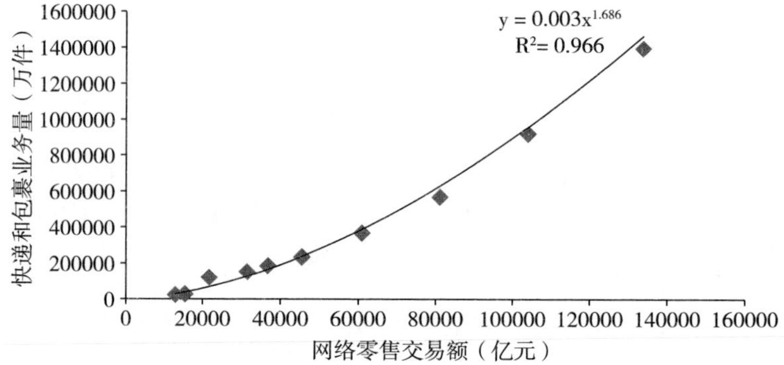

图4-4　网络零售交易额与快递及包裹业务量的相关性

资料来源：国家统计局，CNNIC。

一方面，相对较低的劳动力成本和投递的规模经济，使电商物流发展具备一定的成本优势；另一方面，随着经济全球化、消费需求升级和我国电商物流的蓬勃发展，顺应小批量、多批次、个性化的消费需求成为重要趋势，作为应对，电商物流不断提升信息化、自动化、网络化、智能化和柔性化水平，进而不断提升也不断提高了电商业务的运行效率。2017年，我国快递行业继续保持高速增长态势，全年完成快递业务量400.6亿件，稳居世界首位；业务量同比增长28%；年人均快件使用量接近30件，业务收入接近5000亿元（见图4–5、图4–6）。

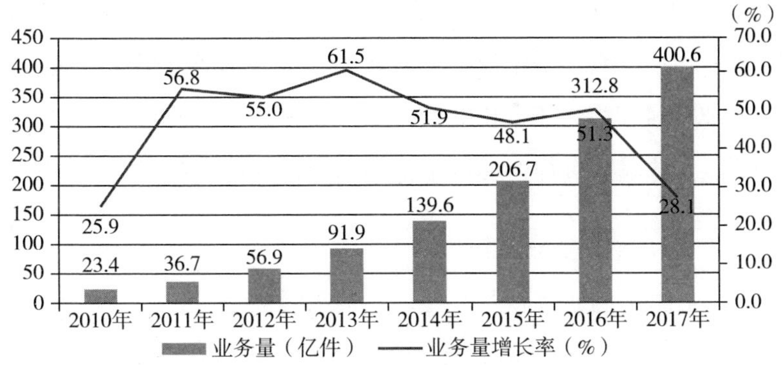

图4-5　2010～2017年快递业务量

数据来源：国家统计局。

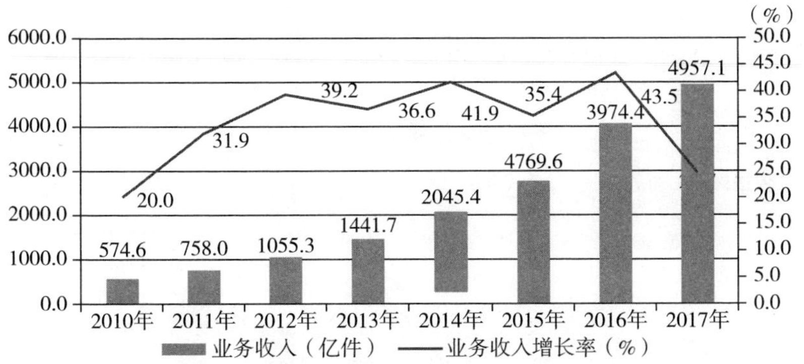

图4-6　2010～2017年快递业务收入增效情况

数据来源：国家统计局。

二、电子商务发展现状、趋势和问题

（一）发展现状

1. 市场规模不断扩大

进入21世纪以来，以电子商务为代表的新型商业模式经历了“井喷式”发展。2017年电子商务交易额（B2B和网络零售）突破29万亿元，相当于当期GDP的35.26%，自2008～2017年均增长率约28.7%（见图4–7）。2017年，中国B2B电商交易规模为20.5万亿元，同比增长22.75%（见图4–8）。主要B2B平台市场份额占比中，4家核心平台占比为55.4%，合计市场份额占比过半，市场优势开始显现（见图4–9）。

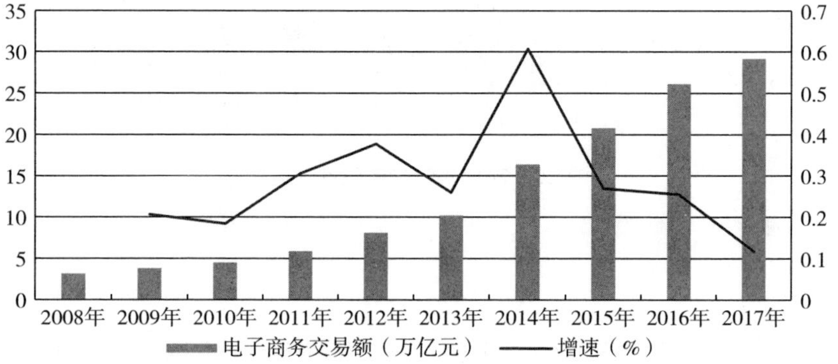

图4-7 电子商务交易额及增速（2008～2017年）

数据来源：商务部。

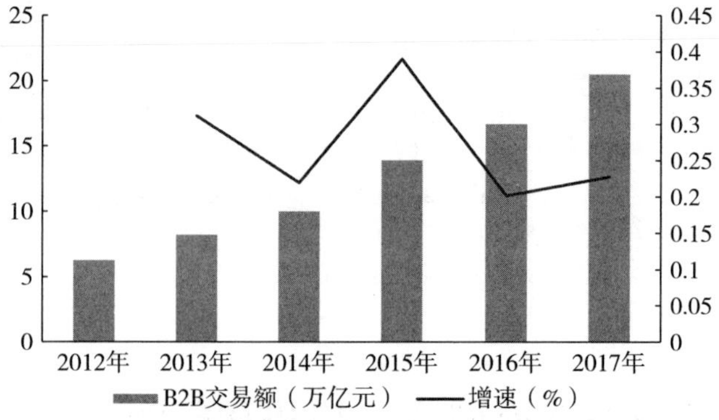

图4-8 中国B2B交易额及增长率（2012～2017年）

资料来源：电子商务研究中心。

2017年，中国网上零售额再创历史新高，达到 7.18 万亿元。其中，实物商品网上零售额 54806 亿元，占社会消费品零售总额的比重为15.0%。2008～2017年中国网上零售额由1300亿元增长到7.18万亿元，年均增长率57.7%，增速远高于同期社零总额增幅（见图4–10）。

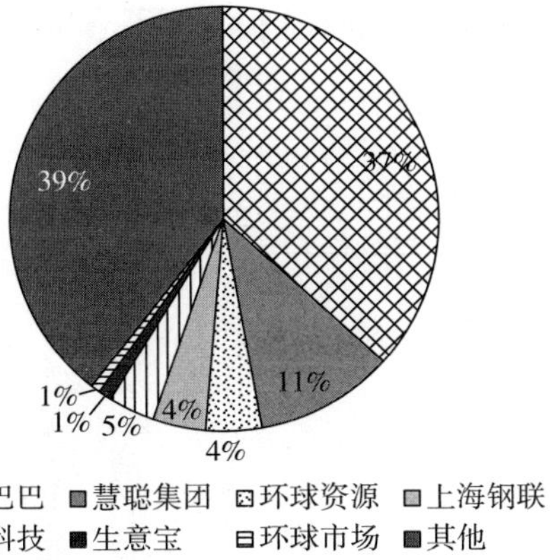

图4-9　中国B2B市场份额占比（2017年）

资料来源：电子商务研究中心。

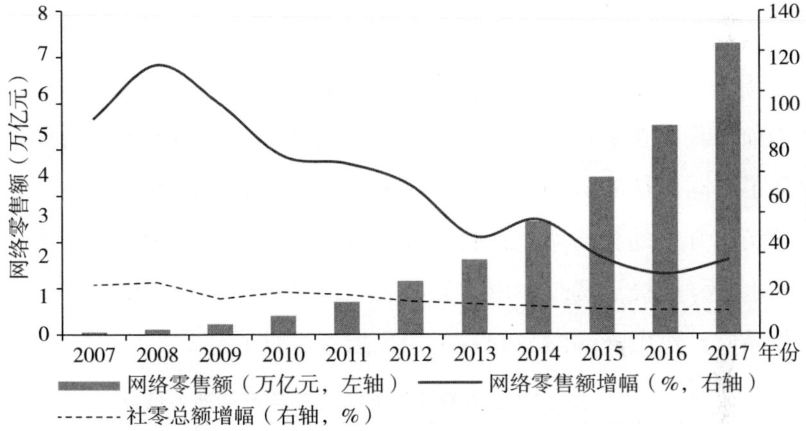

图4-10　中国网络零售额及增长率（2007～2017年）

资料来源：《中国统计年鉴》（2007～2017年），商务部。

电子商务特别是网络零售市场快速增长的同时，也加速了向各个经济领域及行业的渗透，对经济和社会发展产生了重大影响，为消费增长和创新创业提供新动能。2008～2017年，网络零售额从1300亿元猛增至7.18万亿元，其中网络零售额与社会消费品零售总额的比例从1.1%提升至19.6%（见图4-11）。“十二五”末，以实物商品、在线服务及数字产品交易为代表的互联网创业年投资额达153.62亿美元，占全国创业投资总额的28.5%。电子商务基础设施投资活跃，电子商务园区数量超过

1000个，全国电子商务仓储超过4000万平方米。

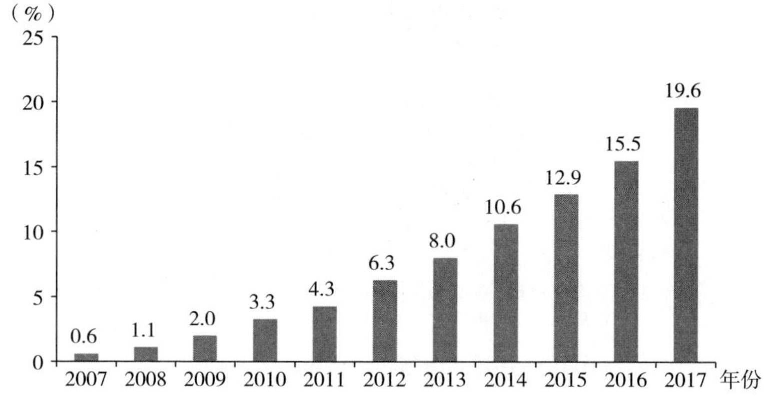

图4-11　中国网络零售总额与社会消费品零售总额的比例（2007～2017年）

资料来源：《中国统计年鉴》（2007～2017年），商务部。

2. 新一轮消费变革促进电商市场不断升级

当前，我国在消费结构、消费方式、消费人群、消费市场格局等方面出现了不同以往的深刻变革。一方面，居民中高端商品及服务消费成为消费结构升级的新亮点。2017年我国人均GDP突破8800美元，达到中高收入水平，居民消费总体由"有没有"向"好不好"转变，更加注重品牌和品质，对中高端商品的需求快速增长（见表4-2）。

表4-2　　1990年以来城乡居民对食品、耐用品的消费情况

城镇居民								
年份	粮食（千克/人）	肉禽（千克/人）	汽车（辆/百户）	彩电（台/百户）	冰箱（台/百户）	空调（台/百户）	移动电话（部/百户）	计算机（台/百户）
1990	130.7	25.2	–	59.1	42.3	0.3	–	–
1995	97.0	23.7	–	89.8	66.2	8.1	–	–
2000	82.3	25.5	0.5	116.6	80.1	30.8	19.5	9.7
2005	77.0	32.8	3.4	134.8	90.7	80.7	137.0	41.5
2010	81.5	34.7	13.1	137.4	96.6	112.1	188.9	71.2
2015	112.6	38.3	30.0	122.3	94.0	114.6	223.8	78.5
2016	111.9	39.2	35.5	122.3	96.4	123.7	231.4	80.0
2017	–	–	37.5	123.8	98.0	128.6	235.4	80.8

续表

农村居民								
年份	粮食（千克/人）	肉禽（千克/人）	汽车（辆/百户）	彩电（台/百户）	冰箱（台/百户）	空调（台/百户）	移动电话（部/百户）	计算机（台/百户）
1990	262.1	12.6	–	4.7	1.2	–	–	–
1995	256.1	13.6	–	16.9	5.2	0.2	–	–
2000	250.2	18.3	–	48.7	12.3	1.3	4.3	0.5
2005	208.9	22.4	–	84.0	20.1	6.4	50.2	2.3
2010	181.4	22.2	–	111.8	45.2	16.0	136.5	10.4
2015	159.5	30.2	13.3	116.9	82.6	38.8	226.1	25.7
2016	157.2	30.6	17.4	118.8	89.5	47.6	240.7	27.9
2017	–	–	19.3	120.0	91.7	52.6	246.1	29.2

注：2010年及之前年份的城镇居民粮食、肉禽数据为购买量。

资料来源：相应年份的《中国统计年鉴》。

另一方面，服务消费需求快速扩张，增速明显高于商品消费增速，占整个消费支出的比重明显上升。据测算，2013～2017年我国居民人均服务消费支出由5040.9元增加到7317.4元，增长45.2%，年均递增9.8%，高于人均商品消费支出增速超过2个百分点，服务消费比重也从38.1%上升到40%（见图4-12）。2017年电子商务服务业营收规模达2.92万亿元，同比增长19.3%。其中，平台服务业营收规模达5027亿元，同比增长25.7%；网约车市场交易规模约1900亿元，同比增长70%。截至2017年6月，我国网上外卖用户规模达到2.95亿，在网上

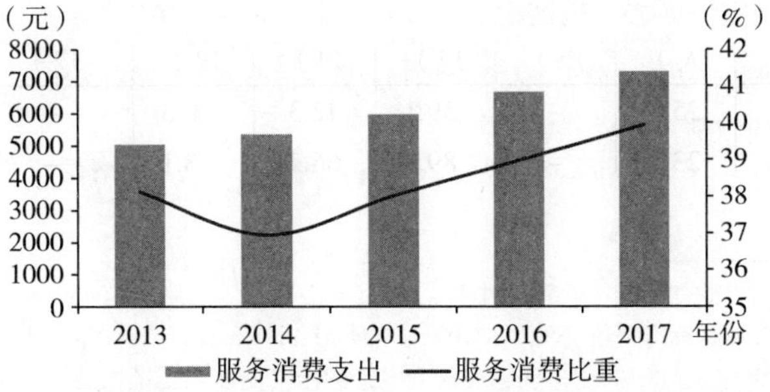

图4-12　2013～2017年我国居民人均服务消费支出及其占比

资料来源：国家统计局、Wind数据库。

预订过机票、酒店、火车票或旅游度假产品的网民规模达到 3.34 亿，在网上预订火车票、机票、酒店和旅游度假产品的网民分别占比 37.6%，19.1%，20.5% 和 9.3%。

此外，消费群体结构变化也将为新一轮消费变革提供持续的动力和支撑。2017年我国中等收入群体规模已达4.3亿人，成为全球中等收入群体人数最多的国家①。中等收入群体具有稳定的收入和较高消费倾向，成为扩张和引领消费升级的中坚力量。80后、90后、00后成长在物质日益丰富、受教育水平不断提高和互联网飞速发展的年代，成为引领消费创新、扩大新兴消费的主力。同时，2017年我国60岁及以上老年人为2.4亿多人，新出生婴儿1758万人，其中二孩占比超过50%。老年人和婴幼儿群体消费也不断成为消费市场的亮点（见图4–13）。

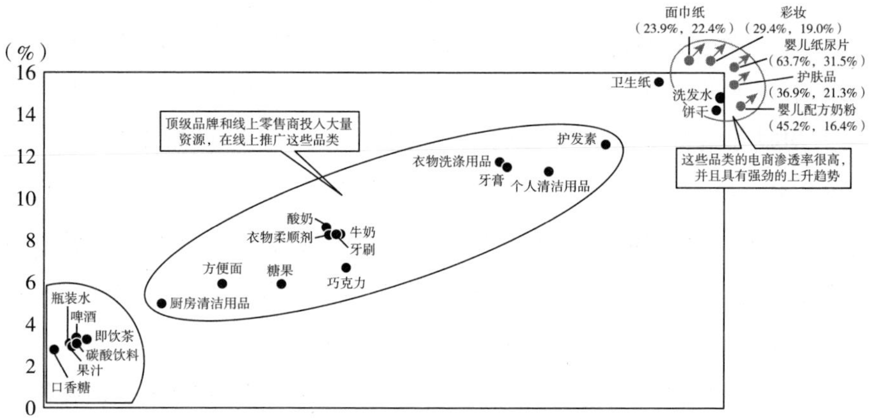

图4-13　电商相对渗透率变化（2015 ~ 2017年）

注：渗透率指过去一年购买该品类的购物者数量占整体人口基数的比例；电商相对渗透率是指电商渗透率除以该品类的总渗透率

资料来源：2018年贝恩公司与凯度消费者指数发布的《购物者消费升级，市场增长反弹》。

---

① 中等收入群体是指一个国家中生活较为宽裕、收入达到一定水平的人群。目前，对中等收入群体的判断标准并不一致，使用较多的是Homi Kharas（2010年）提出的“家庭人均每天支出10 ~ 100美元”的标准，该标准的下限是两个贫困线最低的发达国家（葡萄牙、意大利）的平均贫困线，上限为最富裕的发达国家（卢森堡）收入中位数的2倍，由此排除了低收入发达国家中的穷人和高收入发达国家中的富人。测算数据参见Brookings Development，Aid and Governance Indicators：Middle Class database。

3. 中西部及农村地区市场增长提速

尽管从交易规模来看，中西部地区与东部地区存在明显差距，但近年来，中西部地区电子商务增速却明显高于东部地区，电子商务对中西部地区及三、四线城市的扩散效应日益突出（见图4–14）。根据腾讯研究院发布的数据显示，2017年三、四、五线城市互联网+指数增速分别为38.33%、47.28%以及49.87%，均大幅高于一线城市的15.26%[①]。河南、湖北、湖南、安徽等中部省份，四川、陕西、重庆等西部省市，在“互联网+”指数上已经加快向东部省市发展水平接近（见图4–15）[②]。2017年微信支付笔数增长率最高的前三个省份全部是中西部省份，分别是青海省（182.7%）、贵州省（180.4%）和甘肃省（176.1%）。在西藏、宁夏、重庆、青海等西部省区市，互联网经济也已经成为驱动经济社会发展的新动能。据阿里巴巴公布的数据，甘肃、贵州、西藏、陕西、四川、广西、湖北、云南、重庆、江西这些中西部省份，2017年网络零售额增速平均达到了82%，远高于全国平均水平。其中，甘肃、贵州、西藏成为电商销售增速最快的三个省份[③]。

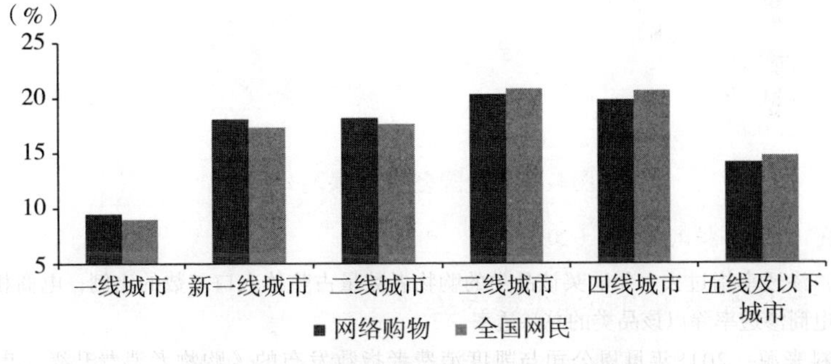

图4-14 中国网络购物的消费扩散效应

资料来源：极光大数据，取数周期：2017年12月。

① 腾讯研究院：《中国互联网+指数报告（2018）》，https：//plus.tencent.com/detailnews/1150。

② 腾讯研究院（2017）：《中国“互联网+”指数2017》，http：//www.tisi.org/4868

③ 阿里巴巴集团：《2017中国数字经济发展报告》，2018。

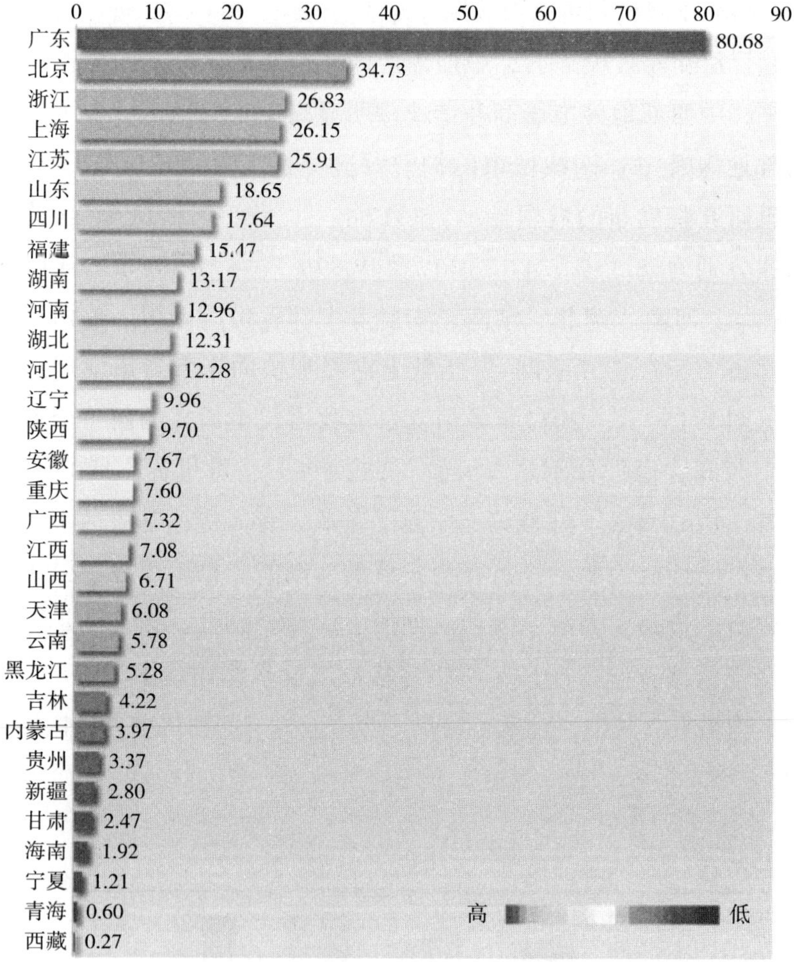

图4-15　全国各省互联网+指数

资料来源：腾讯研究院（2017年）。

4. 跨境电商呈现快速发展态势

随着对外开放新格局的形成，我国正在加速融入全球消费市场。中国庞大的消费市场和正在出现的消费变革，正在成为全球经济发展的新动力，吸引着全球高品质、高附加值的消费品和新型服务的加速涌入。在此背景下，全球一体化的网络购物的日益兴起，在更大的范围上降低交易成本，持续推动全球消费一体化格局的形成。以跨境电商为例，我国跨境网购用户超过4000万人，2017年进口跨境电商市场交易规模达到17600亿元，同比增长46.7%，4年间平均增速40%以上（见图4-16）。菜鸟网络建成了一张覆盖全球224个国家和地区的智慧物流网络。把中国到主要国家的跨境物流时效从平均70天提升到了10天以内，并将在世界5大城市建设物流枢纽，打造全球72小时必达网络。在全球跨境电商和贸易体系的构建过程中，我国消费市场与全球消费市场的落差不断被熨平，对全球消费的市场影响力和资源配置能力不断提升。

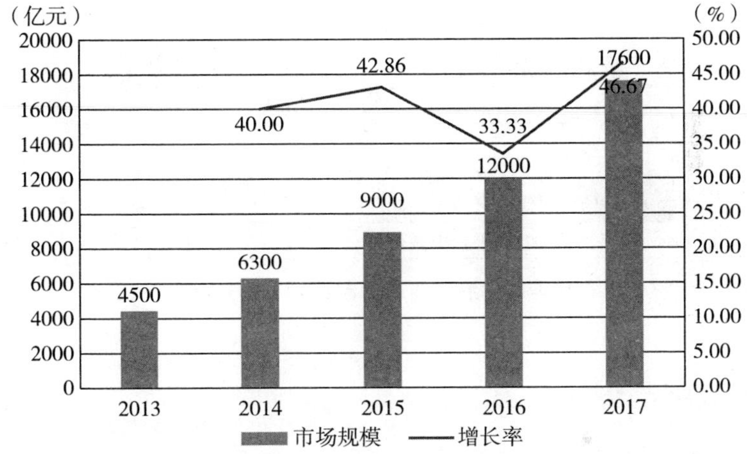

图4-16　中国进口跨境电商市场规模（2013~2017年）

资料来源：中国电子商务研究中心。

5. 对制造业升级的引领作用开始显现

商品消费的升级换代和消费品市场的不断细分，对制造业转型升级的引领作用也日益增强。而互联网等新技术的应用，对于减少市场信息不对称、降低交易成本发挥了重要作用。电子商务对制造业转型升级的引领和带动作用开始显现。消费变革对制造领域的传统发展方式形成较大影响。受供应链下游各类基于互联网的新业态、新模式变革创新的驱动，上游制造研发环节对于快速反应、精准营销的要求日益明显，引发制造业向以需求为导向、以信息为中枢、以柔性制造技术为基础的产业变革（见图4–17）。例如阿里B2B发布“鹰眼”供应链诊断模型，类似顺风车拼车功能，把有生产需求的商家和有生产能力的工厂，借助大数据进行精准匹配，分析同类商家和商品聚合，预测商家预期销量，数据传递给工厂灵活调节工厂产能。又如，上海钢联通过“资讯+交易+供应链金融+物流+仓储” 构建钢铁电商闭环，生态体系不断完善。

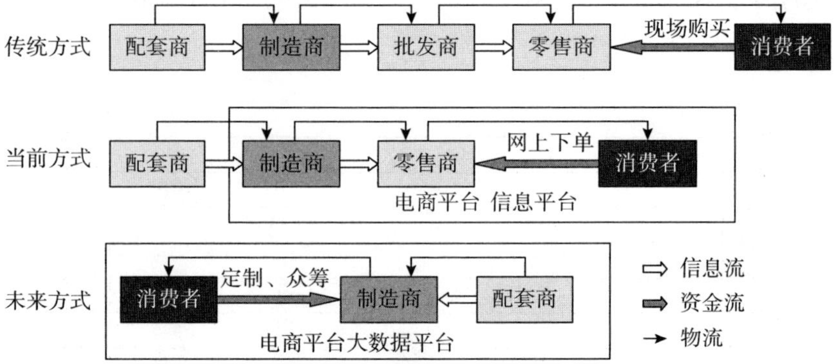

图4-17　消费变革对制造领域的影响

（二）发展趋势

1. 市场发展进入质量提升阶段

在电子商务渗透率不断提高的条件下，依靠用户转换和用户数量快速增加所支撑的高速增长阶段已经结束。2017年，中国网民数和网购人数分别达到7.72亿人和5.3亿人。无论从网络普及率还是网购人数增长来看，最易接受网购的人群已基本被覆盖（见图4–18）。电子商务已迈过初期依靠增量推动、依靠新商业模式加速应用的发展阶段（见图4–19）。电子商务市场未来也将从数量增长转向质量提升阶段。与之相适应，尽管未来网络零售市场规模依然会保持较快增长，但增速将呈现自然回落的态势。

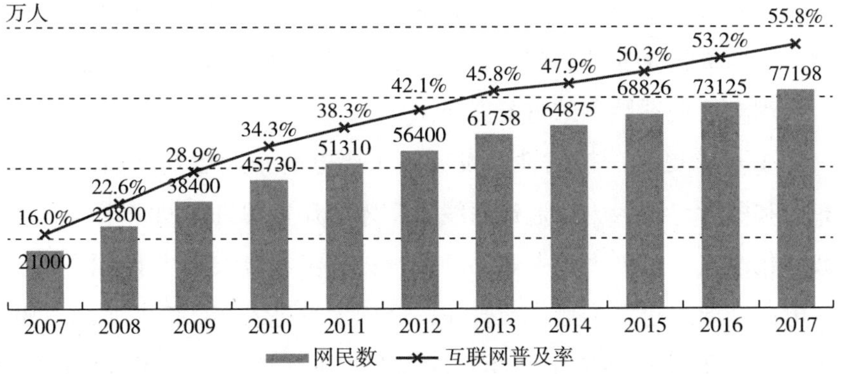

图4-18　中国网民规模及互联网普及率（2007～2017年）

资料来源：CNNIC。

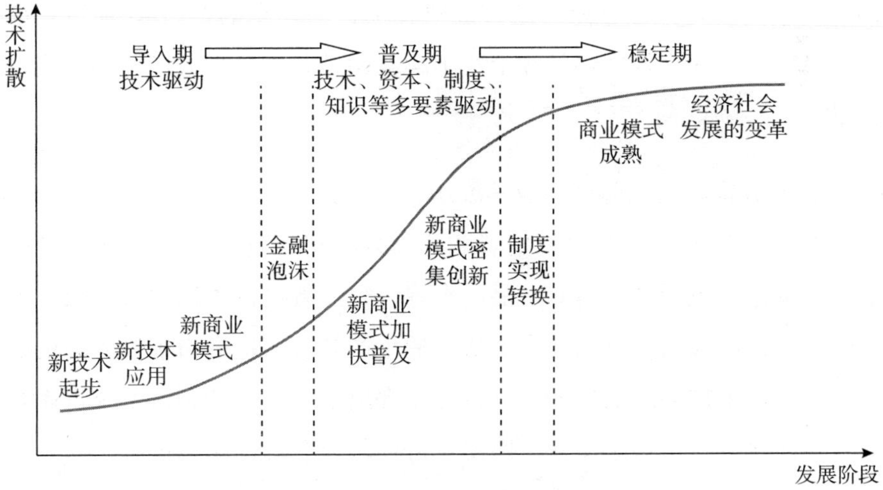

图4-19　技术和商业模式创新的一般规律

2. 线上线下融合进一步发展

目前，无论是传统实体商业还是电子商务新业态，都在加强线上线下融合互动创新，这种双向的商业模式，整合了原来各自独立的流通渠道和供应链。从实体零售企业看，面对电商的冲击，一些大型实体零售企业在不断增强线下体验等基础功能的基础上，逐步探索向线上拓展业务和渠道。目前大部分大型零售企业，如沃尔玛、家乐福、麦德龙、人人乐、大润发、王府井、天虹、银泰等，均自建购物网站或与平台电商合作。实体零售企业“触网”，已经成为零售业企业全业务、全渠道经营，推动企业创新转型的重要方向。

为了寻求更具可持续性的发展，主要电商企业也开始加速线下业务布局和资源整合，力图通过对线下实体商业资源进行网络化、信息化和数字化改造，借助大数据和移动端，进一步整合线上线下资源。近年来，电商企业通过资本运作或合作，开始大举进入实体商业领域。如，阿里巴巴旗下的盒马鲜生已经实现线上线下一体化，消费者可以在实体店购买，也可以在APP上下单。盒马的特点包括：既是超市，是餐饮店，也是菜市场。此外，门店附近3公里范围内，盒马鲜生可以在30分钟送货上门。腾讯携手永辉的超级物种项目、京东的7-Fresh项目，都与盒马鲜生一样在新零售的线上线下融合领域开发流量入口，丰富消费场景。

3. 大数据等技术驱动C2B发展

电子商务平台掌握着消费者购物偏好，可以通过互联网在线描述消费者画像，包括消费者对产品的喜好，生产者可以根据大数据画像来为消费者订制商品，从而提高制造业的生产效率，提升市场投放的精准度。随着越来越多的消费者参与设计或提出要求，生产制造系统将逐渐实现柔性化生产、快速交货，以便对市场需求进行快速满足。

4. 促进工业互联网加快发展

电子商务平台通过大数据、云计算、区块链、人工智能等技术与供应链融合，充分赋能传统行业，更大范围、更高效率、更加精准地优化生产和服务资源配置，促进传统产业转型升级，催生新技术、新业态、新模式，为智能制造发展提供基础，实现产业上下游、跨领域的广泛互联互通，打破“信息孤岛”，促进数据集成与共享。

（三）主要问题

1. 法律法规及标准体系有待进一步完善

在电子商务和网络零售发展初期，本着“放水养鱼”的原则，国家和监管部门对电子商务发展给予相对宽松的政策环境。但随着电子商务市场规模、企业主体和社会影响的不断扩张和强化，知识产权保护不力、市场集中度过高、信息安全保护缺失、不当竞争行为频现、信用体系建设滞后等问题或矛盾逐步暴露和凸显。而政府部门在执法过程中，由于缺乏足够的执法依据和手段，或者原有法律法规对电子商务的适用性和可操作性较差，而难以对电商发展实施引导和规范政策。突出表现在一些现行法律法规不适应发展需要，新兴业态和服务的标准缺失，现行服务标准和规范整体水平不高，与国际接轨不够。

同时，由于与电子商务相关的标准体系建设相对滞后，影响和制约了电子商务创新发展和规范发展。例如在农产品电商、O2O等方面，现有标准和操作规程覆盖率不足，滞后性突出，既影响到消费者合法权益的保障，也不利于优化竞争和营商环境。以鲜活农产品冷链为例，根据CNNIC的调查，消费者在网购时最关注的三个问题分别为农产品质量认证问题、物流过程中的质量保障和售后服务，选择者分别占所有被调查者的64.3%、62.6%和49.9%[①]，而这三个问题均与标准和规范相关。

2. 一些准入限制难以满足电商统一化市场需求

电子商务平台针对用户个性化、多样化的需求，建立了全国统一化市场，如果准入规则不统一、不透明，将会导致市场供给不稳定。在地方出台的平台准入细则的过程中，需要进一步明确地方准入细则和上位法之间、与行业主管部门出台的指导意见与暂行办法间的关系，并广泛征求社会公众意见。例如，截至2018年7月，全国有210个城市（包括4个直辖市和206个地级市）出台了网约车管理细则文件。从各地出台的细则看，

① 中国互联网络信息中心（CNNIC）：“2014年中国网络零售市场评估报告”，2015年6月。

针对司机要求户籍、劳动合同、网约车资格考试等条件，要求车辆转变成营运车辆，还对轴距、排量、车龄、车价、车长、里程、保险、燃料类型等提出不同要求。这导致全国3000多万网约车的合规率不足1%。

3. 监管体系与市场发展不相适应

一方面，竞争行为有待规范。电子商务市场中近年来很多新生业态的相关管理办法中没有对价格和竞争行为进行规范，平台与实体门店之间，平台与平台之间，平台与商户之间都存在相应问题。例如有些实体门店在选择移动支付端口时只能支付宝和微信“二选一”；网约车平台在竞争中存在过度补贴和低价倾销的问题；一些网约车平台对乘客加价随意，对司机提高抽成比例，要求司机或者商户对平台进行“二选一”，严重侵害了用户的知情权和自由选择权。

另一方面，监管体系需要与时俱进，对创新创业发挥更加积极的支撑作用。随着电子商务新应用、新业态、新模式的不断涌现，一些监管理念和监管制度已不适应融合、扁平、高效、专业等监管要求。以条块为主的监管体系，过多依赖行政手段，重审批、轻监管的情况依然存在，引入大数据、社会共治等新手段和新理念步伐偏慢。具体来看，在对电子商务市场监管领域，存在统一业态，同一城市标准不同，事中事后监管也存在选择性执法的问题。各部门条块分割的监管组织架构亟需优化。传统监管体系强调属地管理、行业管理，与电子商务市场跨区域、跨行业等发展的现实需求不匹配，“一个平台、服务全国网络”的运营特点与传统的属地管理制度之间的冲突日益凸显。例如网约车的属地管理要求在本地设立分公司并取得行政许可，若完全按照要求执行，网约车构建全国统一市场需要获得全国近300个地市的行政许可，且不能异地同步办理，制度成本过高。

4. 消费者保护和安全保障机制亟待建立

一方面，从消费环节来看，电子商务企业提供的商品和服务由于线上、线下交付时间有差异，商家供应商信息不完全公开，在一些领域存在商品和服务质量参差不齐的问题。部分团购电商网站存在假货问题，且涉及虚假宣传、售后服务差。一些O2O服务网站，存在服务标准化程度低，线上描述和线下服务不相符问题。部分二手交易平台涉嫌用虚高报价吸引用户前来卖二手商品，但商品缺乏统一标准，难以判定商品质量、新旧，出现质量问题、调包问题很难取证、追责。企业结合大数据算法，在带来高效与便捷的同时，也引发了诸如大量低俗劣质信息精准推送、大数据杀熟等突出问题。在平台责任界定不清、诚信体系不健全以及先行赔付机制缺乏等情况下，市场面临“监管难、取证难、维权难” 的挑战。例如，2017年下半年，随着酷骑单车、悟空单车、町町单车、小蓝单车等企业纷纷停止运营或倒闭，用户的押金退还出现困难，涉及民众数百万、押金总额数十亿元。

另一方面，对消费者保护力度偏弱，也影响到流通创新对制造业转型发展的引领和带动作用的充分发挥。在需求日益个性化、多元化和差异化的趋势下，市场日益细分，电子商务能够从技术手段上满足企业对分散、多变市场信息的获得、识别和处理的需求，从而能从制造环节与之匹配，形成多样化的有效供给。但由于对消费者保护力度不足，消费难以更加充分和快速的释放，从而导致市场信号难以快速被反映到制造企业，进而影响制造企业转型升级的决策和进程。

5. 基础设施仍然存在突出短板

当前，现代化的商业模式与相对滞后的物流体系之间的矛盾日益突出，在诸多方面均存在基础设施的短板，特别是一些关键性基础设施或平台发展滞后，对网络零售和电子商务的发展产生制约作用。

一是信息化基础设施发展仍然不能适应电商及互联网经济的要求。我国固定宽带人口普及率为14.4%，全球排名第67位，与OECD国家平均水平（30.0%）差距明显；我国移动宽带人口普及率为41.8%，仅略高于40.1%的世界平均水平。[①]

① Broadband Commission for Digital Development：“The State of Broadband 2015”，http：// www.broadbandcommission.org.

二是城乡之间、地区之间物流基础设施规划建设不足，发展不均衡。末端物流配送网络的不健全成了制约电商发展的设施瓶颈，城乡双向流通体系难以建立和运行，影响了整体流通效率的提升。冷链设施不足，影响到电子商务和物流企业的服务质量和食品安全。铁路从事干线物流运输的优势有待进一步深入挖掘，既有的铁路货运场站没有得到充分利用。

三是跨境物流基础设施不足。传统的集装箱整箱模式因其耗时较长，多次转运的特点不太适合跨境电商，而航空快递因为网络不完善导致费用偏高，在集货、包装、仓储、国内外配送以及分拨几个环节的基础设施明显不足，使得物流效率提升受阻。对于跨境电商、免税展示等新模式，也存在海外分仓建设不足，免税实体店数量和覆盖偏低等问题。

三、新时代促进电子商务创新发展的思路与建议

（一）完善相关法律法规体系，优化主体创新发展规则

全面梳理现行法律法规体系，对于法律缺位和空白，特别是电子商务与网络零售、信息及交易安全、大数据应用等，要加快立法进程；对于不适应电商及电商物流发展的现行法律法规，要加以修订。同时，要强化部分法律法规的适用和执行，特别是在异地执法、知识产权、虚拟商品、统一市场建设、执法联动机制等方面。在此过程中，应坚持中央立法与地方立法相结合，鼓励地方在实际探索创新的基础上，在立法权限范围内先行先试。

（二）破除不合理门槛和限制，营造公平竞争市场环境

破除不适应电子商务统一市场发展、妨碍公平竞争的政策文件和

地方保护条款。各地需引入专业第三方机构对出台的准入细则进行再评估、再修订。确保各地准入细则符合当地群众的实际需求，不搞“一刀切”、不比“谁更严”，一般县市不照抄、照搬特大城市及省会的准入细则，做到因地制宜。防止行政垄断行为和滥用行政权力排除、限制竞争行为。落实政策的公平竞争审查制度，取消不合理和歧视性的市场准入要求，取消缺少法律依据的审批或事前备案程序，强化新旧业态市场竞争的公平性、充分性、有效性。进一步减少社会资本市场准入限制，全面实施新版市场准入负面清单，推动“非禁即入”。

（三）适应电商发展要求，构建多元共治监管体系

建立动态监管机制，在发挥市场机制作用的同时，健全各项商品和服务标准，及时准确掌握市场运行变化情况，为宏观调控提供扎实依据。加强对平台低价倾销、价格欺诈、价格垄断等不正当竞争行为的监管，促进市场规范有序发展。进一步完善政策，清障搭台，加快制度调整创新力度，提升海关、检验检疫、交通、工商税务等相关部门的服务功能及水平。根据不同业态的发展需求，量身定制扶持政策，减少行政审批事项。提高相关政府部门的监管能力，创新市场监管方式，加强事中事后监管。充分发挥行业协会、消费者协会以及公众、新闻媒体的作用，推动形成多方协同监管格局。加快引入大数据和信息平台建设，提升市场监管能力和效能。

（四）以消费者保护为核心，构建电商市场发展秩序

建立健全电子商务信用管理制度，制定电子商务经营主体、交易行为和交易信息管理规范以及信用保护、失信惩戒与诚信褒奖等实施细则。推动相关部门制订第三方信用评估服务机构的相关行业标准、从业人员标准，着力提高信用评估服务的规范性和可信度。建立健全相关部

门的信用信息资源共享机制，实现信用数据的动态采集、交换，建立完善的信用惩戒机制，并尝试逐步与国际接轨。

提高对电子商务平台售假的惩治力度，加大重点区域整治力度，引导平台开展自查工作，运用“互联网+”高效处理知识产权侵权假冒举报投诉。健全举报投诉服务网络，完善受理、办理、转办和督办机制。加强市场监管部门与行业协会商会、专业机构的合作，引入社会监督力量。创新电子商务监管模式，健全消费者维权和交易争端解决机制。

（五）强化补齐基础设施短板，为电商发展夯实基础

结合我国产业结构调整和生产力布局调整，构建并完善流通网络体系建设。结合高铁快运、航空货运等快捷运输组织方式，加强新兴物流枢纽和节点的推进和政策引导，提高物流基础设施的配套性和兼容性，提升流通设施的系统功能。推动制造企业应用精益供应链等管理技术，鼓励新技术应用，加快信息化普及，充分利用仓储资源。利用互联网等先进信息技术手段，提高仓储资源利用效率。研究高铁快运物流网络节点布局，推动高铁场站和快递企业分拨中心一体化或毗邻设计，加大对高铁快运物流设施用地的支持。充分发挥航空货运安全、快捷、舒适、灵活的优势，结合新时期国际贸易及物流发展趋势，构建世界级机场群、国际枢纽和区域枢纽层次清晰、布局合理、功能完善的机场体系，加快建设西部地区的航空货运枢纽，提高“空空转运”和“空地转运”效率，提升枢纽国际物流竞争力。鼓励企业整合国内外资源，加快跨境电商海外仓、海外物流体系建设，积极推动国内电商市场融入全球电商及贸易体系。

（六）提高贸易便利化水平，进一步提升市场拓展能力

加强电子商务国际合作，积极发展面向“一带一路”沿线国家的电

子商务合作，建立政府、企业、专家等各个层面的对话机制，全面加强中国在全球贸易治理和规则制定中的话语权，积极主动的对接全球贸易国家和地区，推动我国电子商务走出去。加强顶层设计和战略谋划，建立跨部门的协调机制，提升海关、检验检疫、交通、工商税务等部门的服务功能及水平。建立涵括便利通关、检验检疫、结汇、退税等系列基础信息的标准体系和接口规范，为跨境电商业务流程及管理服务提供标准化指导和规范。同时，明确跨境电商交易的业务范围和开放顺序，建立跨境电商主体资格登记及支付机构结售汇市场准入制度，适时出台跨境电商及支付外汇管理办法等。

执笔：王　青　李汉卿

第五章

中国劳动力市场建设与发展40年

随着改革不断深入，我国劳动就业制度发生了根本性变革，劳动力市场体系不断完善。从20世纪80年代初的劳动部门介绍就业、自愿组织起来就业和自谋职业相结合的“三结合”就业方针，到20世纪90年代“劳动者自主择业、市场调节就业、政府促进就业”的就业方针，再到党的十八大以来“劳动者自主就业、市场调节就业、政府促进就业和鼓励创业”的新时代就业方针，市场导向的就业机制逐步建立并不断完善。促进就业的政策体系不断完善，从以解决进城青年就业为主，到促进下岗职工再就业，再到规范推动农村富余劳动力转移就业，到应对金融危机对劳动力市场冲击，再到适应经济新常态和新经济新技术发展挑战，积极的劳动力市场政策体系日臻完善。从劳动合同制试点到实行劳动制度四项改革，从《劳动法》出台到《就业促进法》《劳动合同法实施》，促进更加统一、公平、高效的劳动力市场体系建设的法制化进程不断取得新进展。从早期开办劳务市场和人才市场，到劳动力市场、人才市场向人力资源市场整合发展，从政府包办就业服务向各类劳动力市场服务机构蓬勃发展，覆盖城乡、延伸到基层的公共就业服务体系基本形成，人力资源服务机构和产业迅速发展，劳动力市场服务内容更加丰富、服务能力更加专业化。新时代，我国劳动力市场总量压力仍存，结构矛盾更加突出。进一步完善劳动力市场体系建设，需要坚持市场在资源配置中的决定性作用不动摇，又要充分重视和发挥政府作用；加强劳动力市场改革与其他领域改革的协同推进，促进人力资源与产业配套转型升级；加快建立更加统一、开放、公平、高效的劳动力市场和服务体系；进一步推进城乡、区域劳动力市场的融合发展，推动城乡区域结构性矛盾的缓解；大力加强劳动力市场供给侧改革，开发劳动力资源潜力，加快教育结构调整和终身职业能力培训体系建设，提升劳动者市场适应能力。

改革开放以来，劳动力市场建设，在破除计划经济体制障碍、逐步建立完善中国特色社会主义市场经济体制总体进程中，与其他经济社会体制变革紧密关联。从统包统配的计划用工，到改革初期实施“三结合”就业方针，推行劳动合同制市场用工，推进劳动力市场价格机制改革，改革企业用工制度，实施再就业工程，启动富余职工和失业职工再就业，实施“两个确保”。在国企改革和应对各类经济社会危机中，提出实施就业优先战略，逐步建立起积极就业政策体系，培育发展城乡一体化人力资源市场，推进城乡统筹就业，建立就业服务体系和社会保障配套政策。进入新时代，创新提出“劳动者自主就业、市场调节就业、政府促进就业和鼓励创业”的就业工作新方针，适应新时代社会主要矛盾转换、经济转型升级和新型开放型经济建设，提出实现更高质量和更充分就业，进一步丰富提升积极就业政策，加快推进统一公平高效的劳动力市场建设。纵观改革开放40年历程，实现了劳动就业制度由“统包统配”向市场化导向转变，推动我国劳动就业工作取得历史性成就、发生历史性变革，就业局势维持稳定，从业人员规模不断扩大，劳动者就业结构不断优化，劳动就业政策与服务体系日趋丰富完善，走出了一条具有中国特色的劳动力市场体系改革发展道路。

一、改革开放初期劳动力市场的突破与初步发展

（一）改革初期的就业压力和“三结合”就业方针

改革开放初期，中国面临巨大的就业压力，突出表现在几个方面：一是人口增长，劳动就业的总量压力巨大。20世纪60年代初期，生育高峰形成的新成长劳动力成为巨大的压力。1980年召开的全国劳动就业工作会议指出，尽管前三年全国城镇已经安置2000万劳动力就业，预计1980～1985年仍将有3700万人需要就业。二是农村土地制度改革后，农村生产率提高，大量富余劳动力需要转移到新兴的城镇和中小企业就业。三是城镇上山下乡青年需要回城就业，除此之外，还有要求回城和复职的人员等其他几类人员。四是改革发展需要对旧经济部门进行改造，科学技术的发展和改革可能造成失业风险，企业改组和国家机关的改革，使得相当一部分工作人员要转做别的工作。

这一时期，围绕社会主义计划经济向有计划的商品经济转变，在理论上，对劳动力商品、劳动价值论、失业和隐性失业等问题进行了讨论，在思想认识和理论上逐步打破了社会主义计划经济体制下的一些思想和认识界限。一个直接的体现就是认为社会主义也存在失业问题，在对未就业人员的名称上逐步从“待业”人员转变为“失业”人员。

在经济制度上“要开辟新的经济领域，做到容纳更多的劳动力”。对社会主义基本经济制度的再认识，大力推动经济体制改革，发展多种所有制经济，促进经济的全面发展。在农村，一方面，通过农村土地制度改革，实行土地承包制，实施多种经营，激发农民生产积极性，促进农业快速发展，同时释放大量富余农村劳动力；另一方面，发展乡镇企业，吸纳农村劳动力向非农领域转移就业。在城镇，发展个体工商经济和私营经济，鼓励多种经营，推动低效的国有和集体企业改制改组，重

新建立有效的生产体系，提高企业生产经营效率，建立可持续发展的经济体系，保障劳动者稳定就业，解决隐性失业问题。

在城乡关系上，认识到实行城乡分割的劳动力管理体制和引导城镇劳动者进入农村也不能有效解决就业问题。1978年3月，邓小平指出："要研究如何使城镇容纳更多劳动力的问题，现在是搞上山下乡，这种办法不是长期办法。"在这样的思想指导下，从接收知识青年返城开始，逐步打开了城市劳动力市场的大门，也为后来农村改革后农村劳动力转移就业提供了基础。

在宏观经济体制变革基础下，反思计划体制下的劳动就业政策思路，指出计划体制下的统包统配是造成就业问题的重要原因。1980年8月中共中央召开全国劳动就业工作会议，指出多年来由于压制乃至取消个体经济，加上在劳动制度上对所有城镇劳动力采取了由国家包下来统一分配的办法，造成了年年有大批需要就业的人等着国家分配。全国劳动就业会议明确提出，在解决劳动就业问题上，要打破劳动力全部由国家包下来的老框框，实行在国家统筹规划和指导下，劳动部门介绍就业、自愿组织起来和自谋职业相结合的"三结合"就业方针，并提出了具体的"6条门路"：大力扶持兴办各种类型的自筹资金、自负盈亏的合作社和合作小组，支持待业青年办独立核算的合作社；在城镇郊区发展以知识青年为主的集体所有制场（厂）、队或农工商联合企业；鼓励和扶持个体经济适当发展；某些行业或工种可以改革用工制度和工时制度；发展职业技术教育；建立劳动服务公司，担负介绍就业，输送临时工，组织生产、服务，进行职业教育等项任务。

（二）推行劳动合同制用工走出劳动力市场化改革关键一步

如果说中央在改革初期提出的"三结合"就业方针与促进科技人员流动，在某种程度上是为缓解当时的城镇就业压力而采取的应急性对策，那么之后进行的招工制度和劳动合同制度，则是在源头机制上进一步消解了统包统配的劳动就业制度。1983年2月，劳动人事部颁布了《关于招工考核择优录用的暂行规定》。1986年7月，经全国省长会议讨论修改，国务院常务会议通过发布《国营企业实行劳动合同制暂行规定》《国营企业招用工人暂行规定》《国营企业辞退违纪职工暂行规定》和《国营企业职工待业保险暂行规定》等四个暂行规定。1987年9月，劳动人事部召开全国搞活固定工制度试点工作会议，提出劳动制度改革的目标模式：将以固定工为主体的用工制度逐步改变为多种用工形式并存的劳动合同制，无论是长期工、短期工、季节工、临时工都必须与企业签订合同，实现企业和职工的相互选择，把职工队伍的相对稳定和合理流动统一起来，建立有中国特色的社会主义劳动制度体系。与此同时，国家也开始对科技人员和技术工人等最初实现计划调配的人员实施了促进其流动的政策。针对一些部门和单位科技人员严重不足，而另一些部门和单位却存在科技人员积压或用非所学、用非所长的现象，1983年7月，国务院颁发了《关于科技人员合理流动的若干规定》，1986年7月，又发布《关于促进科技人员合理流动的通知》，推动科技人员的合理流动。《关于科技人员合理流动的若干规定》对科技人员的流动方向及有关政策作出了明确规定。1987年，经国务院批准，劳动人事部颁发《全民所有制单位技术工人合理流动暂行规定》，对技术工人的合理流动做出了政策规定。1989年3月，国家教委还提出了《高等学校毕业生分配制度改革方案》，拉开了改革大学生毕业分配制度的帷幕。

1980年的劳动就业工作会议本身是为解决就业燃眉之急而召开，但其解决问题的思路、方法成为今后一段时期内劳动就业工作的基础，构成了劳动就业的基本政策框架，突破了劳动力资源完全计划配置的机制，为以后的市场就业机制的形成奠定了基础。城镇劳动就业制度的松动，为1984年以后的几次下海大潮提供了政策基础，个体户以及之后的私营企业主等一些新的社会成员和身份相继出现，同时推动了社会分工的复杂化、职业的多样化以及居民经济收入结构的多样化。在社会组织和社会关系方面，推动了去组织化、去单位化的进程，为单位体制的解体和之后的国有企业改革奠定了社会基础。对社会成员与社会组织和国家之间的关系产生了深刻影响，也为后来新时期就业方针的提出创造了条件。

二、建立和完善社会主义市场经济中的劳动力市场发展

党的十四届三中全会作出《关于建立社会主义市场经济体制若干问题的决定》，在市场经济体制建设过程中，我国劳动力市场改革发展的经济社会背景、面临的挑战和任务发生变化，劳动力市场制度改革取得新进展。新的“三结合”就业方针应运而生，市场就业机制逐步确立和快速发展，通过实施再就业工程、建立下岗职工基本生活保障制度、推进农村劳动力有序流动等，劳动力市场建设取得了突破性进展。

（一）明确市场取向的新时期就业方针，劳动力市场机制逐步建立

1992年，国务院颁布《全民所有制工业企业转换经营机制条例》，规定国有工业企业用人不受时间和数量的限制，进一步推动国有企业进入劳动力市场。十四届三中全会正式提出培育和发展 “劳动力市场”的目标。1994年公布的《劳动法》，从法律上根本改变了用人单位劳动用人依靠行政手段分配的计划管理体制，用人单位和劳动者双方真正成为劳动关系的主体。

随着社会主义市场经济进入国有企业改革攻坚阶段，1997年9月，中央决定用3年左右的时间，使大多数国有大中型亏损企业摆脱困境，并且明确“实行鼓励兼并、规范破产、下岗分流、减员增效和再就业工

程，形成企业优胜劣汰的竞争机制”。在进一步赋予企业用工自主权的同时，也推进了劳动者就业的市场化进程。1998年6月，在中央10号文中，提出了“劳动者自主择业、市场调节就业、政府促进就业”的新时期就业方针。这一方针的指导思想就是发挥市场调节就业的基础作用，明确政府在市场经济条件下促进就业的作用。

（二）积极就业政策体系建立，劳动力市场化机制逐步完善

为了应对国有企业下岗职工“出再就业中心”，从根本上解决其就业问题，2002年9月中央和国务院召开再就业工作会议。这是改革开放以来召开的就业方面规格最高的会议。当年下发《关于进一步做好下岗失业人员再就业工作的通知》，推出一系列促进就业再就业的政策，确立了我国积极就业政策的基本框架。积极的就业政策体系，围绕劳动者自谋职业自主创业，用人单位吸纳扩大就业，政府提供公益岗位安排就业，企业主辅分离分流转移就业的4条主要就业途径，提出10项促进困难群体再就业的系列鼓励办法和扶持措施。积极就业政策的实施，使2800多万下岗失业人员实现再就业。2005年11月8日，《国务院关于进一步加强就业再就业工作的通知》（国发〔2005〕36号）下发，进一步总结、扩展、调整、充实了积极就业政策。调整后的新一轮积极就业政策进一步扩大了政策对象。同时，国有企业下岗职工再就业问题也逐步得到解决，计划经济体制下的企业用工制度向市场经济下的劳动用工制度的过渡基本顺利完成。“市场就业”的思想和原则贯彻到国家有关政策制度，也逐步为社会大众所接受和遵循。劳动者找工作实现了从“找市长”向“找市场”的转变。

（三）劳动力市场体系建设的法制化

2007年，《就业促进法》颁布，将不断发展丰富起来的积极就业

政策体系纳入法制化轨道。《就业促进法》规定：坚持经济发展同扩大就业良性互动，实现社会和谐稳定；国家把扩大就业放在经济社会发展的突出位置，实施积极的就业政策，坚持劳动者自主择业、市场调节就业、政府促进就业的方针，多渠道扩大就业，逐步实现社会就业比较充分的目标。同年，《劳动合同法》颁布，这是对劳动合同制度的进一步完善，扩大了《劳动法》的适用范围，增加了民办非企业单位等组织及其劳动者。规定引起劳动关系产生的基本法律事实是用工，而不是订立劳动合同，规定劳动合同应当具备的必备条款等。这是对劳动力市场法律关系的进一步明确和规范，对推进我国劳动力市场建设的规范化、法制化产生重大而积极的影响。

（四）实施更加积极的就业政策，应对金融危机对劳动力市场的冲击

2008年下半年，国际金融危机爆发，也引发了全球就业危机。我国就业同样无法幸免，2008年下半年城镇新增就业急速下滑，平均每月新增79万人，比上半年月均人数大幅减少近30万，12月当月仅增加38万人。城镇登记失业率快速攀升，2009年前三季度达到4.3%，为2004年以来最高值。农民工就业受到严重冲击，1200多万农民工失去工作岗位。为应对金融危机的严重冲击，中央审时度势，及时出台了一揽子政策计划。在就业方面，从2008年9月底到2009年2月初，短短不到半年，国务院出台了4个就业文件，出台了一系列政策措施，帮助企业和劳动者度过危机，由此形成了更加积极的就业政策体系。在政策推动和各方努力下，我国劳动力市场波动很快得到平抑，就业率先走出困境，2009年下半年就业状况已基本恢复到金融危机前的水平。更加积极的就业政策的实施，为我们在应对诸如金融危机等重大经济波动对劳动力市场冲击方面，积累了经验。

（五）从城乡分割到城乡统筹的劳动力市场建设

在推动城镇企业职工进入市场流动的同时，政府对20世纪80年代以来的大量农村劳动力流动所形成的民工潮及其所带来的问题也给予更多的关注和重视，逐步采取了一系列措施，试图对农村劳动力流动加以规范。1994年11月17日，劳动部颁布《农村劳动力跨省流动就业管理暂行规定》（〔1994〕458号文件），对于用人单位跨省招用农村劳动力的条件、方式等做出了规定。1995年5月9日，劳动部进一步发布《关于抓紧落实流动就业凭证管理制度的通知》，尽快在全国范围内建立和完善统一的流动就业凭证管理制度。但是在实际操作中，这种制度增加了政府行政对劳动力市场的干预程度，也在一定程度上增加了农村劳动者的流动成本，限制了农村劳动者的就业机会。从2000年开始，中央政府有关文件表现出对农村劳动力流动的积极支持和鼓励，明确提出改革城乡分割体制、取消对农民进城就业的不合理限制的指导性思路。包括取消对企业使用农民工的行政审批，取消对农民进城务工就业的职业工种限制，不干涉企业自主合法使用农民工；在办理农民进城务工就业和企业用工的手续时，除按照国务院有关规定收取证书工本费外，不得收取其他费用；切实解决拖欠和克扣农民工工资问题；做好农民工培训工作；改善农民工的生产生活条件，高度重视农民工的生产安全和职业病防治问题，做好将农民工纳入工伤保险范围等。2006年，《国务院关于解决农民工问题的若干意见》提出了“着力完善政策和管理，推进体制改革和制度创新，逐步建立城乡统一的劳动力市场和公平竞争的就业制度，建立保障农民工合法权益的政策体系和执法监督机制，建立惠及农民工的城乡公共服务体制和制度，拓宽农村劳动力转移就业渠道，保护和调动农民工的积极性，促进城乡经济繁荣和社会全面进步，推动社会主义新农村建设和中国特色的工业化、城镇化、现代化健康发展”的指导思想，并提出五项基本原则：一是公平对待，一视同仁；二是强化服务，完善管理；三是统筹规划，合理引导；四是因地制宜，分类指导；五是立足当前，着眼长远。在此基础上，国务院成立农民工工作办公室，作为专门统筹管理协调农民工问题的机构。随着我国城乡区域经济结构的进一步调整，统筹城乡就业、建立城乡统一的劳动力市场纳入国家政策规划。《就业促进法》第二十条确定了“国家实行城乡统筹的就业政策，建立平等就业的制度”目标，第二十二条明确了政府统筹城乡就业的职责和工作范围，要求各级人民政府统筹做好城镇新增劳动力就业、农业富余劳动力转移就业和失业人员就业工作。第三十一条赋予农村劳动者进城就业享有与城镇劳动者平等的劳动权利，不得对农村劳动者进城就业设置歧视性限制。农民工作为我国劳动力资源构成的重要部分，成为劳动力市场中最重要的力量之一。2017年，我国农民工总量达到28652万人（见图5-1），占城镇从业人员的六成以上。

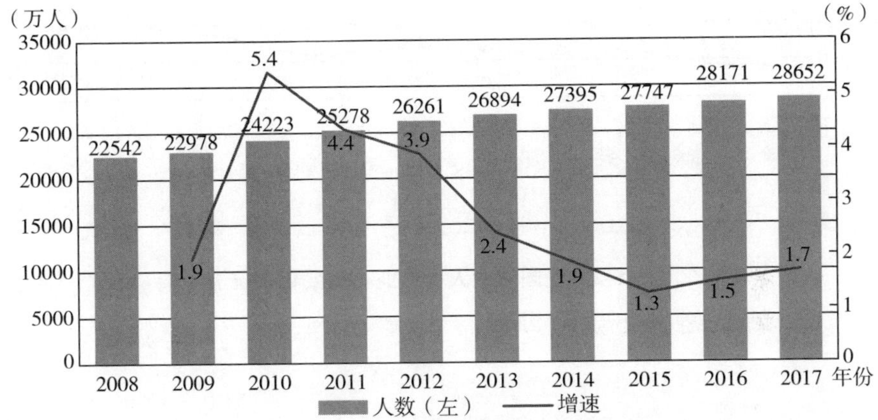

图5-1　我国农民工数量与增速变化情况

资料来源：根据国家统计局历年农民工监测调查报告整理

改革开放以来，我国劳动力市场体系，发生了历史性变革，取得了历史性成就。从打破统包统配就业制度，从“三结合”就业方针，到“新时期就业方针”，再到“新时代就业方针”，建立了适应社会主义市场经济体制的劳动就业体制。党的十八大以来，在“劳动者自主就业、市场调节就业、政府促进就业和鼓励创业”的新时代就业方针的指引下，我国以实现更高质量和更加充分就业为目标，实施就业优先战略和更加积极的就业政策，就业创业工作取得显著成效，成为民生改善的坚实基础、经济发展的基本支撑、社会和谐稳定的“压舱石”。2017年，全国就业人员达到77640万人，比上年末增加37万人；其中城镇就业人员42462万人，比上年末增加1034万人。全国就业人员中，第一产业就业人员占27.0%，第二产业就业人员占28.1%，第三产业就业人员占44.9%（见图5-2）。2017年，全国农民工总量达到28652万人，比上年增加481万人，其中外出农民工17185万人。

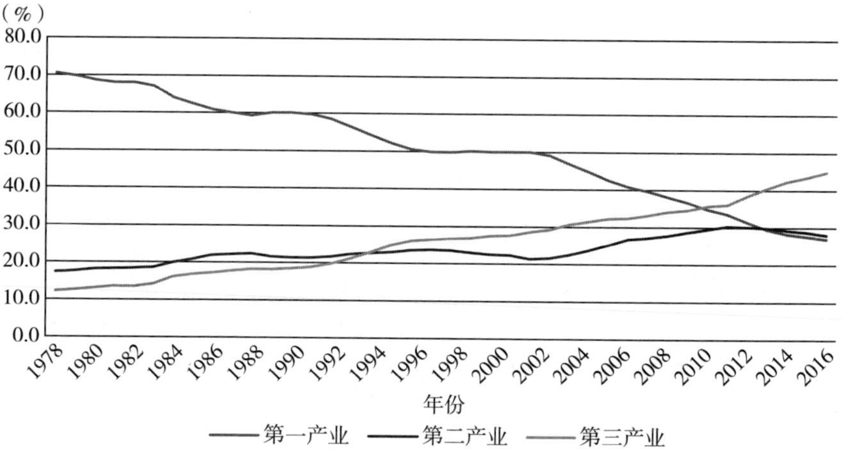

图5-2　我国就业人员产业占比变化情况

资料来源：根据国家统计局历年统计年鉴整理

三、新时代劳动力市场建设的新发展

经过新中国成立以来的长期发展，我国社会主义建设取得历史性的进步，经济社会的方方面面发生了翻天覆地的变化。党的十九大报告做出了中国特色社会主义发展进入新时代的重大论断，指出我国社会主要矛盾已经转化为人民日益增长的美好生活需要和不平衡不充分的发展之间的矛盾。这种时代性变化与社会主要矛盾转换，同样在就业领域得到明显体现。进入新时代，面对新形势，习近平总书记针对就业问题发表了一系列重要讲话，指导政策创新和实践，提出了新时期就业工作的新目标、新方针、新任务，进一步完善就业优先战略和积极就业政策。坚持发挥市场在促进就业中的决定性作用，推动统一开放、竞争有序的人力资源市场体系建设，支持鼓励大众创业、万众创新，以创新创业带动就业，形成了供求双向选择、劳动者自主就业创业新格局。劳动力市场化改革稳步推进，有力促进了人力资源合理流动和有效配置，促进了人力资源充分开发和有效利用，与经济结构转型升级及实现高质量发展相适应、相匹配。

（一）劳动力市场供求的新形势

进入新时代，随着我国经济社会发展以及劳动力供给趋势变化，我国就业的基本形势和主要矛盾也在发生深刻变化。习近平总书记曾指出："当前形势下，就业形势会发生一些变化。一方面，劳动年龄人口减少，就业总量矛盾相对有所缓解；另一方面，结构性就业矛盾进一步凸显。"从就业总量和结构方面，明确了当前和今后一个时期我国就业形势特征的基本面。

从总量上看，劳动力供给增速趋缓，总量逐步减少，总量压力相对缓解，但仍然高位持压。2012年开始，我国的劳动年龄人口数量出现持续下降，与以往高速增长的发展趋势明显不同，就业总量的压力从增量向存量转变。未来相当长一段时期，我国的就业总量仍将处于一种持续中高压状态。2017年，16～59岁劳动年龄人口达到90199万人，比2016年减少548万人，但从业人口规模达到77640万人，仍比2016年净增37万人。据测算，到2030年之前我国16～59岁的劳动年龄人口仍将一直保持在8亿以上。但值得高度重视的是，随着我国人口老龄化进程加速发展，劳动力供给总量下降趋势将持续。15～64岁人口占人口比重在2010

年达到74.5%的峰值，之后持续下降，2017年减至71.8%（见图5-3）。这将对我国劳动力供给产生深刻影响。

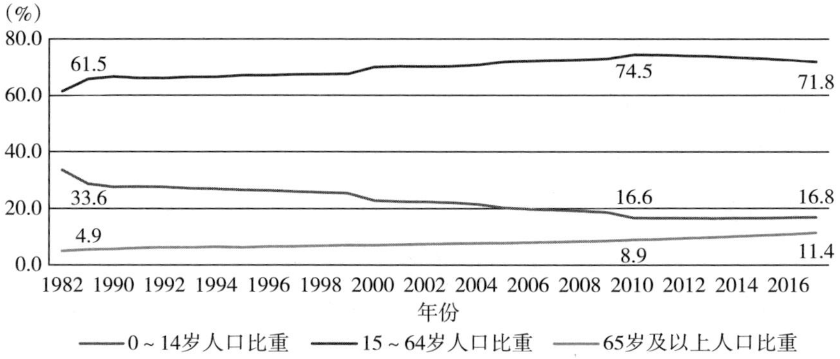

图5-3　我国人口年龄结构变化情况

资料来源：根据国家统计局历年统计年鉴整理

从结构上看，结构性矛盾逐步成为主要矛盾。在总量压力由持续攀升进入高位平台的基础上，结构性矛盾更加凸显出来。与改革开放初期和国有企业改革攻坚阶段出现的就业结构性矛盾不同，当前就业结构性矛盾是在经济社会发展持续转型到一定阶段时形成的，劳动力的需求和供给结构都存在显著的转型特征。习近平总书记专门列举了当前就业结构矛盾比较突出的几个方面：“一是化解产能过剩、推动国企改革，使隐性失业显性化，部分地区下岗压力可能增大。二是经济下行压力仍然存在，部分企业困难加重，要关注一些小微企业迫于生存压力减员可能带来的失业问题。三是‘90后’是新增就业的主体，他们对岗位的选择性增大，其中有些人不愿从事苦脏累和自由度小的工作。四是新技术、新产品、新业态、新模式不断涌现，但技能型人才远远满足不了需要。明年高校毕业生数量将继续增加，供求矛盾会更为突出。”就业结构性矛盾是经济社会发展不协调不平衡的结构性问题在就业领域的集中反映。这里既有产业结构调整和技术进步的因素，也有区域经济格局变化的影响，最根本的还是劳动力需求和供给的不匹配。一方面，劳动力供给总量从无限向有限供给转变，劳动力结构明显变化，劳动者人力资本投资增加，劳动者就业观念方式多元，就业预期提高。随着我国高等教育发展，高校毕业生人数逐年增加（图5–4），占每年新进入市场的劳动力的近一半；农民工群体中“80后”“90后”新生代也已超过60%。新一代求职者更加注重职业发展、薪酬待遇、工作条件和自我价值实现，供需对接存在错位。与此同时，大量劳动者职业技能和知识水平偏低、部分劳动者就业观念落后等情况也仍然存在。另一方面，经济发展进入“新常态”，工业化、信息化、城镇化的不断深化，企业生产转型升级，消费结构、消费观念和要求提升，人力资源市场对劳动者的知识技能素质和服务能力水平要求显著提高，但低端产业链条中生产企业和传统服务业仍然存在，大量的低端就业岗位需要低成本劳动力的情况也没有彻底改变。这些结构矛盾在劳动力市场上表现为“两难”并存，即劳动力供给总量巨大条件下的“招工难”和市场岗位需求持续增加下的“就业难”同时存在。一方面，部分劳动者“找工作难，找好工作更难”。人力资源市场大龄劳动者人员供给大于岗位需求，部分传统行业、产能过剩行业企业人员失业风险加大，以高校毕业生为主的青年就业持续高压，部分劳动者就业质量不高，市场体制分割和形形色色的就业歧视等不公平现象依然存在。另一方面，人力资源市场上“招工求

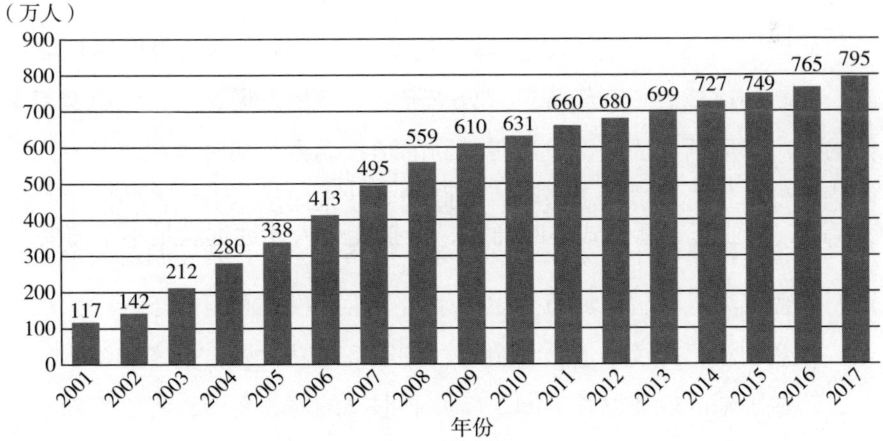

图5-4 我国历年应届高校毕业生人数

资料来源：根据国家统计局历年统计公报数据整理

才难”普遍存在。既有部分传统低端行业岗位招不到人的“普工难招”，也有因为新技术、新产品、新业态、新模式不断涌现，高技能型人才远远满足不了需要形成的“技工难找”，还有一些关键领域的高层次创新型人才更是千金难得，一些地方和企业长期困扰于“人才难求”。

我国劳动力市场还有一个突出特征，就是中低端劳动力市场比例较大，部分劳动者就业质量不高。以低端产业为主体的经济结构形成的就业岗位与劳动者预期错位，尤其是以“80后”“90后”为主体的新生代劳动者的求职预期存在较大落差。目前劳动力市场结构中，有相当比例的就业人员是脆弱群体。他们的就业不稳定、收入偏低、就业权益得不到基本保障，部分劳动者甚至被欠薪，部分中小企业职工社会保险参保率较低，缴费基数低，断保（中断社会保险缴费）现象有所增加，导致社会保障权益受损。许多生产和服务一线劳动者工作时间长、劳动强度大、工资不高，侵害劳动者就业权益的行为和就业歧视现象还时有发生。同时，就业稳定性和职业发展性不足。以农民工和城市“漂族”为代表的劳动者在城乡之间、不同地区和城市之间、不同行业和企业之间频繁流动和跳槽，长期处于“打零工”状态，就业稳定性不足，缺乏职业发展空间，降低了就业质量，增加了就业的不安全感。

同时，随着新就业形态发展和技术进步，我国劳动力市场也面临着一些新的挑战。“新经济”“分享经济”等的发展，全方位影响着人们的生产和生活，为经济发展带来新的增长动力，同时也在改变着人们的劳动世界。云计算、大数据、物联网等技术层出不穷，在线旅游、医疗、教育、网络约车、第三方支付等“借网而生”，智能制造、个性化定制、普惠金融、智慧城市等也催生出一批新模式和新业态，“大众创业、万众创新”持续推进，新企业、新经济蓬勃发展，创客群体不断扩大，营造了新的就业增长空间。新就业形态的蓬勃发展，将成为未来劳动力市场的“新常态”。以分享经济为例，《中国分享经济发展报告2017》数据显示，2016年我国参与分享经济活动的人数超过6亿人，比上年增加1亿人左右。参与提供服务者人数约6000万，比上年增加1000万，其中平台员工数约585万，比上年增加85万。从新业态从业人员的构成看，在新业态的从业人员中，既有升级版或者“互联网+”的传统灵活就业人员，也有高知识、高回报的新型自由职业和多重职业者。既有自主创业者，也有自由职业从业人员，还有兼职就业和单位灵活雇佣的从业人员。

与新经济、新业态相伴而生的是新一轮技术革命的迅猛发展，是以工业智能化、互联网产业化、工业一体化为代表，以人工智能、清洁能源、量子信息、3D打印、智能制造、虚拟现实、生物医药技术和新材料科学等为主的全新技术革命。新一轮技术革命涉及实体和虚拟经济，覆盖制造、信息、金融、安全、教育、医疗、能源以及生活服务等几乎所有行业和领域，以爆炸式、网络化方式快速渗入经济社会生活的方方面面，对经济社会形态影响的速度、广度和深度远超以往历史技术革命。这场技术革命将重构生产、分配、交换、消费等经济活动各环节，推动产业转型升级，带动经济高速增长，实现生产力的新跃升，以及生产要素的重新配置，必然对劳动力市场产生广泛和深刻的影响。新技术的发展，将会使就业市场发生积极变化。随着技术进步，需要深度思考、增进用户体验、满足个性化需求的一些岗位将大量产生，科学研究、技术发明、创业设计、产品研发、工程师、程序员、文创人员、教育、管理咨询师等方面的人才需求增加。新技术的进步，也将与传统技术相结合，进一步提升传统行业就业岗位的质量。受益于信息化、智能化水平的提高，就业时间和空间的约束将逐渐减少，劳动者不再拘泥于“朝九晚五”的固定工作时间，就业的灵活性、多元化和个性化特征也会越来越明显。

新产业、新业态、新模式的发展，以及技术革新和进步将直接创造新的岗位需求，增强生产与消费对接的便利性，降低产品成本及价格，刺激消费、扩大需求，进而带动相关产业拓展新的、更广阔的就业空间。

另一方面，新就业形态的发展、新技术革命也会给劳动力市场造成一定程度的冲击。新就业形态的发展存在诸多矛盾和问题，面临许多挑战。如平台经济发展存在隐患、从业人员职业发展不稳定；新旧机制转换和结构调整存在磨合阵痛；人力资本支撑不足、技能结构矛盾日益突出；职业生涯碎片化、工作与生活界限模糊；权益义务的法律关系不清晰；从业者劳动保障面临诸多困扰，就业质量有待提高；劳动关系调整和市场监管将面临新的问题和挑战。技术革新和进步推动传统产业生产、管理和营销模式变革，已经影响和改变了生产服务模式以及人们的生活方式，对就业的影响也更加深广。“机器换人”势必导致一些岗位被淘汰，技术性失业可能增多，短期失业风险或有所抬头。从趋势看，主要是重体力和轻智力类的就业岗位面临被替代的风险，流程性、重复性、易被数字信息编码所取代的简单劳动岗位将快速流失。新技术革命也将加大人力资源投资成本，短期内技能结构矛盾将更加突出。新技术革命会使得人力资源市场岗位需求结构有所调整和优化，在一定程度上缓解普工过度需求的问题，也会为高校毕业生创造更多、更匹配的就业机会，但同时也对人力资本提出了更高要求。复合型、技术技能型、创新创业型劳动者将严重短缺，技术性失业和高层次人才短缺的矛盾将同时存在，技能结构矛盾进一步加剧。由于资本、技术等鸿沟扩大，也可能进一步加剧劳动力市场结构分化、断裂，出现一定规模的低端、低质量的劳动力市场。劳资之间、不同劳动者之间收入将加剧分化，劳动力市场中的困难群体需要更多的政策支持，保障社会公平的政策体系需要进一步加强。

（二）劳动力市场体系建设的新目标

党的十八大报告提出要“推动实现更高质量的就业”，之后的“十三五”促进就业规划明确要求“推动实现比较充分和高质量的就业”。十九大报告再次提出要“实现更高质量和更充分就业”，将“比较充分”改成了“更充分”，并且把“更高质量”放在“更充分”的前面，从质和量两个方面提出了要求，且更加注重就业质量。这种目标任务的变化是与我国社会主要矛盾的转换相适应的，劳动者对更好就业的向往，经济发展从规模型向质量型转变，都要求更加注重就业质量。就业是最大的民生。要坚持就业优先战略和积极就业政策，实现更高质量和更充分就业。大规模开展职业技能培训，注重解决结构性就业矛盾，鼓励创业带动就业。提供全方位公共就业服务，促进高校毕业生等青年群体、农民工多渠道就业创业。破除妨碍劳动力、人才社会性流动的体制机制弊端，使人人都有通过辛勤劳动实现自身发展的机会。

（三）创新就业方针，大力推进“大众创业、万众创新”，激发劳动力市场活力

党的十八大报告指出，要贯彻“劳动者自主就业、市场调节就业、政府促进就业和鼓励创业”的方针，将“鼓励创业”作为就业工作方针的重要内容。这是新时期就业工作的重大理论创新。“创业带动就业”是以人民为中心的发展的本质要求，体现“人力资源作为第一资源”主体价值的就业理论，是对市场就业机制的创新与完善。它改变了以往适应岗位的被动就业模式，而是充分发挥人力资源作为第一资源的主体性作用，通过以人力资源为主导因素来配置其他资源以创造岗位的主动就业模式，这一新的就业模式实现从“以物为中心”的资源配置方式，向“以人为中心”的资源配置方式转变。“创业带动就业”就是要建立从源头上创造就业的机制，表明我国就业机制正在发生积极变化，对实施就业优先战略，完善就业促进长效机制，形成劳动力市场新格局具有深远意义。我国政府高度重视创业创新，将推动大众创业、万众创新作为实现经济发展的“双引擎”之一，作为实现两个“中高”目标的重要动力，同时也是作为劳动者实现个人梦想的重要途径。为此，习近平总书记明确要求，“各级党委和政府要关心和爱护广大劳动群众，切实把党

和国家相关政策措施落实到位，不断推进相关领域改革创新，坚决扫除制约广大劳动群众就业创业的体制机制和政策障碍，不断完善就业创业扶持政策、降低就业创业成本，支持广大劳动群众积极就业、大胆创业”。

（四）积极就业政策升级，适应劳动力市场新形态发展要求

2015年4月27日，国务院出台《国务院关于进一步做好新形势下就业创业工作的意见》（国发〔2015〕23号）。《意见》主要包括四方面内容：第一，围绕实施就业优先战略，把稳定和扩大就业作为经济运行的下限，将城镇新增就业、调查失业率作为宏观调控的具体指标。第二，以创业带动就业提出了一系列政策。第三，针对各类重点群体就业提出了新的政策措施。第四，在加强就业服务和职业培训方面也提出了许多新的措施和明确要求。2017年国务院下发《国务院关于做好当前和今后一段时期就业创业工作的意见》（国发〔2017〕28号），主要内容包括：围绕实施就业优先战略，要把稳定和扩大就业作为经济运行的下限，同时要将城镇新增就业、调查失业率作为宏观调控的具体指标；围绕着促进以创业带动就业提出了一系列政策；针对各类重点群体就业提出了新的政策措施；提出了支持新就业形态发展的系列政策措施；在加强就业服务和职业培训方面也提出了明确要求。与此同时，国务院还连续下发多个促进“大众创新、万众创业”、就业精准扶贫、支持新业态发展、重点群体就业等方面的文件，形成了新一轮的积极就业政策。新时期积极就业政策的主要特点是将就业与经济转型升级和高质量发展紧密结合，将鼓励创业和促进就业更好地结合。

（五）劳动力市场服务体系更加完善

劳动力市场已经成为劳动力流动配置的重要手段，是高校毕业生、

农民工等重点群体实现就业的主要载体。改革开放40年来，党中央、国务院高度重视劳动力市场服务机构和体系建设，制定出台了一系列政策，健全完善市场机制，加强市场监管，提高服务水平，推进统一规范、竞争有序的劳动力市场体系建设。

目前，我国已形成包括公共服务体系和市场化服务体系在内，民营、国有、外资等不同类别服务机构共同发展格局。劳动力市场服务内容和能力不断提升，招聘服务、人事代理、档案管理、社会保障经费代收代缴等传统产品继续提供，人才测评、人力资源管理咨询等新兴业态全面兴起，与互联网、金融等产业领域跨界融合的创新产品层出不穷。截至2017年底，我国共建立了各类人力资源服务机构3.02万家，从业人员58.37万人，全年营业收入已经达到了1.44万亿元。全国人力资源服务机构共服务用人单位3190万家次，为两亿多人次就业、创业和流动提供了服务。

近年来，人力资源服务业快速发展，成为现代服务业的重要内容，促进了劳动力市场服务体系的完善。2014年出台的《关于加快发展人力资源服务业的意见》，首次对发展人力资源服务业作出全面部署。2016年出台的《关于深化人才发展体制机制改革的意见》，进一步突出了人力资源服务业在人才市场化配置中的地位和作用。2018年，颁布了我国人力资源要素市场领域第一部行政法规《人力资源市场暂行条例》（以下简称《条例》），对健全完善人力资源市场体系，推动人力资源服务业健康发展，促进人力资源自由有序流动和优化配置，更好服务就业创业和高质量发展具有重要意义。《条例》通过立法的手段，确认原来的人才市场和劳动力市场的整合改革的成果，推动建立统一的管理制度和管理规范，推动形成统一的人力资源市场体系；明确建立政府宏观调控、市场公平竞争、单位自主用人、个人自主择业，人力资源服务机构诚信服务的人力资源流动配置的机制；提出要破除户籍、地域、身份等体制机制的弊端，促进人力资源的自由有序流动。《条例》赋予劳动者和用人单位平等的法律地位，规定用人单位和人力资源服务机构应当向求职者提供平等的就业机会和公平的就业条件，对公共服务机构和经营性的服务机构统一规范和监督管理，营造更加公平的市场环境。

四、进一步完善劳动力市场体系建设的政策建议

我国有13.9亿人口、9亿多劳动力，就业总量压力和结构性矛盾将长期存在，解决好就业问题是我国长期面临的一项重大战略任务。习近平总书记指出，就业是最大的民生，要坚持就业优先战略和积极就业政策，实现更高质量和更充分就业。劳动力市场是社会主义市场经济的重要组成部分，是重要的要素市场。要更好发挥市场在促进就业中的作用，要依靠市场力量，根据市场需求，落实好积极就业政策，促进就业创业和人力资源开发配置。

当前，中国特色社会主义进入新时代，社会主要矛盾发生新变化，人力资源市场领域发展不平衡不充分问题依然凸显，劳动力市场供求呈现新特点。亟须发挥人力资源服务业促进人力资源优化配置作用，推动“人口红利”向“人才红利”转变，适应科技和产业融合发展出现新趋势，推进“互联网+”等新兴信息技术在劳动力市场领域广泛应用，推动劳动力市场管理体制改革向纵深发展，进一步完善劳动力市场体系建设。

（一）坚持市场导向的就业改革不动摇，发挥好市场和政府作用

我国是人口大国，要实现充分就业，必须发挥市场机制在劳动力资源配置中的决定性作用，推动统一开放、竞争有序的人力资源市场体系建设。支持鼓励大众创业、万众创新，以创新创业带动就业，形成供求

双向选择、劳动者自主就业创业新格局。党的十八届三中全会提出，经济体制改革是全面深化改革的重点，核心问题是处理好政府和市场的关系，使市场在资源配置中起决定性作用，更好发挥政府作用。政府与市场关系在就业问题上集中体现在就业方针上。既坚持市场和劳动者个体的主动性和决定性，同时也要重视政府责任和作用，尤其是在解决重点群体就业方面习近平明确指出："我也了解，部分群众在就业、子女教育、就医、住房等方面还面临一些困难，不断解决好这些问题是党和政府义不容辞的责任。"同时，需要指出的是，在发挥好市场和政府两只手的作用的同时，习近平总书记还突出强调在全面深化改革过程当中，要坚持和发展我们的政治优势，以我们的政治优势来引领和推进改革，调动各方面积极性。

（二）坚持劳动力市场与其他要素市场改革协同推进，促进就业与经济协调发展

历史经验表明，劳动力市场改革发展与经济社会其他领域及其他市场要素改革密不可分。解决劳动力市场内部结构问题以及劳动力市场与经济社会发展不适应问题，都需要将劳动力市场改革与其他要素市场改革协同推进。在经济社会整体改革发展中，要坚持实施就业优先战略，建立劳动力市场政策与经济社会发展战略相互调适机制，适应经济从高速增长到高质量发展转变，推进实现更高质量和更充分就业目标。尤其要加快建立与人力资源禀赋适配的产业体系。按照着力加快建设实体经济、科技创新、现代金融、人力资源协同发展的现代产业体系要求，一方面，要抓住新一代技术变革和数字经济发展机遇，加快发展先进制造业、"互联网+"、人工智能等新产业、新业态，创造更多符合新生代青年劳动力需求的高质量就业岗位；另一方面，要继续发展就业容量大的劳动密集型产业和服务业，加强实体经济发展，为大量低文化水平低技能素质的大龄劳动者提供就业机会。

（三）打破妨碍劳动者就业创业的各种体制障碍，提高各类劳动力资源配置效率

围绕更好发挥市场促进就业作用，建立健全人力资源市场体系。建立健全人力资源市场法规体系，建立健全人力资源市场监管体系，持续推进人力资源服务机构诚信体系建设，加强人力资源服务标准化建设。进一步打破长期以来形成的户籍、地域、行业等劳动力市场分割，破除体制内外的编制、人事、收入、社保和福利壁垒。加快完善社会保障体系，提高养老医疗等社会保险统筹层次，完善养老保险关系转移接续和医疗保险异地结算体系，提高社会保障的制度公平性和服务便捷性。逐步缩小行业、地区和部门之间的收入差距，消除各种各样的就业歧视，形成更加统一、公平、有序、高效的劳动力市场，提高市场人岗匹配效率，最大限度开发人力资源潜在红利。围绕贯彻深化人才发展体制机制改革要求，建立健全人才顺畅流动配置机制。引导人才向经济社会发展急需领域流动，优化人才资源有效配置，为推动经济协同发展提供人才支撑。创造公平就业环境，努力破除劳动力流动障碍，加强人力资源市场监管，维护劳动者合法权益。

（四）加快城乡就业融合发展，优化劳动力城乡区域配置

加快农村转移劳动力市民化。着力解决进城农村转移劳动力面临的教育、医疗、社会保障等公共服务难题，推进农民工市民化，实现在城镇稳定就业。加大对现有农村劳动力转移的挖潜力度，结合乡村振兴战略，推进“资本下乡”，在产业转移、公共服务、技能培训等方面大力加强对返乡创业农民工和就地就近转移就业大龄农村劳动力的政策支持和服务。加强区域经济发展规划，立足区域比较优势，促进经济合理布局、协调发展。调整区域产业结构，形成差别性的人力资源需求结构，缓解人力资源供需之间的结构性矛盾，促进各地区之间均衡协调发展。

（五）加强劳动力市场供给侧结构性改革，统筹人力资源开发规划

适时调整人口政策和退休政策，调控劳动力市场总量供给。在目前二孩政策基础上，进一步放开生育政策，适当时候再出台鼓励生育政策，保持总和生育率合理稳定，保障未来青年劳动力的可持续供给。适时出台弹性退休制度，提高老年人口劳动参与率。研究解决老年群体重新进入人力资源市场的法律问题，在劳动合同期限和社会保障问题上允许灵活对待，增加老年劳动者带薪休假时间，缩短持续工作时间，健全弹性工作制度，支持非全日制工作和灵活就业，同时加强对大龄和老龄劳动者权益保护。

统筹人力资源开发规划，加强各类劳动者队伍和人才队伍建设。国家要加大对人的投资力度，提高职工职业技能培训财政额度和支出比例。统筹制定国家总体人力资源开发中长期规划，适时制定老年人力资源开发与就业促进专项规划。统筹城乡人力资源开发，特别要加强就地就近就业创业大龄农村劳动力的技能培训。统筹各层级人力资源开发，建立从国家高层次人才到企业熟练普工的全方位政策支持体系。统筹普通高校和职业学校发展，加快技师学院建设，大力加强对职业教育的政策支持力度，特别要扩大面向农村和中西部地区的职业教育与职业培训。采取切实有力措施，加快实施国家终身职业技能培训制度。真正建立劳动群体全覆盖、职业生涯全覆盖的职业技能培训体系，提高职业技能培训的可及性、针对性、有效性、及时性，提升不同年龄阶段劳动者就业能力和职业转换能力，提高其劳动参与率和劳动生产率。

执笔：莫　荣　陈　云

第六章

中国金融市场体系建设与发展40年

改革开放40年来，中国的金融市场体系经历了一系列重大改革、创新和发展，取得举世瞩目的成就，逐渐成长为社会主义市场经济体系的重要组成部分。金融市场主体的数量和类型不断增多，金融产品和服务日益丰富，市场结构持续优化。货币市场功能不断健全，多层次资本市场体系不断完善，金融基础设施日趋完备，金融市场双向开放程度和市场化水平持续提高。金融市场监管体系不断健全，防范和化解系统性金融风险的能力显著增强，成功应对了国际国内各种冲击和挑战。特别是21世纪以来，随着金融市场体系的广度和深度不断拓展，金融市场在满足市场主体多元化投融资需求，更好地服务实体经济，提高金融资源配置效率，发挥好价格发现和风险分散功能，提升货币政策传导的有效性，为国内经济金融体制改革和对外开放营造相对稳定的金融市场环境等方面，发挥了越来越重要的作用。

一、40年来中国金融市场体系发展和改革历程

（一）金融体制改革起步，金融机构体系逐步恢复和建立（1978～1983年）

改革开放初期，随着国内经济体制改革序幕的拉开，国民经济各部门对资金和金融服务的需求显著增加，金融体制改革逐渐提上日程，尽快恢复和建立金融机构体系成为金融改革的重要任务。

1. 专业化金融机构相继建立

1979年以来，中国农业银行、中国银行、中国人民建设银行、中国工商银行相继恢复其商业银行职能，在支持农村经济发展、服务对外开放和国际金融业务需要、满足工商企业信贷需求等领域开始发挥专业性银行机构的作用，逐步突破只发放流动资金贷款的束缚，开始提供固定资产贷款、科技贷款、各种开发性贷款等专业性金融服务，为经济社会发展提供资金支持。农村信用合作社、城市信用社陆续成立。国内保险业务恢复发展，中国人民保险公司重建并开始经营。信托投资公司、金融租赁公司等非银金融机构开始逐步建立。

2. 恢复和确立中央银行制度

随着经济管理权限下放、经济主体更加多元化、国民经济部门间联系的日益紧密，加快构建中央银行和商业银行相分离的双层银行体系成为金融市场发展迫切要求。1978年，中国人民银行逐步开始行使中央银行职能。1983年，国务院发布《关于中国人民银行专门行使中央银行职能的决定》，正式确立中央银行制度，中国人民银行承担起制定和实施金融政策，加强信贷总量控制，调节金融机构资金余缺，维持货币币值稳定等中央银行职责。

3. 信贷市场在改革中得到发展

随着银行机构改革的推进，银行体制改革和信贷市场改革开始起步。专业银行组织存款并向市场主体发放贷款的金融中介职能得到重视，国内长期实行的“统存统贷”的信贷资金管理体制逐步改变。与此同时，国家对基建项目投资资金由财政无偿拨款改为由专业银行贷款，国营企业流动资金由财政和银行两部门共同管理改为由专业银行统一管理，专业银行也突破了只能发放流动资金贷款的限制，在国民经济发展中的作用不断加强。

4. 金融市场在部分领域开始起步

1981年，中国人民银行提出其分支行可以通过拆放多余资金的方式调剂业内资金余缺，但受制于计划经济体制束缚，银行之间仍难以开展同业拆借业务。同年，中国人民银行率先在上海推出银行承兑汇票贴现业务，并不断扩大试点范围，很好地降低了企业间赊销，解决了资金相互拖欠等问题。债券市场开始起步，1981年国家恢复国债发行业务，允许部分企业推出企业债券，部分解决了国家财力不足和企业信贷资金之外的资金需求问题。

（二）金融机构多元化改革持续推进，金融市场初步建立（1984～1991年）

1984年，党的十二届三中全会将中国经济体制改革的目标确立为建立以公有制为基础的有计划的商品经济，相应的金融体系改革也开始启动。

1. 金融机构多元化改革稳步推进

为打破国有专业银行的垄断地位，提升国内银行业整体竞争力和服务水平，股份制银行重建和新建工作提速。1987年，交通银行和招商银行作为国内最早的两家股份制银行相继开业。随后，国内陆续成立十多家股份制商业银行，打破了计划经济体制下国家专业银行对信贷市场的垄断，商业银行的市场竞争力显著提高，较好地满足了市场主体的信贷资金需求。国内信贷市场逐步形成以工、农、中、建、交五大行为主导，以股份制商业银行、城商行和农商行等中小商业银行为补充的信贷市场体系，在动员社会闲散储蓄资金向生产性资本转化，加快资本积累，降低交易成本和推动国民经济发展等方面发挥了积极作用。

这一时期，随着改革开放的推进，包括信托投资公司、金融租赁公司、企业集团财务公司等在内的非银行金融机构获得快速发展，进一步满足了市场主体对多元化金融服务的需求。为配合和支持国内企业股份制改造、解决国库券发行和流通等问题，各类型证券公司相继组建和成立。1985年，国务院颁布《保险企业管理暂行条例》，国有保险公司、股份制保险公司、外资保险公司等各类型保险机构也相继成立并开展业务，国内保险市场逐步形成并开始商业化、规范化运作，保险资金的风险保障功能逐渐得以发挥。

2. 中央银行制度不断完善

1983年，国务院正式确立中央银行制度后，中国人民银行对信贷资金管理体制进行了改革，除继续办理一些政策性贷款业务和对部分非金融机构发放贷款外，退出对信贷投放的直接干预，转向通过专业银行和金融市场进行间接调控，从制度上初步确立了市场在资金配置中的基础性地位和作用。1989年，经国务院通过，全国人大常委会批准，国家外汇管理局开始为副部级，在人民银行领导下行使国家外汇管理职能。

3. 货币市场出现并获得初步发展

1984年，人民银行开始实行“实存实贷、相互融通”的信贷资金管理体制，允许专业银行之间跨地区、跨系统拆借资金，解决各专业银行之间的横向资金调剂和融通难题，国内同业拆借市场开始起步。1986年，国内同业拆借市场正式启动。1987年，在武汉、广州、重庆、沈阳、成都等核心城市建立有形同业拆借市场的基础上，全国（除西藏外）各省（区、市）均成立了同业拆借市场，形成由中国人民银行、专业银行和其他类型金融机构参与的多样化、多层次拆借市场体系。

在部分城市试点银行承兑汇票贴现业务的基础上，中国人民银行决定自1985年起在全国推行商业票据承兑和贴现业务。1988年，中国人民银行对银行结算制度进行了改革，允许银行承兑汇票进行一次背书转让，银行承兑汇票再贴现业务开始试点，为进一步拓宽企业融资渠道、缓解企业临时性资金短缺困难提供了方便。

4. 资本市场发展初具雏形

债券发行和交易市场获得初步发展。在前期恢复国债发行的基础上，1988年上海、沈阳、深圳、广州等7个城市开始国债流通转让市场试点，国债交易二级市场不断发展。为提高国债的流动性和发行效率，1991年全国证券交易自动报价系统（STAQ）率先推出国债回购业务试点。随后，证券交易所和地方证券交易中心也相继推出国债回购业务，国债回购交易量快速增加。与此同时，伴随国内企业改革的推进，企业债券发行开始提速，有力支持了国家重点建设项目和重点企业的资金需求。金融债券市场也得到相应发展，金融机构通过发行金融债券加大了对在建项目的资金支持力度，确保了相关项目的顺利完成。

股票市场诞生并获得稳步发展。20世纪80年代初，国内企业股份制改革试点的推行为股票市场的诞生和发展提供了内在需求，部分企业通过向社会公众公开发行股票的方式筹集资金，为企业开辟了新的资金渠道。为配合企业股份制改造、满足股票交易流通需求，1987年开始，中国人民银行和财政部相继批准组建了一批证券公司，并陆续开办股票经纪业务，股票交易OTC市场获得快速发展。随后，国内陆续成立了多家区域性证券交易所，股票二级市场逐步形成。1990年，上海证券交易所和深圳证券交易所成立，全国集中统一的证券市场正式形成。国内证券市场确立了场外柜台市场和场内交易所市场并行的发展模式，证券市场的流动性不断提高，证券发行和交易规模持续扩大，为企业直接融资提供了重要渠道。

5. 外汇市场获得积极发展

随着国内对外开放的推进和境内主体用汇限制的放宽，境内企业和居民产生了调剂外汇的需求。1988年，在上海、深圳试点推进外汇调剂市场改革的基础上，全国外汇调剂中心和各省（区、市）及沿海主要开放城市的地方外汇调剂中心相继成立，分别负责办理中央部门所属企业和本地区各类企业之间的外汇额度和现汇调剂业务，在确保官方汇率稳定和国家外汇安全的前提下，较好地满足了市场主体的用汇需求，也促进了对外贸易与国际合作。随后，上海等部分外汇调剂中心通过放开外汇调剂市场汇率、引入会员制、公开竞价交易和集中清算等制度安排，建立了区域性外汇调剂公开市场，开始了外汇体制市场化改革的早期探索，但也导致官方汇率与市场汇率并存的问题，成为今后人民币汇率改革的重要内容和方向。

（三）金融市场化改革起步，多层次、多功能的金融市场体系初步形成（1992～2001年）

随着社会主义市场经济体制改革的不断深化，国内金融体制改革全面推进，现代金融市场体系在改革中逐步形成并不断完善，防范风险的能力不断增强。

1. 中央银行职能和组织管理体制进一步完善

1995年，《中国人民银行法》从法律上确定了中国人民银行作为中央银行的地位和基本职权。货币政策、财政政策和投资政策的关系进一步理顺。中国人民银行改革了长期通过干预专业银行提供超计划信贷资金、弥补固定资产投资缺口和补充企业资本金的信贷投放模式。自1993年开始，中国人民银行对国家计划安排的投资项目和计划盘子内留存的资金缺口，不再安排固定资产贷款规模，同时强化专业银行信贷投放的资本金约束，在降低信贷风险的同时也提高了资金的使用效率。1994年和1995年，中国人民银行相继停止了向财政部透支和借款，不直接认购、包销国债和其他政府债券，切断向财政供应基础货币的渠道。中央银行制定执行货币政策、完善宏观调控、强化金融监管的职能得以确立和强化。

2. 建立政策性银行并不断完善经营机制

为确保国家基础设施和重点项目建设资金需求，推进专业银行政策性业务与商业性业务的分离，1994年国务院批准设立国家开发银行、中国进出口银行和中国农业发展银行，在支持国家基础设施、基础产业和支柱产业、扩大机电产品、成套设备和高新技术产品出口、发放农业政策性信贷资金等方面发挥了积极作用。政策性银行的设立及其经营机制和组织管理体系的不断完善，有力配合了国有专业银行向现代商业银行的转型。

3. 专业银行商业化改革取得重大突破

为解决专业银行对企业信贷预算软约束难题，优化资金配置，提高市场竞争力，1995年《商业银行法》颁布实施，正式确立四大国有独资商业银行的法律地位，实施了以完善公司治理结构、优化机构布局、强化资本金和财务约束、剥离不良资产、改善信贷结构为核心的商业化改革。为更好地发挥央行货币政策的有效性，1998年中国人民银行取消对商业银行贷款限额控制，国有独资商业银行开始实行贷款政策指导下的全面资产负债比例管理，信贷结构得以不断优化，有力支持了实体经济的发展，并成功应对了亚洲金融危机的冲击。

4. 保险业改革和开放加快推进

为提高国内保险机构的市场竞争力、防范相关风险，保险业股份制改革和保险监管改革取得积极进展。1992年，国务院决定在上海率先开展保险业对外开放试点，陆续批准设立多家外商独资和合资寿险公司，并引入境外保险营销体制，推动了国内保险产品创新的步伐。1995年，

《保险法》颁布实施，实现了产险与寿险的分业经营。中国出口信用保险公司、中国再保险股份公司等新型保险公司组建并开展业务，保险市场初步形成了以国有公司和股份制公司为主体、政策性公司为补充、中外公司并存和竞争发展的新格局。保险监管改革也取得突破。1998，立中国保险监督管理委员会成立，对各类型保险机构履行统一监管职责，集中对全国保险市场的发展进行管理，保险市场进入规范发展的新阶段。

5. 货币市场在治理中获得发展

为治理国内乱集资、乱拆借等问题，自1993年开始，中国人民银行对银行间同业拆借市场进行了整顿和规范，建立起全国统一的同业拆借运作体系和多个地方性融资中心，为大型银行与中小金融机构通过自营资金拆借建立了利益联结机制，同业拆借交易获得快速发展。1996年，中国人民银行放开同业拆借利率上限管制，转交由市场主体根据市场供需情况自行决定，全国统一的同业拆借市场网络正式运行。该网络系统由拆借中心电子网络组成的同业拆借交易一级网络和由地方人民银行融资中心牵头组建的二级网络组成，两级网络同时运作，构成全国统一的同业拆借市场运行系统。

为适应市场经济发展需要，国内票据市场进入规范化发展阶段。1994年，中国人民银行先后发布《商业汇票办法》《再贴现办法》等一系列规范性文件，通过统一商业汇票操作流程、给予再贴现支持等措施积极推广商业汇票业务。1995年，《票据法》颁布。随后，中国人民银行出台政策文件，进一步对再贴现利率和贴现利率形成机制进行改革，票据业务法制基础不断完善，并在上海、天津、重庆等中心城市加快建立区域性票据市场，国内票据市场主体日趋多元化，票据业务创新和服务实体经济能力不断增强，票据市场逐步进入规范化发展阶段。

6. 资本市场得到快速发展

中国的银行间债券市场从国债回购市场转化而来。在国债回购市场发展初期，由于存在监管滞后和失控，导致交易不规范、债券担保不足、金融机构用回购资金规避信贷规模控制甚至挪用流入股市等问题频发。1995年，中国人民银行、财政部和证监会对国债回购市场进行了一系列规范整顿。1997年，成立银行间债券市场并引入债券回购制度，要求商业银行全部退出证券交易所市场，在交易所托管的证券转至中央结算公司托管，相应的证券回购业务在全国统一的同业拆借网络中办理，全国银行间债券市场正式形成，国内债券市场由早期的国债柜台市场和交易所场内市场为主，逐步发展成为以银行间场外市场为主的新阶段。

股票市场制度建设不断推进。1992年和1993年，全国证券交易自动报价系统（STAQ）和全国电子交易系统（NET）相继在北京开通运行，作为依托计算机网络进行证券交易的全国性、综合性场外交易网络，为各地证券机构高效、安全地开展业务提供信息和结算等服务。此外，为推动股票市场规范发展，1992年成立中国证券监督管理委员会，加强对全国证券市场的统一管理，并在股票市场发展初期采取了股票发行的核准制。国内证券领域相关法律、法规体系建设起步。1999年，出台《证券法》，为推动资本市场改革与稳定发展提供了法律保障。多层次、多功能的金融市场体系初步确立。

7. 资金价格市场化改革取得积极进展

十四届三中全会以来，国内利率市场化进程启动，按照先货币市场和债券市场利率市场化、后存贷款利率市场化的整体路径加快推进。1996年以来，我国先后取消同业拆借利率上限，放开银行间债券回购利率、政策性金融债和国债发行利率以及现券交易价格，并按照“先外币、后本币，先贷款、后存款，先长期大额、后短期小额”的步骤，稳步推进存贷款利率的市场化。1998年，中国人民银行取消对国有商业银行贷款限额管理，并改革再贴现利率形成机制，分步骤、有序地扩大存贷款利率的浮动范围。1999年放开长期大额协议存款利率，2000年放开外币贷款利率和大额外币存款利率，给予金融机构更大的利率定价自主权，更好地发挥市场机制在调控基础货币供应、调节信贷投向和资源配置中的基础性作用。1994年，汇率并轨改革取得成功，初步确立了以市场供求为基础的、单一的、有管理的浮动汇率制度，中国外汇交易中心作为全国统一的银行间外汇市场正式成立，人民币汇率市场化改革迈出积极步伐。1996年，实现人民币经常项目可兑换，国内主体用汇便利化程度显著提高，有力支持了经济发展和对外开放，也为金融市场开放、加强与国际接轨创造了有利条件。

（四）金融市场体系改革向纵深推进，对外开放步伐明显加速（2002～2012年）

加入世界贸易组织以来，中国金融体制改革步伐明显提速，金融市场体系改革不断向纵深推进，对外开放程度显著提高，为国内经济发展提供了有力的资金支持和多元化的金融服务。

1. 中央银行制度进一步完善

2003年，中国人民银行将对银行业金融机构的监管职责转交给新成立的中国银行业监督管理委员会，同时强化了制定和执行货币政策、维护金融稳定、提供金融服务三大职能，正式确立了现代中央银行货币政策框架体系和金融监管体制，为构建多元化金融机构体系和多层次、多功能的金融市场体系奠定了重要基础，也为中央银行灵活运用各类货币政策工具引导社会资金投向国家重点支持项目和经济社会发展薄弱环节、提高金融机构服务实体经济的能力和水平创造了条件。2008年全球金融危机以来，中国人民银行通过积极构建并不断完善宏观审慎政策框架、加强国内国际监管协调与合作等途径，宏观调控能力和系统性风险防范能力得到稳步提高。

2. 银行业金融机构改革加快推进

21世纪以来，商业银行股份制改革全面推进。大型商业银行通过稳步推进国家注资、剥离处置不良资产、设立股份公司、引进境内外战略投资者、在境内和我国香港上市等途径，不断规范公司治理架构，资本充足率显著提高，资产质量、盈利能力、风险防控等方面不断改善，服务实体经济的能力持续增强。中小商业银行也通过股份制改造、完善公司治理等方式获得快速发展，机构数量、业务规模和市场竞争力明显提高。开发性、政策性金融机构改革不断深化，特别是2008年以来，市场约束不断加强，公司治理结构日益健全，商业化转型持续推进，可持续发展能力不断提高。2003年6月，国务院印发《深化农村信用社改革试点方案》以来，农村信用社改革加快推进。中国人民银行通过将资金支持与农村信用社改革成效挂钩的政策设计和激励机制，推进"花钱买机制"政策目标的落实，实现了农信社资产质量、资金实力和经营状况的显著改善，支农信贷投放能力和可持续发展能力不断提高，成为多元化、多层次农村金融市场的重要组成部分。

3. 保险业竞争力显著提高

随着国内金融市场对外开放程度的不断深化，中国保险业市场体系日益丰富，服务领域不断扩展，整体实力和市场竞争力明显增强。2003年，中国人保、中国人寿和中国再保险三家国有保险公司率先完成股份制改革，实现股权结构的多元化。保险公司市场化激励约束机制逐步建立，公司治理结构不断健全，境内外上市步伐明显加速，保险资金投资运作能力和资金使用效率不断提高，保险保障功能和风险防范化解能力显著增强，在丰富金融市场参与主体、增加金融产品与服务供给、维护金融市场稳定等方面发挥了积极作用。2006年，保监会发布《关于规范保险公司治理结构的指导意见》，引入保险公司治理监管，推动形成偿付能力、公司治理、市场行为监管三支柱的现代保险监管框架，保险监管制度体系进一步健全，保险机构的主体责任和监管机构的监管责任得以强化，保险业防范化解风险的整体能力不断加强，在促进经济发展、支持社会融资、参与灾害救助、服务"三农"建设领域的保险保障功能也逐步提升。

4. 货币市场制度持续完善

21世纪以来，国内货币市场基础设施加快推进，市场运行效率显著提高，市场功能持续深化。票据市场改革稳步推进。人民银行逐步取消部分票据业务的行政限制，将票据融资不再计入金融机构存贷比考核范围，取消商业银行办理银行承兑汇票业务总量控制以及办理转贴现、再贴现业务时对票据交易材料真实性审查要求，极大提高了商业银行办理票据承兑业务的积极性和业务处理的效率。通过批准商业银行设立票据专营机构、建设中国票据网、推广电子商业汇票系统、运用再贴现等货币政策工具等方式，积极引导和支持票据业务发展，为国民经济重点领域和薄弱环节提供资金支持。

同业拆借市场利率定价机制不断完善。2007年1月，上海银行间同业拆放利率（Shibor）正式运行，并逐步形成一套完整的短期市场利率定价参考体系，国内货币市场基准利率培育工作全面启动，在推动利率市场化改革、完善相关金融产品定价机制、畅通央行货币政策传导渠道等方面发挥了基础性作用。以Shibor和国债收益率曲线为核心的中国基准利率体系初步形成。

债券回购市场相关制度建设不断完善。为规范交易所债券回购业务，提高相关资金的安全性，自2003年起，银监会、证监会和证券交易所相继整顿交易所债券回购业务，并于2006年制定实施新的交易所质押式回购制度。与此同时，为提高债券市场流动性，丰富债券回购业务品种，更好地满足相关主体利用债券市场进行短期融资，在银行间债券市场推出质押式回购业务的基础上，2004年5月中国人民银行在银行间市场又创新推出买断式回购业务，并在完善市场准入机制、提高市场运行效率、防范风险等方面不断进行改革，对提升货币政策传导效率、拓宽市场主体融资渠道、推动利率市场化改革发挥了日益重要的作用。

5. 债券市场制度建设日益完善

银行间市场与交易所市场定位逐渐清晰，银行间债券市场定位于机构投资者、通过一对一询价方式交易的场外批发市场，交易所债券市场定位于个人和中小机构投资者、通过集中撮合方式交易的场内零售市场。债券价格市场化形成机制日趋完善，发行主体范围不断拓展，产品和交易工具创新日益丰富，市场自律管理机制建立并不断完善。2007年，中国银行间市场交易商协会成立，通过加快完善行业自律机制，构建起政府行政监管、行业自律管理与市场中介机构一线监测“三位一体”的银行间债券市场监管体系。随后，探索建立起债券外部增信机构等市场化风险分担机制和投资人付费、双评级机制，并不断完善做市商制度。2009年，中国人民银行推动成立上海清算所，为银行间市场相关产品提供中央对手方集中清算服务。相关制度的建立为提升债券市场流动性，降低债券发行成本，提高市场透明度和交易效率、防范交易对手方风险、维护市场稳定等方面发挥了积极作用。

6. 多层次资本市场稳步发展

分步骤推进股票发行体制改革和股权分置改革取得积极进展。2001年以来，证监会先后取消股票发行额度、发行指标等行政性限制，实现新股发行由审批制改为核准制，确立以强制性信息披露为核心的市场化约束机制和发行监管法规体系，不断提高发行审核工作的程序化、标准化和规范化程度。2004年开始，稳妥推进股权分置改革，为加快与国际资本市场接轨、发挥资本市场优化资源配置功能奠定了市场化基础。在风险可控前提下稳步推动资本市场创新。2007年启动上市公司债券发行试点，2010年启动融资融券业务试点，在实现资本市场优化资源配置和价格发现功能、拓展企业投融资渠道、丰富证券投资品种、提高证券市场流动性、为投资者提供财富管理和避险工具等方面发挥了积极作用，多层次、多功能资本市场体系建设取得积极成效。

7. 金融市场对外开放步伐加速

中国自加入世界贸易组织以来，积极履行相关承诺，金融市场对外开放步伐呈现加快态势。境内主要金融机构相继完成股份制改造并在境外挂牌上市，外资参股境内金融机构数量显著增加，持股比例上限不断提高，业务准入范围不断拓展，金融机构“走出去”与“引进来”获得快速发展。人民币汇率市场化改革持续推进。2005年确立了以市场供求为基础、参考一篮子货币进行调节、有管理的浮动汇率制度。2010年进一步推进人民币汇率形成机制改革。2012年以来，通过不断扩大人民币汇率浮动区间、增强汇率双向浮动弹性，为跨境资本流动管理与金融市场进一步开放奠定良好的基础。资本市场开放取得积极进展。2003年和2007年相继推出合格境外机构投资者（QFII）和合格境内机构投资者（QDII）制度，在资本项目尚未完全开放前提下，为境内外投资者实现跨境资本市场投资提供了渠道。2010年，为满足境外人民币回流境内投资的需求，人民银行允许三类境外机构投资银行间债券市场。2011年8月又推出人民币合格境外机构投资者（RQFII）制度，允许以RQFII投资境内证券市场。随着资本项下管制的逐步放开和人民币国际化的不断推进，国内金融市场双向开放步伐稳步推进，为境内主体充分利用好两个市场、两种资源发挥了积极作用。

（五）现代金融市场体系不断完善，金融市场化改革全面深化（2013年至今）

近年来，在新一届中央政府的领导下，国内金融市场总体运行平稳，市场化改革持续推进，金融市场双向开放水平进一步提高，市场制度建设和基础设施建设不断完善，防范化解系统性金融风险的能力稳步提高，在推动供给侧结构性改革、更好地服务实体经济等方面发挥了日益重要的作用。

1. 中央银行货币政策调控更加灵活有效

中国人民银行密切关注经济金融形势发展变化，实施稳健中性的货币政策，加强预调微调，综合运用中期借贷便利、常备借贷便利等货币政策工具，增强流动性管理的灵活性和有效性，保持银行体系流动性合理充裕，充分发挥窗口指导和信贷政策的结构引导作用，加大对实体经济的支持力度。不断健全货币政策和宏观审慎政策“双支柱”调控框架，积极推进各项金融改革，推动平稳有序去杠杆，为供给侧结构性改革和高质量发展营造了适宜的货币金融环境。

2. 金融监管专业化水平不断提高

为防范金融业综合经营背景下跨市场、交叉性金融业务的潜在风险，2013年8月，中国人民银行牵头成立金融监管协调部际联席会议制度，通过加强货币政策与金融监管政策的协调，不断提升防范化解区域性、系统性金融风险和维护金融稳定的能力。2017年11月，经党中央、国务院批准，国务院金融稳定发展委员会成立，通过强化中国人民银行宏观审慎管理和系统性风险防范职责，加强金融监管协调、补齐跨市场和交叉性金融产品的监管短板，确保金融安全与稳定发展。2018年3月，全国人大审议通过《国务院机构改革方案》，确立了“一行两会”的金融监管体制框架，顺应金融业综合经营发展趋势，组建中国银行保险监督管理委员会，通过集中整合监管资源，充分发挥金融监管的专业化优势，落实功能监管并加强综合监管，提高监管质量和效率。同时，分离发展与监管职能、分离监管规制与执行，将拟订银行业和保险业重要法律法规草案和审慎监管基本制度的职责划归人民银行，提高监管的专业性和有效性。中央银行宏观审慎管理职能得到进一步强化，中国人民银行通过落实“三个统筹”，为“打好防范化解重大风险攻坚战”奠定重要基础。

3. 利率和汇率市场化改革取得实质性进展

信贷市场利率市场化步伐加速推进。2013年7月，中国人民银行全面放开金融机构贷款利率管制。2015年10月，中国人民银行对商业银行和农村合作金融机构等不再设置存款利率浮动上限，利率管制基本放开。与此同时，积极推动货币市场基准利率体系建设，持续优化Shibor

报价生成机制，不断扩大其应用范围，促进相关产品创新，完善以利率债为质押的回购交易利率和国债收益率曲线，为金融产品定价、交易、清算和货币政策传导等提供重要依据，逐步确立了以中央银行基准利率为基础，以货币市场利率为中介，由市场供求决定金融机构存贷款利率的市场利率体系和利率形成机制。人民币汇率形成机制改革持续深化。为增强人民币汇率中间价的市场化程度和基准性，2015年8月和2017年5月，中国人民银行对人民币兑美元中间报价机制进行了改革，确立了“上日收盘价＋一篮子货币汇率变化＋逆周期调节因子”的人民币汇率中间价定价模式，使得人民币兑美元汇率中间价能更好地反映外汇市场供求变化，对应对外汇市场顺周期行为、维护人民币汇率在合理均衡水平上的基本稳定发挥了积极作用。人民币国际化步伐稳步推进。近年来，随着人民币跨境使用便利化改革措施的不断推出，全球跨境贸易投资中以人民币结算的规模和比重稳步提高。特别是2016年10月人民币正式加入国际货币基金组织的特别提款权（SDR）货币篮子以来，人民币作为国际计价货币和储备货币的地位也得到不断提升。

4. 货币市场创新和制度建设不断推进。

积极推动同业存单市场建设。为提高银行间市场资金使用效率，优化金融资源配置，有效应对线下同业拆借市场存在的信息不透明、恶性竞争等乱象，2013年12月，中国人民银行发布《同业存单管理暂行办法》，指导同业拆借中心提供同业存单的发行、交易和信息服务。采取市场化方式确定发行价格和发行利率，研究制定同业存单存续期管理办法，推动线上同业存单市场建设，规范同业拆借市场的发展，为提高货币政策传导效果、促进境内外人民币货币市场联动和人民币国际化发挥了积极作用。2016年6月，中国人民银行降低个人投资认购大额存单起点金额，积极推进大额存单二级市场转让交易，对拓宽金融机构负债产品市场化定价范围、提高金融机构自主定价能力、健全市场化利率形成和传导机制等方面发挥了积极作用。2017年9月，中国人民银行发布公告，缩短同业存单业务最长期限要求，引导其回归调剂金融体系内部短期资金余缺、加大金融支持实体经济的属性。

票据市场制度和基础设施建设不断完善。针对票据市场割裂和信息不对称等问题，中国人民银行于2016年成立上海票据交易所，建成全国统一的票据交易平台，采取纸质票据电子化交易、无纸化托收、券款对付等交易结算机制，并对票据承兑、贴现、质押、保证等信息进行集中登记，使得票据交易效率大幅提高，交易成本和风险明显下降。同年发布《票据交易管理办法》，对票据交易管理制度和票据市场参与者交易行为进行了规范和完善。此外，在引入多元化市场参与主体、创新交易机制、强化市场监管、提升票据市场透明度、规范性和监管效率等方面进行了一系列改革，票据市场在增强中小企业融资能力、支持实体经济发展、优化商业银行资产负债结构等方面的作用得到进一步提升。

5. 债券市场创新和规范化发展成效显著

债券市场创新提速。2013年，国务院常务会议决定进一步扩大信贷资产证券化试点，不断完善发行管理体制和信息披露机制，有效推动了银行间债券市场资产证券化产品的创新和发展，很好地满足了市场主体多元化需求，对于盘活存量资产、优化资源配置、丰富金融市场产品类型、引导资金投向实体经济和重点领域、维护金融体系稳定等发挥了重要作用。中国人民银行指导北京金融资产交易所建立起非金融机构合格投资人交易平台，银行间债券市场基础设施框架进一步完善。2015年3月，上海清算所正式推出债券净额清算业务，涵盖债券现券交易、质押式回购和买断式回购，通过代理分层机制实现为更多市场机构提供净额清算服务。随着中国人民银行第二代支付系统的上线，债券市场结算系统建设提速，结算效率大幅提高，银行间债券市场的全部债券交易均须通过全国银行间同业拆借中心系统以券款对付结算方式实现。此外中央对手方净额清算机制不断完善，有效保障了债券市场的健康、高效和规范发展。2016年9月，银行间市场推出信用违约互换、信用联结票据等创新产品，完善了信用风险分担机制和信用风险价格形成机制。2018年，中国人民银行对金融机构发行资本补充债券予以规范，允许金融机构发行无固定期限债券和新兴资本补充债券，有效提高了金融机构的损失吸收能力。

进一步完善债券发行定价机制。2014年，中国人民银行出台《全国银行间债券市场预发行业务管理办法》，通过创新银行间市场交易工具等方式压缩债券一、二级市场无风险套利空间，提高债券发行定价的透明度和竞争性。同时，调整非金融企业使用招标系统发行债券的门槛要求，为鼓励非金融企业招标发行债券提供制度支持。2017年，中国人民银行配合财政部正式启动国债做市支持机制，通过提高国债二级市场流动性，进一步完善国债收益率曲线。2018年9月，中国人民银行、证监会联合发布公告，逐步统一银行间债券市场和交易所债券市场评级业务资质，通过完善信用评级机构内部制度、统一评级标准等方式，强化对信用评级机构的监管，提高评级质量，为债券发行定价提供重要依据。

继续推动银行间债券市场对外开放。2013年以来，中国人民银行进一步放宽境外机构投资银行间债券市场的范围，并逐步简化管理流程，取消额度限制。积极引进国际开发机构和境外非金融机构到境内发债，2014年以来，境外非金融企业、外国政府和国际机构在国内银行间债券市场相继发行首支人民币境外非金融企业债券、首支外国政府人民币主权债券和首支以SDR计价并使用人民币结算的债券，通过债券市场投融资主体的多元化改革，有力推动了债券市场对外开放和人民币国际化步伐。2016年，对境外机构投资银行间债券市场实行外汇登记管理，不设行政许可和单家机构限额或总限额，资金汇出入无需核准、不设锁定期和汇出比例等限制。2017年7月，推出内地与香港债券市场互联互通合作的“债券通”业务，丰富了境外投资者投资渠道，推动了银行间债券市场的对外开放。

6. 证券市场相关监管制度建设不断完善

2013年11月，启动新股发行体制改革，突出以信息披露为中心的监管理念，切实保护中小投资者权益，按照市场化和法制化原则，理顺和加强新股发行、定价和配售等环节的市场化约束机制。2014年，进一步放宽QFII和RQFII投资范围，正式推出新三板做市商制度。2014年8月，出台《私募投资基金监督管理暂行办法》，强化对私募基金募资和投资运作行为的监管。2014年9月，发布《关于进一步推进期货经营机构创新发展的意见》，推动期货业创新发展，更好地发挥期货在服务实体经济、促进经济结构转型升级等方面的作用。2015年1月，发布《股票期权交易试点管理办法》，启动股票期权交易试点，通过不断完善资本市场风险管理功能和价格发现机制，推动资本市场平稳健康发展。修订《证券公司融资融券业务管理办法》，发挥融资融券业务逆周期调节机制的作用。2015年11月，恢复新股发行并不断完善新股发行制度改革。2015年12月，发布《货币市场基金监督管理办法》，进一步完善货币市场基金投资运作、流动性管理等系统性制度安排。2016年，通过规范大股东和董监高股票减持、规范证券投资者保护和证券公司风险控制、修订上市公司股权激励管理办法和重大资产重组管理办法以及修订基金管理公司子公司管理规定等措施，不断完善证券期货业相关制度建设，推动资本市场健康发展。2016年4月，在风险可控下开启投贷联动业务试点，支持商业银行提供股权和债权相结合的融资服务，助力中小创新型企业发展。2017年，证监会先后对区域性股权市场监管规则、上市公司大宗交易制度和减持计划信息披露制度、公开募集开放式证券投资基金流动性风险管理、期货公司风险监管指标管理等相关管理办法进一步予以明确，通过强化制度建设提高资本市场的透明度和风险防范水平。2018年4月，中国人民银行等四部门联合发布《关于规范金融机构资产管理业务的指导意见》，加快统一资产管理业务监管标准，为金融市场稳定运行提供保障。

此外，在上市公司退市、再融资和股票减持等方面也不断完善相关制度，并陆续发布上市监管、信息披露和科技创新咨询委员会等配套制度规则，改革股票收盘价格产生机制、规范停复牌制度及股指期货等工具，沪深交易所相关制度与工具安排日益完善。

7. 金融市场对外开放与互联互通加快推进

为进一步提高资金配置效率、盘活存量资金、更好地支持实体经济发展，加快推动国内金融市场与国际金融市场的接轨，十八大以来，国内金融市场改革与对外开放呈现加速态势。

资本市场互联互通机制不断完善。2014年以来，相继开启“沪港通”“深港通”“债券通”“沪伦通”，内地与香港证券投资基金跨境发行销售机制推出，资本项目可兑换实现新突破（见专栏1）。相关制度安排稳步也在推进。境外再融资审核制度持续优化，启动H股全流通试点，A股正式纳入明晟（MSCI）全球新兴市场指数和全球基准指数，为境内外资金融通提供了合法便捷的通道，也为境内外资本市场接轨和健康发展创造了良好的条件。资本市场产品供给不断增加，研究推出股票市场存托凭证（CDR）、衍生品市场商品期货等多个资本市场相关产品，积极推动更多商品期货和金融期货引入境外交易者，为更好地服务于国际大宗商品贸易、推动国内产业转型升级、提高实体企业和金融机构风险管理能力提供日益多样化的产品和工具。

专栏1　互联互通机制不断完善　资本市场对外开放提速

一、推出背景

为推动国内资本市场双向开放，更好地支持我国香港的繁荣稳定发展，为大陆和香港机构的合格投资者提供多元化投资渠道，在博鳌亚洲论坛2014年年会上，李克强总理宣布中国将建立上海和香港两地股票市场交易的互联互通机制。2014年4月10日，中国证监会正式批复开展互联互通机制试点。2014年11月，“沪港通”正式上线运行，为内地和香港投资者开辟了新的投资渠道。2016年12

月，在“沪港通”成功经验的基础上正式启动“深港通”。

二、相关制度安排

“沪港通”和“深港通”均遵循两地市场现行的交易结算规则、法律法规和运行模式，在主要制度安排上保持基本一致。一是交易结算活动均遵守交易结算发生地股票市场的相关规定和业务规则。二是中国证券登记结算公司、香港中央结算公司两家证券托管机构采取直连跨境结算的方式。三是符合投资交易的股票仅限于两地监管机构和交易所协商确定的股票范围。四是采取单家机构不设额度限制和每日额度调节相结合的管理方式有效防范相关风险，根据市场实际交易情况对投资额度进行适时调整，2018年5月1日起，互联互通每日额度扩大4倍。五是采取合格投资者参与交易的制度。六是跨境监管和执法合作机制不断强化，最大程度保护双方投资者利益。

三、影响和意义

以“沪港通”“深港通”和债券通等为代表的境内外资本市场互联互通机制，开启了跨境证券投资的一种新模式，在有效防范金融风险的前提下，推动了境内外资本市场的双向开放、合作和健康发展，对于加强国内资本市场与国际市场的深度融合，丰富资本市场品种和投资者结构，健全国内资本市场机制，加快资本市场多层次发展，拓宽离岸人民币资金投资渠道，推动人民币跨境有序流动和人民币国际化等方面都发挥了积极作用。

合格机构投资者制度不断健全。持续完善QFII/RQFII投资境内资本市场相关管理规定，分步骤取消其投资境内银行间债券市场的额度限制和汇入期要求，不断简化外汇登记和资金汇出管理流程，投资境内证券市场相关管理规定在取消资金汇出比例和本金锁定期要求、允许开展外汇套期保值业务等方面取得积极进展，资本市场对外开放稳步推进。

不断优化QDII/RQDII相关管理制度，提升跨境证券投资便利度化程度，有效满足了境内市场主体跨境资产配置的需求。2016年，进一步改革RQFII管理制度，取消QFII和RQFII额度上限和汇入期要求，进一步提高境外机构投资中国资本市场的便利化程度。

金融机构通过跨境合作积极参与国际金融市场。积极支持境内外金融机构在同业融资、贸易融资、银团贷款、清算服务等领域开展同业合作加快推进境内交易所和证券期货经营机构“走出去”步伐。中欧国际交易所在法兰克福成立，上海证券交易所与莫斯科交易所签署战略合作协议，上海证券交易所与哈萨克斯坦阿斯塔纳国际金融中心管理局将共同投资建设阿斯塔纳国际交易所。上海证券交易所、中国金融期货交易所、深圳证券交易所先后收购巴基斯坦证券交易所30%股权和孟加拉国达卡证券交易所25%股权，在交易技术、市场培育、产品开发等重点领域开展跨境金融合作，共同参与和支持“一带一路”建设，为相关企业提供更加便利的投融资和风险管理服务。

金融领域逐步实施外商投资准入前国民待遇加负面清单管理。为更好地适应国际国内宏观经济金融领域发展的新趋势，近年来，国内金融市场双向开放步伐全面加速。一方面进一步简化外资金融机构设立程序，稳步放宽银行、证券、保险、基金等行业外资持股比例限制和准入后业务管理，另一方面在制度设计、中介服务、市场监管、投资者保护等领域，不断完善双向开放制度，更好地发挥市场在资源配置中的决定性作用，推动金融市场更高层次的开放与发展。

8. 保险市场发展和基础性制度建设持续推进

加快推进保险市场准入退出和产品创新改革。2013年开始适度放开保险公司单一股东持股比例限制，加强对保险资金运用的监管。2013年9月，成立中国保险资产管理业协会，并加强保险行业自律管理。2014年7月，在部分城市开展老年人住房反向抵押养老保险试点。2016年，正式推出城乡居民住宅地震巨灾保险。2016年5月，上海保险交易所成立，重点推动和拓展国际再保险、国际航运保险、大宗保险项目招投标和特种风险分散等业务。加快推进保险费率市场化改革，相继启动万能型和分红型人身险费率改革和商业车险费率改革试点。不断加强保险风险防控制度建设，强化保险公司信息披露要求。在资金投资运作方面，规范关联交易，加强资本保证金管理，推进保险资金运用市场化改革，更加强调安全性、长期投资能力和风险管理要求。不断加强和改进保险监管。2015年2月，保监会发布中国风险导向偿付能力体系监管规则并采用“三支柱”框架。2014年，全面实施并不断完善第二代偿付能力技术标准和监管要求。持续规范互联网平台保证保险业务，强化信用保证保险监管。修订《保险公司股权管理办法》，建立健全保险机构独立董事制度运行机制，规范保险销售行为，改进保险理赔。2018年，出台一系列涉及个人税收递延型商业养老保险监管规则，对保险机构经营资质、产品开发等方面予以明确规范。进一步扩大保险业对外开放，放开外资保险经纪公司经营范围，实现与中资保险经纪公司相一致，允许境外投资者来华经营保险代理和公估业务。通过支持和规范保险市场的发展，鼓励和引导保险资金支持实体经济，提升保险业服务质量和水平。

二、中国金融市场体系发展取得的成就

改革开放40年以来，随着经济金融体制改革的持续推进，中国金融机构改革取得积极进展。货币市场和资本市场市场机制不断完善，金融市场的规模稳步扩大，市场参与主体的类型和数量日益增多，金融产品和服务创新不断加快，资源配置效率和对外开放程度稳步提高，市场化水平和风险防范能力明显增强，在服务实体经济、满足市场主体投融资需求、维护经济金融体系健康稳定发展等方面发挥了日益重要的作用，在全球金融市场体系中的地位和影响力不断提升。

（一）金融机构改革取得积极进展，信贷市场支持实体经济的能力不断增强

商业银行作为中国金融业的主体和金融市场的重要参与者，其改革成为整个金融体系改革的重要组成部分。随着中央银行和商业银行相分离的双层银行体系的确立以及商业银行与开发性、政策性银行功能定位的进一步明确，大型商业银行、中小商业银行、开发性和政策性银行以及合作性金融机构市场化改革取得积极进展，国内银行业金融机构资产质量、经营效益和市场竞争力不断提高，各类型金融机构之间合理分工、功能补充的金融机构体系基本形成，信贷市场服务实体经济的功能得到不断强化。截至2017年末，金融机构本外币各项贷款余额达125.6万亿元（见图6–1），较1978年增长了664.4倍，有力支持了经济社会发展的资金需求（见专栏2）。

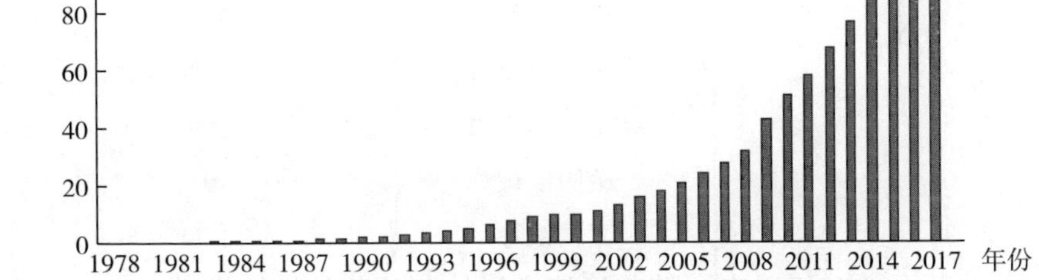

图6-1　1978～2017年金融机构本外币贷款余额

数据来源：《中国统计年鉴》。

专栏2　中国银行业快速发展 综合实力稳步提高

近年来，随着国内商业银行改革的持续推进和国内宏观经济的平稳健康发展，中国银行业获得快速发展，资产总额、一级资本、税前利润等核心指标稳步增长，综合实力和国际竞争力显著提高。

英国《银行家》杂志推出的“全球1000家大银行”榜单是衡量全球各银行综合实力的重要标尺，也是国际权威的全球银行业排名标准之一。从榜单排名变化看，近年来国内银行业在资本实力、经营规模、盈利能力、经营效率和市场竞争力等方面的排名不断提升。

2004年，国内商业银行无一进入全球十强银行名单中。自2007年中国商业银行首次进入全球大型银行十强之列以来，国内银行业机构的全球排名稳步提高。2018年，全球大银行榜单前四名均为中国的商业银行，分别是中国工商银行、中国建设银行、中国银行和中国农业银行。其中，中国工商银行更是连续6年位居榜首。此外，交通银行、招商银行、中国邮政储蓄银行、浦发银行等其他14家中资银行也进入全球大型银行前100强榜单。

2018年全球银行1000强（TOP 10）

排名	上年排名	银行名称	一级资本（十亿美元）
1	1	中国工商银行	324
2	2	中国建设银行	272
3	4	中国银行	224
4	6	中国农业银行	218
5	3	摩根大通集团	209
6	5	美国银行	191
7	8	富国银行	178
8	7	花旗集团	165
9	10	三菱日联金融集团	153
10	9	汇丰银行	151

数据来源：英国《银行家》杂志

从地区间对比情况看，中国银行业在一级资本总额、资产总额、税前利润总额上连续3年超越欧元区和美国，居各国和地区首位，一级资本增长率也保持两位数增长，充分显示了中国银行业资本实力不断提升、发展后劲持续增强的态势。

全球主要国家和地区银行业指标　　单位：十亿美元

国家与地区	一级资本总额	资产总额	税前利润
中国	2057	29019	322
美国	1406	16055	225
欧元区	1395	26134	137
日本	686	13485	55
英国	412	7522	37

数据来源：英国《银行家》杂志

此外，包括信托公司、金融租赁公司、企业集团财务公司、汽车金融公司和消费金融公司等在内的非银行金融机构也在规范整顿中得到健康发展，其功能定位、产品服务创新、内控管理等方面持续完善，有效满足了市场主体多元化融资需求，成为多元化、多层次金融市场体系的重要组成部分。

（二）货币市场不断完善，市场功能持续深化

中国货币市场自20世纪80年代初发展起步至今，已成为国内金融市场的重要组成部分，在为金融市场提供短期资金融通、满足企业短期直接融资需求、发挥金融市场资金供求状况信号功能、支持资本市场发展、提高货币政策传导效果等方面发挥了日益重要作用。

1. 银行间同业拆借市场获得快速发展

随着国内统一的银行间市场的建立和不断完善，同业拆借市场为不同类型商业银行之间、银行与非银行金融机构之间跨市场和跨地区调剂资金创造了条件。银行间市场同业拆借参与主体范围不断拓宽，目前已涵盖所有银行业金融机构和绝大部分非银行业金融机构共16类市场主体。市场交易规模持续优化，市场的广度和深度不断稳步提升，市场透

明度和运行效率不断提高，风险防控机制不断完善。银行间同业拆借交易规模由2003年的15.2万亿元，迅速增加到2017年的798.2万亿元（见图6–2），在调节货币流通和货币供应量、推动境内外人民币货币市场联通、完善境外人民币利率定价机制等方面发挥了积极作用，有效提高了金融机构服务实体经济的能力。

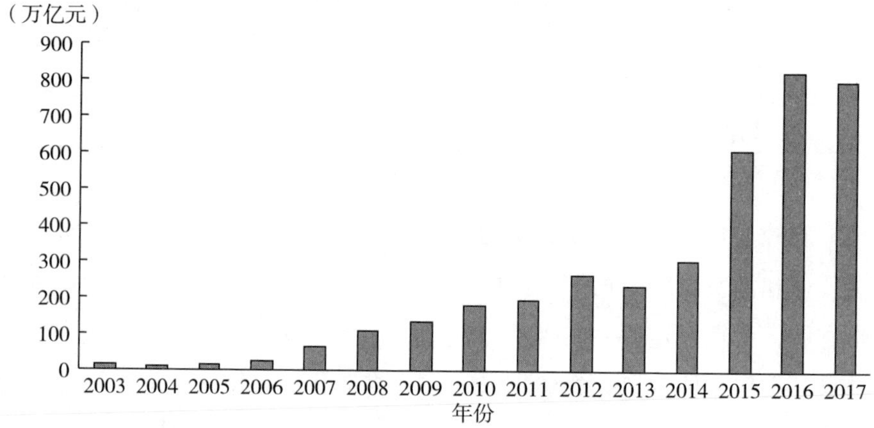

图6-2　银行间同业拆借市场交易金额

数据来源：Wind资讯

2. 银行间债券回购市场稳步推进

在中国人民银行的积极推动下，银行间债券回购市场参与主体不断增加，由最初的商业银行扩大到证券公司、保险公司、基金公司等非银行类金融机构，并进一步扩大到包括境外央行、国际金融组织、主权财富基金、人民币境外清算行和参加行等在内的符合条件的境外机构。债券回购品种也由质押式回购增加到买断式回购，产品交易期限不断丰富，涵盖了从隔夜到一年多个期限的交易品种，交易方式在双边询价交易的基础上推出匿名撮合交易方式，满足了不同类型交易需求，有效改善了金融机构间区域性、结构性的流动性不平衡问题。目前已推出债券净额清算业务和涵盖债券现券、质押式回购、买断式回购交易的中央对手方清算业务，为更多市场机构提供净额清算服务，大幅提高了交易效率，有效降低了交易风险。

随着银行间债券市场和债券回购制度的不断完善，债券市场发行和交易利率市场化定价机制逐步形成，回购市场交易规模持续扩大。2017年，市场交易额达616.4万亿元（见图6–3），较2001年增长了153.6倍。银行间债券回购市场在提高央行货币政策和宏观审慎管理效果、拓宽市场主体资金融通渠道、加快利率市场化、优化资金定价和资源配置等方面发挥了日益重要的作用。

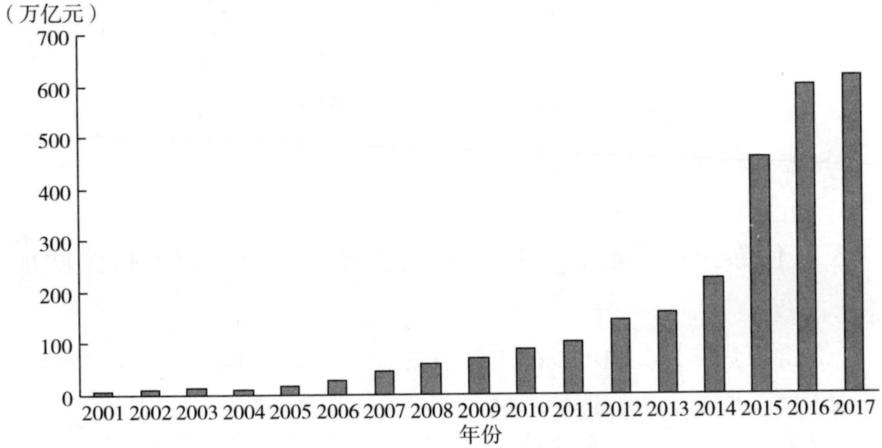

图6-3　银行间债券回购市场交易金额

数据来源：Wind资讯

3. 票据市场在规范中获得稳步发展

随着国内经济金融市场化改革的推进，票据已从传统的支付结算工具演变为投融资工具。特别是在制造业、批发和零售业领域，中小企业签发的票据占比超过六成，有力地支持了国民经济重点领域和薄弱环节，在服务实体经济方面发挥了积极作用。中国人民银行因势利导，通过放松行政管制、强化市场建设、引导和支持商业银行提高票据业务经营能力等途径，推动了票据市场的快速发展（见图6–4）。21世纪以来，票据签发和未到期存量规模稳步增长，商业银行办理票据承兑业务的积极性和业务处理效率大幅提高，在增强中小企业融资能力、支持实体经济发展、优化商业银行资产负债结构等方面的作用不断提高。

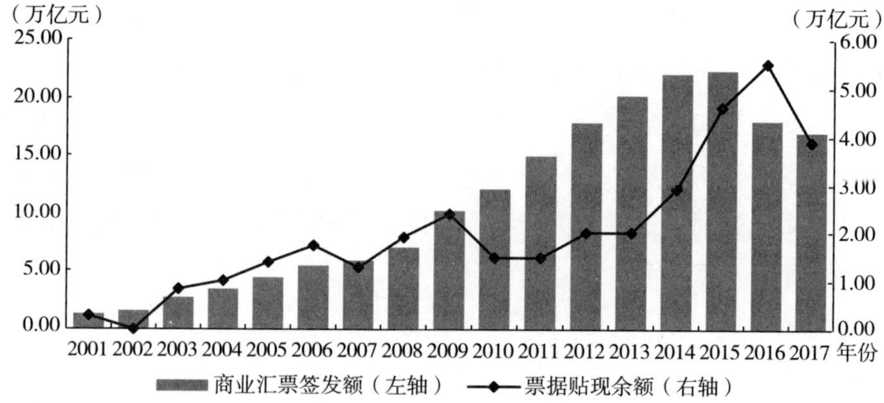

图6-4　商业汇票签发额和票据贴现余额

数据来源：Wind资讯

（三）债券市场功能日益完善，债券发行和交易规模持续增加

债券市场作为金融市场的重要组成部分，经过近40年的改革创新和探索实践，逐步形成以场外市场为主、场内场外市场并存、分工合作的市场格局，债券市场制度建设持续推进，市场功能日益完善，市场规模稳步增长。

1. 债券市场体系建设不断完善

银行间市场与交易所市场的定位逐渐清晰，债券价格市场化形成机制日趋完善。债券发行主体范围不断拓展，涵盖中央和地方政府、各类型金融机构、非金融企业和境外合格机构等类型，以多元化合格机构投资者为参与主体的投资者结构得以确立，银行间债券市场逐步发展为以做市商、结算代理人为核心、金融机构为主体、企业机构投资者共同参与的多层次债券市场体系。银行间债券市场自律管理机制、外部增信机制和做市商制度等不断完善。截至2017年末，银行间债券市场做市商达30家，尝试做市机构51家。

2. 债券产品和交易工具创新日益增多

债券产品从最初的国债和企业债等个别品种，逐步扩大到地方政府债券、中央银行票据、政府支持机构债券、各类型金融债券、项目收益债券、可续期债券、非金融企业债务融资工具、信贷资产支持证券、熊猫债券、同业存单等多个品种，债券期限日益丰富，已基本形成覆盖所有期限的债券品种的格局。相继推出债券远期、人民币利率互换、远期利率协议、信用风险缓释工具等金融衍生产品和买断式回购、债券借贷等交易工具，有效满足了投资者投资和风险管理的需求，市场运行效率、债券交易规模和存量、全球排名均等指标显著提高。

3. 债券市场发行和交易规模快速增加

随着国内债券市场制度建设的不断完善和交易品种及工具的日益丰富，债券市场交易规模稳步提高。仅2017年，国内各类债券发行额就达13.6万亿元，较1997年增长了近65倍（见表6–1、表6–2）。截至2017年末，国内债券市场托管余额达74万亿元，现券交易量108.4万亿元，银行间市场同业拆借、回购交易成交总量695.4万亿元（见图6–5），中国债券市场已发展成为仅次于美国、日本的全球第三大市场，为国内各类型企业通过债券市场直接融资提供了便捷的渠道，对降低实体经济融资成本、改善融资结构发挥了积极作用。

表6-1　　1997～2007年中国债券市场发行情况　　单位：亿元

年份	1997	1998	1999	2000	2001	2002	2003	2004	2005	2006	2007
合计	2085	6204	4370	4415	5849	9944	17647	27296	42182	57096	79756
政府债券	530	4274	2446	2720	3084	4461	5442	4809	5042	6933	21883
记账式国债	530	4274	2446	2720	3084	4461	5442	4809	5042	6533	21849
央行票据	119	0	0	0	0	1938	7227	17037	27882	36574	40721
金融债券	1436	1930	1851	1645	2625	3220	4620	5123	7117	9550	11905

续表

年份	1997	1998	1999	2000	2001	2002	2003	2004	2005	2006	2007
政策性银行债	1436	1930	1851	1645	2590	3175	4520	4348	6052	8980	10932
商业银行债券	0	0	0	0	0	0	0	749	1036	525	823
企业债券	0	0	73	50	0	0	358	326	654	995	1720
中央企业债券	0	0	73	50	0	0	358	326	604	652	1205
地方企业债券	0	0	0	0	0	0	0	0	50	343	515
短期融资券	0	0	0	0	0	0	0	0	1424	2920	3349

数据来源：中国债券信息网和Wind资讯

表6-2　　2008～2017年中国债券市场发行情况　　单位：亿元

年份	2008	2009	2010	2011	2012	2013	2014	2015	2016	2017
合计	70727	86475	95088	69637	58640	56454	59518	98735	141439	135795
政府债券	7246	16214	17878	15998	16062	19044	20247	58226	89916	82243
记账式国债	6665	12718	14582	12447	12033	13374	14363	18016	27466	36717
储蓄国债	0	1495	1296	1551	1529	2170	1884	1859	1992	1945
地方政府债	0	2000	2000	2000	2500	3500	4000	38351	60458	43581
央行票据	42960	39740	46608	14140	0	5362	0	0	0	0
金融债券	11783	14524	14122	23491	25334	21077	23815	27799	37127	40656
政策性银行债	10809	11678	13193	19973	21400	19960	22981	25790	33470	32015
商业银行债券	974	2846	930	3519	3934	1117	834	2009	3657	8641
企业债券	2367	4252	3627	2485	6499	4752	6962	3431	5926	3731

续表

年份	2008	2009	2010	2011	2012	2013	2014	2015	2016	2017
中央企业债券	1683	2029	1644	204	1170	473	368	360	100	30
地方企业债券	684	2223	1977	2267	5315	4275	6531	2967	5385	3701
短期融资券	4332	4612	6742	5191	300	810	1134	436	82	152
资产支持证券	302	0	0	0	0	109	2794	3987	3561	5972
中期票据	1737	6885	4924	7270	8453	6916	9468	12717	10997	10282
外国债券	0	10	0	0	0	0	0	0	30	0

数据来源：中国债券信息网和Wind资讯

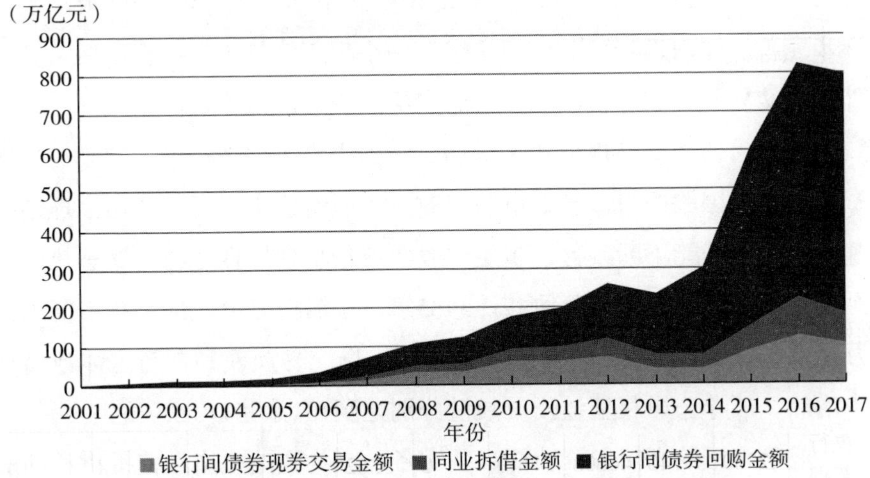

图6-5 银行间市场债券现券、债券回购、同业拆借交易量

数据来源：Wind资讯

（四）多层次资本市场建设快速发展，股票市值和交易量稳步增加

经过近40年的改革与发展，中国股票市场制度建设不断完善，相关

法律法规体系不断健全，多层次资本市场建设获得快速发展。2004年，在深圳证券交易所推出中小企业板块，满足了成长型和科技型中小企业上市融资的需求。2006年初，中关村科技园区非上市股份有限公司开始利用证券公司代办股份转让系统进行股份报价转让试点，为高科技企业优化资源配置提供了新的平台。2009年，创业板正式启动，为高科技企业通过资本市场融资、促进企业规范运作发挥了积极作用。2013年，全国中小企业股份转让系统（简称“新三板”）挂牌运营，成为继上交所、深交所之后第三家全国性证券交易场所，为创新型、创业型、成长型中小微企业公开转让股份、进行股权融资、债权融资、资产重组等提供服务。截至2017年末，全国股转系统挂牌公司达11630家，其中创新层公司1353家、基础层公司10277家，总市值约4.94万亿元，5540家挂牌公司完成8620次股票发行，融资4087.42亿元。随着“新三板”市场逐步完善，国内逐步形成包括主板、中小板、创业板、“新三板”、场外柜台交易网络和产权市场在内的多层次资本市场体系。

股票市值和交易规模稳步增加，为国内市场主体提供了稳固的投融资渠道。中国股票市值、上市公司数量和质量稳步提高，公司治理结构和资源配置功能不断改善，多层次股票市场呈现出良好的发展态势。截至2017年末，国内上市公司共计3485家，排名世界第四位；总市值约57万亿元（见图6-6），居世界第二位，市场交易规模和参与主体数量稳步增加，证券公司和基金公司数量分别达到131家和113家。

股票市场的直接融资功能日益完备，在为企业生产经营提供长期资金支持、完善公司治理、提高企业创新能力和市场竞争力的同时，有力支持了国企改革、创新驱动发展和新旧动能转换、先进制造业和科技强国建设、脱贫攻坚等国家重点领域改革和重大战略的推进实施，对于改善国内融资结构、实现经济结构性去杠杆也发挥着越来越重要的作用。此外，随着相关产品创新的不断推进，股票市场在为境内外投资者提供财富管理和避险工具等方面也发挥了重要作用。

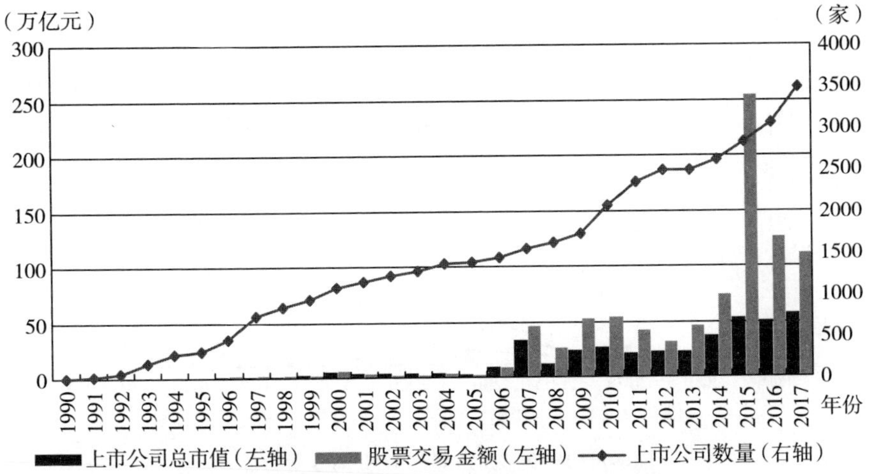

图6-6　国内股票市场上市公司数量和公司市值变动图

数据来源：Wind资讯

（五）保险业综合竞争力和国际影响力持续增强，风险保障功能不断完善

经过近40年的改革与发展，中国保险业总体规模和市场竞争力稳步提升，商业保险和政策性保险均获得快速发展。截至2017年底，国内保险市场规模已超过日本，成为全球第二大保险市场，有6家保险公司进入全球500强，中国平安成为全球9家系统重要性保险机构中唯一来自新兴市场国家的公司。2017年末，国内保险业总资产和净资产分别达到16.7万亿元（见图6–7）和1.9万亿元，较1999年分别增长了64.3倍和20.8倍，同期保费收入增长了26.3倍，明显高于GDP增速，保险行业的竞争力不断增强。

保险业风险保障功能不断完善，服务实体经济的能力稳步提高。2017年，保险业为经济社会提供各类风险保障达4154万亿元，赔付1.1万亿元，赔付金额较1999年增长了26.3倍。其中，政策性信用保险提供风险保障超过5000亿美元，农业保险为2.1亿户次农户提供风险保障2.8万亿元，责任保险提供风险保障252万亿元，大病保险已覆盖10.6亿城乡

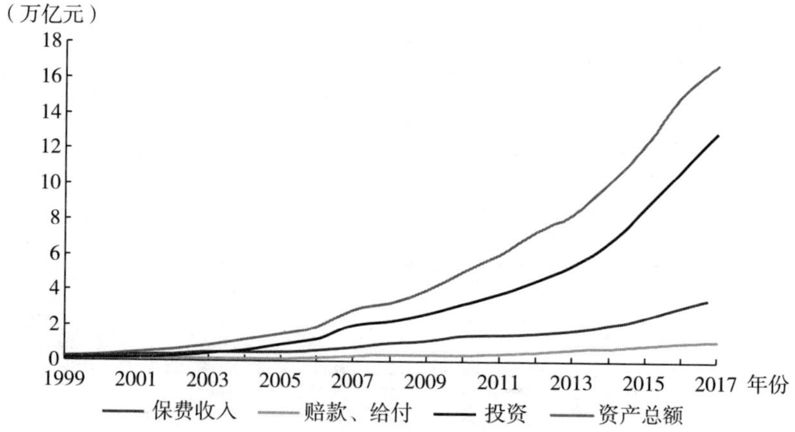

图6-7　1999～2017年保险机构经营数据

数据来源：中国银保监会官网

居民。保险资金在支持“一带一路”、长江经济带和京津冀协同发展三大战略建设以及棚户区改造、东北老工业基地振兴和绿色发展等重点领域也提供了大量长期资金支持，有力推动了经济社会的长期稳定发展。

此外，中国保险业国际话语权也显著提升。在加强保险业国际双边与多边合作、积极参与国际保险监督官协会共同框架制定、保险全球资本标准制定和全球系统重要性保险机构认定、加强与各国保险监管机构和国际组织开展偿付能力监管合作等方面，以“偿二代”为代表的中国保险监管制度体系的国际影响力不断提高。

（六）金融资源配置效率和使用效率显著提高，服务实体经济和社会发展的能力持续改善

改革开放40年来，随着国内金融体制机制改革的持续推进，银行、证券和保险等金融机构经营管理水平稳步提高，货币市场、资本市场功能不断完善，金融市场在金融资源配置中的地位和作用不断增强，国内金融资源的配置和使用效率得到明显改善。国内利率和汇率市场化改革

取得积极进展，特别是2015年10月23日中国人民银行宣布取消存款利率上浮限制以来，国内利率市场化基本实现，资金和金融资产的定价权真正实现由市场主体自主决定，资金价格杠杆对引导和优化资源配置的能力持续增强。与此同时，市场主体预算软约束的不断强化以及债券市场、理财市场等打破刚性兑付，资金价格与资金供求和风险状况的关系日益紧密，市场化风险定价机制对提高资金的配置和使用效率形成有效的内在监督和约束。

此外，随着金融市场功能的不断完善，金融市场在引导资金流向国民经济重要领域和经济社会薄弱环节的能力不断增强。近年来，金融调在配合货币政策和财政政策实施，在引导资金进入国家重点行业和小微及“三农”等领域取得积极进展，普惠金融、科技金融、绿色金融获得快速发展并在全球处于领先，金融市场在服务实体经济和民生保障方面的效率明显改善。资产证券化等金融创新业务也获得快速发展，对于盘活存量资产、优化资源配置、丰富金融市场产品序列、引导资金投向实体经济、降低企业资金成本等发挥了积极作用，有力推动了供给侧结构性改革和实体经济健康、可持续发展。

三、当前金融市场发展存在的问题

改革开放40年来，中国金融市场从无到有、从小到大，取得了一系列重大突破和发展成就，特别是随着中国经济更紧密地融入世界经济，国内金融市场在全球金融市场中的地位和影响力也日益提高。但是受历史、体制机制和发展阶段等因素影响，国内金融市场与国外成熟的金融市场之间仍存在一定差距，面临如下问题亟待解决。

（一）直接融资市场与间接融资市场的结构有待进一步优化

近年来，国内多层次资本市场体系建设取得积极进展，债券市场、股票市场等直接融资市场获得快速发展，境内主体通过资本市场获得融资的便利性也明显提高，在降低社会融资成本、改善社会融资结构、服务实体经济多渠道融资需求方面发挥了日益重要的作用。从社会融资规模的总量和结构变动情况看，随着社会融资规模的持续增加，包括债券融资和股票融资等在内的直接融资占比显著上升，以间接融资为主的融资结构正发生着显著变化。但是与欧美等发达经济体相比，国内间接融资的比重仍然明显偏高。与大型企业和国有企业相比，中小企业和民营企业通过信贷途径获取资金的难度依然偏大，资金需求缺口矛盾仍比较突出，而直接融资市场发展相对滞后，进一步加大了中小企业和民营企业通过债券市场和股票市场获得多元化融资的难度，不利于有效缓解不同类型企业之间资金供求不平衡、不协调的矛盾。

（二）资本市场投资者结构和产品结构与成熟市场相比仍存在差距

随着金融改革和金融市场对外开放的持续推进，中国资本市场投融资主体数量日益增加，资本市场产品和服务创新不断跟进，多层次资本市场建设取得积极进展，但是与成熟的资本市场相比，国内长期以中小投资者为主的投资者结构仍有待优化。相对于机构投资者而言，个人投资者在信息获取、风险识别、风险承担、风险分散和风险处置能力等方面往往处于劣势。尽管监管部门通过健全投资者适当性制度、优化投资回报机制、加强信息披露机制、健全中小投资者投票机制和赔偿机制等多措并举的方式，不断加强对资本市场中小投资者合法权益的保护，但是受到中小投资者自身专业能力、投资者教育及监管能力相对滞后等因素制约，以中小投资者为主体的投资者结构，不利于资本市场价格的稳定和资本市场的健康发展。资本市场产品结构也有待进一步改善。尽管国内债券市场规模和存量在不断增大，但服务于实体经济的公司信用类债券占比仍偏低，发行人结构也不尽合理，发行主体主要为国有企业和大型企业，债券市场对民营企业、创新创业和中小微企业的支持力度仍有待提高。此外，虽然国内资本市场产品创新有所加快，但金融衍生产品和工具发展仍显滞后，其价格发现和风险分散、规避、对冲的功能也有待提升。

（三）金融市场创新与金融监管不匹配矛盾仍较为突出

近年来，随着全球移动互联网技术的不断创新与发展，大数据、云计算、人工智能、区块链等技术向传统金融领域渗透和应用步伐明显加快。科技金融等新型金融业态的快速发展，推动了金融领域跨市场、跨业态、综合经营趋势的发展，交叉性金融产品和服务创新日益增多，金融产品和服务多层嵌套、影子银行风险、非银行支付机构网络支付清算乱象、金融风险跨市场传递、加密资产无序发展对传统金融业和金融市场的冲击扰动、金融投资者权益保护等一系列问题日益严峻，在金融监管改革和监管能力发展相对滞后的背景下，金融市场新技术的应用、相关产品和服务创新的极速以及金融新业态、新领域的不断发展，对金融监管和金融风险防范能力提出越来越高的要求。

（四）金融市场基础设施和双向开放的环境有待继续完善

目前，国内金融市场尤其是债券市场仍存在市场分割、规则不统一等问题，不同市场在相关金融标准、信息披露、信用评级、金融数据统计与共享、多层次支付体系、登记、托管、结算与清算体系等金融基础设施、相关管理规定和自律机制等方面仍有待改进，金融业相关法律法规的制修订工作滞后于金融市场发展和金融产品与服务创新的现象仍较为突出，加大了金融系统性风险防范和处置的难度。近年来，金融市场双向开放虽然迈出积极步伐，但民营资本进入金融行业的门槛依然偏高，在参与机构、金融产品与服务创新、经营理念、市场功能、相关制度建设等方面与成熟金融市场相比仍存在较大差距。此外，中国当前金融市场的开放以“管道式”开放为主，在开放的广度和深度上仍有提升空间，特别是在外资金融机构营商环境和便利性等方面还需进一步改进，以便更好地服务于金融市场双向开放，加快与国际市场接轨步伐。

四、金融市场改革的着力点和方向

改革开放40年来，中国金融市场改革与发展之所以能取得一系列伟大成就，主要是遵循了市场经济发展的基本规律，紧紧围绕金融市场服务实体经济、促进贸易投资便利化这一根本宗旨，采取了分步骤、分层次、先易后难、稳妥推进的改革路径，坚持鼓励创新与防范风险、对内改革与对外开放并重的发展理念，不断完善金融市场基础设施、强化金融监管，确保了金融市场平稳健康运行、融资功能有效发挥与风险防范的良性发展，也为下一步持续完善现代金融市场体系改革指明了方向。

（一）继续发挥好金融市场和金融要素服务实体经济的功能

一是始终坚持金融市场发展服务于实体经济的宗旨，不断完善货币市场功能，大力发展债券市场和股票市场，提高直接融资比重，促进社会融资结构持续优化，在化解高杠杆率问题的同时实现资源的优化配置。在防范风险的前提下，积极引导金融市场和金融机构为实体经济提供多样化的金融产品和融资服务，更好地满足实体经济的融资需求。

二是不断发挥金融市场在推动经济转型升级、供给侧结构性改革中的作用，主动对接和服务“中国制造2025”、国企改革、脱贫攻坚、新旧动能转换等国家重大战略和重点领域，不断优化金融资源配置效率，为提高企业研发能力和市场竞争力提供支持。

（二）加强金融市场体系建设，不断丰富金融市场层次

一是健全金融要素市场定价机制。不断拓展金融市场发展的广度和深度，充分发挥金融市场风险识别和价格发现功能，提升市场化、竞争性金融要素价格在优化资源配置中的决定性作用，加快完善金融机构公司治理，健全内控制度，增强自主合理定价能力和风险管理水平。加快培育市场化金融资产价格形成机制，优化市场基准利率和收益率曲线，健全市场化利率形成机制，深化人民币汇率形成机制改革，推进新股发行市场化定价，通过不断完善和强化发行人信息披露机制，为投资者投资决策和风险防范提供依据。

二是持续推进国内多层次资本市场建设。积极推进金融体制改革，构建符合国情的现代金融市场体系。大力发展货币市场、证券市场、保险市场、基金市场和期货市场，兼顾场内市场和场外市场的协调发展，不断改善投融资结构，满足不同类型市场参与主体的多样化投融资需求，发挥好资本市场在分散风险、提高资源配置效率、降低社会融资成本、维护金融稳定、提高货币政策传导效果、促进经济健康发展等方面的作用。

（三）支持金融产品和服务创新，稳步推进金融市场双向开放

一是推动金融市场产品和服务创新体制改革，不断丰富债券市场品种体系。稳步发展国债期货、利率互换等利率衍生产品，拓展国债担保品功能，增加国债交易需求。扩大绿色债券、社会效益债券、项目收益债券及其他创新品种发行规模，为国家重点领域和重点项目建设提供

资金支持。发展可转换债、可交换债等股债结合产品和并购重组债、可续期债券，鼓励中小企业债务融资工具创新发展。丰富外汇市场交易产品，增加外汇期权产品类型，满足市场主体投融资交易和防范风险的需求。

二是继续加大金融市场双向开放力度，积极构建高层次开放性金融市场体系。协同推进扩大金融业开放、完善汇率形成机制、减少资本管制“三位一体”的改革，放宽境外金融机构市场准入限制，落实外资准入前国民待遇加负面清单制度，不断提升国内金融市场的影响力、吸引力和国际话语权，实现金融市场对外开放与资本项目开放进程和风险防范能力协同推进，支持有条件的中资金融机构“走出去”，主动融入全球化发展，提升国际竞争力。有序提高跨境资本和金融交易的可兑换程度，构建并完善以市场化、可持续性和互利共赢为特征的投融资体系，推动金融资源的全球布局和相关领域的国际合作，为“一带一路”项目建设提供长期稳定的金融支持。

（四）进一步加强金融监管，防范和化解各类市场风险

一是坚持以防范系统性金融风险为底线，提高金融机构和金融市场服务实体经济和防御风险的能力。健全货币政策和宏观审慎政策“双支柱”调控框架，完善中央和地方金融管理体制，有效运用和发展适应现代金融市场运行特点和规律的风险管理工具，牢牢守住不发生系统性金融风险的底线。

二是加强金融市场监管协调与合作，发挥好国务院金融稳定监管委员会在统筹金融改革发展与监管、防范和处置系统性金融风险、维护金融稳定等领域的作用，有效防范金融市场跨市场、交叉性金融风险。持续加强金融监管部门依法执政能力建设和金融市场的跨境监管合作，提高监管效率和监管水平。

（五）加强金融基础设施建设，完善金融市场相关法律法规

一是不断加强金融市场基础设施体系建设。推进金融市场基础设施的市场化进程，不断完善治理结构。建立并完善金融市场交易、清算、托管、结算等功能完备、高效便捷、运行安全的基础设施体系，推动征信市场和信用评级规范发展，建立严格的信息披露制度、金融业综合统计制度和金融监管信息共享平台，完善市场化约束机制和风险分担机制，更好地服务于金融市场发展。

二是加快推动金融市场基础设施互联互通。从优化金融市场运行环境、完善金融信息系统和市场支持系统等方面入手，推进金融市场规则和基础设施的互联互通，完善统一规范的账户与支付体系和登记、托管、清算体系，稳妥推进科技等新技术在金融领域的推广和应用，明确统一的各类金融基础设施准入、运营与管理标准体系，积极参与国际金融标准和规则的制定，不断提高金融市场运行效率。

三是持续推进相关法律法规的制定与完善。以保护产权、维护市场公平竞争秩序、建立统一高效金融市场体系为目标，加快推动《中国人民银行法》《商业银行法》《证券法》《保险法》《信托法》等相关金融法律法规的制修订工作，尽快构建完备的金融法律制度规范体系、高效的金融法制实施体系、严密的金融法制监督体系和有力的金融法制保障体系，为国内金融市场健康发展提供强有力的法律保障。

执笔：管晓明

参考文献

[1] 魏本华，李德，景学成.中国金融新框架.北京：机械工业出版社，2010

[2] 中国人民银行.中国共产党领导下的金融发展简史.北京：中国金融出版社，2012

[3] 纪志宏.金融市场创新与发展.北京：中国金融出版社，2018

[4] 中国人民银行.中国人民银行六十年（1948-2008）.北京：中国金融出版社，2008
[5] 中国证券监督管理委员会.中国资本市场二十年.北京：中信出版社，2012
[6] 周小川.资本市场的多层次性.金融市场研究，2013（8）
[7] 周小川.全面深化金融业改革开放加快完善金融市场体系.中国金融家，2014（1）
[8] 周小川.金融改革发展及其内在逻辑.中国金融，2015（19）
[9] 易纲.中国改革开放三十年的利率市场化进程.金融研究，2009（1）
[10] 易纲.外汇管理方式的历史性转变.中国金融，2014（19）
[11] 刘士余.向货币政策借势借力 深化中国资本市场改革.中国金融家，2017（4）
[12] 徐忠.新时代背景下现代金融体系与国家治理体系现代化.经济研究，2018（7）
[13] 徐忠.中国债券市场发展中热点问题及其认识.金融研究，2015（2）
[14] 徐忠，姚前.数字票据交易平台初步方案.中国金融，2016（9）
[15] 徐忠，汤莹玮推动信贷资产证券化更好发展.中国金融，2014（10）
[16] 戴国强.论我国货币市场发展的目标及路径.经济研究，2001（5）
[17] 蒋振声，金戈.中国资本市场与货币市场的均衡关系.世界经济，2001（10）
[18] 中国社会科学院金融研究所课题组.中国货币市场的未来发展之路. 科学发展，2013（4）
[19] 中国社会科学院金融研究所课题组.完善中国金融市场体系的改革方案研究.金融评论，2015（6）

第七章

中国产权市场建设与发展40年①

1978年，党的十一届三中全会开启了中国改革开放的伟大征程。国有企业，作为中国经济的重要组成部分，经历了放权让利、承包经营、公司制改革、混合所有制改革等从计划经济到市场经济的改革历程，取得了辉煌成就。中国产权市场正是在这个过程中，因服务国资国企改革而生，在服务改革中发展壮大。服务范围从最初的企业国有产权转让，逐步拓展到股权、债权、知识产权等现代产权制度所涉及各类要素的有序流转和优化配置，走过从无到有、从小到大、从单一到多元的发展历程，展现出旺盛的生命力和创造力。自诞生以来，中国产权市场始终肩负着国有资产公开、阳光交易的重任，为国资优化配置和保值增值提供高效平台，成为国家建立健全惩治和预防腐败体系的重要抓手。同时，中国产权市场的建设和发展，是中国在非标准化资产交易领域的重大制度创新，它与证券市场一起，构成了中国复合资本市场体系的基础框架，有效推动了产权制度改革，为我国完善社会主义市场经济体制发挥

---

① 特别鸣谢：本文定稿前，课题组成员何亚斌，受组长邓志雄委托，登门向中国产权协会党委书记、秘书长夏忠仁，向国务院国资委产权局副局长李晓梁，征求意见，受到高度重视，获得了高水平的修改意见和建议。这些意见和建议已被完全地体现在本稿中。他们的负责精神和智慧，对于提高本文质量，起了重要作用，特此表示真诚感谢！ 二〇一八年十一月二十日

了重要作用。产权市场，中国创造，为世界其他国家和地区建设现代市场体系提供了中国智慧和方案。

一、产权市场的发展历程[①]

（一）萌芽兴起阶段（1978～1993年）

中国经济体制改革的大幕开启后，从尊重经济规律办事，到计划经济为主、市场调节为辅，到实行有计划的社会主义商品经济，再到计划与市场的内在统一，当时体制僵化的国有企业，亟须推进改制重组以适应新的市场环境。中国产权市场正是在这种背景下破土发芽。1988年5月11日[②]，武汉市体改委批准设立“武汉市企业兼并市场事务所”，中国第一家完全意义上的产权交易机构就此诞生。之后，昆明、深圳、山东、江西、山西、北京、上海、南京、乐山等地产权交易机构如雨后春笋般出现。

1993年11月，党的十四届三中全会提出建立“产权清晰、权责明确、政企分开、管理科学”的现代企业制度，首次提出实行“产权流动和重组”，产权市场发展随之趋于活跃。截至1993年底，全国共成立产权交易机构170多家，形成中国产权市场的第一次发展高潮。

（二）艰难探索阶段（1994～2002年）

中国产权市场发展之初，尽管国家和一些省市政府出台了一些支

① 发展历程划分方法，系参照何亚斌：《中国产权交易评述：政策沿革视角》，载曹和平主编：《中国产权市场发展报告（2008～2009）》，社会科学文献出版社2009年版，第312～320页。

② 1988年5月11日，武汉市体改委对武汉市财政局发出《关于同意成立武汉市企业兼并市场事务所的批复》（武体改〔1988〕第012号），同意成立武汉企业兼并市场事务所。

持和规范企业产权交易的政策措施，但由于市场缺乏必要的监管体系，少数产权交易机构对初级企业的股票擅自开展非上市公司股权拆细和连续交易，即所谓一级半市场，当时成都的红庙子、武汉的汉柜、淄博的SDK，都很红火。[①]但它游离于证券监管之外开展证券交易，引发市场风险。鉴于此，1994年4月，国务院办公厅发出明传电报12号《关于加强国有企业产权交易管理的通知》，要求暂停产权交易市场活动。到1997年，受亚洲金融风暴的影响，国务院为掌握场外交易市场情况，同年5月组织证券委员会、证监会、中国人民银行、体改委、国资局等5部委成立联合调研组，到山东、河北专题调研；11月，全国金融工作会议讨论形成清理整顿意见；12月，《中共中央、国务院关于深化金融改革整顿金融秩序防范金融风险的通知》（中发〔1997〕19号）出台。为落实文件要求，1998年3月，国务院办公厅转发中国证监会《关于清理整顿场外非法股票交易方案的通知》（国办发〔1998〕10号），要求“彻底清理和纠正各类证券交易中心和报价系统非法进行的股票、基金等上市交易活动，严禁各地产权交易机构变相进行股票上市交易”。因此，淄博、乐山、成都、武汉等一批不规范的柜台交易机构被关停，全国只留下上海、北京、天津、深圳等地少量比较规范的产权交易机构，市场发展态势低迷。直到1999年，伴随国家大力推进高新技术企业发展，技术产权流转存在巨大需求，催生了技术产权交易市场的建设和发展，这给处于困境的中国产权市场注入了新动力，产权市场复苏。

（三）规范发展阶段（2003～2015年）

如果说，中国产权市场诞生和发展的前15年，主要特征是孕育、探索和试错，那么2003年以后，在中央纪委和国务院国资委的推动下，中国产权市场进入规范运行、快速发展的时期。

---

① 熊焰：“地方交易所的现状与前景”，引自2018年8月31日北京国富资本有限公司网站。

2002年初，党的十五届中纪委第七次全会提出："各地区、各部门都要实行经营性土地使用权出让招标拍卖、建设工程项目公开招标投标、政府采购、产权交易进入市场等四项制度。"这是中国产权市场实行全面规范发展的制度起源。同年，党的十六大提出"健全统一、开放、竞争、有序的现代市场体系""发展产权、土地、劳动力和技术等市场"。2003年10月，党的十六届三中全会进一步提出建立"归属清晰、权责明确、保护严格、流转顺畅"的现代产权制度，提出要"依法保护各类产权，健全产权交易规则和监管制度，推动产权有序流转"，要求"规范发展产权交易"。

按照上述要求，2003年11月，国务院办公厅转发了当年新设立的国务院国资委《关于规范国有企业改制工作的意见》（国办发〔2003〕96号），规范国有企业改制行为，同时提出"非上市企业国有产权转让要进入产权交易市场……并按照《企业国有产权转让管理暂行办法》的规定，公开信息，竞价转让"。同年12月31日，国务院国资委和财政部联合颁布《企业国有产权转让管理暂行办法》（国资委、财政部令第3号，以下简称"3号令"），从解决"进场交易"这个关键出发，建立了企业国有产权进场交易制度。之后，国资委指导各地出台法规和政策，就如何选择产权交易机构、做好进场交易准备、交易信息披露、场内竞价交易、买方与价格确认、交易价款结算、产权关系变更、交易过程监管等环节，制定了一整套严密的企业国有产权转让交易规则，明确了转让各环节具体的工作程序和操作细则。以"3号令"的出台为标志，我国产权市场进入规范快速发展阶段。

2009年5月1日，《企业国有资产法》开始施行，其中第五十四条规定："国有资产转让应当遵循等价有偿和公开、公平、公正的原则。除按照国家规定可以直接协议转让的以外，国有资产转让应当在依法设立的产权交易场所公开进行。""依法设立的产权交易场所"和企业国有资产进场交易的原则，正式被写入法律，有了法律保障。

在这一阶段，按照国务院国资委关于企业国有资产"应进必进、能进则进、进则规范、操作透明”的原则，企业国有产权转让行为在全国范围内实现强制进场，使中国产权市场全面复兴，交易行为规范性大为增强，市场效率极大提升。以此为带动，中国产权市场不断拓展服务范围，企业资产转让、行政事业单位资产转让、司法机关涉案资产交易、查没贪腐资产处置等涉及的各类国有和非国有资产，以及知识产权、林权、碳排放权、金融资产等各类生产要素也陆续通过产权市场这一阳光化、市场化平台进行交易，交易规模和市场影响力持续放大。

随着产权市场的快速发展，社会上一些机构再次出现打着产权交易所旗号开展证券市场外的拆细连续交易的行为。2011年11月，国务院发布《关于清理整顿各类交易场所切实防范金融风险的决定》（国发〔2011〕38号），要求“按照属地管理原则，对本地区各类交易场所，进行一次集中清理整顿，其中重点是坚决纠正违法证券期货交易活动”；为此，国务院成立由证监会牵头的“清理整顿各类交易场所部际联席会议”，开始对全国范围内从事产权交易、文化艺术品交易和大宗商品中远期交易等各种类型的交易场所进行清理整顿。2012年7月，国务院办公厅发布《国务院办公厅关于清理整顿各类交易场所的实施意见》（国办发〔2012〕37号），明确划清了产权市场与证券市场的业务边界。到2014年前后，各省市自治区陆续公布本区域通过清理整顿检查验收的交易场所名单。全国各地国资委选择认定从事企业国有资产交易的产权交易机构全部通过检查验收，产权市场经受住了考验，市场公信力进一步提升。

（四）进入发展新时代（2015年至今）

2015年8月，中共中央、国务院出台《关于深化国有企业改革的指导意见》（中发〔2015〕22号，以下简称“22号文”），明确提出“支持企业依法合规通过证券交易、产权交易等资本市场，以市场公允价格处置企业资产，实现国有资本形态转换，变现的国有资本用于更需要的领域和行业”。《意见》首次将产权市场与证券市场平行纳入“资本市场”范畴，产权市场属于资本市场重要组成部分这一重要定位，在国家顶层设计中得到明确，产权市场和证券市场一起构成了有中国特色的复合资本市场。以“22号文”出台为标志，产权市场发展进入新时代。

2016年7月，国务院国资委会同财政部发布《企业国有资产交易监督管理办法》（国务院国资委、财政部令第32号，以下简称“32号令”），明确将企业国有产权转让、增资扩股、资产转让行为一并纳入产权市场公开交易，在资产交易、流转的基础上，赋予了产权市场产股权融资功能，健全完善了产权市场的资本市场定位。

习近平总书记非常重视产权市场在中国经济转型升级中发挥的重要作用。2016年3月4日，习近平总书记在参加全国政协十二届四次会议民建、工商联界委员联组会议时指出：“要着力引导民营企业利用产权市场组合民间资本，开展跨地区、跨行业兼并重组，培育一批特色突出、市场竞争力强的大企业集团。”[①]2017年10月，党的十九大报告提出要贯彻新发展理念，建设现代化经济体系，指出“经济体制改革必须以完善产权制度和要素市场化配置为重点，实现产权有效激励、要素自由流动、价格反应灵活、竞争公平有序、企业优胜劣汰”。中央一系列政策文件和习总书记的指示精神，确立了产权市场在新时代的发展方向，也赋予了产权市场新的使命和任务。

二、产权市场的发展成就

（一）交易规模呈跨越式发展

在长期的市场实践中，产权市场坚持提升服务功能，加快业务创

① 习近平：“毫不动摇坚持我国基本经济制度，推动各种所有制经济健康发展”，引自《人民日报》2016年3月5日版。

新，较好适应了我国不同发展阶段生产力发展的需求，平台优势不断显现，交易规模呈跨越式发展。党的十八大以来，产权市场各类交易品种累计交易额已经突破26万亿元（见图7-1），取得显著的发展成效。

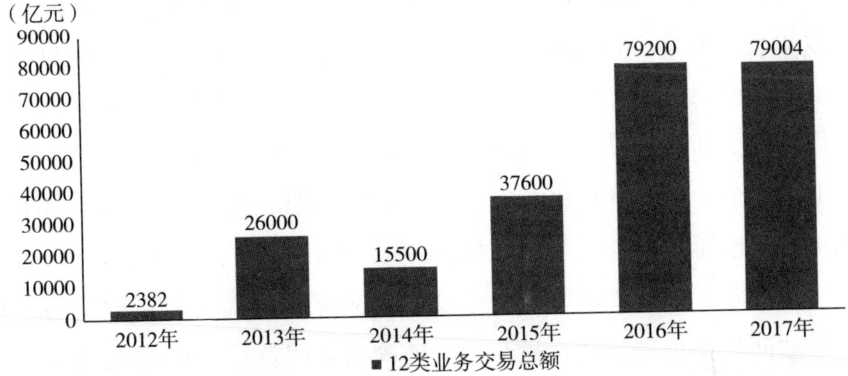

图7-1 中国产权市场交易规模变化情况（2012～2017年）[①]

资料来源：中国产权协会，《2017年度产权交易行业统计报告》。

（二）业务品种显著增多

中国产权协会统计数据显示，其统计范围内68家交易机构目前已形成12类主要业务，包括：产股权交易、企业融资服务（含增资业务）、实物资产交易、其他公共资源交易、诉讼资产交易、金融资产交易、环境权益交易、技术产权交易、文化产权交易、林权交易、矿业权交易和农村产权交易等[②]，产权市场的业务已经深入国民经济和社会生活的多个关键领域，对实体经济发展起着关键的支撑作用，促进了社会和谐稳定。

（三）服务领域不断扩大

第一，服务国资国企改革。在服务国有资产阳光交易方面，

① 2012年11月，《产权交易行业统计工作实施办法》开始实施，是产权行业统一的统计制度方法。

② 以上数据引用自中国产权协会《2017年度产权交易行业统计报告》。

2007～2016年，全国各产权交易机构公开挂牌转让企业国有产权9590亿元，较评估结果增值1626亿元，平均增值率达20%[①]，这与未进场交易前多以评估价转让或低于评估价转让的情形形成鲜明对比，表明企业国有资产通过产权市场在流转中实现了保值增值，国有资产价值得到有效挖掘。在服务国有资产优化配置方面，企业资产交易的标的，是“活”的产权，是企业未来发展必不可少的“活”的要素。因此，产权市场不仅要助力国有资产实现保值增值，还要实现资源的最优化配置，帮助标的企业找到最有利于企业后续发展的投资者。实践证明，过去十几年产权市场涌现出一大批助力企业做强做优做大的典型案例。

2006年，福建雪津啤酒有限公司100%股权在福建省产权交易中心采取“两轮竞价”方式，被荷兰英博啤酒集团竞得，5.3亿元的净资产以58.86亿元成交，增值率达到1060%。在充分竞争的情况下，以巨额溢价实现了国有股权转让的高倍增值，同时顺利引进了外资，实现了多方共赢，创造了中国产权市场的“雪津神话”。2011年，国务院国资委产权局深入福建莆田对该项目进行回访发现，该项目实现了企业、买方、地方政府、社会多赢的良好成果：一是企业管理水平明显提升；二是经营规模稳步增长；三是企业品牌和发展质量得到提升，全球品牌价值达13亿美元；四是经济效益不断提高，纳税总额由2005年的3.26亿元增加到2011年的8.45亿元[②]。

武汉光谷联合产权交易所2015年操作的湖北华清电力公司破产资产（鹤峰县江坪河水电站）交易项目，经过143轮竞价，由湖北能源集团以15.1亿元竞得。增值率虽然只有11.78%，但其关键的社会意义在于，该电站是鹤峰县的“希望工程”，停工4年被起死回生恢复施工后，建设进展顺利。经2018年8月回访得知，预计2019年夏可建成发电，每年可为当地财政增加收入过亿元，防洪、航运和旅游效益显著，成为产权市场助力脱贫奔小康的典范。

① 以上数据引用自国务院国资委产权局副局长郜志宇在中国产权协会三届二次常务理事会暨学习32号令培训班上的讲话。

② 国务院国资委产权管理局编：《国资新局》，中信出版社2013年版，第3～27页。

2015年，重庆联合产权交易所受理中新大东方人寿保险公司50%国有股权转让项目，成立精干团队，与转让方一道，挖掘项目核心价值，广泛发动市场，征集到4家合格意向受让方。经过持续4个半小时721轮的公开电子竞价，最终恒大地产集团以39.39亿元高价竞得，比挂牌价增值23.36亿元，比股权对应的净资产2.99亿元增值36.4亿元，创下该所建所以来单宗国有产权交易增值新高，受到重庆市政府和社会舆论的广泛好评。

党的十八大，尤其是十八届三中全会以来，国家积极推进国企混合所有制改革。在此过程中，产权市场充分发挥交易平台功能，助力国企混改引入社会资本，在放大国有资本功能、优化法人治理结构、提升国有经济活力和竞争力等方面发挥了重要作用。32号令发布以来，国有企业通过产权市场以转让部分股权或增资扩股方式完成混改项目822宗，累积引入各类资本3074.7亿元，在加快国有资本与社会资本融合的同时，有效降低了国有企业的负债水平，为国有经济更高质量发展提供了资金支持，确保了混改的规范、透明。东方航空物流有限公司2017年通过上海联合产权交易所引入德邦、普洛斯等行业龙头企业作为战略投资者，引入联想、绿地等民营资本作为财务投资者，同时引入核心员工持股形成利益共同体。在引进各类社会资本后，重点推进三项制度改革，经营效率显著提升，利润总额同比增长62.78%[①]。2018年，中国铁路总公司旗下动车Wi-Fi项目通过北京产权交易所引入深圳腾讯公司和浙江吉利控股公司组成的联合体，实现高铁网和互联网的“双网融合”，产权市场助力中国铁路总公司迈出混改第一步，产生深远影响。这些案例都说明，产权市场已发展成为推动国有资本与社会资本相互融合、交叉持股的重要平台。

第二，服务各类经济主体去杠杆和扩大直接融资。为企业融通发展所需资金，是产权市场作为资本市场的重要特征。2017年，产权市场通

① 以上数据引用自国务院国资委产权局副局长郜志宇在“2018中国企业并购与国企混改（成都）峰会”上的讲话。

过股权融资、债权融资、股权质押融资、政府与社会资本合作（PPP）等多种方式，共为实体经济企业募集资金7984亿元（见图7-2）。相比之下，2017年共有428家公司通过上海证券交易所首次公开发行上市，募资2255.72亿元[①]；共有2379家新三板挂牌公司完成定向增发2580次，募资1184.25亿元[②]。从这些数据可以看出，产权市场在为企业提供“非标准化”融资服务方面，发挥了重要作用。

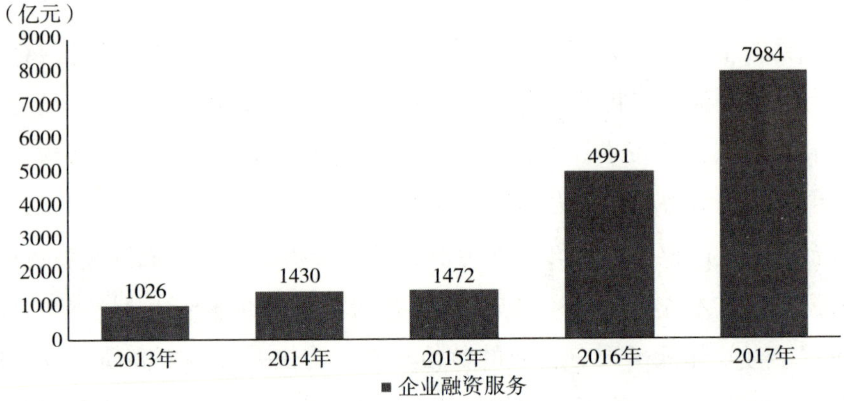

图7-2　中国产权市场服务企业融资情况（2013～2017年）

资料来源：中国产权协会，《2017年度产权交易行业统计报告》。

第三，服务各类要素资源的优化配置。按照“广义产权论”[③]，产权要素是“广领域”的：一是广到“天上”，即“环境产权”；二是广到“地上地下”，如自然资源资产产权；三是广到天地之间的“人”的身上，如各种人力资本产权等。而产权市场的发展实践，正是沿着“广领域”产权要素展开。多年来，产权市场始终在积极探索和完善通过公开市场对各类要素资源进行有效配置的途径和模式，目前业务范围已经涵盖各类权益、实物资产、大宗商品和金融产品等品类，有效推动了各类要素资源的自由流转和市场化配置。2017年，山东兖矿科澳铝业有限

① 以上数据信息引用自上海证券交易所于2017年12月25日发布的发审信息。

② 以上数据信息引用《中国证券报》2017年12月20日的报道：“2379家新三板公司定增募资1184亿元”。

③ 常修泽：《广义产权论》，中国经济出版社2009年版第3页。

公司14万吨电解铝产能指标通过山东产权交易中心公开转让，挂牌2.1亿元，吸引了东方希望、信发集团、魏桥集团等电解铝龙头企业在内的10多家机构参与，并最终以14.02亿元成交，增值11.92亿元，创造了产权市场有效服务供给侧结构性改革的新案例。

第四，服务政府部门资产管理和经济管理。在服务资产管理方面，产权市场积极服务公共权力部门在转变职能过程中下放产生的市场化处置业务，例如行政事业单位资产处置、公共资源交易、司法机关涉案资产交易、查没贪腐资产处置等，取得很好的成效。在服务经济管理方面，随着证监会等监管部门不断加强对上市公司并购重组和资产处置行为的监管，产权市场推出“上市公司并购重组和资产处置”等业务，为上市公司搭建了规范的并购重组和资产处置平台；为推进国内外产业和资本交流合作，产权市场推出“企业跨境并购重组”等业务，为国有、非国有、外资实体企业和金融机构，提供国际并购撮合和跨境融资等一站式服务；为助力各类企业“降杠杆”，有效防范和化解金融风险，产权市场推出“债权资产交易”业务，为银行、信托、资产管理公司、担保、典当行等机构，以及企业持有的债权资产、抵债资产的转让、债转股、投资等交易活动提供综合服务。例如，广东省交易控股集团积极开展银行不良资产跨境转让试点业务，为引入境外优质金融资源服务实体经济提供渠道；又如广东国投破产财产整体处置项目在广东省交易控股集团以551亿元成交，溢价104亿元，不仅很大程度上化解了金融风险，而且最大程度保护了债权人的合法权益。

（四）市场体系建设成效显著

第一，诚信自律建设初见成效。由中纪委推动、国务院同意、民政部批准登记、国务院国资委组建的中国产权协会，于2011年2月成立。协会成立后，开展行业信用体系建设课题研究，建立行业信用评价工作制度，实行行业会员信用管理，对提升产权市场诚信意识、规范产权行业信用秩序起到重要作用。

第二，理论体系建设成果显现。理论研究一直是建设产权市场的基础。近年来，产权市场通过开展基础理论研究、举办创新论坛、建设博士后科研工作站、专门成立咨询研究机构等措施，不断加强理论研究工作，同时积极促进研究成果在实践中的转化应用，推动产权行业规范化、专业化、系统化发展。

第三，服务体系建设全面推进。在统一的产权市场建设方面，据中国产权协会统计，截至2018年9月底，全国具备企业国有产权交易资质的产权交易机构有122家，覆盖除台湾、香港和澳门以外的所有省、自治区和直辖市；部分产权交易机构还通过设立境外分支机构、发展国际会员等方式，积极推动产权市场境外服务的覆盖。2018年8月20日，澳门特别行政区行政长官颁布第94/2018号行政命令，由中央企业南光集团和澳门特别行政区政府等共同出资建设的中华（澳门）金融资产交易股份有限公司获准成立，标志着产权市场开始走向境外发展。

按照《关于实施<国务院机构改革和职能转变方案>任务分工的通知》（国办发〔2013〕22号）、《关于贯彻落实国务院第一次廉政工作会议精神任务分工的通知》（国办函〔2013〕63号）和《关于国资委贯彻落实2013年反腐倡廉工作任务分工的意见》（国资党委纪检〔2013〕97号）三个文件精神，产权市场积极推动“四统一”建设。一是统一信息披露。由中国产权协会牵头，搭建全国统一的产权交易信息披露平台——中国产权网，实现了全国各机构交易信息的汇聚和集中披露，并强化信息披露的推广力度。二是统一交易规则。2016年，32号令发布以后，各地产权交易机构以此为遵循制定具体操作规则，中国产权协会也出台了相应的行业操作规范，交易规则的统一为产权市场业务的有序开展奠定了很好的基础。三是统一交易系统。产权市场的非标资产交易特质决定了交易系统的多样性。根据国务院国资委的要求，全国各产权交易机构在企业国有资产交易业务中按照统一的标准建设交易系统，同时满足了政府监管和交易机构业务的个性化需求。四是统一过程监测。当前，国务院国资委和各地方国资委依托企业国有资产交易监测系统，对产权交易机构的交易行为实时监测，实现了监管部门对企业国有产权交易全流程、各环节的动态监测。

在线上线下服务体系搭建方面，适应大数据、云计算、移动互联和人工智能技术的快速发展，产权市场已实现注册、登记、挂牌、竞价、结算、在线咨询、撮合服务等交易功能的线上运行，形成完整的、支撑交易全流程的信息技术系统；此外，近年来产权市场通过增设专业服务部门、发展交易中介会员、推进投资顾问服务、优化交易模式等方式，全面提升了产权市场的线下服务水平。在与证券市场联动方面，部分计划在国内外主板市场（含中小板、创业板）上市的国有企业申请上市之前，出于优化股权结构、满足上市条件等目的，积极通过产权市场进行产股权转让或增资扩股。例如，2016年9月，招商局华建公路投资有限公司通过北京产权交易所募集资金105亿元，成为32号令发布后首个进场的央企增资项目。2017年12月25日，招商公路换股吸收合并华北高速公路股份有限公司，并在深圳证券交易所挂牌上市（股票代码：001965）。与此同时，产权市场与新三板联动操作的项目也在不断增加。华龙证券股份有限公司通过甘肃省产权交易所募集资金96.22亿元，创造了2016年中国新三板挂牌企业定向增发新纪录。产权市场与四板市场即区域性股权市场的联动则更加普遍化和常态化。

（五）市场监管全面加强

2003年以来，产权市场形成了一套较为成熟的监管模式。在国家层面，国务院国资委、财政部、监察部、发展改革委、证监会和国家工商总局等六部委组成联合评审组，每两年对中央企业国有产权交易机构进行综合评审。国务院国资委开发建设了企业国有产权交易信息监测系统，对产权市场的国有产权交易进行全面动态实时监测。在地方层面，各地对口六厅局对本地产权交易机构进行业务指导和管理。

（六）为世界其他国家贡献“中国智慧”

产权市场的诞生和发展，虽然是中国特有环境下的“中国创造”，但也为世界其他国家做好国有资产监管以及建立完善本国资本市场贡献了“中国智慧”。一是产权市场完善的制度规则、内部控制体系以及互联网技术支撑，实现了各项交易和各个交易环节的阳光操作，有效预防了商业贿赂等腐败行为，最大程度上确保了交易的程序正义和依法合规，解决了国有资产交易易发腐败这一世界性难题，为世界上其他具备较多国有资产存量和增量的国家提供了良好借鉴。二是产权市场的市场化操作，能够助力企业找到优质的战略或财务投资者，为企业做强做优做大和经济结构转型升级提供有力支撑。三是建设产权市场相比建设证券市场更简单易行，且产权市场覆盖要素资源的范围广，市场配置资源的效率高，产权市场和证券市场平行发展的资本市场结构大大优于单一证券市场的资本市场模式，这为世界其他国家完善本国资本市场体系提供了可借鉴经验。

近10年来，产权市场的对外开放逐步展开。一方面，国务院国资委组织发达省市产权交易机构负责人“走出去”，先后访问联合国开发计划署等多个国际组织，考察纽约、伦敦、法兰克福等地证券交易所，积极学习国际资本市场运作经验，推动国际合作与交流。例如，2007年8月，上海联合产权交易所与联合国开发计划署南南合作特设局在上海共同创立“南南全球技术产权交易所”（简称“SS-GATE”），通过“技术+资金”方式援助部分欠发达国家的发展。2011年8月，时任联合国秘书长潘基文在联大报告中，3次提及SS-GATE并高度表彰其在国际技术转移和促进南南合作方面的突出贡献。国家发展改革委组织武汉光谷联合产权交易所、福建省产权交易中心负责人到古巴哈瓦那，在古巴国家和政府高等干部学院讲授中国国有产权转让的市场化操作经验，受到该干部学院院长的高度评价。另一方面，采取“引进来”的办法推动产权市场开放。北京大学与康奈尔大学合办“美国未来领袖培训班”，开设“中国产权市场”课程，由国务院国资委产权局负责人讲授，获得参训者对我国阳光交易机制的认可。德国经济合作发展部与天津市人民政府合作开展的“中德合作建设中国产权交易市场体系项目”是中国产权市场首次获得的外国政府援助项目，该项目中方执行机构——天津产权交易中心在法兰克福、伦敦、布达佩斯、墨尔本设有办事处，承担招商引资任务。国家发展改革委和商务部开展“智力援外”，组织多哥和毛里塔尼亚官员培训班考察武汉光谷联合产权交易所，邀请资深产权交易专家在国内为古巴、菲律宾、埃塞俄比亚、白俄罗斯、越南等亚洲、非洲多个培训班讲课，产权市场的“中国智慧”正向众多发展中国家传播。

三、产权市场的发展经验

40年来，我国产权市场形成了一些值得长期坚持的宝贵经验。

（一）始终坚持市场化改革方向

在改革开放过程中，产权市场始终牢牢抓住服务生产关系变革的主线，始终将服务市场化改革作为核心工作，始终紧跟国家政策，深入贯彻并及时挖掘产权市场发挥作用的机会。从中央和国家的决策部署，到各级政府部门的政策法规，再到行业制度规范，产权市场始终坚持领会贯彻，将国家要求与发挥产权市场功能相结合，尽快实现各项服务的落地，取得较好效果。

（二）始终坚持推进国企改革和预防腐败

改革开放初期，国有产权转让大多采取行政化手段，一个企业卖不卖、卖给谁、卖多少钱都由党政官员主导，这容易导致少评低估、暗箱操作、自卖自买等混乱状况，进而滋生腐败。同时，非市场化的配置方式往往导致资源的盲目流动和错配，为企业后续发展埋下隐患。如何寻找一条既符合中国实际情况，保证国有资产不流失，又能实现最优化配置的市场化路径，成为当时亟须解决的问题。

利用好产权市场实行阳光交易就成为解决这一难题的有效途径。其一，产权市场充分的信息披露制度，广泛征集受让方，能最大可能地发现投资者。其二，产权市场基本采用网络竞价的交易方式，避免了人为干扰，能最大限度地发现交易价格。其三，产权市场公开、透明的交易流程保护了交易各方，特别是被转让标的企业债权人和职工的合法权益，保障了社会公众对国有资产交易的知情权和参与权，最大程度上避免了场外交易经常引发的债权人和职工上访问题，维护了社会和谐稳定。产权市场的建立，实现了卖方公开规范的卖，买方公平合法的买，监管方公正高效的审批，解除了国企改革中极易引发争议和混乱的产权困扰，有效遏制住了国有产权流转中存在的暗箱操作、定价过低、资产流失等突出问题，企业国有产权得以顺利流转，国企改革得以在产权层面上规范有序地展开和深化①。2007年，透明国际组织腐败指数总负责人约翰·兰斯多夫在对我国一些产权市场进行考察后做出如下评价："我们深刻感受到你们在所献身的反腐败斗争中所取得的成绩。政府采购和国有资产转让，在全世界都是滋生腐败的土壤。但在这里，你们用复杂而成熟的技术、透明的程序和明确的指导把这项工作组织得很好。我们钦佩你们如此迅速地在反腐败斗争中进行了最好的实践。其他国家

① 邓志雄："中国产权市场的回顾与思考"，载《产权导刊》2007年第7期，第24~28页。

相信可以从你们的经验中学到很多。”[1]

（三）始终坚持长尾资本市场性质定位

中国的资本市场由头部的股票市场和长尾的产权市场复合形成。产权市场具有三大特质属性：[2]一是非标准化交易属性。进场交易的是非标准化的产品，交易过程采用的是非连续的交易方式，能够为各类市场主体提供除拆细连续交易以外的各种资本市场服务，可以完成多个领域、多个交易品种的交易。二是具备完整的资本市场功能。既能以引发激烈竞争的二级市场功能为产权流转服务，也能以低门槛高效率的一级市场功能为产权形成服务。三是市场化服务平台特性。不同于一般资本市场的“银货两讫”的“一对一”交易互动机制，产权市场始终把对促进交易双方“多对多”互动服务贯穿于交易全过程：多个买方竞争一个交易标的，多个中介竞争一个交易主体，多个市场竞争一个交易项目，全面体现资本市场公开公平公正竞争要求。在发展过程中，产权市场始终坚持以上三个特质属性，始终坚持为我国数以千万计的广大非上市企业提供多种个性化资本服务，在我国经济体系建设中发挥了独特而重要的作用，使我国的资本市场形成了中国特色。

（四）始终坚持规范化运营

产权市场“公开、公平、公正”的平台属性，客观上要求交易机构必须坚持规范化操作。第一，在党中央、国务院相关政策指引下，国务院国资委等中央部委、地方政府部门、产权交易行业，陆续出台了一整套较为完备的产权交易制度和规则体系，确保了产权市场的有序运行和规范操作。第二，产权市场始终严格落实各项监管要求，从业务审核、

---

① 熊焰：《资本盛宴：中国产权市场解读》，北京大学出版社2008年版，第127页。

② 常修泽：《混合所有制经济新论》，安徽人民出版社2017年版，第345页。

会员管理、档案管理、内部控制等多方面入手，将风险防控工作有效融入日常经营和业务活动，建立起完善的风险防控体系。第三，产权市场始终将业务创新控制在国家法律法规允许的框架内，杜绝参与国家明令禁止的交易活动，有效维护了市场的持续健康发展。第四，基于信息系统的日常监测和地方政府与相关部委的定期不定期检查，有力加强了市场运行的规范性。

（五）始终坚持市场化创新

为发挥好资本市场功能，发挥好市场在资源配置中的决定性作用，产权市场始终按照市场化方式开展各项工作。一是坚持平台化市场机制设计，不搞中心化市场。坚持产权市场区域化设置，中央部门选用地方交易机构，地方交易机构之间既有竞争也有协同，始终保持较强的市场运行效率和发展活力。二是持续推进市场创新，不论是制度创新、交易方式创新，还是产品与服务创新，产权市场始终坚持与时俱进，通过创新有效提高项目成交率、竞价率和增值率，扩大了产权市场的服务范围。三是开展广泛的市场合作。产权市场积极与各类企业对接，及时了解企业需求，解决企业进场交易中存在的问题；积极吸收产权交易链条上的产权经纪公司、审计评估机构、律师事务所、会计师事务所、拍卖公司、财务顾问公司、投资银行机构等各类专业服务主体成为交易会员，有效提升交易活跃度、完善产权市场服务功能。

（六）始终注重强化互联网技术支撑

产权市场始终把信息化建设作为平台规范、高效发展的重要支撑。一是适应大数据、云计算、移动互联和人工智能技术的快速发展，大部分产权交易机构已打造出包括交易竞价系统、金融服务系统、投资人数据库和移动APP应用等在内的信息技术系统，实现了便捷的移动信息服务、移动交易服务和移动支付服务，实现了项目和投资人的快速聚拢和有效分类。二是充分利用信息技术手段，首创网络竞价和动态报价等交易模式，打造了全时空、全流程的竞价方式，大大提升了国有产权的处置效率。三是国务院国资委始终坚持加强国有产权交易信息监测系统的适时动态监测，中国产权协会也积极利用互联网系统加强市场的信用评价。

四、发展面临的问题和挑战

（一）市场功能待提升

目前，我国产权市场的功能还未得到充分发挥，距离支撑国家和区域经济社会发展的要求还有一定差距。一是各地产权交易机构的发展程度参差不齐，平台建设水平尚有提升空间；二是交易生态链上的商业银行、信托、保险、基金、资产管理等金融机构，以及投资银行、律师事务所、审计机构、会计师事务所等中介服务机构的数量有所不足、质量不高，影响到市场功能的充分发挥和可持续发展；三是产权市场的市场化改革力度还有待加强。

（二）交易信息系统待统一

信息系统对于提升交易效率、促进交易规范、维护交易安全起着重要作用。当前，中国产权市场从单个机构或部分区域性市场来讲，建成了满足交易需求的信息系统，但从全国范围看，仍缺乏统一的足以支撑信息披露、竞价、结算特别是融资等全流程的信息系统。这一方面造成项目资源、投资者群体资源的分散，不能最大程度形成规模效应，影响到投资人和价格的充分发现；另一方面，信息化建设的分散，使得市场不能在移动互联、人工智能、大数据、区块链技术等信息化建设趋势的大背景下形成建设合力，影响整个市场信息系统的迭代开发和应用，最终影响市场的整体发展。

（三）发展动力待增强

长期以来，对于大部分产权交易机构来说，服务对象主要是国有企业，交易品种主要是国有产权和国有资产，存在交易品种不多、产权创新不足等问题。产权市场怎样为非公有企业提供更多服务、如何为国际市场资本形成和流转服务，都还处在探索阶段。

五、新时代产权市场的发展路径

当前和今后一个时期，是实现“两个一百年”奋斗目标、实现中华民族伟大复兴的关键时期，是我国建设现代化经济体系、实现高质量发展的攻关期，不论是国资国企改革、科技创新、生态文明建设、金融市场开放、价格改革、商事制度改革、“租购并举”的住房制度改革等国家重大改革举措，或是“一带一路”、京津冀协同发展、长江经济带建设、东北振兴、粤港澳大湾区建设等区域发展规划，都蕴含着巨大的产权资源流动需求，都迫切需要产权市场更加积极有为地参与和推进改革，为中国现代化建设提供更加强大的推动力量。面对新形势新任务新挑战，产权市场要以习近平新时代中国特色社会主义思想为指引，立足资本市场定位，在服务国家经济发展战略的大局中，实现自身的高质量发展。

（一）坚持市场化，提升产权市场的资本市场功能

产权市场要按照成熟资本市场的标准，以服务实体经济和实体企业为根本出发点，不断强化和提升交易机构的公司治理能力、创新研发能力、风险控制能力以及员工的专业技能；要在集聚上下游资源方面下功夫，要与银行、证券、保险、基金、资产管理、融资租赁、小额贷款等金融机构以及律师事务所、会计师事务所、审计机构、征信机构、信用评级机构等建立紧密合作关系，与国内外证券市场等各类交易场所开展深入合作，不断促成多边主体的合作互动与跨界集成，最终实现交易的活跃、价值的发现和效率的提升；要按照国务院要求，继续推进产权市场的市场化改革，继续推进信息披露、交易制度、交易系统、过程监测在全国范围内的“四统一”。

（二）坚持信息化，搞好“互联网+产权市场”

产权市场应着力构建全国统一的信息门户网站和“互联网+产权市场”网络生态体系。

一是各产权交易机构要高度重视大数据、云计算、移动互联、人工智能、区块链等技术的开发和运用，高起点、高标准提升行业信息化水平，强化信息安全保障。

二是按照信息时代资本市场的统一性要求，产权市场应建立统一的中国产权市场网络，以信息化培育新动能，用新动能推动新发展，各产权交易机构应通过贡献智慧、资本、资源等多种方式共同参与，避免重复建设。

三是要充分利用互联网技术对产权市场原有业务和功能予以发展和创新，改善用户参与交易和投资的互联网体验，实现产权市场运营管理的精细化、网络化、数据化和智能化。

（三）探索多元化，加快对内对外开放

新时代赋予产权市场新任务和新使命，产权市场应坚持“一体两翼”的服务战略，即以服务国资国企改革为主体，以服务民企和国外企业为两翼，不断开创发展的新动力新引擎，助力中国经济转型升级和社会和谐发展，为经济全球化和人类命运共同体的构建贡献智慧和力量。

一是应坚守为国资国企改革服务的根基，紧紧围绕党的十九大报告提出的“加快国有经济布局优化、结构调整、战略性重组，促进国有资产保值增值，有效防止国有资产流失”“深化国有企业改革，发展混合所有制经济，培育具有全球竞争力的世界一流企业”等内容，在推进国企混合所有制改革和股权多元化、降低负债率、推进重组整合、加强市值管理、促进境外国有资产保值增值等重点工作中发挥更大作用、做出更大贡献。

二是应坚守为产权制度改革和要素市场化配置服务的宗旨，推动国有资本、集体资本、民营资本、外商资本以及企业内部职工的股本交叉持股、相互融合，建立起各类资本有序流转、进退顺畅的体制机制。

三是以国际标准、国际视野推进产权市场国际化发展，应认真学习借鉴国内外资本市场和相关机构的先进经验和做法，应探索与国外交易平台和相关机构合作与交流，条件成熟的可选取部分国际金融中心城市探索设立分支机构，或与国际知名投资银行、律师事务所、咨询公司等中介服务机构合作建设海外办事机构，逐步搭建全球业务网络，拓展市场渠道和发展空间，推动国内和国外在资金、项目和中介服务等方面的高效对接和充分融合。

执笔：邓志雄　何亚斌　吴汝川
陈志祥　苗　伟　刘　闻

参考文献

[1] 邓志雄.中国产权市场的回顾与思考.产权导刊，2007（7）

[2] 邓志雄.谈如何推进产权交易市场“四统一”建设. 载曹和平.中国产权市场发展报告（2014）.北京：社会科学文献出版社，2015

[3] 邓志雄，胡彩娟.把产权市场打造成为推进资本混合的主要平台.产权导刊，2018（3）

[4] 任兴洲.建立市场体系——30年市场化改革进程.北京：中国发展出版社，2008

[5] 任兴洲，王微，王青等. 建设全国统一市场：路径与政策.北京：中国发展出版社，2015

[6] 常修泽.广义产权论——中国广领域多权能产权制度研究.北京：中国经济出版社，2009

[7] 常修泽.混合所有制经济新论.合肥：安徽人民出版社，2017

[8] 曹和平. 中国产权市场发展报告（2008～2009）.北京：社会科学文献出版社，2009

[9] 夏忠仁.协会在中国产权交易行业规范化建设中的实践及未来发展方向. 载曹和平.中国产权市场发展报告（2014）.北京：社会科学文献出版社，2015

[10] 蔡敏勇等.产权市场 中国创造.上海：同济大学出版社，2014

[11] 熊焰.资本盛宴.中国产权市场解读.北京：北京大学出版社，2008

[12] 吴汝川.混合所有制经济的实现路径以及产权市场的作用. 载曹和平.中国产权市场发展报告（2014）.北京：社会科学文献出版社，2015

[13] 何亚斌.中国国有产权转让的市场化经验及其国际意义.产权导刊，2018（3）

[14] 国务院国资委产权管理局. 国资新局.北京：中信出版社，2013

[15] 中国企业国有产权交易机构协会.中国产权市场年鉴（2013～2015）.北京：经济管理出版社，2016

第八章

中国技术市场建设与发展40年

技术市场是改革开放的产物，是技术商品经营、交易及相关中介服务的运行体系。四十年来，我国技术市场从无到有，取得了重大突破。技术市场的高速发展，深刻改变着我国的科技投入结构，促进了科技体制改革，对于优化科技资源配置，加速技术成果转化，促进科技与经济的结合发挥了重大作用。本章回顾了中国技术市场的发展历程、运行现状及成就，并对其出现的问题进行了深入分析，提出了相应的政策建议。第一部分回顾了技术市场发展的历史进程，详细描述技术市场初步创立、突破发展、平稳运行、创新发展四个历程。第二部分总结了当代中国技术市场的运行现状与成效，从政策制度体系、市场主体变化、市场规模质量、服务模式创新、管理体系运行及对丰富发展中国社会主义市场经济体系的贡献六个方面概括了技术市场的发展现状，并从政策制度环境、提升创新能力、优化资源配置、促进成果转化等方面总结所取得的成效。第三部分讨论了当前我国技术市场存在的问题。第四部分提出了在新时代中国技术市场仍需深化改革、创新发展的一些思考和对策建议。

一、中国技术市场发展的历史进程

（一）初步创立阶段（1978～1984年）

1978年全国科技大会的召开，迎来了科技的春天，技术市场也应运而生。1980年10月，国务院颁布的《关于开展和维护社会主义竞争的暂行规定》指出，“对创造发明的重要技术成果要实行有偿转让”，使技术的商品属性初步确立。1980年，沈阳市和武汉市科委率先成立了开拓技术市场的中介服务机构，并举办了技术交易会，成为我国技术市场的发源地。第一批下海“吃螃蟹”的科技人员，勇于破除旧观念、旧体制的束缚，走出机关和科研单位，开始尝试技术成果的市场化交易、推广工作。1982年初，党中央、国务院关于“经济建设必须依靠科学技术，科学技术工作必须面向经济建设”的战略方针以及邓小平同志关于“科学技术是第一生产力”的论断，为初期的技术市场活动指明了方向。1984年10月，国务院常务会议审定的《技术转让条例》明确指出：“国家决定广泛开放技术市场，繁荣技术贸易，以促进生产发展”，“技术市场”的概念首次提出。同年，国务院做出“加速技术成果商品化、开放技术市场”的重要决定。1984年12月24日，国家科委组织召开全国技术市场工作座谈会，并作了《关于开放技术市场几点意见的报告》，成立了由国家科委、经委、国防科工委等组成的“全国技术市场协调指导小组”，其后成立了国家科委技术市场管理办公室（中国技术市场管理促进中心代行职能），为推动未来我国技术市场体系的发展建设提供了组织保障。

此阶段技术的商品属性得到初步确立，以商品形态和有偿转让的市场化方式进入经济领域，推动我国技术成果转让方式发生深刻变革，中国技术市场初现端倪。

（二）突破发展阶段（1985～1998年）

1985年3月，中共中央发布《关于科学技术体制改革的决定》，进一步强调："促进技术成果商品化，开拓技术市场，以适应社会主义商品经济的发展"。1986年，国务院颁布的《技术市场管理暂行办法》明确指出："技术市场是我国商品市场的重要组成部分"。科技体制改革开启了科研经费拨款制度改革。与此同时，各地陆续建立了国家级高新技术产业开发试验区，吸引了大批科研院所技术成果和创业人才入驻开发。技术市场的进一步开放，为科研院所面向经济建设主战场提供了广阔空间，为科研院所转制、加速技术成果商品化和高新技术产业化提供了重要的制度保障和实施路径，成为我国科技体制改革的突破口。1985年5月15日，全国首届技术成果交易会开幕。1987年6月，全国人大常委会审议通过了《中华人民共和国技术合同法》。此后，国家相继出台了《技术合同认定登记管理办法》《技术合同认定规则》《技术市场统计工作规定》《技术交易会管理暂行规定》等政策法规，我国技术市场开始步入法制化轨道。随后，从国家科委到各省、市和绝大部分县级科委建立了技术市场管理办公室，各省市政府和各行业管理部门陆续支持成立了以促进成果转化服务为主业的技术市场经营服务机构。这些机构与国有科研院所、高等院校等成立的技术推广服务组织，形成了我国技术市场早期的从事技术成果市场开发、交易经营的基本队伍。值得注意的是，随着市场化程度的逐步提高，在政府大力营造市场环境和推进运行体系建设过程中，一批民营技术市场经营服务机构作为活跃的市场主体脱颖而出。这些技术市场经营服务组织的发展，增强了中介服务功能，加速了信息的流动，推动更多适用技术进入市场，提高了交易效率，促进了具有明显市场化特征的、新的技术转让模式的形成。历史证明，活跃的技术市场的规模化发展，为解决旧体制下科技与经济两张皮难题，为推动科研体制改革、促进国企技术创新和广大农村乡镇企业蓬勃发展、为建立中国特色社会主义市场经济体制探索先行经验等发挥了不可替代的作用。

1992年邓小平发表南巡讲话之后，中共十四大明确提出了建立社会主义市场经济体制的宏伟构想，提出“加快市场体系的培育”的目标，为技术市场更快发展提供了良好的宏观政策环境。1993年7月，《中华人民共和国科学技术进步法》颁行，以法律形式规定“国家建立和发展技术市场，推动科学技术成果的商品化”。同年，由国家科委与上海市人民政府支持建立的首个立足长三角、面向全国的技术交易场所——上海技术交易所成立。1996年5月，《中华人民共和国促进科技成果转化法》颁布，肯定了技术交易所对促进科技成果转化的作用。1996年10月，国家科委召开全国技术市场工作会议，发布《“九五”全国技术市场发展纲要》。1997年9月，国家科委发布《技术经纪资格认定暂行管理办法》和《全国技术经纪人培训大纲》，规范了技术经纪人的法律资质，进一步推动了全国范围技术经纪人培训和队伍建设。1998年政府机构职能改革中，技术市场管理的重点工作转变为完善技术市场政策、培育技术市场环境。

这一阶段，技术市场取得了突破性进展，出现了第一批中介服务机构和第一个技术交易会。继上海技术交易所之后，在各级政府支持下，各个中心城市先后建成了一批不同管理和运营模式的区域性技术交易服务机构（场所），为技术成果买卖双方提供信息交流、成果展示、洽谈合作的物理平台。其中，具有一定经营规模和服务设施的交易所包括广州技术交易所、位于天津的北方技术交易市场、位于郑州的河南科技市场、位于武汉的湖北技术交易市场、位于深圳的南方技术交易市场、位于济南的科技大市场，以及位于昆明、哈尔滨、沈阳等地建立的与东南亚地区、俄罗斯、白俄罗斯等国积极开展跨国技术贸易的技术交易场所。此外，技术市场步入法制管理轨道，全国技术合同登记统计制度建立，技术交易规模不断扩大，全国技术合同成交额逐年递增。为推进中国技术市场管理与运行的市场化进程并与国际技术贸易接轨，科技部与相关行业协会多次组织了不同层次的国际学术研讨会，邀请国际、港澳台同行深入交流，并组织多次国际考察、培训，为后期引进发达国家的国际技术转移理念、理论和有效机制以及提升中国技术市场的国际化水平奠定了基础。

（三）平稳运行阶段（1999年至2011年）

1999年3月国家颁布的《中华人民共和国合同法》（以下简称《合同法》），将《中华人民共和国技术合同法》（以下简称《技术合同法》）《中华人民共和国经济合同法》《中华人民共和国涉外经济合同法》三法合一。原有的《技术合同法》的精华基本保留在新法之中，提升了技术交易的法律地位，保障了技术市场继续依法有序运行。1999年8月，全国技术创新大会召开，中共中央、国务院发布《关于加强技术创新，发展高科技，实现产业化的决定》，着力构建有利于技术成果转化和产业化的体制和机制。之后，国家相继出台修订的《技术合同认定登记管理办法》《技术合同认定规则》和《技术合同示范文本》，规范了技术合同管理，促进了科技成果的转化和流通。为加强要素市场的互动，探索技术转移的资本化模式，1999年起，在上海率先创办的基础上，各地陆续成立了一批技术产权交易所。2002年，“互联网+技术市场”的早期模式出现，在省政府支持下，浙江网上技术市场诞生，积极利用网络技术强化技术成果的信息传输与交易服务。同年，科技部召开全国科技中介大会，出台《关于大力发展科技中介机构的意见》。2005年11月，科技部召开全国技术市场工作会议，提出了新时期技术市场发展的方针、目标和任务。2006年1月，国家发布了《关于实施科技规划纲要增强自主创新能力的决定》，提出增强自主创新能力，建设创新型国家，建立以企业为主体、市场为导向、产学研相结合的技术创新体系。3月，科技部印发《关于加快技术市场发展的意见》，提出了技术市场新一轮发展目标。5月，中国技术市场管理促进中心、科技型中小企业创新基金与科技部火炬高技术产业开发中心合并，继续统筹指导技术市场管理工作。2007年3月颁布的《中华人民共和国企业所得税法》，对从事技术转让的企业给予免征、减征企业所得税。2007年9月，科技部、教育部、中科院联合实施国家技术转移促进行动，并发布《国家技术转移示范机构管理办法》和《国家技术转移示范机构评价指标体系（试行）》。同年12月，全国人大修订颁布的《科技进步法》进一步规范培育和发展技术市场机构，引导建立社会化、专业化和网络化的技术交易服务体系，推动科学技术成果的推广和应用。2009年8月，中国技术交易所在北京中关村科技园挂牌成立，探索以新的综合服务功能打造技术与资本对接服务的平台。2011年，在积极借鉴国际技术转移服务机制和经验的基础上，中国创新驿站试点工作启动，探索搭建跨地区、跨行业、跨领域技术转移服务体系。同年7月，科技部印发《关于进一步加强火炬工作促进高新技术产业化的指导意见》《科技服务体系火炬创新工程实施方案（试行）》和《科技创新服务体系建设试点工作指引》，开始实施“科技服务体系火炬创新工程”。

这一阶段，技术交易营业税、技术转让所得税优惠政策得到巩固，技术市场服务体系得到较快的发展，全社会技术转移机制逐步建立。社会力量参与技术交易趋势明显，民营和股份制中介服务机构大量增加，京津冀、环渤海、长三角、珠三角等地区域性技术转移协作联盟陆续成立，技术交易和服务活动更加注重实效，技术交易方式呈现多元化趋势，信息化手段不断扩展，全国技术合同成交额继续放量增长。

（四）创新发展阶段（2012年至今）

2012年，党的十八大提出“实施创新驱动发展战略，以科技创新引领‘四化’同步发展”，科技创新在党和国家工作全局中的战略地位进一步提升，我国技术市场随之进入创新发展阶段。同年，党中央、国务院印发《关于深化科技体制改革、加快国家创新体系建设的意见》，对深化科技体制改革做出战略部署。2013年，党的十八届三中全会提出，发展技术市场，健全技术转移机制，促进科技成果资本化、产业化。同年，科技部开展全国技术转移一体化顶层设计，以中关村国家技术转移集聚区和深圳国家技术转移南方中心为核心区，探索形成全国技术转移“2+N”一体化新格局。2014年，中央财政科技计划改革全面启动，国家颁布《深入实施国家知识产权战略行动计划》，进一步加大对产权的保护力度。大众创业、万众创新的良好氛围进一步形成。与此同时，随着中国“一带一路”等国际科技合作战略的推进，科技部安排13.8亿元用于国际科技合作项目，技术市场的国际化特点日益显现。2015年，新修订的《促进成果转化法》颁布实施。随后，国务院印发对实施该法的若干规定的通知，国务院办公厅印发《促进科技成果转移转化行动方案》的通知。2017年5月，科技部印发《“十三五”技术市场发展专项规划》，明确了“十三五”时期技术市场的发展思路、发展目标、重点任务和保障措施。2017年9月，国务院印发《国家技术转移体系建设方案》；同月，《技术转移服务规范》由国家质检总局和国家标准委批准发布，为技术转移服务体系规范化发展提供了行业标准。同年，中共十九大报告从四个方面提出了“实施创新驱动发展战略、加快建设创新型国家”的具体举措。2018年5月，科技部印发《关于技术市场发展的若干意见》。

上述国家关于发展技术市场的系列法律、方针政策为技术市场进入新时期的创新发展提供了指南和目标，促进技术市场的法制化环境不断完善和优化。这一阶段，全社会再次掀起了促进技术成果转移、转化，大力发展技术市场的热潮。科技部关于促进技术市场发展的指导文件明确提出了新阶段发展技术市场的总体思路、实施路径和目标，中科院、教育部等部门及地方政府也纷纷出台促进科技成果转化的政策性文件，给技术市场带来了新的发展机遇和空间。各地政府和技术市场的供、需和中介主体在技术转移的全链条过程中，聚焦成果孵化和熟化、相关要素市场功能组合、市场服务提质增效等热点、难点，努力开拓创新，高校、科研院所科技成果供给明显增加，风险投资等各类金融资本对高新技术成果转化的关注度空前提高，技术市场与各类生产要素的融通得以加强，2017年全国技术合同成交总量达到13424亿元。

二、中国技术市场的运行现状与成效

（一）政策法规重点突破，制度环境更加优化

技术市场开放以来，党中央、国务院强调要以经济体制为基础开拓技术市场，始终把技术市场作为我国重要的生产要素市场，持续开展制度和管理体系建设，相继制定了《科技进步法》《促进成果转化法》《专利法》和《技术合同法》等法律法规以及相配套的规章细则，成为技术市场活动的核心法律。1999年，“三法合一”后的《合同法》，从单行法上升为基本法，保留了技术合同法中的精华，实现了技术市场法律体系的重大调整和完善。同年，《关于贯彻落实〈中共中央、国务院关于加强技术创新，发展高科技，实现产业化的决定〉有关税收问题的通知》（财税字〔1999〕273号）印发，对技术开发、技术转让所得免征营业税。2008年，《中华人民共和国企业所得税法》《中华人民共和国企业所得税法实施条例》颁布实施，对符合条件的技术转让所得减免征收企业所得税。至此，形成了从中央到地方、由法律法规、税收政策以及一系列规范性文件和地方性法律规章构成的、较为完善的政策法规体系，为我国技术市场有序发展提供了重要制度保障。

十八大以来，我国全面深化改革和创新驱动发展战略深入实施。

修订颁布的《促进成果转化法》和相配套的若干规定及《促进科技成果转移转化行动方案》，共同构成了促进科技成果转移、转化的“三部曲”，明确将成果的使用、处置、收益权下放给科研院所和高等院校，简化了审批流程，使其成为技术成果的“主人”；规定不低于50%的收益分配比例，极大地调动了科研人员转移转化科技成果的热情。国务院转发的《国家技术转移体系建设方案》首次为破解我国技术市场发展瓶颈问题与建设国家技术转移体系，从基础架构、转移通道、支撑保障三方面指明了发展方向，确立了战略目标。

40年来，我国技术市场政策法规体系建设与时俱进，从管理制度、组织架构、运行机制等方面精准实施，在改革中探索前行并持续完善。技术成果由计划开发、无偿拨款和使用、禁止交易转变为可以像商品一样进行自由交换；科技人员从事技术交易的行为，由冒着违法犯罪的风险转变为公开，积极投入创新创业社会热潮；科技管理由计划项目管理体制转变为市场导向的研发机制；科研投入由单一的国家财政投入转变为政府引导、市场配置的科研投入方式。技术市场政策法规体系开启了科技立法先河，技术市场发展步入法制轨道，确立了社会主义生产要素市场的流通机制，形成了平稳运行、规范有序的市场流通环境。当前，技术市场已成为技术成果转移、转化的主要渠道和重要平台，也成为我国市场经济领域最具活力的市场之一，其发展方针及政策成为党中央、国务院以创新驱动促进经济转型和社会发展的一项重要的制度安排。

案例1　中国科学院深圳先进技术研究院——实施对科技人员单笔最大的奖励收入

中国科学院深圳先进技术研究院（以下简称“先进院”）由中国科学院、深圳市人民政府及香港中文大学于2006年在深圳共同建立。先进院围绕先进集成技术、医疗器械、医药技术、数字技术、脑研究等学科领域，通过技术成果和外部基金结合的投资模式，保障国有资产的保值增值。2015年，先进院医工所所长郑海荣研究员牵头的声辐射力弹性成像技术引起医疗上市公司乐普医疗的青睐，出资900万元购买先进院拥有的涉及二维声辐射力彩色弹性成像的相关核心技术专利7项，先进院以另外5项专利入股，与乐普医疗联合成立了中科乐普公司，研制基于二维辐射力彩色弹性成像技术的新型医疗设备，先进院占该公司25%的股权。根据新颁布的《中华人民共和国促进科技成果转化法》，先进院将出售7项专利净收益的50%（约360万元）一次性奖励给郑海荣团队及转移转化团队，这是先进院成立十年历史上对科研人员单笔金额最大的奖励。

资料来源：科学技术部火炬高技术产业开发中心（中国技术市场管理促进中心）。

（二）市场主体动力转换，创新能力显著增强

在经济体制改革全面推进的背景下，科技体制改革全面启动。在“稳住一头，放开一片”的方针下，广大科研机构逐步实施科研经费拨款制度改革，引入市场化运营机制，面向技术市场的积极性空前提高，与企业的横向技术合作大幅度加强，联合开发、定制开发已成科研常态。同时，国家陆续实施了高技术研究与发展计划（“863”计划）、支撑计划、火炬计划、星火计划等一系列重大科技计划，并设立了面向基础性研究的国家自然科学基金、973计划、“攀登计划”（国家重点基础性研究重大关键项目计划）等，引导高新技术和适用技术的开发。此外，国家科技计划体系逐步建立，国务院部门计划、地方科技计划纷纷出台，各级财政科研经费投入逐年增加。根据专业部门统计，随着我国市场化程度逐步提高，此类高新科技计划的成果进入技术市场的交易、转移的比例也逐年提高，提升了技术商品的含金量和附加值。科研院所和高校人才密集、科研设备完善、科研能力强，承接了大批科技计划项目研发任务，形成了丰硕的科研成果，成为名副其实的技术创新源

头。据统计，1984～2000年，科研院所、高校输出技术一直高居各类技术交易主体榜首，遥遥领先于企业和技术贸易机构及管理部门，是技术市场中的最大卖方。

1999年，全国技术创新大会发布《中共中央、国务院关于加强技术创新发展高科技实现产业化的决定》，提出“深化体制改革，促进技术创新和高新技术商品化、产业化”。其中，“促进企业成为技术创新的主体，全面提高企业技术创新能力”“推动应用型科研机构和设计单位实行企业化转制，大力促进科技型企业的发展”成为改革的重要内容。随后，企业科研投入力度加大，大批企业技术中心涌现，在保留部分基础性研究机构的前提下，中央部属376家技术开发类科研机构已全部转制为企业，为技术市场注入了新的活力。2001年，企业技术交易额位居各类技术交易主体之首，共签订技术合同47177项，成交金额285.61亿元，占全国技术合同成交总额的36%，包含转制院所在内的企业跃升成为技术市场的最大卖方。2017年，企业共签订技术合同250126份，成交金额达到11875.28亿元，占全国技术合同成交总额的89%，企业取代高校、科研院所成为技术市场的最大卖方。高校、科研院所转而成为技术市场的第二大卖方，共签订技术合同104836项，成交金额为1222.58亿元。

40年来，我国技术市场的交易主体由以高校和科研院所为主逐步过渡到以企业为主、以高校和科研院所为辅，实现了市场动力的成功转换。企业在一系列自主创新政策的推动下，发展理念由跟踪模仿为主向自主创新为主转变；研发组织形式由单纯购买技术向产学研合作、联合共建技术中心等多种形式转变；技术研发内容由政府需求主导向满足市场需求的研发方向转变；企业研发动力由外部推动逐步转变为由内生动力拉动，自主研发能力和市场经营能力显著增强。企业成为技术市场中最具活力的交易主体，牢牢确立了技术创新和技术转移的主体地位，成为国家创新体系的重要组成部分。由于改制的科研机构的加入，我国企业的创新成分发生变化，开始逐步成为我国技术创新的主要策源地（见

图8-1）。

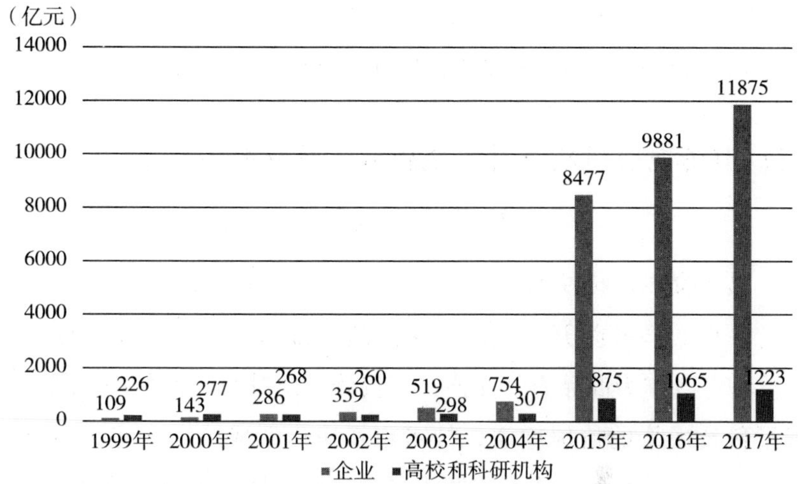

图8-1　企业、高校和科研院所技术合同成交金额（1999～2017年）

数据来源：科学技术部火炬高技术产业开发中心（中国技术市场管理促进中心）。

案例2　衍生企业模式——西北有色金属研究院

西北有色金属研究院是我国重要的稀有金属材料研究基地和行业技术开发中心。研究院现有资产总值72亿元，仪器设备3000多台套，占地3500亩，正式职工3137人，其中科技人员千余人，有中国工程院院士1人，教授、高工320多人，博士、硕士600余名。作为国有大型科技企业，西北有色金属研究院坚持“科研、中试、产业化”三位一体发展模式，先后建立15个研究所和24个中试平台。通过货币投资购买及科技成果作价入股奖励等方式激励企业员工二次创业，衍生出29家高科技企业，如“西部材料”“西部超导”“西部新锆”“西部钛业”等。其中，“西部材料”已在深交所上市，“西部超导”在新三板进入创新层。依靠技术溢出和衍生企业，西北有色金属研究院在成果转化和产业创新方面探索出一条内生机制，为我国航天、船舶、能源、兵器、生物医学等行业的核心材料提供了重要保障，综合收入从1999年改制时的1亿元，增长到2015年的96亿元，年均增速接近40%。

资料来源：科技部火炬高技术产业开发中心（中国技术市场管理促进中心）。

（三）市场规模量质齐升，创新要素优化配置

1. 技术交易规模快速增长，在GDP中的占比翻番

党中央、国务院开放技术市场的战略部署，使我国市场化进程加快。技术可以作为商品有偿交换，不仅体现出其自身的使用价值，而且实现了科技成果的价值增值，技术市场快速形成燎原之势，市场规模实现了跨越式增长。从技术市场成交总额看，技术市场开放之初的1984年，全国登记的技术合同成交总额仅仅只有7亿元，到2017年已经增长到13424亿元，增长了1900多倍（包括价格增长因素），平均增速超过20%。我国技术市场的技术合同成交总额突破1000亿元用了19年，而从1000亿元增长到5000亿元用了9年，从5000亿元到突破10000亿元仅仅用了4年（见图8-2）。从技术交易形式看，技术开发、技术服务一直是推

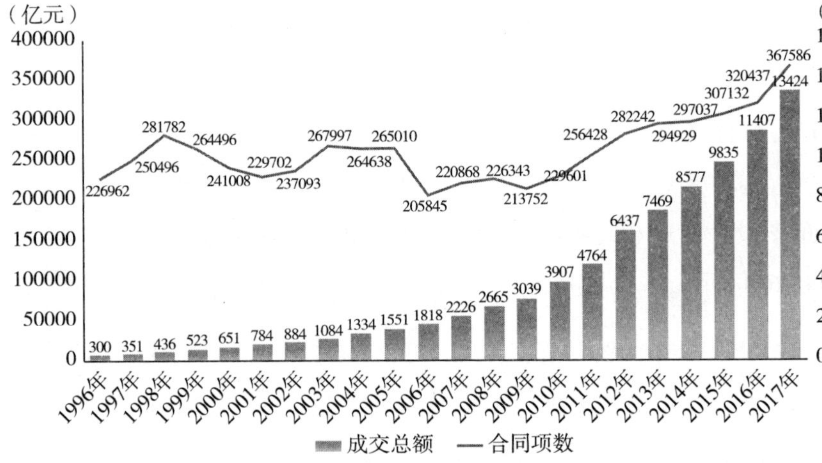

图8-2 全国技术合同成交项数和金额（1996～2017年）

数据来源：科学技术部火炬高技术产业开发中心（中国技术市场管理促进中心）。

动技术市场持续发展壮大的主要交易形式。2017年，技术开发和技术服务成交金额分别占全国技术合同成交总额的35.4%和50.85%。技术合同成交总额占GDP比重，从“十五”初期2001年的0.71%上升到“十三五”初期2015年的1.45%，翻了一番。技术合同成交总额占全社会R&D经费比重，由1995年的5.03%上升到2017年的76.71 %，实现跨越式增长（见表8-1）。

表8-1　　2011-2017年全国技术合同成交额占全社会研究与试验发展经费比例　　单位：亿元、%

项目	2011年	2012年	2013年	2014年	2015年	2016年	2017年
全社会研究与试验发展经费（R&D）(亿元)	8687.0	10298.4	11846.6	13015.6	14169.9	15676.7	17500
技术合同交易额（亿元）	4763.56	6437.07	7469.13	8577.18	9835.79	11406.98	13424.22
技术合同交易额/R&D（%）	54.84	62.51	63.05	65.90	69.41	72.76	76.71

资料来源：科技部火炬高技术产业开发中心（中国技术市场管理促进中心）

2. 技术商品成熟度显著加强，交易质量不断提高

技术市场在交易规模增长的同时，交易质量同步提升，技术商品的“含金量”不断增加。一是涉及各类知识产权的技术交易不断增加。随着知识产权保护制度的日益健全，全社会知识产权意识不断提高，对知识产权的需求持续旺盛，促进了技术成果以各类知识产权形态进入技术市场。2017年，涉及专利、计算机软件著作权、植物新品种权、集成电路布图设计专有权等各类知识产权类型的技术合同15229项、成交额为5555.67亿元，占全国技术合同成交金额的41.35%。二是高新技术领域交易额持续快速增长。电子信息、先进制造、新材料、新能源、生物医药、环境保护等领域技术交易成效显著。2017年，高新技术领域技术合同成交额为11059.04亿元，占全国技术合同成交总额的82.38%。三是单项技术合同平均成交额不断上升。2000年，全国技术市场平均每份技术合同成交额为27万元，到2017年，已达到365万（见图8-3）。四是全

国技术合同成交总额中的技术交易额占比不断提高。2017年，全国技术合同成交总额中扣除仪器设备、原材料等购置费用后的技术交易额达到10456.46亿元，首次突破1万亿元，占比达到77.89%。

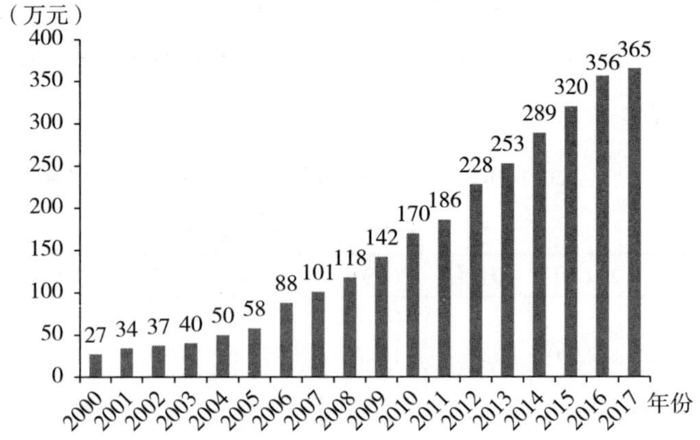

图8-3　平均每份技术合同成交额（2000～2017年）

数据来源：科学技术部火炬高技术产业开发中心（中国技术市场管理促进中心）。

3. 市场机制充分释放，创新要素优化配置

40年来，我国技术市场与资本、人才等要素市场不断融合，对技术研发方向、路线选择和创新要素配置的导向作用更加突出。从党的十四届三中全会提出“让市场配置资源发挥基础性作用”，到十八届三中全会提出要让“市场在资源配置中起决定性作用”，明确了以充分发挥市场配置科技资源的决定性作用为核心来推进科技体制改革的目标。技术市场在促进科技与经济深度结合、优化资源配置等方面的作用更加突出。对技术成果的认识，正在从“技术是可以交换的商品”的初级认识，逐步转变为“技术是创新驱动中最重要的要素资源”的深刻理念；技术交易由单纯的技术开发、技术转让等“显性”交易向优化配置企业、资本、人才以及服务等创新资源的“隐性”交易转变；科研组织形式由行政手段推动向由市场供求机制和竞争机制调节配置转变；政府行政管理职能正在由项目管理和审批向制定规划、建立机制、营造环境转变，以政策工具刺激、带动资本和人才要素市场的深度融合。市场对资

源配置的决定性作用，优化了资本存量和资本增量在各个产业之间的配置，提升了技术创新在各个产业之间的配置比重，同样数量的要素生产效率大幅提高，各类技术在市场机制驱动下和国家产业政策的引导下实现优化配置。截至2017年，我国已累计有322万项技术成果通过技术市场成功转移、转化和产业化，创造经济价值8.47万亿元，科技创新及其技术成果的财富价值在经济活动中充分体现。技术市场成为加速技术成果转移、转化的主渠道和实现科技资源优化配置的大平台。

案例3　技术商业化模式——科威国际技术转移有限公司

科威国际技术转移有限公司成立于2002年6月，是由清华大学、茅台集团等投资设立，受清华大学委托承担清华大学国际技术转移中心的商业化运作。公司是中国大陆境内最早以市场化方式运作的技术转移机构，以国际技术转移与技术商业化为主营业务。国际技术转移方面，科威为包括浙江升华拜克、山东齐鲁制药、日本明治制果和印度ATUL等在内的国内外数十家企业提供了国际技术转移服务，帮助企业完成了技术升级，提升了产品竞争力，取得了很好的经济效益和社会效益。技术商业化方面，科威通过专业化的项目筛选和评估，对具有市场前景的产业化项目在投入自有资本的同时引入外来资本，组建研发团队，共同成立初创企业，再通过股权退出，成功实现技术的商业化运营。目前，科威公司成功孵化的四家科技型公司已成为所在行业领域内的知名企业。

资料来源：科技部火炬高技术产业开发中心（中国技术市场管理促进中心）。

（四）服务体系模式创新，服务业态初步形成

1. 服务人才辈出，体系日益成熟

我国的技术市场服务体系始于技术市场开放初期。针对市场体系

不健全、科技中介机构缺失、专业人才匮乏等问题，中央明确提出“发展各种技术中介机构和交易场所”。《“九五”全国技术市场发展纲要》及之后的相关政策都明确提出，要充分发展为技术交易提供服务的技术经纪人和经纪组织。随着科研拨款体制的改革，中央到地方大部分应用型科研机构改制为企业，在积极参与技术市场建设中发挥出活力，探索出新的适应市场需要的技术转移运行机制，在强化自身创新能力、服务能力过程中，为经济增长和产业升级、技术进步发挥了重要的引导作用。如今，以解决信息不对称、提供技术供需信息加工、咨询、对接等为主业的各种体制和专业领域的技术中介服务组织蓬勃发展，依存于这些组织的技术经纪人十分活跃，优秀人才脱颖而出。经过多年的市场化探索，围绕技术转移过程中的不同需求，从技术的咨询评估、分析论证、中间试验、检验检测、资金融通、知识产权保护到上市交易等环节的服务链条已经形成；多元体制和多元服务内容的机构迅速发展；经过各地管理部门和行业组织的培训，技术经纪人在实践中业务素质和专业化程度不断提高。截至2017年，我国已有国家技术转移示范机构453家，以挖掘企业需求为核心的跨区域技术转移协作网络—中国创新驿站站点92家，省（市）级技术交易网络平台40余个，区域性、行业性技术转移联盟50余个，国家技术转移区域中心11个，国家技术转移人才培养基地11个，从业人员约50万名[①]。中央与地方分工合作，共同构成了覆盖全国、上下联动、监督规范的技术市场服务体系，一大批具有技术背景、熟悉市场经济运作的技术中介商务人才活跃于技术市场服务领域，提升了新时期技术交易的效率和质量。

案例4　探索行业技术转移的新机制，组织平台服务，集成攻关有成效

中国纺织信息中心是中央级转制科研院所，改制后积极开展纺织行业共性技术转移相关公共服务工作，组织关键技术研究开发

① 数据来源：科学技术部火炬高技术产业开发中心（中国技术市场管理促进中心）。

与扩散体系建设等，目标是促进先进适用技术向纺织企业，尤其是中小企业的转移及产业化，提升企业的创新和竞争能力，探索市场经济条件下行业技术转移的新机制。中心成立以来，针对中国纺织行业产业集中度低的特点，对国内产业集群进行重点跟踪扶持，帮助其提升产业结构，重点加强产业创新平台建设，协同建立了中国纺织工业协会检测中心和检测网络、广东佛山西樵产业创新示范平台、浙江绍兴的国家纺织面料馆等。平台汇集了产品研发、质量保证、信息服务、技术培训和电子商务等公共服务内容，同时承载技术转移和中小企业技术支持，在行业内组织服务和先进技术示范，构建产业技术创新战略联盟，整合创新资源，集成开发，形成产业技术创新和技术转移扩散链。组织面料开发的重大共性关键技术攻关，开展产学研合作，推动纺织企业高新技术的引进、消化、吸收和再创新工作，帮助、协调企业技术开发、试验和应用，定期针对行业的热点、焦点和难点开展专题研讨和交流，推动整体产业重大技术进步，例如为构建有利于“天竹”纤维生产应用的上下游产业链，2010年起，让更多的企业参与“天竹”纤维的应用开发技术攻关，中国纺织信息中心和国家纺织产品开发中心通过充分的沟通和合作，形成“天竹”纤维在高端品牌中的产品渗透和影响，实现技术转移和产业链协作开发。共有50余家纺织企业开发了超过150余个面料，产品类别涵盖棉、麻、丝、毛、化纤、针织等，特别是在色织、牛仔、毛纺、麻、化纤等类别上取得了较大的突破，集成攻克了部分织造和染整环节技术难点，极大了丰富产品种类。由于协作体系组织多家产学研用和企业上下游参与，开发的共性技术参数和价值较高，积累了重要的经验，为纤维产业升级打下了基础。

资料来源：科技部火炬高技术产业开发中心（中国技术市场管理促进中心）。

2. 服务模式创新发展，多元化服务模式并存

我国技术市场开放初期，服务机构的服务模式同质化现象严重，大多提供简单化的信息咨询、成果推介、供需对接、展示交流等服务，受限于服务工具和手段以及专业人员的缺失，技术市场服务体系的作用还不突出。随着政策体系的不断完善，市场环境的逐步优化，意识水平的不断提升及互联网等新信息技术手段的出现，技术市场服务体系迎来蓬勃发展的机遇，技术转移的参与主体更加多元，服务模式不断创新。各要素市场的互动逐步加强，资本方的市场化配置，越来越多地参与到技术转移的各个环节，成为技术市场又一重要的交易主体且作用巨大。技术转化过程的中试熟化、技术入股、科技企业股权交易、企业并购、专利运营、科技投融资等技术转移模式在资本的作用下，逐渐成为技术转移服务机构实现营利和可持续发展的主要服务模式。技术市场各主体间的合作更加密切，技术集成经营、技术熟化推广、新型产业技术研究院、共建研发机构、开放实验室、建立大学科技园等技术转移模式，成为整合企业、高校、院所以及服务机构创新资源的主要服务模式。互联网、大数据的快速发展使信息网络平台服务成为可能并快速发展，基于互联网的新型技术转移服务模式不断涌现。线上挂牌交易、竞价拍卖、线上展厅、线上路演、线上对接以及线上线下相结合的技术转移服务模式，极大地提升了技术转移机构的服务水平和效率。中介服务与创业孵化的深度融合，使科技创业成为技术转移最为有效的方式之一，技术转移服务机构和科技企业孵化器成为技术转移的重要力量。

案例5　科技成果作价入股模式——中南大学

中南大学材料科学与工程学院刘楚明教授团队历时10余年技术攻关，首次成功研发出新型中强耐热镁合金（AQ80M）、高强耐热镁合金（VW64M）和超高强耐高温镁合金，突破了镁合金在锭坯制备以及塑性加工变形中的多项技术瓶颈，丰富和完善了镁合金塑性成形理论。制备的大规格高性能变形镁合金承载结构件满足型号

技术指标需求，并首次在航天航空领域取得成功应用，能满足国防军工在此领域的重大需求，推动了镁合金产业的快速发展。中南大学以发明专利作价7000万元入股至青海北通镁业有限责任公司，另外两项专利作价3680万元转让给青海北通镁业有限责任公司，技术转让费由青海北通镁业有限责任公司向学校支付。青海北通镁业有限责任公司由青海海通电力装备有限公司、大通北川工业投资发展有限公司、中南大学三方共同出资（含专利技术出资）成立。刘楚明教授团队可获得此次转让收益总额70%的奖励。

资料来源：科技部火炬高技术产业开发中心（中国技术市场管理促进中心）。

3. 专业化服务能力提升，中介服务业可持续发展

40年来，我国技术市场服务体系走过了机构培育、平台搭建到资源整合、能力提升的发展历程，基础架构不断优化，全国技术市场一体化格局初步形成，较为完善的技术市场服务体系已初见成效。服务机构从过去多为政府组建的体制内机构，向着多元体制的自负盈亏的市场化新型服务机构转变；服务模式从以提供带有公益服务性质的推广技术信息传递、简单中介、居间服务，向面向市场需求提供技术、资本、人才等资源配置的深层次服务转变；技术转移服务对象从技术卖方向着买卖双方和创业团队、初创企业以及科技投融资机构延伸；服务机构从业人员由简单信息传递、“保媒拉纤”、收取中介信息服务费的低端服务，向通过提供全程化、专业化、高端化的多种手段工具的服务模式转变。上述转变获得了较高的商业回报或股权分红等增值的商业利益，促进了以技术转移为核心的科技服务业细化分工、扩大规模增强了商务能力，助其实现可持续化发展。

由于技术市场服务体系的专业化、职业化发展，研究开发、检验检测、创业孵化、知识产权、科技咨询、评估、科技金融、网络技术等专业化的知识与手段不断集成于科技服务标的，极大地丰富了科技服务业的功能，改善了服务质量，培养了专才，促进了成果的快速转化。服务

主体日渐成熟，科技服务业态逐步形成，为产业结构优化调整、新旧动能转换、培育新的经济增长点提供了重要支撑。

案例6 国际孵化模式——中瑞生物医药海外孵化器

中瑞生物医药海外孵化器在瑞典乌普萨拉大学正式揭牌。在揭牌仪式上，江阴高新区将建立全过程的企业发展扶持体系、全方位的人才服务保障体系、全链条的技术创新服务体系、全要素的双创服务平台，完善战略性新兴产业众创苗圃—研发孵化—科技加速—产业化的成长链条。目前，乌普萨拉大学蛋白质和材料研发中心已启动了2个基因工程蛋白项目研发；卡罗琳斯卡医学院抗炎药品研发中心启动了5个新药研发，并申请了5个国际PCT专利，其中一个在今年 11月份前启动临床前研究。整个海外孵化器在瑞典注册了运营公司，组建了9人的管理团队，聘请了药品注册顾问和知识产权顾问，目前已进入实质性运营。未来３年内将引进10个瑞典生物医药项目到江阴高新区落地转化，极大地促进了该地的产业调整及地区发展。

资料来源：科学技术部火炬高技术产业开发中心（中国技术市场管理促进中心）。

（五）管理体系高效运行，发展基础更加稳固

技术市场开放初期，国务院所属十几个部（委、局）成立了协调指导小组，建立联席会议制度，集中各部门力量共同推动技术市场发展。2007年，科技部、教育部和中科院密切合作，启动实施国家技术转移促进行动，将技术市场赋予了新的工作内涵，部门合作更加紧密。地方科技行政管理部门也始终重视并加强与工商、税务、财政、质监等部门合作，以及与科协、工会、专业性行业组织等社会团体通力合作，配

合国家有关监管部门共同维护和监督技术市场的发展。即使在历次精简政府机构、加强服务型政府建设的过程中，技术市场的宏观管理、制度研究与秩序监督等职能仍然得到延续。迄今为止，全国已形成由国家、省、市、县四级技术市场管理机构1000多家、技术合同登记机构1100多家、技术合同登记员1800多人构成的技术市场管理体系，负责全国技术市场管理与促进工作，履行政策制度、组织体系建设、理论研究、人才培养、统计分析、监督检查等各项职责。随着技术市场管理信息化水平不断提升，技术市场管理职能进一步加强，技术市场管理体系更加健全高效。

进入新时代，党的十八届三中全会指出，“发展技术市场，健全技术转移机制，促进科技成果资本化、产业化”。十八届五中全会提出，“建立从实验研究、中试到生产的全过程科技创新融资模式，促进科技成果资本化、产业化”。中共十九大报告中提出，“深化科技体制改革，建立以企业为主体、市场为导向、产学研深度融合的技术创新体系，加强对中小企业创新的支持，促进科技成果转化”。党中央、国务院的战略部署，指明了新时代技术市场的发展方向、发展路径和发展目标，明确了技术要素市场在国家创新体系建设、全面深化改革和创新驱动发展战略中的重要地位。科技部发布的《“十三五”技术市场发展专项规划》以及《关于技术市场发展的若干意见》，进一步明确了“十三五”及今后一段时期技术市场的重点任务，提出了到2020年培育20家具有示范带动作用的高水平专业化技术转移机构，600家市场化、社会化技术转移机构，发展3至5个枢纽型技术交易市场，培养1万名技术经理人、技术经纪人，全国技术合同成交金额达到2万亿元的发展目标。同时，提出了到2025年，统一开放、功能完善、体制健全的技术市场进一步发展壮大，为国家创新能力提升和迈入创新型国家前列提供有力支撑的远期目标。可以预见，随着技术市场的理论基础和制度安排更加趋于成熟，技术市场管理体系基础将更加稳固，成为新时代技术市场实现跨越式发展的重要保证。

40年来，我国技术市场形成了由国家科技管理部门牵头指导、中央有关部门紧密配合、地方政府组织实施的扶持市场化服务机构发展的组织管理体系，全方位支撑和引导科技成果转移、转化。比照物化产品有形市场形态，技术市场发展初期比较偏重于有形市场建设，注重具有物理空间的固定场所建设和追求入场交易过程。国家科委批复和支持建设的一批常设技术交易市场，以及技术交易会也成为科技成果转化的重要平台和交易形式。随着技术要素市场地位的确立，技术市场资源配置功能更加突出，国家政策制度安排更趋向于营造良好的市场生态环境，技术市场发展形态开始从注重有形市场向注重有形和无形市场并重转变；技术市场管理模式从改革开放初期的初步探索阶段渐渐步入全面深化改革时期的逐步成熟阶段；发展环境从“开放、搞活”向“规范、有序”逐步转变；发展态势随着科技进步和产业变革速度的加快，从低速、低频向快速、高效发展转变；历史定位也从改革开放初期的突破口向新时代全面深化科技体制改革的主战场转变。技术市场作为我国科技成果转移转化的主渠道和推动产业转方式、调结构、促升级的主抓手，在促进科技创新、优化产业结构、推动经济社会高质量发展方面将持续发挥更加巨大的作用。

（六）拉动经济发展，促进体制改革与市场体系完善

1. 促进经济发展与产业结构调整

在传统计划经济时期，政府管理技术要素配置、流通的各个环节，国家对科技实行统一管理，科研课题由国家下达，经费也是垂直系统的国家拨款，科技成果一直采用行政方式实行无偿转让。技术的产生完全是政府进行投资的结果，所以国有企业可以无偿使用技术成果，企业技术改造和新产品开发都依靠计划安排。大部分企业自身技术开发能力严重不足、积极性不高，农村经济中的发展又缺乏技术、人才资源。技术

市场的出现，打破了技术商品被禁锢的现状，技术成果作为商品，开始了市场机制配置的历史进程。从实验室转移到生产领域，从先进地区转移到后进地区梯次转移，极大地提升了企业的自主创新能力及乡镇企业技术吸纳能力，推动了国有企业的技术改造和升级，催生了一大批科技型中小企业，也为我国改革初期乡镇企业的蓬勃发展提供了大量适用技术和人才，成为振兴农村经济的最重要的依托，为推进经济体制改革奠定了物质基础。40年来，技术市场对产业结构的优化作用明显，每年约有20余万项科技成果通过技术市场转移、转化。技术市场的活跃直接促进了企业的创新行为，促进了优秀技术人才流动和产业结构调整，促进传统产业升级和战略新兴产业发展，带动了经济增长和人民生活条件改善；另一方面，也促进了全社会尊重科学知识、尊重技术人才风尚的形成，为弘扬科学精神，实施科教兴国战略、建设国家创新体系做出了贡献。

2. 有效推进经济体制和科技体制改革

技术市场的发展助力科研院所体制改革，高校、科研院所技术供给积极性增强，高校、科研院所与制造企业通过联合建立研发机构、开放实验室、建立大学科技园、开展科技人员交流等多种方式，促进高新技术转移和成果转化。一批重大技术成果在企业转型升级和提质增效中得到转化应用。40年来，科技与经济两张皮现象得到明显改善，以市场为导向的定制开发、联合开发已成为主要技术研发方向。科研机构面向市场的横向收入已成为最主要的经济来源，根本改变了依靠“皇粮”生存的体制。技术市场的开拓，使技术要素通过市场转移到生产领域，促进了技术成果产业化、商品化，提高了科技成果的推广应用率，极大地促进了经济增长。从图8-4可以看出，我国技术交易额的增长速度每年都高于GDP增速，技术交易对经济增长起到了拉动作用。

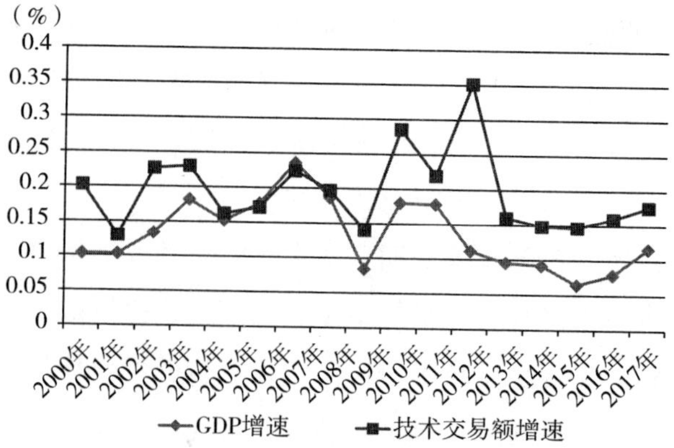

图8-4　全国GDP与技术交易额年增速（2000年～2017年）

数据来源：科学技术部火炬高技术产业开发中心（中国技术市场管理促进中心）。

以北京市为例，技术交易中技术性收入以及其占GDP的比重总体呈上升趋势，其对北京地区生产总值的贡献正在逐渐增强（见表8-2）。

表8-2　2000～2005年北京地区技术交易中技术性收入占GDP的比重

指标	2000年	2001年	2002年	2003年	2004年	2005年
技术性收入（亿元）	32.24	61.59	62.22	75.95	191.10	164.20
北京地区生产总值GDP（亿元）	3161.00	3710.52	4330.40	5023.77	6060.28	6814.50
技术性收入占GDP的比重（%）	1.02	1.66	1.44	1.51	3.15	2.41

数据来源：陈晴，张若然，林耕：北京市技术交易对经济增长的贡献.科技潮，2006（07）：60-61。

3. 联结要素市场，促进社会主义市场体系不断完善

技术市场作为先导性市场，有效联结资本市场、劳动力市场、信息市场等，在社会主义市场体系中居于先导地位，在促进其他要素市场发展和完善的过程中发挥着重要作用。对资本市场，技术市场发展有助于拓宽资金的流通渠道，加速资金流通周转，促使资金利用有效化，从而推动和引导资本市场的发展；对劳动力市场，技术市场可以有效带动劳动力市场发育和完善，新科技成果的发明和应用加大了对高科技人才的

需求，客观上促进了人才的合理流动，而劳动者为了获得更高报酬，也会自觉提高文化水平，从而有助于提高劳动者整体素质，促进劳动力市场进一步发展；对信息市场，科技的突飞猛进使得技术产品的生命周期逐步缩短，客观上迫切要求加速技术商品信息流通，以便在最短的时间内使新技术转化为现实生产力，在市场机制的调节下，技术创新不断，信息市场和信息技术产业必然获得快速发展。因而，技术市场的活跃和深入发展会带动相关要素市场的市场化进程，成为先导性要素市场。

案例7　创业孵化模式-中科院西安光机所

中国科学院西安光学精密机械研究所（简称：西安光机所）创建于1962年，是中国科学院在西北地区最大的研究所之一。近年来，西安光机所大胆创新科技体制机制，拆除“围墙”、开放办所，探索“人才+技术+服务+资本”四位一体科技成果产业化模式，打造西北第一家专注于“硬科技”的孵化基地。通过“参股不控股，孵化不办企业”的孵化管理方式，西安光机所让科研人员在孵化企业中占得大股，有效激发出科研人员的创新创业热情。截至2016年6月，西安光机所共孵化出高科技企业100家，产值30亿元，纳税7500万元，就业4500人。其中，炬光公司五年时间打破国外“80瓦的半导体激光器对中国禁运”封锁，制造出150瓦的半导体激光器，同时衍生出激光芯片、激光投影、激光夜视的公司，2015年收购了世界微光学第一名的德国LIMO公司。

资料来源：科技部火炬高技术产业开发中心（中国技术市场管理促进中心）。

三、新时代中国技术市场发展存在的深层次问题

（一）对技术市场功能和定位的认识仍不到位

技术市场是市场经济的产物。经过近40年的发展，社会上对技术市场功能和定位的认识仍不统一。技术市场的概念有狭义和广义之分。狭义的是指技术商品交易的场所，即有形市场，如技术交易所、技术交易中心，以及一些常设的技术交易会等。广义的是指技术商品生产、交换、流通关系的总和，也应包括技术商品生产和转移到应用中的市场环境建设，包括体制机制和人才建设等。在某种意义上，这是市场中无形的部分，也是重要的部分。建设社会主义市场体系，不仅要重视消费品和生产资料等商品市场，更应重视资金、劳务、技术等生产要素市场。作为我国社会主义市场体系重要组成部分的技术市场的建设和发展，既要抓有形部分，也要抓无形的部分。但是，在现实中仍然有把技术市场仅仅看作是交易的物理场所的肤浅认识，把技术市场的功能仅仅局限在技术交易层面上，工作重心只放在抓有形市场建设，把技术商品等同于一般性商品，忽略了技术商品的不确定性和非标性特点以及其转化的特殊规律，致使某种程度上技术交易场所、技术交易平台等有形市场的建设过度，缺乏深入有效的市场服务功能，功能重复，效率低下，没有达到加速成果转化和促成技术交易的目标。对技术市场认识的偏颇，造成部分地方技术市场体系的不完善和市场环境的营造没有得到足够重视，使得技术市场发展相对滞后于其他要素市场。

（二）制约技术市场的体制机制障碍仍然存在

技术市场从无到有、从小到大，管理监督体系逐步完善，但在市场

流动性、主体活跃度以及宏观调控和引导力度等方面还存在体制机制障碍。目前，国家层面尚没有一部全面界定技术市场各类主体在技术转移中的权利、义务和责任，并调整其相互关系的法律法规。新修订的《中华人民共和国促进科技成果转化法》虽然明确规定了国家设立的高校、科研院所转化科技成果的收益、处置政策，以及科研人员创新创造、技术转移的激励政策，但科技成果的属性仍然属于国有事业单位资产。根据《事业单位国有资产管理暂行办法》规定，“加强对本单位专利权、商标权、著作权、土地使用权、非专利技术、商誉等无形资产的管理，防止无形资产流失”。高校和科研院所的科技成果被视为国有无形资产进行管理和处置，高校和科研院所应承担国有资产保值增值和防止国有资产流失的责任和义务。而成果转化的不确定性和高风险，使得成功的科技成果转化必然成为“低概率”事件。对于大量未成功转化的科技成果，高校院所则要承担国有资产流失的风险，这就使得高校院所对成果转化望而却步，科研人员参与成果转化的动力不足。国际一流高校多数采用的技术转移办公室（TTO）模式，校内设立一家技术转移办公室或委托第三方技术转移服务机构归口管理学校的专利披露、申请、评估和专利的商业化运营。我国高校普遍缺少能够统筹高校科技成果资源的专业化技术转移机构，技术转移职能分散现象严重，大部分高校的科研处、技术转移中心、大学科技园、孵化器、资产经营公司等部门或机构在技术转移工作上，缺乏统筹，职能交叉，造成高校有限的优质科技成果资源分散，科技成果转化效率不高。

（三）技术市场服务体系的市场化、专业化水平有待提高

我国技术市场的服务机构总体上仍处于发展的初级阶段，与国家技术创新的需求相适应的高效服务机制尚未真正形成。一方面，我国技术市场服务机构自身在管理体制、运作机制方面还存在诸多不足与缺陷。如部分政府建立的服务机构缺乏内在的激励机制和对外的竞争机制，面

向市场服务的动力不足；民营技术服务机构在一些地区得不到政府有关部门应有的扶持和重视。近几年，虽涌现出一些优秀技术转移机构，在服务模式上有所创新，成效显著，但从服务体系整体看，小、散、弱现象仍然存在，具有较强专业化、商业化能力的服务机构仍然较少，相当一部分机构由于没有可持续发展的清晰营利模式，无法实现市场化运营。随着互联网、大数据快速发展，解决信息不对称仅仅依靠居间服务收取服务费的服务模式已难以为继。而受自身能力不足、人员缺失、资源有限等因素限制，不少服务机构在策划、咨询和整合技术、资本、人才、政策等资源方面力不从心，无法逐步形成鲜明的营利模式，机构也难以成长壮大。另一方面，我国专业化、职业化的技术转移人才严重缺失。近几年，我国虽已陆续建立了若干国家技术转移人才培养基地，但在国家层面还未形成全国性、规范化的技术转移人才培养机制。目前开展的技术经纪人、技术经理人培训仍以地方科技管理部门为主，培训教材不统一，培训师资不规范，培训质量难以保证，造成学员质量参差不齐。在现阶段，受技术商品质量、整体市场环境和产出效益的影响，技术市场还未形成高端市场人才聚集的高地。

（四）技术中试环节薄弱，具有成熟度的技术商品供给不足

我国技术市场开放以来，为解决技术商品的有效供给，各级政府在构建供应与需求渠道和交易平台等方面做了很多探索实践，力图促进技术交易规模化发展。科研院所体制的深入改革也促使技术商品的开发的市场化程度不断提高，联合开发已成趋势。但作为成果转化最需要、也是最重要的中间试验环节建设却相对滞后。因为中试转化基地的软硬件建设与相关的工程策划、技术配套以及新研究成果的技术验证和保证产品的一致性所需要的规模化生产条件，都需要相当的资金投入和时间保证，而且其成功具有不确定性。这方面技术失败的风险和市场风险，往往是小企业难以承担的，也是部分急功近利的采购方不愿问津的。政府

与当事企业在此方面投入均存在动力不足、能力有限的问题。这方面的建设投资也缺乏动力机制和融通渠道。长期以来，虽然市场中可以形成许多供需关系，但由于全社会在技术中试环节整体投入不足，致使中试薄弱，许多技术交易最终因中试条件的限制难以快速转化应用。由此可见，技术商品的成熟度直接影响了技术市场的交易质量和规模发展。

（五）技术市场与其他要素市场的深层互动急需加强

面对新一轮科技革命和产业变革，创新对技术、资本、人才要素的融合更加依赖，技术市场与其他要素市场的互动亟须加强。十八届三中全会提出“促进科技成果资本化、产业化”，标志着技术市场从开放初期的商品化、市场化、国际化，进入了资本化、产业化的新的发展阶段。资本化将成为科技成果转化的重要途径，成为技术市场发展的重要标志。目前，我国技术市场与其他要素市场，尤其是与资本市场缺乏深层互动。首先，我国的技术转移服务机构通过联合投资机构建立技术转移基金、提供免费服务、换取企业股权或未来收益、组织科技成果对接上市型科技企业及产业资本等方式，积极探索与资本结合的路径，但这些实践与“技术资本化”的内涵和目标还有一定差距。其次，在加强金融监管、防范金融风险的改革背景下，技术交易所的交易功能弱化，实现上述目标存在不同程度的困难。开发适应技术商品“非标”特性的金融产品，建立相关交易规则、交易机制，尚需深入探索和研究。再次，创业孵化作为最有效的技术转移方式之一，在资本的介入和催化下，对科技成果的转移转化必然会起到加速的作用。但对于早期的创业项目和创业团队，由于投资收益的不确定性，不少投资机构望而却步，投资体系在高新技术领域缺乏风险投资的意识和机制。目前，我国技术市场和资本市场融通发展，支撑并加速创业投资发展的有效机制还未建立。支持创业企业的直接融资渠道还有待进一步拓宽，引导民间存量资金转化为创业资本的有效融通渠道还未建立，对股权众筹等新型创业融资模式的探索还需进一步深化。

四、新时代中国技术市场创新发展的对策建议

（一）深化市场机制在技术资源配置中的决定性作用的认识

技术市场的深入发展要跳出“小市场”思维定式，转向培育和优化“大市场”生态环境。技术市场不仅是改革开放初期中国政府为推进科技体制改革而进行的一种制度安排。在确定全力建设社会主义市场经济体制目标之后，技术市场更是社会主义市场经济体系建设中不可或缺的组成部分，是科技创新与技术转移的环境基础，在实施创新驱动发展战略和国家创新体系建设中具有重要的作用和战略地位。新时期技术市场发展，应进一步强调其作为新一轮科技体制改革突破口和主战场的作用。2018年5月，科技部印发了《关于技术市场发展的若干意见》，明确提出“技术市场是重要的生产要素市场，是我国现代市场体系和国家创新体系的重要组成，是各类技术交易场所、服务机构和技术商品生产、交换、流通关系的总和”。新时代技术市场建设，应“有形”与“无形”并举。既要抓技术市场政策制度体系，营造良好的市场发展生态环境，又要抓技术市场服务体系，提升市场功能和服务成效，逐步引导全社会对技术市场认识的提升，由“技术是可以交换的商品”的初级认识，向“技术是创新驱动中最重要的要素资源”的深刻认识转变。突出技术市场创新激励、资源配置和价值增值功能，为国家创新能力提升和迈入创新型国家前列提供有力支撑。以加速技术转移和成果转化为根本任务，强化技术创新市场导向，发挥市场在技术、资本、知识、人才等创新资源配置中的决定性作用，发挥技术市场创新激励、资源配置、规范交易、价值增值的全新功能。

在新时期，国家技术市场政策制定的着重点，应持续以加速技术转移和成果转化为根本任务，强化市场导向，研究和遵从技术商品转化的市场规则，克服计划经济体制思维影响，力避各种形式主义的干扰和有违市场规律的设计。调动一切积极因素，重点解决技术转移转化过程中所需要的资金融通难、中间试验难、系统配套难、中介服务难等主要问题。深化对中小企业创新能力的培养，集中力量，发挥市场在技术、资本、知识、人才等创新资源配置中的决定性作用。充分利用税收杠杆和政府扶植资金，鼓励与支持具有市场活力和创新能力的市场中介服务的商务机构的快速成长和高效率的技术服务平台的建设。鼓励与支持投资机构积极参与中间试验基地建设，鼓励与支持科研成果产出方加强产、学、研、用的紧密结合，鼓励与支持服务机构协同各地政府组织，围绕地方经济建设和企业实际需求，有的放矢的组织开展各类技术市场活动；鼓励和支持要素市场之间以促进高新技术转化为目的的创新合作方式探索。

（二）进一步细化和落实技术市场发展的政策措施

《促进科技成果转化法》修订后，国家陆续出台了发展技术市场、建设国家技术转移体系等相关政策文件，以及鼓励高校院所和科研院所人员创新创业的激励措施。这一系列政策文件急需得到细化和落实，并应当在下一步的市场实践中创造性发展和取得成效。首先，应将“三权”改革落实到底，尽快开展职务科技成果所有权改革试点，允许高校、院所科研人员享有职务科技成果所有权（或部分所有权），从根本上解决职务科技成果国有资产属性带来的成果转化障碍；其次，要研究制定符合国有技术类无形资产的管理办法，打通《促进科技成果转化法》与事业单位国有资产管理相关规定之间的鸿沟，简化国有技术类无形资产管理流程，使《促进科技成果转化法》赋予高校、院所的科技成果转化自主权落到实处；再次，学习借鉴发达国家高校成功的技术转移经验，探索健全我国高校专业化技术转移机构试点，由专职技术转移部门或机构归口管理高校科技成果转化全流程，赋予其本单位科技成果独家经营管理职能。

（三）大力优化技术市场服务体系成长环境

新时期技术市场发展要以大力培育技术转移机构为抓手，培育高素质、职业化技术转移人才，提升技术转移服务效能。《关于技术市场发展的若干意见》总体思路中明确提出，到2020年，培育20家具有示范带动作用的高水平专业化技术转移机构，600家市场化、社会化技术转移机构，培养1万名技术经理人、技术经纪人，全国技术合同年成交金额达到2万亿元的目标。为此，在进一步完善技术转移相关公共服务设施和平台的同时，应结合政府和事业单位深入改革契机，鼓励政府建立技术服务性机构转制，转型为社会化技术转移商务服务组织，建立动态绩效考核管理机制，采取市场化运营机制。同时，大力扶植具有较强市场竞争力的民营体制或混合体制的技术服务机构，支持社会化技术转移机构增强组织中试孵化、知识产权、技术评价等专业化服务功能。有条件的通过兼并重组、优化整合、资本运作做优、做强，通过示范引导，重点建设一批运营机制灵活、专业人才集聚、服务能力突出、具有国际影响力的技术转移机构。通过宣传贯彻《技术转移服务规范》，提升技术转移体系的服务效能。通过改革完善各级各地相关行业协会的功能，建立强大的监督和信誉保障体系，促进技术市场的行业自律。此外，要强化现有国家技术转移人才培养基地作用，加快建立基地、师资、教材、管理“四位一体”的国家技术转移人才培养体系。加强国内外技术转移组织的交流协作，培养具有国际视野和较强商务运营能力的技术市场管理和技术转移领军人才。协同有关部门，探索将技术经理人从业资质纳入国家职业资质序列，引导更多人才进入技术市场服务领域，从体制上解决技术转移人才薄弱问题，促进技术转移行业健康规范发展。

（四）强化要素市场之间的深层互动与协同创新

新时期技术市场发展要着力强化技术市场相关要素市场的合作，尤其强化资本在技术市场中的催化和增值作用，以加速科技与经济的深度融合。2017年国务院印发的《国家技术转移体系建设方案》中强调，要完善政策环境和支撑保障，完善多元化投融资服务。国家和地方科技成果转化基金通过设立创业投资子基金、贷款风险补偿等方式，引导社会资本加大对技术转移早期项目和科技型中小微企业的投融资支持。开展知识产权证券化融资试点，鼓励商业银行开展知识产权质押贷款业务。在当前金融体制创新与网络经济快速发展时期，技术市场体系建设应解放思想，勇于实践，与资本市场合作，探索开发与技术转移特点相适应的金融产品和多样性的投融资手段。盘活技术产权，充分调动技术成果持有者进入市场的积极性，加快高新技术成果的转化速度，改善技术市场的供给侧结构。应积极推进股权众筹、天使投资、创业投资等科技企业融资方式。积极探索大数据、区块链等在促进技术市场发展的作用；积极发展政府与社会多方参与的成果转化融资通道，鼓励有条件的技术转移机构联合社会资本设立技术转移基金；发挥技术（产权）交易市场的作用，为转移转化成果的科技企业提供股权投资；政府对具有转化前景的实验室成果的孵化以及中试熟化给予必要的引导性资金支持；探索建立科技创业企业股权交易平台，促进技术流通和创业企业股权流动等。

改革开放40年来，技术市场砥砺前行，开拓创新，成效卓著。进入中国特色社会主义新时代，技术市场建设要抓住机遇，解放思想，大胆实践，进一步优化市场环境，激发市场主体活力，强化市场在技术配置资源的决定性作用，加大技术成果有效供给并增强技术市场对现代化产业体系发展的促进作用，为国家创新能力提升和迈入创新型国家前列提供有力支撑，在新的历史阶段再创中国技术市场新的辉煌。

执笔：雷庆西　张江雪　陈　彦

参考文献

[1] 任兴洲.建立市场体系：30年市场化改革进程.北京：中国发展出版社，2008

[2] 科技部.关于技术市场发展的若干意见.北京：科技部，2018

[3] 科技部火炬高技术产业开发中心.技术市场30年发展报告.北京：科技部火炬高技术产业开发中心，2014

[4] 马洪，孙尚清.中国市场发展报告——中国技术市场（雷庆西等）.北京：中国发展出版社，1994–2004

[5] 雷庆西，张贤模. 中国技术市场. 湖北：湖北人民出版社，1999

[6] 董亮，张玢，李明亮，陈彦，庞鹏沙.我国技术市场理论的嬗变——从科技成果转化到技术转移.科学管理研究，2015，33（1）：112–116

[7] 张江雪.中国技术市场发展研究.北京：北京师范大学出版社，2011

[8] 张江雪.我国技术市场发展程度的测度.科研管理，2010，31（5）：79–86，147

[9] 张江雪.我国知识产权保护在技术市场中的作用分析.科学学研究，2010，28（12）：1837–1842

[10] 雷光继，林耕.我国技术市场发展面临的机遇、问题和对策研究.科学管理研究，2013，31（5）：5–8

[11] 毕诗浩，林耕. “十二五”期间我国技术市场发展战略与重点.科学管理研究，2011，29（3）

[12] 张欣炜，林娟.中国技术市场发展的空间格局及影响因素分析.科学学研究，2015，33（10）：1471–1478

[13] 傅正华，王英红，林耕，程金香，赵绮秋.北京技术市场三十年——成就、问题及发展趋势.中国科技论坛，2010（2）：92–98

[14] 郑荣，姜毓锋.技术市场发展现状及其影响因素分析.图书情报工作，2009，53（22）：13–17

[15] 蒋芬.我国技术市场发展演变趋势、存在问题及对策建议.科技通报，2016，32（10）：250–254

第九章

中国土地市场建设与发展40年

土地制度是国家的基础性制度，事关经济持续发展、人民安居乐业、国家长治久安。改革开放以来，中国土地市场的变迁始终在“坚持所有制性质不变、完善所有制实现方式”的前提下，通过赋予使用权、交易权、收益权等更强的产权保护，及时调整和完善中央和地方政府在土地市场中的作用，为经济社会持续健康发展提供土地制度保障，土地制度和市场建设不断取得新的成就。当前中国特色社会主义进入新时代、中国经济也从高速增长阶段转向高质量发展阶段，现行土地制度和土地市场还存在与新时代和新阶段要求不完全适应的地方，未来需要在平等保护各类土地产权、积极扩大集体用地权能建立城乡一体建设用地市场、完善土地增值收益分配、建立现代化土地资产经营制度等方面继续深入推进相关领域改革。

一、改革开放以来中国土地市场发展历程

改革开放以来，坚持从我国国情出发，借鉴国外有益做法，经过

多年探索，在土地公有制（城镇土地国有、农村土地集体所有）的基础上，以严格保护耕地和节约集约用地为目标、以平等保护各类土地产权、在用途管制基础上土地要素的市场化配置为主要内容的中国特色土地制度框架基本形成。作为一项基础性、全局性制度，土地制度在各发展阶段中始终坚持创新发展，不断增强与我国社会主义初级阶段基本国情和中国特色社会主义经济体制的适应性。

（一）1978～1988年：国有土地有偿使用和城乡二元土地制度形成

改革开放前，中国城镇国有土地配置实行的是行政划拨制度。国家将征用的土地以无偿、无限期提供给用地者，土地使用权不允许转让、出租、抵押，完全排斥了市场配置土地的功能。1980年初，开始允许对城市国有土地收取土地使用费，国有土地的使用从无偿到有偿，使国家对国有土地的所有权在经济上有所体现。1986年12月，深圳市政府探索国有土地使用权作为特殊商品进入市场，1987年9月将5幅土地，分别以协议、招标或拍卖方式、30～50年不等的使用期出让，第一次真正突破传统国有建设用地无偿、无限制使用制度，迈出了通过市场机制配置国有建设用地的第一步。1988年4月，《宪法》将原来的“任何组织或者个人不得侵犯、买卖、出租或者以其他形式非法转让土地”中的“出租”一词删去，增加了“土地的使用权可以依照法律的规定转让”，正式承认了国有土地使用权的转让功能。同年《土地管理法》也作了相应修订。这两部法律的修改为城市国有土地市场化改革提供了法律依据。城市土地使用权有偿出让迅即从沿海经济开放区向内地城市展开。到1990年底，已有10个省市、38个城市、19个县先后实行国有土地使用权的有偿出让和转让。

在农地转非农用地方面实行征地制度。1978年《宪法》规定：“国家可以依照法律规定的条件，对土地实行征购、征用或收归国有。”1982年修订《宪法》时，将此条款修改为“国家为了公共利益的需要，可以依照法律规定对土地实行征用”。鉴于当时城市多种土地所有制并存的状况，修订《宪法》时对土地国有的范围进行了框定，即“城市的土地属于国家所有”，这意味着当时城市范围内约4%的集体所有土地和私有宅基地要变为国有，但对以后进入城市范围内的土地是否也必须转为国有这一问题未作明确规定。1982年出台的《国家建设征用土地条例》规定“国家进行经济、文化、国防建设以及兴办社会公共事业”，可以“征用集体所有的土地”。同时也排除了用地单位以其他方式获得土地的方式，“禁止任何单位直接向农村社队购地、租地或变相购地、租地”。

1986年《土地管理法》修订，奠定了“城乡二元土地所有制”的基础，沿用至今，影响深远。一为国有制（城市土地属于全民所有）；二为集体所有（农村和城市近郊的土地属于集体所有，农民的宅基地、自留地、自留山属于集体所有）。尽管中国的所有制结构发生巨大变化，非国有经济成分占半壁江山，大量的经济建设活动已非国家建设，也非公益目的的建设，但是在土地转用市场上，只要土地转为非农使用，就要实行征用；只要进入城市范围，就要实行土地国有。这形成和强化了伴随工业化城市化进程土地通过征用变为国有化的趋势。

在城乡二元土地制度格局下，直到20世纪80年代中期以后，集体建设用地进入市场的通道一直还是开着的。改革初期，随着“包产到户”政策的推行，特别是1984年城市体制改革后，农村剩余劳动力大量显化，国家政策鼓励农民大力发展乡镇企业，进行结构变革来增加农民收入和非农就业。1978年全国乡镇企业用地估计235.5万亩，到1985年估计约844.5万亩，用地规模扩大了2.6倍。1978～1979年全国农村建房约4亿平方米，1980年约5亿平方米，1981～1985年新建农民住宅平均每年在6亿平方米以上。当时的建设部统计，1985年全国农民建房占用耕地6.03万公顷，全国集镇用地197.7万公顷。1985年中央农村工作文件还允许“农村地区性合作经济组织以土地入股方式参与（小城镇）建设，分享收益或者建成店房及服务设施自主经营或出租”。1986年修订的《土地管理法》中，农村土地进入非农建设还保留三个通道：第一，只要符合乡（镇）村建设规划，得到县级人民政府审批，就可以从事“农村居民住宅建设，乡（镇）村企业建设，乡（镇）村公共设施、公益事业建设等乡（镇）村建设”。第二，当全民所有制企业、城市集体所有制企业同农业集体经济组织共同投资举办联营企业，需要使用集体所有的土地时，“可以按照国家建设征用土地的规定实行征用，也可以由农业集体经济组织按照协议将土地的使用权作为联营条件”。第三，城镇非农业户口居民在经县级人民政府批准后，可以使用集体所有的土地建住宅。

（二）1992～2002年：国有土地供应双轨制和集体土地入市通道受限

1990年5月，国务院发布的55号令《城镇国有土地使用权出让和转让暂行条例》，对城镇国有土地行政划拨的有偿出让、转让作了规范性的法律规定，但是对行政划拨的范围并未作出明确界定，造成大多数出让的土地没有进入市场配置，形成行政划拨与出让并存的双轨制。除此之外，也未对有偿出让的土地中哪些应该实行协议出让、哪些应该实行招拍挂作出明确规定，又形成有偿出让土地中以协议出让为主的局面。双轨制的并存以及大量土地以协议方式出让，不仅导致土地利用不集约，也出现土地寻租，大量土地收入落入少数官员和房地产商囊中。

为此，中央政府出台一系列措施来规范土地市场发展。1992年发布的《关于当前经济情况和加强宏观调控的意见》，要求严格执行土地审批制度；对出让土地进行集中管理，由政府统一规划、统一征地、统一开发、统一出让、统一管理，由政府垄断土地出让市场；扩大土地使用权的出让范围，增强市场竞争机制，规定除国家拨款的党政机关、行政事业单位、军事设施、公共公益事业、福利住房和按产业政策应予支持的能源、交通行业内非经营性用地仍采取行政划拨外，其他建设项目一律以出让方式供地。1995年6月国家土地管理局下发《协议出让国有土地使用权最低价确定办法》，堵塞协议出让价格漏洞。2001年5月30日，国务院下发《关于加强国有土地资产管理的通知》，明确提出为体现市场经济原则，确保土地使用权交易的公开、公平、公正，各地要大力推行土地使用权招标、拍卖，成为经营性土地由非市场配置向市场配置转变的分水岭。2001年国土资源部下发《关于整顿和规范土地市场秩序的通知》，实行建设用地供应总量制度、城市建设用地集中供应制度和土地使用权公开交易制度。2001年10月22日发布《划拨用地目录》，规定对不符合划拨目录的建设用地必须有偿使用。2002年《招标拍卖挂牌出让国有土地使用权规定》明确商业、旅游、娱乐和商品住宅等各类经营性用地，必须以招标、拍卖或挂牌方式出让。2003年6月11日出台的《协议出让国有土地使用权规定》指出，不符合招标、拍卖、挂牌出让条件的国有土地，方可协议出让。至此，国有土地划拨使用的范围进一步明确，招拍挂制度初步确立，国有土地协议出让行为进一步规范。

规范国有土地市场的同时，集体建设用地进入市场的通路逐步受限。1992年国务院出台《关于当前经济情况和加强宏观调控的意见》，对集体建设用地采取了关闭市场的态度，包括集体土地必须先征为国有出让才能作为建设用地；集体土地作价入股兴办联营企业的，其土地股份不得转让。1998年修订的新《土地管理法》，对农村土地进入非农集体建设使用的口子就大大缩紧了，农民使用集体土地从事建设在该法第四十三条已变成任何单位只能使用国有土地的一个“除外”：“兴办乡镇企业和村民建设住宅经依法批准使用本集体经济组织农民集体所有的土地的，或者乡（镇）村公共设施和公益事业建设经依法批准使用农民集体所有的土地的除外。”明确提出了“农民集体所有的土地的使用权不得出让、转让或者出租用于非农业建设”，但“农村集体经济组织以土地使用权入股、联营等形式与其他单位、个人共同举办企业”这一条仍予保留。提出了农村村民一户只能拥有一处宅基地，农村村民出卖、出租住房后，再申请宅基地的，不予批准。1999年，国办发《关于加强土地转让管理严禁炒卖土地的通知》（39号文）规定：“农村居民点要严格控制规模和范围，新建房屋要按照规划审批用地，逐步向中心村和小城镇集中；乡镇企业用地要严格限制在土地利用总体规划确定的城市和村庄、集镇建设用地范围内；农民的住宅不得向城市居民出售，也不得批准城市居民占用农民集体土地建住宅。”

城乡二元土地制度给地方政府获取巨额土地出让收入提供了制度条件。1994年分税制改革前，国有土地出让规模不大、收入也不高，土地的作用主要还是满足“招商引资”“办乡镇企业”的用地需求。1990年和1991年，全国的土地出让金分别只有10.5亿元和11.3亿元。“南巡讲话”后，全国土地出让规模急剧扩大，1992年土地出让金快速提高到525亿元。但1993年以后出让金收入又快速下降，直到1998年才逐步上升到508亿元。

（三）2003～2012年：土地政策参与宏观调控

国家正式提出运用土地政策参与宏观调控始于2003年，是从土地政策参与房地产市场、稳定住房价格作为重点而展开的。2003年2月18日，《关于清理各类园区用地加强土地供应调控的紧急通知》（国土资发〔2003〕45号）明确提出：“严禁任何单位和个人使用农民集体土地进行商品房开发、严格控制土地供应总量特别是住宅和写字楼用地的供应量，停止别墅类用地的土地供应，防止楼市动荡带来风险。”2004年10月，《关于深化改革严格土地管理的决定》（国发〔2004〕28号）提出：“必须正确处理保障经济社会发展与保护土地资源的关系，严格控制建设用地增量，努力盘活土地存量，强化节约利用土地”“进一步完善符合我国国情的最严格的土地管理制度”。文件还系统提出了禁止非法压低地价招商、推进土地资源的市场化配置等一系列措施，并明确要求“探索建立国有土地收益基金，遏制片面追求土地收益的短期行为”。2006年，针对土地调控中出现的新动向、新问题，主要是建设用地总量增长过快和低成本工业用地过度扩张，严把土地“闸门”任务仍然十分艰巨，国务院《关于加强土地调控有关问题的通知》（国发〔2006〕31号）出台，这是单独针对“土地调控”出台的第一个国务院文件，提出“建立工业用地出让最低价标准统一公布制度”“禁止通过‘以租代征’等方式使用农民集体所有农用地进行非农业建设，擅自扩大建设用地规模等，将严把土地闸门始终贯穿于土地调控政策。

将农村建设用地减少与城镇建设用地增加相挂钩，是国土资源部推行的重大制度创新。自2006年启动城乡建设用地增减挂钩改革试点以来，相关法规制度逐步出台，国土资源部与各省市联动，探索了一套将农民新村建设、保护耕地和解决小城镇建设用地指标相结合的工作方法，对小城镇建设和县域经济发展发挥了积极作用。增减挂钩制度下，农村闲置、废弃建设用地得到了有效的盘活利用，城镇建设得到了新增建设用地指标，农民也得到了一些好处。

借鉴城乡建设用地增减挂钩的制度原理，考虑到重庆农村大面积存在闲置、废弃建设用地的现实情况，总结、提炼增减挂钩改革试点经验，重庆开展了更进一步的制度创新。2008年，重庆市提出了设立农村土地交易所、开展地票改革试验，用市场化方式发现农村土地价格、开辟城市反哺农村新途径的构想。2009年1月，《国务院关于推进重庆市统筹城乡改革和发展的若干意见》（国发〔2009〕3号），明确“设立重庆农村土地交易所，开展土地实物交易和指标交易试验，逐步建立城乡统一的建设用地市场，通过统一有形的土地市场、以公开规范的方式转让土地使用权，率先探索完善配套政策法规”。自此，重庆农村土地交易所和地票改革试验拉开了帷幕。农民在参与建设用地复垦和地票交易的过程，其土地财产权利得到显化，价值显著提升。农民直接得到地票价款收入，按照85：15分配原则，当前农民最低可获得每亩12万元，比在传统模式下宅基地使用权流转获得的收益高出数倍。以2011年以来农户实得地票价款为例，2011～2017年间地票交易价格稳定在21万元/亩左右，扣除复垦成本及集体收益，农民可获收益约为14万元/亩～15

万元/亩。

2008年第三季度起，国际金融危机对我国出口和经济的影响逐步显现。为完成“扩内需”“保增长”任务，国土资源部发布《关于切实做好扩大内需促进经济平稳较快发展的用地保障和管理的通知》（国土资〔2008〕298号），要求“各省（区、市）国土资源管理部门要重点做好今年新增1000亿投资切块下达地方项目用地的安排，同时抓紧分析明年扩大内需的用地情况，确保所需的计划指标”。2009年6月12日，《关于在保增长保红线行动中加快处理批而未用土地等工作的通知》（国土资电发〔2009〕44号）要求，“在全面清理、摸清底数的基础上，及时制订批而未征、征而未供、供而未用、用而未尽土地的处理意见和整改方案，并认真抓好落实”。2010年，国土资源部印发《保发展保红线工程——2010年行动方案》，稳步推进土地管理制度改革，保障土地调控政策到位。

2010年全国热点城市房价大幅上涨后，土地政策成为国家实施房地产调控的重要工具。为增强土地政策参与房地产市场宏观调控的针对性、灵活性、有效性，持续推进国务院关于房地产市场调控政策措施的贯彻落实，2010年12月19日，国土资源部出台《关于严格落实房地产用地调控政策促进土地市场健康发展有关问题的通知》（国土资发〔2010〕204号），提出“控制住房用地供应总量，把握供地节奏和时序，优化供地结构，调整供地方式，坚决抑制地价过快上涨”。2011年和2012年又相继印发《保发展保红线工程——2011年行动方案》《关于做好2012年房地产用地管理和调控重点工作的通知》（国土资发〔2012〕26号）、《关于进一步严格房地产用地管理巩固房地产市场调控成果的紧急通知》（国土资电发〔2012〕87号）等文件，开始尝试调整土地出让方式来防控地价过快上涨，规定“对预判成交价创历史总价最高，或单价最高，或溢价率超过50%的房地产用地，包括商服、住宅或商住综合，要及时调整出让方案，采用‘限房价、竞地价’或配建保障房、公共设施等办法出让土地”。

从土地出让情况看，2003～2011年间是土地出让面积和出让金额增长最快的时期。2003年，全国出让土地面积18.68万公顷，土地出让总收入5421亿元，比2000年的595亿元增长了9倍多。到2011年，全国出让国有建设用地面积33.39万公顷，出让合同价款3.15万亿元。全国通过招拍挂方式出让的土地面积占比从2003年的28%迅速提升到2011年的91.3%。

2012年以来，房地产市场波动较大，加大了土地出让收入的不稳定性。从自然资源部公布的土地出让签订合同总价款来看，2012年出让总价款为2.69万亿元，2013年迅速上升至4.2万亿元，2014年和2015年分别回落至3.34万亿元和2.98万亿元，2016年大幅上升至3.56万亿元，2017年更是达到4.99万亿元的历史最高点（见图9-1）。

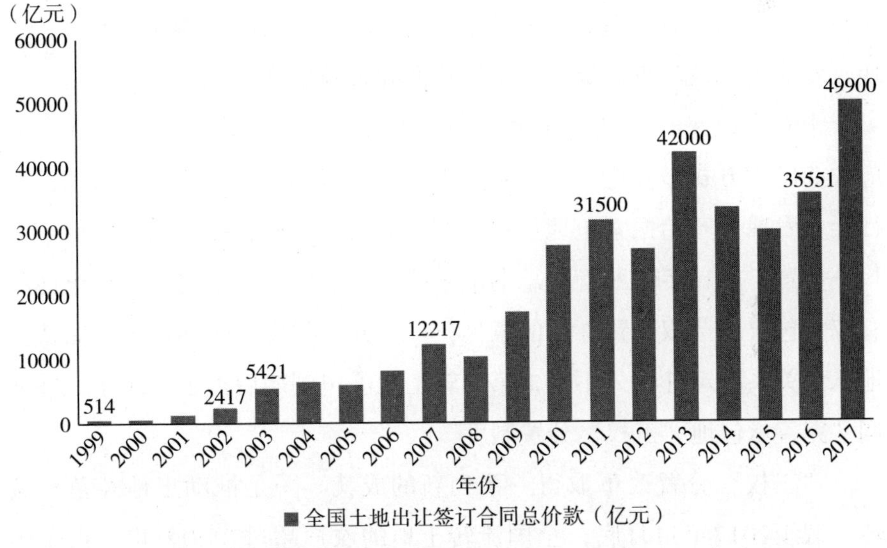

图9-1　历年土地出让签订合同总价款：1999～2017年

资料来源：历年《国土资源统计年鉴》

（四）2013至今："三权分置"改革和城乡一体建设用地市场建设

十八大以来，适应我国经济进入新常态后的发展新要求，深入推进土地供给制度改革，土地供给对新产业、新业态等需求新变化的适应性和灵活性增强，农村承包地和宅基地不断探索完善“三权分置”改革，城乡一体建设用地市场建设取得新突破。

1. 深入推进农村承包地“三权分置”改革

改革开放后，农村土地集体所有权和农户承包经营权“两权”分离，实行“土地集体所有、家庭承包经营”的双层体制，对激发农民积极性和提高农业生产量发挥重要作用。但也出现了与新发展阶段不相适应的地方，比如许多承包家庭成员向城镇迁移，承包地“抛荒”现象严重，受限于农村土地承包采取农村经济组织内部的家庭承包方式，只有集体经济组织成员才有资格承包土地，目前的“两权”分离制将土地承包权和经营权连在一起，承包者就是经营者，全国户均耕地7.5亩、5.7块，农业生产效率难以提升，土地资源配置效率低下。

十八大以来，为增强土地作为生产要素在城乡市场的流动性，适应农业经营方式多样化，推动农业生产经营集约化、专业化、组织化、社会化发展，开始探索土地承包经营权分为承包权和经营权，实行“三权”分置。2016年，习近平总书记主持审定下发《关于完善农村土地所有权承包权经营权分置办法的意见》。十九大报告中明确提出，保持土地承包关系稳定并长久不变，第二轮土地承包到期后再延长30年，并强调“完善承包地‘三权’分置制度”。

“三权”分置改革取得一系列新的成就。一是推动土地经营权流转。截至2017年11月底，全国流转土地的农户超过7000万户，占全国2.3亿农户数量的30%。耕地流转面积达到4.6亿亩，占承包地的1/3，经营耕地50亩以上的规模经营农户超过350万户，农民合作社达到190万个。二是壮大新型职工农民群体。“三权分置”吸引了社会群体参与土地经营，解决了农村“谁来种地”的问题。不完全统计，各类新型经营主体达到270万家，新型职业农民超过1200万人。三是大幅提升土地经营规模和产出效率。“三权分置”实施后，土地入股、土地托管等多种形式规模经营发展迅猛，农业机械化加快推进，主要农作物耕种收综合机械化水平超过65%。

2. 完善节约集约用地制度框架

建立节约集约用地制度，主要从“盘活存量”和“控制增量”两方面着手。在盘活存量方面，建立城镇低效用地再开发激励机制，鼓励利用和改造旧厂房、旧工矿和“城中村”用于养老、文化创意、旅游等新业态。加快已出让土地的供应速度，形成有效供应。截至2017年二季度末，全国近5年平均供地率达65.9%（比2012年同期提升12.3个百分点）。此外，依法依规处置闲置土地的力度持续加大。全国2015年专项督察发现的105万亩闲置土地中，截至2017年底已处置完毕近100万亩，处置比例达到95%。

在控制增量方面，调整完善土地利用总体规划，改革土地利用计划管理制度，实行建设用地总量和强度双控行动，建立“人地挂钩”制度，城镇建设用地增加指标的规模同吸纳农业转移人口落户数量相挂钩，“土地城镇化”与“人口城镇化”速度相匹配。严格落实“十三五”规划中的单位用地GDP最低产出目标和能源下降目标，严格控制建设用地总规模，提升土地利用强度，建设占用耕地比重由2013年末的40.6%下降到2017年末的38.9%。为更好地监测和评估土地节约集约利用情况，经过多年试点，已建立起比较完善的全国城市建设用地节约集约利用评价体系，目前已覆盖全国80%的地级市和60%的县级市、500余个国家级开发区和1100多个省级开发区。

3. 探索适应新时代住房制度要求的土地供给体系

十九大报告提出，坚持“房子是用来住的、不是用来炒的”定位，加快建立多主体供给、多渠道保障、租购并举的住房制度。土地制度是住房基础性制度，完善土地供给体系是房地产市场稳定健康发展长效机制的重要组成部分。一是出台住宅用地供应中期规划和三年滚动计划，完善中长期土地供应体系。打破过去“工业用地40年、商业用地50年、居住用地70年”的单一出让模式，在工业用地供应上率先实行“先租后让、租让结合”和“弹性年期出让”。二是建设“租购并举”住房体系建设，启动集体土地建设租赁住房试点，在租赁住房用地上探索直接出让、配套建设等新方式，支持土地租赁和作价出资（入股）。

4. 探索城乡统一的建设用地市场建设

十八届三中全会决定明确了深化农村土地制度改革的方向、重点和要求，提出“建立城乡统一的建设用地市场、农村集体经营性建设用地实行与国有土地同等入市、同权同价”。经过多年探索，我国城市建设用地市场发展迅速，制度框架和政策体系比较健全。但农村集体经营性建设用地市场发展长期滞缓，城乡土地市场的长期割裂，成为城乡统筹发展和新市民参与新型城镇化甚至现代化进程的重要阻碍。2013 年，国土资源部开始部署开展“集体经营性建设用地流转指导意见”的研究工作，希望就城镇建设用地范围以外的经营性集体建设用地的有偿出让、交易方式、收益分配方式等方面做出具体规定。2014年12月，中央深改组审议通过《关于农村土地征收、集体经营性建设用地入市、宅基地制度改革试点工作的意见》，33个试点地区分别承担上述3项改革任务。2017年中央一号文件提出，将征地制度改革和集体经营性建设用地入市改革的试点范围扩至33个县。2017年初，国土资源部印发《关于完善建设用地使用权转让、出租、抵押二级市场的试点方案》。上述文件和政策的出台，为探索最终建立城乡统一的建设用地市场提供了体制机制和政策依据。

二、当前面临的主要问题和矛盾

改革开放以来，我国土地制度和土地市场建设不断取得新的成就。

同时也要看到，同十九大提出的“中国社会主义建设进入新时代”和“中国经济进入高质量发展阶段”的要求相比，现行的这套土地制度和市场体系还有不适应或者不完全适应的地方，在许多方面还存在深层次问题和矛盾。

（一）市场机制对城乡土地配置的作用发挥不充分

在国有建设用地配置方面，尽管基本实现了商业性用地的招拍挂，但是仍有相当大比重土地以行政划拨和协议形式出让，国有土地有偿使用覆盖面偏小，行政配置土地比重仍然过大的结果就会造成土地利用不集约、工业园区的土地投机以及为官员腐败提供权力资源。在地方竞争模式下，土地被作为招商引资的重要手段，地方政府在土地价格特别是工业用地价格方面实行倾斜性的优惠政策，不少地方采取工业用地“先出让再返回出让金”的做法，实行工业零地价甚至负地价，一方面破坏了土地市场的统一性和公平竞争，另一方面也降低了工业用地配置效率。

在农村集体建设用地配置方面，突出表现在宅基地的商品化资本化问题。随着城市化进程，农民宅基地的商品化越来越显化，房屋出租成为农民收入的主要来源，宅基地开发成为集体和农民股份分红的主要收入来源。对城里人到农村买宅基地、农房以及投资乡村房地产市场，要辩证认识、科学分析。一味采取禁止的办法，只会助长非法用地的蔓延，而且也不利于城乡生产要素互通，不利于农民实现财产性收入，不利于农村城市化进程，下一步需要研究打通城乡资本、土地和住宅市场双向流通，以及乡村房地产与城市国有房地产两个市场接轨的政策和法律问题。

（二）现行土地税制扭曲国土资源配置效率

现行土地税制存在明显不足。一是在取得和保有环节，城镇土地使用税、耕地占用税采取从量课征，房产税的从价部分采取历史成本，保有环节的税收弹性不足，再加上课税范围狭窄，减免优惠范围过宽，其在不动产课税中的主体地位日益下降。二是在土地流转环节，设置了契税、营业税、印花税以及城建税和教育费附加等多项税费，整体税率过高，抑制了不动产的正常交易和流转。三是对土地流转收益课征的土地增值税和所得税，近年来虽然呈上升趋势，但占不动产税的比重一直很低，未能有效发挥打击土地投机，改进不动产市场效率的作用。

（三）资源环境难以承载大规模高强度国土资源开发

在过去中国经济高速增长时期，土地主要用于保障经济社会的生产性需求和基础设施性需求，城镇工矿用地和基础设施类用地过度扩张，跟其他经济体相比，我国的生产性用地比例明显偏高。相反，在许多大城市尤其是特大城市的生活生态用地特别是住房用地的供应比重偏低。国有建设用地快速增加，一方面导致大量耕地被圈占，另一方面主要用于工矿和基础设施建设，大幅降低了国土资源的综合承载力，给中央政府耕地保护和国土整治修复带来严峻挑战。许多地方资源环境承载能力已经达到或接近上限，继续实施大规模、高强度的国土资源开发活动，资源难以承载，环境难以容纳。

（四）“以地谋发展”模式下经济金融风险快速累积

在过去中国经济年均10%以上的高速增长时期，经济增长主要依靠土地、劳动力、资本等要素规模驱动，消耗了大量的建设用地和耕地资源。土地资源被作为保障经济增长的重要要素，一直处于宽供应阶段。随着中国经济从高速增长阶段转向高质量发展阶段，这种粗放式的、以土地增量扩张为特征的发展模式需要尽快转型。在过去的城镇化发展过程中，土地城镇化快于人口城镇化的现象普遍存在。从城市、土地规划体系看，中长期规划体系的约束力较弱，建设用地只注重增量扩张，对盘活存量资源、提高存量土地效率并不重视，许多地方出现了“一边是大规模土地开发建设，另一边是闲置低效土地大量存在”的现象。

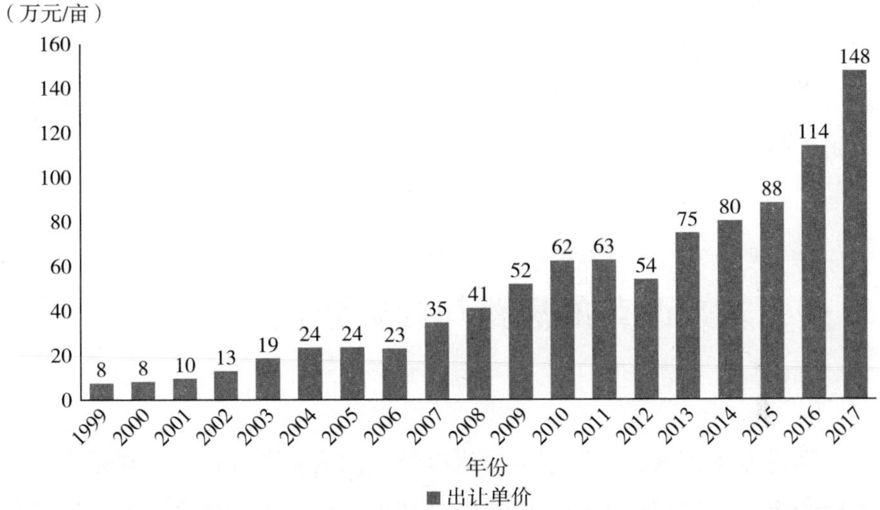

图9-2　历年土地出让面积单位价格：1999～2017年

资料来源：历年《国土资源统计年鉴》

土地出让收入持续较快上涨的同时，以土地为抵押的各类贷款增速也很快。据统计，2009～2015年间84个重点城市土地抵押面积从325.5万亩增加到736.2万亩，抵押贷款总额从2.59万亿元上升至11.33万亿元，平均抵押价格从79万元/亩提高到154万元/亩（见表9–1）。

表9-1　　84个重点城市土地抵押贷款情况

年份	土地抵押面积（万亩）	抵押贷款总额（万亿元）	平均抵押价格（万元/亩）
2009	325.5	2.59	79
2010	387.3	3.53	91
2011	451.2	4.80	106
2012	523.1	5.95	114
2013	605.9	7.76	128
2014	676.5	9.51	141
2015	736.2	11.33	154

注：2015年以后，原国土资源部不再公布84个重点城市土地抵押贷款数据。

资料来源：历年国土资源公报。

十九大提出，我国从高速增长阶段转向高质量发展阶段。随着经济增长阶段的转换，潜在经济增长率下降，原来在高速增长时期被掩盖和后推的矛盾与风险将会显露，特别是高速增长惯性引导下的扩张行为，很可能导致增长的大起大落。地方政府过于依赖土地财政和土地抵押贷款的各类隐性风险逐步显化，一旦地方政府的各类隐性负债达到风险临界点，土地问题引发的社会矛盾将进一步积累。

三、未来改革的思路与政策建议

经过多年探索，我国逐步形成以公有制为基础，以保护耕地和节约用地为主线，以产权保护、用途管制和市场配置为主要内容的中国特色土地制度。改革的目标是，改变土地权利二元、市场进入不平等、价格扭曲和增值收益分配不公的格局，以权利平等、放开准入、公平分享为重点，深化土地制度改革，促进土地利用方式和经济发展方式转变。

（一）完善平等保护土地产权的制度体系

以落实集体成员权时点和量化集体资产为核心，在十九大提出“承包经营权再延长三十年”的基础上，确保农村土地承包关系长久不变，按照“做实承包权、放活经营权、体现所有权”的改革方向，深入推进“三权分置”改革。加快基础产权登记颁证工作，农村承包地、宅基地、林地、房屋等资源确权、登记、颁证到每个农民，以土地为基础的不动产统一登记制度实施要有明确时间表。在现有土地权属基础上，赋予农民集体土地处置权、抵押权和转让权，特别是探索宅基地所有权、资格权、使用权“三权分置”，在落实宅基地集体所有权、保障宅基地农户资格权、适度放活宅基地使用权方面加快试点，为城乡统一土地市场最终建立提供试点经验。

（二）构建平等进入、公平交易、城乡一体土地市场

在规划和用途管制下，允许农村集体土地与国有土地平等进入非农用地市场，形成权利平等、规则统一的公开交易平台，建立统一土地市场下的地价体系。完善土地租赁、转让、抵押二级市场。随着农村集体建设用地直接入市，相应收缩政府征地范围，逐步减少直至取消非公益性用地的划拨供应。在集体土地入市交易的架构下，对已经形成的“小产权房”，按照不同情况补缴一定数量的出让收入，妥善解决这一历史遗留问题。借鉴重庆市等地的城乡建设用地增减挂钩试点做法，进一步探索在更大范围内推广增减挂钩，优化土地资源的空间配置效率。按照十九大提出的“加快建立多主体供应、多渠道保障、租购并举住房制度”的总体要求，研究制定权属不变、符合规划条件下，非房地产企业依法取得使用权的土地作为住宅用地的办法，深化利用农村集体经营性建设用地建设租赁住房试点。

（三）建立公平、共享的土地增值收益分配制度

对被政府征收土地，改原用途补偿为公平补偿，农民房屋按市价补偿，被征地农民纳入城镇社保体系。土地征用必须坚持“公共利益需要”原则，改变目前只要是经济建设用地就实行征用的做法。为阻断地方政府以“公共利益”在法律上难以准确界定为由，任意扩大征地范围，应出台政策明文规定，只要是明显为了盈利目的的用地，即可判定为非公共利益，这类用地不得通过征用获得，并列出不属于公共利益用地的名录，作为国土监察的基本依据。鉴于目前行政划拨用地的用途过于宽泛，占地过多，既浪费土地，又滋生腐败。建议对建设用地中公共设施建设划拨用地的比重做出严格限定，清理一些以公共利益的名义划

拨土地实际上是进行营利性目的的用地。进行某些类公共目的用地的按市场价赔偿试点。

改革土地出让制度和用地模式，合理确定城市土地用于建设与农民留用比例。应当给被征地的村按一定比例预留一部分建设用地，由村集体经济组织建造标准厂房、铺面等出租，租金收益以股份形式在村民中分配。留用地按规定交纳各种相关税费后，办理国有建设用地使用权证，由村建造标准厂房、写字楼、商业用房出租，或以土地作价投资入股。对于影响城市规划的留用地采取招、拍、挂办法出让，土地净收益的大头返给村集体。建议中央出台专门的文件，就留用地的比例、使用办法、收益分配原则等做出具体规定。

（四）建立与现代社会发展相适应的土地财产税制度

以土地为核心的财产税是发达市场经济国家普遍开征的税种，它是地方政府重要且稳定的财政收入来源。在我国对土地开征财产税，既符合国际经验，也具备征收条件，同时也为改革土地财政提供了现实基础。建立土地价值评估体系。将土地税收计征重点从流转环节转向保有环节，实施从价计征。率先对集体建设用地、储备土地和囤积土地征收土地增值税。

（五）建立国有土地新型融资制度和资产经营制度

深化土地储备制度改革，“开正门、堵后门”规范土地融资机制。要控制储备用地抵押贷款的规模和用向，避免储备贷款直接转化为地方债务。按照《财政部 国土资源部关于印发<地方政府土地储备专项债券管理办法（试行）>的通知》（财预〔2017〕62号）文件要求，地方各级政府不得以土地储备名义为非土地储备机构举借政府债务，不得通过地方政府债券以外的任何方式举借土地储备债务，不得以储备土地为任何单位和个人的债务以任何方式提供担保。在堵住后门的同时，利用发行土地储备专项债券[①]等方式开正门，规范土地储备融资行为，建立土地储备专项债券与项目资产、收益对应的制度。为提高存量国有土地配置效率，探索国有土地资产经营模式，地方政府职能要逐步从卖地转向国有土地资产经营，建立国有土地资产交易市场和资产经营收益管理分配制度。

（六）建立以权属管理和用途管制为核心的土地管理体系

制定国土空间规划体系。强化土地利用总体规划实施刚性，依法落实用途管制。以2035年为目标年启动新一轮土地利用总体规划编制，探索建立自然生态空间用途管制制度，建立国土空间监测监管制度。加强土地权属管理，建立统一地籍管理体系。逐步取消土地指标审批和年度计划管理，建立中央和地方权责对等的土地管理责任制度。

执笔：邵　挺

① 土地储备专项债券是指地方政府为土地储备发行，以项目对应并纳入政府性基金预算管理的国有土地使用权出让收入或国有土地收益基金收入（以下统称土地出让收入）偿还的地方政府专项债券。

第十章

中国房地产市场建设与发展40年

改革开放40年来，房地产市场体系建设与改革取得显著成效，人民群众居住水平明显改善，房地产市场的发展也成为中国经济增长的重要动力。展望未来，随着中国特色社会主义进入新时代和房地产市场发展阶段的重大变化，需要进一步深化改革，完善相关政策，并以此促进房地产市场持续健康发展。

一、房地产市场发展的背景、改革历程与主要经验

中国房地产市场是随着经济体制改革的不断深入而发展起来的，房地产市场体系建设因此与经济体制改革特别是城镇住房制度改革紧密相连。

（一）房地产市场体系建设和改革的背景

在计划经济时代，中国城镇居民的住房供应实行低租金的福利分配形式。这样的制度安排在当时居民收入很低的情况下，对保障城镇居民

的基本住房需求曾起到一定作用。但是这一制度的弊端也比较明显。一是形成了城镇居民对福利分房的制度性依赖，抑制了居民个人对住房消费的投入。二是这一制度使国家和企业对日益增长的住宅投资需求和大量的住宅维修、保养投资不堪重负。三是排斥了市场机制的作用，抑制了住房市场的发展。由于低租金福利分配制的城镇住房制度存在诸多弊端，到1977年底，全国190个城市平均每人居住面积只有3.6平方米，城镇居民住房极度短缺。1978年以后，中国进行了经济体制改革，为解决城镇居民住房困难问题，从1980年开始逐步探索城镇住房制度改革，并于1998年开启全面深化城镇住房制度改革。

（二）房地产市场体系建设与改革的主要历程

1. 城镇住房制度改革的起步探索阶段

1980年，邓小平提出了“出售公房、调整租金、提倡个人建房买房的”总体房改设想。1982年，中国选择了四个城市进行试点，开展新建住房补贴出售，拉开了中国城镇住房制度改革的序幕。从试点实践看，由于当时的住房租金价格太低，租买比价不合理，个人缺乏买房的动力，效果并不理想，因此1985年停止了这一做法。1986年，中国选定烟台等三个城市试行“提租补贴、租售结合、以租促售、配套改革”的方案。1988年2月，在试点取得经验的基础上，《国务院关于印发在全国城镇分期分批推行住房制度改革实施方案的通知》明确提出了“提租补贴”的方案，从改革公有住房低租金制度着手，将实物分配逐步转变为货币分配。1991年6月，国务院发布了《关于继续积极稳妥地进行城镇住房制度改革的通知》，提出的主要措施包括提高公有住房租金和出售公有住房。1994年，《国务院关于深化城镇住房制度改革的决定》明确提出“把住房建设投资由国家、单位统包的体制改变为国家、单位、个人三者合理负担的体制；把各单位建设、分配、维修、管理住房的体制改变为社会化、专业化运行的体制；把住房实物福利分配的方式改变为以按劳分配为主的货币工资分配方式；建立以中低收入家庭为对象、具有社会保障性质的经济适用住房供应体系和以高收入家庭为对象的商品房供应体系；建立住房公积金制度；发展住房金融和住房保险，建立政策性和商业性并存的住房信贷体系；建立规范化的房地产交易市场和发展社会化的房屋维修、管理市场，逐步实现住房资金投入产出的良性循环，促进房地产业和相关产业的发展”。此后，商品住房得到较快发展，城镇住房自有率开始提高，城镇居民的住房条件快速改善。

2. 城镇住房制度改革的深入推进阶段

在总结前期城镇住房制度改革经验基础上，1998年7月《国务院关于进一步深化城镇住房制度改革加快住房建设的通知》决定“停止住房实物分配，逐步实行住房分配货币化；建立和完善以经济适用住房为主的多层次城镇住房供应体系；继续推进现有公有住房改革，培育和规范住房交易市场；发展住房金融，扩大个人住房贷款的发放范围，所有商业银行在所有城镇均可发放个人住房贷款。取消对个人住房贷款的规模限制”。上述通知的发布标志着中国城镇住房制度改革出现重大突破，住房市场化的制度框架正式确立，房地产市场从此进入快速发展时期。

2003年以后，为进一步促进房地产市场持续健康发展，鼓励居民扩大住房消费，并解决一些地区房地产价格和投资增长过快等问题，2003年8月《国务院关于促进房地产市场持续健康发展的通知》进一步明确“要坚持住房市场化的基本方向，不断完善房地产市场体系，更大程度地发挥市场在资源配置中的基础性作用”，提出“完善供应政策，城镇多数家庭购买或承租普通商品住房，经济适用住房主要提供给低收入家庭，廉租住房提供给最低收入家庭”，强调“要搞活住房二级市场，要认真清理影响已购公有住房上市交易的政策性障碍，鼓励居民换购住房”，并在“发展住房信贷、完善个人住房贷款担保机制”方面做出了安排。上述通知还提出“改进规划管理，调控土地供应”，对“土地供应过量、闲置建设用地过多的地区，必须限制新的土地供应。普通商品住房和经济适用住房供不应求、房价涨幅过大的城市，可以按规定适当调剂，增加土地供应量”。2004年3月，国土资源部出台文件规定经营性用地在2004年8月31日后必须采用招标拍卖挂牌方式供应，不得继续采用协议方式出让经营性土地使用权，土地供应方式的重大调整由此开始。

3. 住房保障制度的加快推进阶段

1998年深化城镇住房制度改革之后，房地产市场快速发展。但2003年之后，由于部分城市房价涨幅较大，低收入家庭住房困难问题较为突出。为此，2007年《国务院关于解决城市低收入家庭住房困难的若干意见》提出以廉租住房制度为重点，多渠道解决城市低收入家庭住房困难，改进完善经济适用住房制度和住房公积金制度，重点向低收入家庭倾斜。2008年全球金融危机之后，中国的住房政策更加重视完善住房保障制度，显著加大了保障体系建设力度，对包括公共租赁住房、棚户区改造在内的多种保障性安居工程建设提供资金、土地、基础设施配套等方面的支持。

经过1998年以来住房相关政策的不断调整完善，目前中国已形成以市场为主满足多层次需求、以政府为主提供基本保障的城镇住房供应制度体系。

（三）房地产市场体系建设与改革的成效

中国城镇住房制度改革和市场体系建设极大促进了房地产市场的发展，特别是1998年下半年开始停止住房实物分配，逐步实行住房分配货币化，为城镇住房市场化和扩大住房消费奠定了制度基础，不仅使居民居住条件得到极大改善，也带动了经济持续较快增长。

一是城镇居民居住条件显著改善，住房自有率大幅提高。城镇住房制度改革以来，特别是1998以来住房投资持续较快增长，住房供给显著增加。1998—2016年间，全国城镇商品住宅销售面积从1.08亿平方米增加到14.5亿平方米，年均增长14%，累计销售面积达到137.2亿平方米。随着住宅新开工面积、销售面积和竣工面积的持续较快增长，城镇居民住房条件改善明显。1998年，中国城镇常住人口为41608万人，当年城镇人均住宅建筑面积18.66平方米，2016年中国城镇常住人口增加到79298万人，城镇人均住宅建筑面积提高到36.6平方米（见图10-1）。居民自有住房数量也大幅度提高，估计2016年中国城镇居民产权住宅拥有率超过80%。

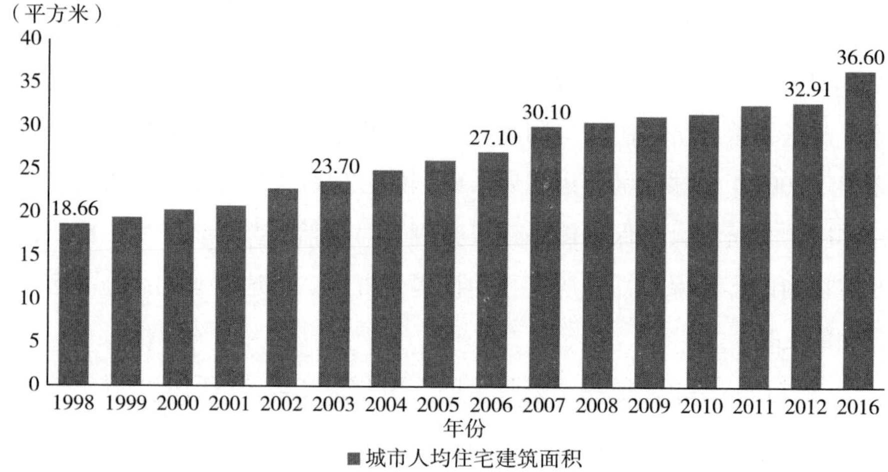

图10-1　中国城镇居民人均住宅建筑面积

资料来源：国家统计局。

二是房地产投资持续较快增长，成为中国经济持续较快增长的重要动力。1998年实施城镇住房制度改革以来，住宅投资快速增长。1998—2017年间，中国城镇房地产开发投资额由3614亿元增加到109799亿元，年均增长18.6%。其中，住宅投资额由2082亿元增加到75148亿元，年均增长19.6%（见图10-2）。期间，住宅投资占房地产投资的比重基本稳定，各年比例都在60%—70%之间，平均占比是65%。1998—2017年间，房地产开发投资完成额占城镇固定资产投资完成额的比重保持在20%左右，成为中国经济持续较快增长的重要带动力。住房市场的快速发展还对冶金、家电、金融、物业管理业、房屋中介等诸多行业的增长都产生较为明显的带动作用。

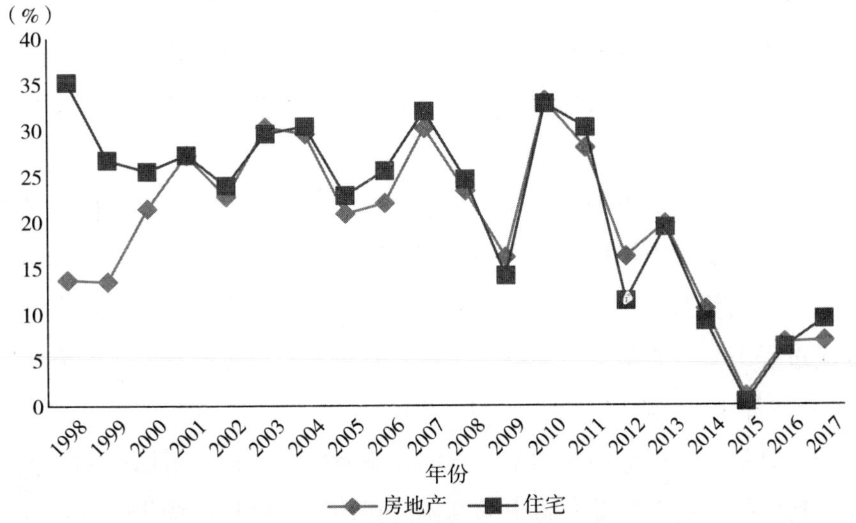

图10-2 房地产和住宅完成投资额增幅：1998～2017年

资料来源：国家统计局

三是住房保障覆盖面大幅提高。自1998年城镇住房制度改革以来，中国住房保障制度逐步形成并不断完善，特别是国际金融危机后，中国显著加大了各类保障房建设力度，解决了大量中低收入家庭的住房困难问题。2011—2015年，中国累计开工建设各类保障性安居工程超过4000万套，基本建成2000多万套（见表10–1）。综合测算，截至2015年末，中国城镇家庭住房保障覆盖率[①]已达到20.5%左右。

表10-1 "十二五"保障性安居工程建设及完成情况 单位：万套

年份		2011	2012	2013	2014	2015	合计
新开工	目标	1000	700	630	700	740	3770
	实际	1043	781	674	740	783	4018
基本建成	实际	432	601	470	480	772	2755

资料来源：课题组根据公开资料整理

① "住房保障覆盖率"是指城镇常住家庭户数（2015年按26052.7万户计算）中通过保障性住房和棚户区改造改善住房条件的家庭户数比例。

（四）房地产市场体系建设和改革的主要经验

改革开放以来，特别是1998年深化城镇住房制度改革以来，我国在房地产市场体系建设和改革方面积累了宝贵经验，房地产市场体系建设的持续推进为房地产市场快速发展和人民居住水平显著改善奠定了重要基础。

一是房地产市场体系建设和住房制度改革始终坚持市场化的基本方向，注重发挥市场机制的作用。城镇住房制度改革初期，就明确了出售公房、调整租金、提倡个人建房买房的总体房改设想，在试点和改革推进过程中，始终坚持将实物分配逐步转变为货币分配这一基本方向。2003年8月《国务院关于促进房地产市场持续健康发展的通知》进一步明确“要坚持住房市场化的基本方向，不断完善房地产市场体系，更大程度地发挥市场在资源配置中的基础性作用”。坚持市场化的改革方向和注重发挥市场机制的作用，极大调动了居民个人、房地产开发企业、金融机构等市场参与者的积极性，房地产市场的活力显著增强，较好实现了加快住房建设、改善居民居住条件的目标。

二是注重更好发挥政府作用。在房地产市场体系建设和住房制度改革中，政府作用主要体现在市场规则制定、市场秩序监管和住房保障三个方面。在改革初期，政府的作用主要体现在制定与住房制度改革相适应的一系列制度规定，为房地产市场的发展奠定制度基础。在房地产市场发展过程中，不断完善相关法律法规，并重点加强对市场秩序的监管，保护消费者利益。在房地产市场发展和城镇住房制度改革过程中，政府始终重视住房保障工作，并根据市场发展、人口流动和低收入家庭住房需求的变化等情况，不断调整完善住房保障政策，实现住有所居。

三是注重问题导向，稳步推进。在房地产市场体系建设初期，面临的是如何培育市场的问题，通过“停止住房实物分配，逐步实行住房分配货币化”，解决了市场需求主体问题，通过建立住房信贷制度提高了人民群众的购房支付能力，房地产市场开始进入快速发展阶段。随着市场化的推进和房价持续较快上涨，低收入家庭住房困难问题比较突出，2007年后又出台一系列政策，着重解决低收入家庭的住房保障问题。注重问题导向，保障了房地产市场体系建设和各项改革措施的稳步推进。

二、房地产市场发展面临的主要问题和矛盾

虽然我国房地产市场体系建设取得了显著成就，但也要看到，在房地产市场发展过程中，仍面临一些突出的问题和矛盾，需要通过进一步改革加以解决。

（一）对房地产市场发展目标认识不到位，调控机制和调控政策有待完善

一是对房地产发展的目标认识不到位，将房地产与宏观经济走势捆绑，成为宏观经济的调控工具。当经济低迷时，往往采取扩张性的房地产调控政策（如2008年应对危机的宽松政策，2015年经济和投资增速回落时的“去库存”政策等），力图以房地产扩张拉动经济增长；当经济过热时，则通过多种调控手段竭力遏制房地产需求。这种以宏观经济走势为目标的房地产调控，在一定程度上背离了房地产发展的目标，调控虽然实现了宏观经济的一些目标，却对房地产市场的持续健康发展带来不利影响。

二是对房地产市场发展规律的认识不到位，调控偏重行政性和短期性措施，在一定程度上扭曲了市场机制的作用，调控虽然取得了预期中的一些效果，但同时也带来了新的问题。

三是尚未建立前瞻性、稳定性和可预期的调控机制，调控政策的被动性和滞后性问题较为突出。2008年以来的几轮调控都是在问题已十分

突出后开始调控，并在原有调控政策引发新的问题后进行调控政策的再次转向。由于政策频繁转向，市场参与者无法形成对政策和市场的稳定预期。

（二）大城市住房支付能力不足的问题日益突出

1998年以来商品房销售价格总体呈持续上升态势，但全国的房价涨幅仍低于收入涨幅，个别城市房价涨幅显著高于收入涨幅。1998—2017年间，中国城镇商品住宅销售均价从1854元/平方米提高到7614元/平方米，年均上涨7.3%。虽然城镇商品住宅销售均价涨幅较高，但由于这一阶段也是中国经济增长最快、居民收入水平提高最快的时期，城镇居民人均可支配收入年均增长10%，仍明显高于同期住宅均价涨幅。虽然从全国看，住宅价格涨幅低于城镇居民可支配收入涨幅，但部分大城市受新建商品住宅供应量持续下降和人口快速增长等因素影响，2007年以来北京、深圳等部分核心城市的房价涨幅显著超过同期居民收入涨幅，当地居民购房支付能力明显下降。

（三）房地产开发企业追求数量快速扩张的原有模式与高质量发展的矛盾

城镇住房制度改革初期，我国面临的是尽快解决住房短缺的问题，商品房预售制度、房地产金融制度等一系列制度安排主要着眼于加快住房建设，房地产开发企业也因此形成了追求数量扩张型的发展模式。随着“十二五”中期我国城镇户均住房超过1.0套，我国已总体解决住房短缺问题，新阶段人民群众对住房的需求正在从“有没有”向“有没有”和“好不好”并重转变，但房地产开发企业追求数量快速扩张的原有模式尚未改变，因此，在房地产市场体系建设和相关改革方面，需要适时调整完善相关制度和政策，尽快建立起与高质量发展和人民群众对美好生活向往相适应的制度体系。

（四）房地产市场发展与住房保障的关系仍有待进一步完善

城镇住房制度改革以来，在房地产市场快速发展的同时，住房保障工作也不断加强，特别是2008年之后，实物型保障房建设力度显著加大，对改善中低收入住房困难家庭住房条件发挥了重要作用。但也要看到，实物型保障房的大规模建设并未改变北京等部分大城市房价明显偏高和居民住房支付能力下降的问题，从其他国家住房保障的实践看，低收入居民聚居还容易引发各种社会问题。住房保障是政府的重要职责，在房地产市场未来发展过程中，有必要进一步调整和完善住房保障方式，理顺房地产市场发展与住房保障的关系，切实解决好房地产市场平稳健康发展、低收入居民住房保障和经济社会协调发展问题。

三、房地产市场中长期发展趋势与房地产市场体系建设目标

随着城镇户均住房超过1.0套，我国房地产市场已从总量供不应求阶段进入供求基本平衡、区域分化的阶段，房地产市场也开始呈现新的特征。由于房地产市场发展阶段发生重大变化，中长期发展趋势也将呈现新的特征。

（一）从住房新建规模扩张转向居住品质提升

从中长期发展看，城镇人口总量和结构的变化仍将是影响未来房地

产需求的最主要因素。相关部门预测，我国人口数量将在2030 年前后达到峰值，峰值数量预计为14.23亿人。其中，2020年、2035年和2050年的人口数量预计将分别达到13.97亿、13.68亿和12.70亿。结合国际经验和国内城镇化推进情况，预计2020年、2035年和2050年我国城镇化率将相继达到60%、75%和80%。届时城镇人口将分别达到8.38亿人、10.26亿人和10.16亿人。在城镇人口增加过程中，家庭小型化趋势明显。城镇家庭户的户均人口数量由1998年的3.2人减少到2010年的2.85人。参照发达经济体户均人口规模变动的一般规律，结合我国人口结构变化情况，预计到2050年前，家庭户均规模仍将呈平稳下降趋势。预计2020年、2035年和2050年城镇家庭户均人口分别降至2.75人、2.5人和2.3人。2020年前，住房需求主要依靠城镇人口增加带动，2010—2020年间，城镇人口预计增加16700万人，家庭户均规模仅减少0.1人。2020—2035年间，住房需求增加将转为人口增加、家庭小型化和住房条件改善等因素共同带动，期间城镇人口预计增加18800万人、家庭户均规模将减少0.25人。2035—2050年间，带动住房需求的主要因素将是家庭小型化和住房条件改善，期间城镇人口减少1000万人、家庭户均规模将减少0.2人。

虽然新增住房需求仍将持续增加，但由于“十二五”中期城镇户均住房已超过1.0套，城镇住房新开工面积峰值已经出现，我国城镇新建住房市场数量扩张的阶段已经结束，这意味着未来我国新建住房规模将稳中有落，住房施工面积峰值也将在“十三五”期间出现，此后开始正常回落。

伴随居民收入水平持续提高，2020—2050年间住房市场的主要矛盾是住房质量、居住环境和公共基础设施配套等方面难以满足居民的居住要求，发展重点将从解决数量不足的问题转向提升整体居住品质等方面，提供功能更加合理、建筑质量更加优良、人居环境更加舒适的住房产品，形成节约型、环保型、生态友好型的住房建设模式。

（二）房地产业增加值占GDP的比重将持续上升但建筑业增加值占比将回落

借鉴国际经验，在一国房地产市场新开工量等实物建设指标达到峰值后，房地产投资增速将出现趋势性回落。在这个回落过程中，以房地产市场为主的建筑业，其增加值占GDP比重会相应降低。同时，与房地产市场相关的交易、咨询、金融等附加值高的服务类项目增加值将持续增加，房地产业增加值占GDP的比重将有所上升。

2010—2017年间，我国房地产业增加值占GDP的比重从5.7%提高到6.5%、建筑业增加值占GDP的比重从6.6%增加到6.7%。参照OECD经济体一般发展规律，预计2020年、2035年和2050年，房地产业增加值占GDP的比重将分别提高到6.8%、9.0%和9.6%，建筑业增加值占比将分别回落至6.6%、6.0%和5.5%。

（三）未来新增住房供应和需求将主要向城市群集中

从发达经济体城市发展历程看，大都市区的经济效率更高，吸纳的人口数量、产生的GDP都持续增加。据统计，2016年我国京津冀、长三角、珠三角这三个具有较大影响力的城市群，以2.8%的国土面积集聚了18%的人口，创造了36%的国内生产总值。参照城市化的一般规律，基于我国城市化的现状和发展潜力，预计2020—2050年我国以城市群为主体带动大中小城市协调发展的区域发展格局加快形成。

2020年预计将全部完成全国19个城市群的规划编制工作，2035年城市群内部的大中小城市功能布局进一步优化、协同发展效应充分显现。在继续提升三大城市群发展水平的同时，在中西部如成渝、中原、长江中游、哈长等资源环境承载力较强的地区，培育发展若干城市群，促进人口经济均衡分布。初步测算，到2050年19个城市群将集聚全国80%以上的城镇人口、占用全国65%左右的城镇建设用地。随着城镇人口进一步向城市群集中，未来我国城镇新增住房的供应和需求也将主要集中在19个城市群。

（四）存量住房市场的重要性将显著提高

随着住房新开工面积达到峰值后稳中有落、户均套数超过1.0套，我国城镇住房需求将越来越依赖存量住房市场来解决。这符合发达经济体住房市场发展的一般性规律：人均GDP接近1万美元、户均住房套数超过1，由建设开发主导的住房市场趋于稳定和成熟，以房屋流通和住房资产管理为主要特征的存量住房市场将逐步占据主导地位。事实上，目前北京等一线城市存量住房的交易量已显著超过新房交易量，并且二手房交易量超过新房交易量的城市还在不断增多。

在存量房占主导地位的新阶段，居民基本住房问题的解决和改善性住房需求的满足主要依靠存量住房市场来实现，提高存量住房效率对实现住有所居、持续改善居住条件将发挥越来越重要的作用。同时，市场规模足够大的存量住房市场无论对提高住房资源配置效率，还是对建立租购并举的住房制度都具有重要意义。存量房交易量的增加，还会带动相关房地产经纪、装饰、装修等行业的持续发展，对解决就业问题也将发挥重要作用。

（五）城镇人均住房面积继续稳中有升，但住房自有率将平稳回落

展望未来，新建房屋的户均面积将大体保持稳定，住房存量将持续增加。但随着户均人口数量的下降，单人家庭和二人家庭的比重逐步上升，人均住房面积将继续提升。预计到2020年我国城镇人均住房建筑面积将达到38.5平方米左右，基本达到人均1间房；到2035年城镇人均住房建筑面积将达到42.5平方米左右，高于目前英国和日本的住房面积水平，略低于目前法国、德国等国家的住房面积水平，住房成套率将接近

100%，居住质量将显著提高；到2050年，人均住房建筑面积将保持在46平方米左右，略高于目前德国、法国的人均住房建筑面积。

从典型经济体住房市场发展历程看，发达经济体住房自有率提高最快的阶段总体在解决住房短缺阶段，并在户均住房达到1.0套左右时住房自有率开始达到相对稳定的状态。如日本1968年户均住房达到1.0套，当年住房自有率为60.3%，此后住房自有率基本在60%左右波动，到2013年其住房自有率也只有61.3%（见表10–2）。美国住房自有率在20世纪60年代末达到62%左右，但到2013年其住房自有率也只有65.3%。

表10-2　　部分发达国家住房存量结构（按所有权划分）　　单位：%

国家	总计	自有住房	出租住房
法国（2006年）	100	57.2	42.8
德国（2010年）	100	45.7	54.3
英国（2013年）	100	64.4	35.6
美国（2017年）	100	64.2	35.8
日本（2013年）	100	61.7	38.3

资料来源：《国外住房发展报告2016》和Wind资讯。

我国住房自有率目前在80%左右，显著高于发达经济体，这主要与我国在住房制度改革中将住房以“低价”销售给居住的职工有关。由于我国户均住房已超过1.0套，经济结构正处于调整过程中，居民收入差距在一定时期内仍将存在，参照发达经济体在户均住房超过1套后的住房自有率变化趋势，基本可以判断我国住房自有率将难以继续提高，预计2020年住房自有率保持在80%左右，2035—2050年间将大体保持在70%—75%的水平（见表10–3）。

表10-3　　2020～2050年城镇人均住房面积和住房自有率

	2010年	2020年	2035年	2050年
城镇人均住房建筑面积（平方米）	31.6	38.5	42.5	46.0
城镇家庭户均住房套数	0.98	1.13	（1.05～1.1）	（1.05～1.1）
城镇住房自有率（%）	80	80	75	70

四、新时代房地产市场体系建设目标与政策建议

随着我国房地产市场进入新的发展阶段，需要适时调整房地产市场发展目标，并根据发展阶段的变化进一步调整完善相关政策。

（一）对新时代房地产市场发展目标的建议

十九大报告提出“加快建立多主体供给、多渠道保障、租购并举的住房制度”，明确了未来住房制度改革和房地产市场发展的方向。基于我国房地产市场已从“总量供不应求”转向“总量供求基本平衡，结构性、区域性矛盾突出”的新阶段，建议在十九大所确立的住房制度改革方向下，尽快研究提出适应我国房地产市场发展新阶段的发展目标。在确定新阶段的发展目标时，建议可重点考虑如下三个方面。

一是全面改善住房质量，提升居住品质。在以人为本、保护环境、节约资源、优化生态的基础上，提供功能更加合理、建筑质量更加优良、人居环境更加舒适的住房产品，实现更高水平的住有所居。加快房地产开发建设模式实质性转变，形成节约型、环保型、生态友好型的住房建设模式。

二是实现经济、社会和住房市场协调发展。从经济社会长期发展目标出发，处理好住房市场发展与国民经济、人口结构、城市规划以及产业布局之间的关系，形成住房政策与短期宏观调控政策、中长期国民经济发展规划、区域城市群发展、城市内部空间布局与功能升级相协调，实现经济、社会和住房市场协调发展。

三是全面提高防范住房市场系统性风险的能力和水平。随着住房供求关系进入新的发展阶段，我国住房市场面临的潜在风险显著加大。要准确把握住房市场风险的主要类型和成因，调整完善住房金融、土地等

公共政策工具，防范可能出现的各类系统性风险，保持住房市场供求总量和结构基本平衡，逐步缓解结构性、区域性矛盾。

（二）建立与经济发展水平相适应的现代化房地产市场体系和制度体系

实现新时代房地产市场的发展目标，需要建立与经济发展水平相适应的现代化房地产市场体系，建立健全有利于提高房地产资源配置效率、促进市场平稳健康发展、实现住有所居、推动居住质量稳步提高的制度体系。优化住房供应体系，发展住房租赁市场，完善多主体供给、多渠道保障、租购并举的住房制度。建立统一的住房市场体系，简化商品住房和保障房种类，推进住房保障方式转型，实现各类住房平等入市、公平竞争，提高住房资源配置效率。健全住房金融体系，优化住房投融资模式，强化住房金融宏观审慎管理，防范房地产金融风险。改革住房用地供应体系，完善用地供应机制，建立城乡一体化住房用地市场，实现住房用地动态供求平衡。完善住房规划体系，强化规划的前瞻性、系统性和协调性，提高住房规划质量，持续提升居住品质和居住环境。建立和完善金融、土地等要素市场协调发展的机制。

（三）政策建议

由于中国房地产市场发展阶段已发生重大变化，市场发展态势将呈现与以往不同的特征，要更加重视从经济社会长期发展目标出发，在准确把握新阶段的市场特征和运行规律基础上，研究建立房地产基础性制度和长效机制，适时调整完善相关政策，努力实现房地产市场持续平稳健康发展。

一是优化住房供应体系。坚持以普通商品房为主的住房供应体系，坚持多数家庭购买或承租普通商品住房的政策。大力发展和规范租赁住房市场，提高住房使用效率。发展租赁市场应重视发挥市场机制的作用，引导包括房地产开发企业、规模化的租赁企业、各类机构投资者和个人住房拥有者在内的各类市场主体能够提供更多高品质、可负担的住房，完善租赁市场体系，提高租赁住房使用效率，真正形成多主体供应、多渠道保障和租购并举的新格局。适时转变住房保障方式，增强保障体系可持续性。在我国城镇家庭户均住房达到1.1套的新形势下，建议尽快实现住房保障方式的转型。在保障覆盖范围不变的前提下，更加重视通过货币补贴等方式解决保障对象的住房困难问题，逐步形成以货币补贴为主、实物配租配售为辅的住房保障体系。要抓紧做好现有保障房的后续管理，通过有效的管理不断提升保障房社区的综合服务水平。

二是健全宏观审慎的住房金融体系。实行中性的住房金融政策。尽量保持首付比例和利率水平的基本稳定。如因宏观经济形势变化需要调整利率时，建议实行利率水平和首付比例反向调节机制，即在贷款利率下调时，适当上调首付比例；在贷款利率上调时，适当下调首付比例。发展以支持居民购买自有住房为目标的政策性住房金融机构。稳健发展房地产投资信托基金（REITs）。

三是完善土地供应体系。构建平等进入、公平交易的城乡土地市场。完善土地供应机制，重视根据当地房地产总体供求情况和阶段性的供求形势变化，合理确定土地供应规模。完善人地挂钩制度，增强中长期土地规划的引导作用。按照城市常住人口规模和流入情况，合理确定居住用地总体规模。

四是健全房地产税收体系。明确房地产税收政策的目标，建议将完善房地产税收政策的出发点放在完善税制、筹集财政收入等方面，而不宜将其作为房地产调控的主要政策选择。降低房地产交易环节税费，鼓励梯度消费。随着我国住房总量规模的不断扩大，完善有利于居民持续换购住房的税收等方面的政策，不仅有利于不断提高居民居住水平，而且居民换购住房会对房产中介、建材、家具、家电、装修等相关行业形成较大的带动作用，这也会在一定程度上对冲房地产投资增速正常回落的影响。从完善税制的目标出发，稳妥推进个人住房的房地产税试点，择机开征房地产税。

五是完善规划体系。增强住房建设规划编制的科学性和前瞻性，要更加重视根据人口总量和结构变化情况确定住房供应规模，各地要根据存量住房状况和人口总量、结构变化趋势，合理确定年度新增住房供应规模。加强居住区规划，不断提高居住区的居住质量。加强住房规划与城市规划、土地利用规划等有序衔接，实现城乡规划一体化和“三规合一”。提高规划质量，为城乡住房质量的全面提升和城乡住房市场的一体化奠定基础。

六是强化房地产市场监管体系。逐步取消商品房预售制。完善市场监管体系。强化房地产开发、销售、租赁和中介活动监管。加强执法队伍建设，加大执法力度，坚决打击扰乱市场秩序的违法违规企业，净化市场环境。加大对房屋综合质量的监管力度。在房屋的品质居性、节能环保等方面提高监管要求，并以此促进房地产业从传统的数量扩张向品质提升转变。

执笔：邓郁松

第十一章

中国价格形成机制改革40年

价格机制是市场机制的核心，市场机制配置资源的作用是通过市场的价格信号完成的，价格改革的深度，将充分反映我国市场化的程度。改革开放40年来，价格改革作为我国经济体制改革的突破口、建立社会主义市场体制的核心，始终坚持以建立市场形成价格为主的改革方向，逐步向前推进，逐步实现由政府定价为主向经营者根据市场供求自主定价为主的转变，97%的商品和服务价格已经由市场决定，市场决定价格的机制已经基本建立，积极推动经济、社会发展和改革开放，价格改革取得了伟大的成就，为建立中国社会主义市场经济体制奠定了坚实的基础。随着近40年的改革开放，中国经济社会得到快速发展，中国特色社会主义已经进入新时代，对深化价格改革提出了更高的需求。要求克服价格领域存在的问题和短板，明确新时代价格改革的方向和目标，准确把握新时代价格改革新任务，进一步深化垄断行业价格改革、加快完善公用事业和公共服务价格机制、创新和完善生态环保价格机制、稳步推进农产品价格改革、转变价格管理方式，更好地为实体经济服务。

回顾过去，价格改革成就举世瞩目；展望未来，价格改革任务任重道远；为了实现中国全面建设社会主义现代化强国伟大目标，中国价格改革将踏上新的改革征程。

一、价格改革在改革开放中的突出地位和改革历程

（一）价格改革在我国经济体制改革中的地位

中国改革开放的进程，实际就是从计划作为配置资源的主要手段逐渐转变为市场成为配置资源的主要方式，由计划经济体制向社会主义市场经济转换的过程。价格作为经济运行的信号和杠杆，配置资源主要是通过价格的调节完成的。因此，改革计划价格体制成为我国经济体制改革的突破口和核心，在1984年党的十二届三中全会《中共中央关于经济体制改革的决定》中明确指出，“价格体系的改革是整个经济体制改革成败的关键”，肯定了价格改革的重要地位。

为适应经济体制改革的需要，有力推进价格改革，国务院对价格改革机构进行了统一安排和部署，1977年8月，国务院批准成立国家物价总局，在全国所有县以上各级政府、相关政府部门、工厂、商店建立物价管理、定价机构，配备定价人员；于1981年7月7日国务院常务会议决定由薛暮桥同志牵头，集中各有关部门的研究力量，成立国务院价格研究中心，为价格改革决策提供重要依据；1983年3月国务院成立物价小组，由国家计委、经委、商业部、财政部、国务院价格研究中心、国家工商总局和国家物价局负责同志组成，负责领导、协调全国价格改革工作，为深化价格改革提供了强有力的组织保障。

（二）价格改革的伟大历程

从1978年开始，价格改革沿着逐步缩小计划价格范围，扩大市场调节作用的途径展开，改革价格形成机制相伴经济体制改革步步深入，历经从计划经济到商品经济再到市场经济的探索，价格改革由完善计划价格机制转变为建立和完善市场价格机制，实现由政府定价为主向经营者根据市场供求自主定价为主的转变，逐步建立以市场形成价格为主的价格形成机制，从无到有构建了中国的社会主义市场价格体系，并不断进行完善。

1. 模拟市场、调整价格（1978～1984年）

党的十一届三中全会拉开了中国经济体制改革的序幕，会议决定全党工作的着重点要转移到社会主义现代化建设上来。强调要注意解决国民经济重大比例失调，搞好综合平衡；坚决实行按经济规律办事，重视价值规律的作用，解决突出不合理的价格等问题。从此，开启了价格改革的历程。1979年6月，全国五届人大二中全会通过的《政府工作报告》指出，我国应当逐步建立起计划调节与市场调节相结合的体制，以计划调节为主，同时充分发挥价格规律的作用。这一阶段的价格改革，仍然在计划价格框架下，以调整价格为主，放开价格为辅。1979年提高了18种农副产品收购价格、8种主要副食品和以其为主要原料的消费品的销售价格，对三类农副产品价格实行议购议销；1981年决定成立国务院价格研究中心，进行理论价格测算，模拟市场，制定价格改革和调整方案，力图调整扭曲的价格结构，理顺价格体系。同年，提高了烟酒价格；1982年放开了160种小商品价格等，逐步改善计划体制形成的严重扭曲的价格结构。

2. 价格调放结合，主要生产资料实施“价格双轨制”（1985～1992年）

1984年10月，党的十二届三中全会《中共中央关于经济体制改革的决定》指出，“社会主义经济是公有制基础上的有计划的商品经济”“要有步骤地适当缩小指令性计划的范围，适当扩大指导性计划的范围”。同时强调“价格体系的不合理，同价格管理体制的不合理有密切的关系，在调整价格的同时，必须改革过分集中的价格管理体制”，中国的价格改革由调整价格体系为主转向调放结合、转换价格形成机制的新时期。1985年取消农产品统购制度和统购价格；除少数重要农产品和少数经济作物之外，其他农副产品价格放开；1986年8月下旬开始放开自行车、黑白电视机、电冰箱等7种工业消费品价格，11月全面放开包括日用杂品等24个大类749种百货、文化小商品等价格；提高城市主要副食品售价，理顺粮食价格；工业生产资料取消对超产自销的加价幅度不得高于国家定价20%的限制，实行了计划内平价、计划外议价的价格双轨制；将进出口商品价格与国际市场挂钩。1987年9月11日，国务院明确规定了国家现行的3种价格形式，即国家定价、国家指导价和市场调节价，并规定企业在价格管理方面享有的权利，让企业也对一部分价格有定价权。在逐步放开价格的同时，对价格结构也作了部分调整，适当提高了粮食、棉花等农产品的国家定购价格，提高了煤炭、交通运输等商品和服务的计划价格。价格关系逐步理顺，市场形成价格的比例大幅度提高，市场机制开始发挥作用，市场活力逐步增强。

3. 发挥市场配置资源的基础性作用（1992～2013年）

1992年邓小平同志南巡，开启了市场化改革的进程。同年，在党的十四大报告中明确了：我国经济体制改革的目标是建立社会主义市场经济体制，就是要使市场在社会主义国家宏观调控下对资源配置起基础性作用，使经济活动遵循价值规律的要求，适应供求关系的变化；通过价格杠杆和竞争机制的功能，把资源配置到效益较好的环节。并且强调：“价格改革是市场发育和经济体制改革的关键，应当根据各方面的承受能力，加快改革步伐，积极理顺价格关系，建立起以市场形成价格为主的价格机制。”至此，价格改革进入以放为主的阶段，价格管理体制也相应进行改革。1993年，在前几年连续大力度价格改革的基础上，放开了粮食、钢铁产品及部分统配煤炭的价格；大中城市先后放开和多次调整肉、禽、蛋、菜和调味品等基本生活必需品价格，以及日用品和服务项目价格；生产资料双轨价格逐渐向市场价并轨；政府直接管理价格的商品由737种减为89种，市场化价格改革取向更为明显。1993年国务院机构改革，撤销国家物价局，在国家计划委员会设立价格管理司和价格监督检查司，负责价格调控、管理和价格检查的职能；1997年《价格法》颁布实施后，以法律形式确立了由市场价格形成为主的价格形成机制。为了保证价格体制改革顺利实施，国家建立了粮、棉、食用油、食糖、肉等关系国计民生重要商品的储备制度，还建立了粮食、棉花、副食品等重要商品的风险基金和价格调节基金制度。同时又颁布了《关于商品和服务实行明码标价的规定》《关于加强居民生活必需品和服务价格监审的通知》等法律法规，依法加强对市场价格行为的监管。

为了更好地发挥市场机制配置资源作用，市场体系建设得到重视。十四大报告中指出：加快市场体系的培育，大力发展全国的统一市场，进一步扩大市场的作用。各地集贸市场和商品现货批发市场蓬勃发展，为市场形成价格奠定了基础。1992年10月，为适应市场化改革中价格波动风险增加的需要，经过四五年研究和准备，郑州粮食批发市场（郑州商品交易所的前身）成立并运行，借鉴国际期货交易的经验，引入期货机制，提供价格发现和规避市场风险的功能，以弥补现货市场功能不足的缺陷。

4. 发挥市场配置资源的决定性作用（2013年至今）

2013年11月，党的十八届三中全会通过了《中共中央关于全面深化改革若干重大问题的决定》，明确指出：“紧紧围绕使市场在资源配置中发挥决定性作用深化经济体制改革。”从市场配置资源的基础性作用到决定性作用，是一个不断深化认识和完善改革的过程，市场配置资源的地位和作用不断提升，价格改革也随之向纵深推进，紧紧围绕新时期转变增长方式和供给侧结构性改革这条主线，价格改革在农产品、资源、环境、服务等重点领域全面推开。

（三）十八大以来价格改革取得突破性进展

经过多年不懈的深化改革，到2012年我国市场化程度达到94%以上，价格杠杆在国民经济运行中更大程度发挥市场在资源配置中的基础性作用。但是，在主要农产品、资源、环境、公共服务等重点领域，涉及深层次的体制机制矛盾，价格改革还有待进一步深化。党的十八大以后，改革开放和经济发展进入到新的历史阶段，要求市场在资源配置中发挥决定性作用，几年来价格改革进入深水区，攻坚克难，在这些重点领域取得突破性进展。

1. 完善农产品价格形成机制

农业是国民经济的基础，粮食安全是保障国家安全的重要战略，为了保住粮食生产底线，提高农民收入，国家通过最低保护价、临时收储制度等方式投入了大量的财政补贴。但不断提高的政策价格，偏离了市场供求，导致了部分农产品供求结构失衡、数量上升质量不高、有效的农业资源不能合理利用等问题。十八大以后，决定深化农产品价格改革，完善粮食等重要农产品价格形成机制，探索运用市场化方式破解这些难题。2013年全面放开种子、桑蚕茧、食盐、烟叶等价格；2014年起在新疆和东北、内蒙古分别开展棉花、大豆目标价格改革试点；2016年初，按照“市场定价、价补分离”的原则对东北和内蒙古玉米收储制度进行改革，探索农产品价格主要由市场供求形成、价格与政府补贴脱钩的新路子（见案例）。逐步解决主要农产品供给结构失衡问题，合理配置农业资源。

案例　对“价补合一”的主要农产品临时收储制度进行市场化改革

2007年以来，国家先后对主产区玉米、大豆、油菜籽、棉花、食糖等实行临时收储政策，当主产区市场价格低于临时收储价格时，由国家指定企业直接入市收购，引导市场价格回升。这种“价补合一”政策实施以来，虽然调动了农民种植积极性，保持了主要农产品生产基本稳定，但这些农产品价格总体在高位运行，偏离了市场供求，出现国内外价格倒挂、加工企业成本上升、国内农产品比价不合理的状况。扭曲的价格带来的后果是大量低价农产品进口、国内临储库存居高不下、国家财政补贴难以承受、加工企业竞争能力下降。为了解决这一难题，国家2014年起在新疆和东北、内蒙古分别开展棉花、大豆目标价格改革试点；2016年初，按照“市场定价、价补分离”的原则对东北和内蒙古玉米收储制度进行改革，即玉米由市场主体自主收购，价格由市场形成，供求关系靠市场调节，政府给予生产者一定的补贴，探索农产品价格主要由市场供求形成、价格与政府补贴脱钩的新路子。至2017年秋收季节，改革已初见成效，反映市场供求的农产品价格，理顺了农产品生产与消费、上下游和国内外的价格关系，引导农民合理安排生产，种植业结构得到优化调整。

2. 深化资源领域价格改革

我国既是资源短缺的国家，也是资源消费大国，多年来由于我国对资源性产品的管控和自然性垄断的原因，我国资源性要素价格形成机制不健全，导致资源和生产要素价格低于市场均衡价格水平，加剧了产业结构失衡和经济的粗放增长。党的十八届三中全会《决定》指出：“凡是能由市场形成价格的都交给市场，政府不进行不当干预。推进水、石油、天然气、电力、交通、电信等领域价格改革，放开竞争性环节价格。”根据资源性产品的特点，开启深化资源领域价格改革的进程。一是逐步放开竞争环节价格。明确跨省跨区送电由送受电双方平等协商或通过市场化交易方式确定电量和价格；完善天然气发电、水电及抽水蓄能电站、核电价格形成机制；先后放开页岩气、煤层气、煤制气、液化气（LNG）、直供用户用气，以及进入交易市场公开交易的天然气价格，并在上海和重庆建立石油天然气交易中心。二是进一步完善资源性产品的定价方法。完成了省级电网输配电价改革，初步建立“准许成本+合理收益”的电网输配电价监管框架，强化了垄断行业成本约束；基本构建起天然气长输、短输、配气等垄断环节全产业链价格监管制度框架；推进农业水价综合改革，建立健全农业水价形成机制，建立精准补贴和节水奖励机制，促进农业用水方式向集约化转变。三是进一步完善价格调整机制。分三步实现非居民存量气与增量气价格并轨，建立了与可替代能源价格挂钩的动态调整机制；建立了与国际市场接轨的成品油价格市场化调整机制。使资源性产品价格的调整能够及时反映市场供求等方面的变化，充分发挥市场机制在价格形成中的作用。

3. 完善生态环保价格机制

充分运用收费的杠杆作用，努力防止生态环境恶化，促进绿色发展。征收水资源费和水土保持费；提高污染费征收标准，促进水污染防治；研究制定排污权核定、使用费收取使用和交易价格等管理规定，推进排污权有偿使用和交易制度的建立；推进碳排放、排污权等生态产品交易市场建设。

4. 深化服务领域价格改革

服务领域价格涉及国计民生，是政府定价和管理的重点领域，也是深化价格改革的难点。十八大以后，加大市场化改革力度，在多方面有所突破。一是推进医疗服务和药品价格改革。2014年，放开了非公立医疗机构医疗服务价格，运用价格杠杆鼓励社会办医；2015年6月，除部分药品外，取消政府定价，药品实际交易价格主要由市场竞争形成；2016年7月，进一步放开医疗服务价格，实行市场调节价；2017年4月起，《北京市医药分开综合改革实施方案》全面实施，医疗机构取消药品加成并设立医疗服务费，规范医疗服务价格。二是改革交通领域价格。在连续提高铁路货运价格的基础上，2014年，将铁路货运价格由政府定价改为政府指导价；2015年，建立货运价格上下浮动机制，增强运价弹性。先后放开了社会投资的铁路货物运价；2016年起，进一步放开铁路客票价格；2013年以来，进一步深化民航旅客票价市场化改革，完善港口收费、邮政资费和机动车停放服务收费政策。三是深化公用事业和公益性服务价格改革。探索建立科学合理的养老服务定价机制；推行居民用电、用水和用气阶梯价格制度。四是从2014年5月起，对所有电信业务资费实行市场调节价，企业可自主确定资费结构、标准和计费方式。

二、价格改革40年的主要成就和贡献

（一）40年价格改革取得的主要成就

40年来随着我国价格市场化改革加快推进，政府定价范围进一步缩小，市场价格在优化配置资源方面正在发挥着决定性作用，我国价格改革取得了伟大成就。

1. 市场决定价格机制基本确立

到目前为止，除了一些与国计民生关系重大的少数重要商品和服务项目外，我国竞争领域的价格已经放开，尤其是党的十八大以后，市场化进程加快。据国家发改委测算，到2017年初，我国价格市场化程度达97.01%，比2012年累计提高2.68个百分点（见图11-1）。其中：第一产业价格市场化程度达到100%；第二产业的市场化程度为97.37%，比

2012年提高1.77个百分点；由于国家先后放开了电信资费和部分交通运输、邮政、建设项目服务价格，第三产业的市场化程度比2012年大幅提高5.40个百分点，达到了95.90%。市场机制在配置资源方面发挥着决定性作用。

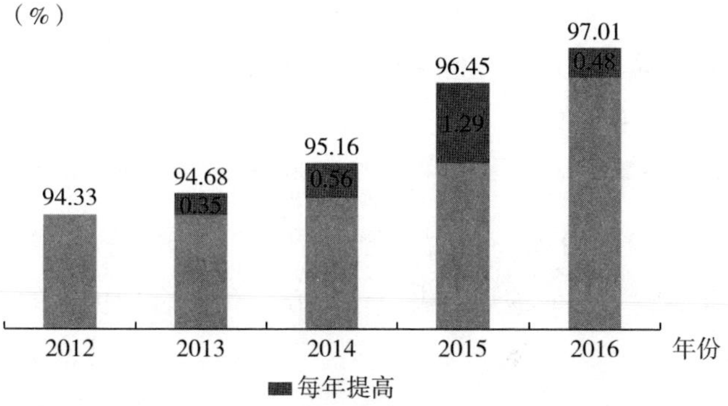

图11-1　2012～2016年我国价格市场化程度

资料来源：国家发改委网站

2. 加快形成科学、规范、透明的政府定价体系

随着市场化程度的提高，由政府定价的范围大幅度减少。2017年初，中央政府定价项目由约100项缩减为20项，地方定价项目也由平均100项缩减为平均45项。按照价值量测算，中央、地方政府定价比重分别为1.45%、1.54%，政府定价范围已基本集中在网络型自然垄断环节、重要的公用事业和公益性服务三个领域。保留的极少数政府定价项目，已全面实行清单化管理，并按照“准确核定成本、科学确定利润、严格进行监管”的思路，初步建立以“准许成本+合理收益”为核心的科学定价制度和及时反映市场供求变化的价格动态调整机制。

3. 建立与完善价格监督与管理机制

在价格形成机制改革的同时，价格管理体制也发生了质的变化，管理职能由以“定价”为主向“放价、监管、服务”转变，加强市场与价格监管，立足于形成公平竞争的市场环境，促进合理市场价格形成和稳定价格总水平。一是依法治价。1997年末，在总结20年价格改革经验的基础上，制定了《价格法》，是近20年来形成合理价格和监督管理物价的法律依据；二是为了提供“公平、公正、公开”充分竞争的市场环境，依据《反垄断法》，起草了知识产权、汽车、经营者承诺、宽大制度适用、垄断协议豁免、违法所得与罚款计算等6部反垄断指南，加大了对价格垄断案件的查处，对维护市场竞争秩序、形成合理价格创造了良好的市场环境。三是适应价格市场化的改革，各级价格主管部门相应转变管理方式。根据国家发展改革委印发的《关于建立完善价格监管机制的意见》，建立和完善预警防范、应急处置、举报处理、市场监管、反价格垄断、专项治理、社会监督、经营者自律、协作联动等工作机制，加强价格监管，保护消费者合法权益，促进合理价格的形成和物价稳定。

（三）价格改革对经济和社会发展的推进作用

经过40年的价格改革，取得了伟大的成就，为社会主义市场经济体制的建立和经济快速发展做出了积极贡献；促进了对外开放的进程，提高了我国的国际地位；对于调节供求，优化结构，促进供给侧改革起到了重要作用；保持物价平稳运行，对增加人民大众的幸福感具有重大意义。

1. 激发市场活力、促进经济较快发展

经过深化改革，市场形成价格机制基本确立，市场在经济的主要领域替代计划机制发挥配置资源的决定性作用，标志着社会主义市场经济体制的总体框架已经形成并逐步完善。价格的放开，绝大多数商品和服务价格由市场形成，使各种商品的生产者和经营者拥有了对自身商品的定价自主权，真正成为市场经济的主体，促进了公平竞争市场环境的形成，市场主体开始成熟，市场体系逐步健全，市场机制基本形成，市场调控效果显现，市场力量已经从总体上占据优势，释放出巨大的活力，

促进中国经济较快发展。从改革开放初期的1978年至2012年，35年间我国GDP年均增长9.8%，创造了世界经济增长的奇迹。虽然从2013年开始，我国经济增长方式从追求数量转换到提高质量和效益，经济进入中高速增长阶段，但年均GDP增速仍然保持在7%左右（见图11-2），远远高于全球经济增长的水平。2017年我国GDP总量达82.7万亿元，稳居世界第二，对世界经济增长贡献率超过30%。

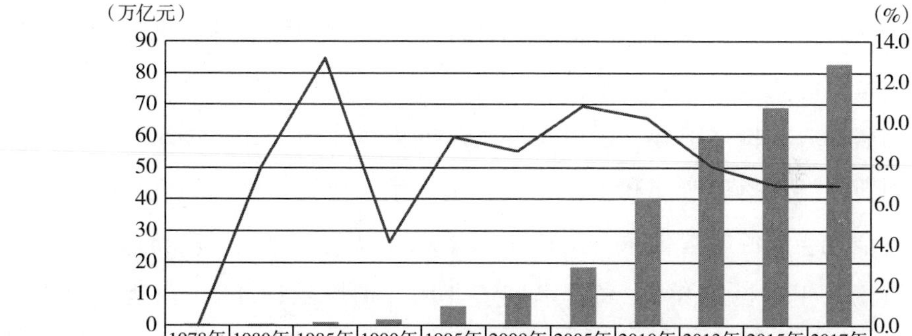

	1978年	1980年	1985年	1990年	1995年	2000年	2005年	2010年	2013年	2015年	2017年
GDP（亿元）	3645	4546	9016	18668	60794	99215	184937	401513	595244	689052	827122
比上年增长（%）	0	7.80	13.20	4.10	9.30	8.60	10.80	10.20	7.80	6.90	6.90

图11-2　1978～2017年国内生产总值及增长速度

资料来源：国家统计局网站

2. 促进了我国对外开放水平的不断提高

我国市场形成价格机制的建立，价格管理体制的改革，为我国融入国际市场，提高对外开放水平创造了条件。一方面，我国的价格体制和价格管理方式更加符合市场经济的要求，大部分商品价格与国际市场联动，国内外市场接轨，使我国有资格于2001年11月10日加入了世界贸易组织（WTO），开通了我国走向国际市场的通途。我国国际贸易规模不断扩大，我国货物进出口总额已经从1978年的355亿元扩大到2017年的 277923亿元，40年来增长了783倍；2017年服务进出口总额46991亿元；非金融对外直接投资额8108亿元。据世界贸易组织统计，2013年我国已成为世界第一大货物贸易大国。另一方面，社会主义市场经济体制也为我国吸引外资、引进国外先进技术和管理经验创造了较好的体制、政策环境。2017年全年吸收外商直接投资（不含银行、证券、保险）新设立企业35652家，实际使用外商直接投资金额8776亿元（折1310亿美元），中国对外开放实现跨越式发展，有力推动了中国经济发展，也为世界经济作出了重要贡献。

3. 优化配置资源，促进经济结构调整

价格改革紧紧围绕使市场在资源配置中起决定性作用和更好的发挥政府作用，在推进供给侧结构性改革、优化配置资源、促进经济结构调整方面成效显著。一是发挥市场机制促进产业结构转型升级。由市场供需形成的价格引导，通过优胜劣汰的市场竞争，让市场来选择，促进创新，淘汰落后产能和生产方式，引导生产要素和资源的优化配置，提高全社会资源配置效率。2017年全年规模以上工业战略性新兴产业增加值比上年增长11.0%。高技术制造业增加值增长13.4%，占规模以上工业增加值的比重为12.7%，比2015年提高0.9个百分点，促进产业结构转型升级效果明显。二是更好发挥政府的作用，利用价格杠杆服务宏观调控，促进产业结构调整、“去产能”。对电解铝、水泥、钢铁等产能过剩领域用电实行阶梯或差别价格政策，形成了有利于淘汰落后产能的倒逼机制，促进结构调整；实行上网电价支持燃煤电厂超低排放政策，推动煤炭清洁高效利用，促进节能减排和大气污染治理；调整分资源区风电、光伏发电上网标杆电价，促进可再生能源健康发展，引导能源结构转型。三是通过价格调整、清理降低各种收费标准，降低企业成本。两次较大幅度降低电价，减轻工商企业负担，进而降低企业成本；大幅降低油气价格，直接减轻下游成本负担；多次调整国内汽油、柴油等成品油最高零售价格，减轻用油行业负担；完善银行卡刷卡收费定价机制，大幅度下调费率水平，降低商贸流通企业成本；开展进出口环节收费清理规范，清理航运、交通、港口行政事业性收费，降低收费标准，降低企业的流通成本。

4. 保持物价平稳运行，保障和改善人民生活

在推进价格改革的同时，建立了价格监测制度和价格监测、预警系统；建立了相当规模的粮、棉、肉、糖等重要商品储备制度和价格调节基金；开展平价商店建设，探索开展农产品价格保险，完善生猪价格调控预案等配套政策。运用商品吞吐、价格补贴以及货币、财税等经济手段、法律手段以控制社会总需求和总供给间接调节为主，辅之以必要的行政手段进行管理的价格调控体系已经初步建立，保持了价格总水平平稳运行（见图11-3）。保障了人民大众的基本生活水平，顺应了广大群众对美好生活的期待，增强了人民大众的幸福感。

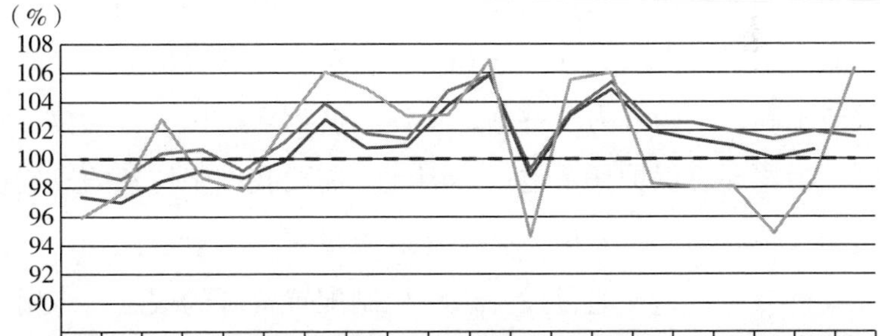

	1998	1999	2000	2001	2002	2003	2004	2005	2006	2007	2008	2009	2010	2011	2012	2013	2014	2015	2016	2017
居民消费价格指数	99.2	98.6	100.4	100.7	99.2	101.2	103.9	101.8	101.5	104.8	105.9	99.3	103.3	105.4	102.6	102.6	102	101.4	102	101.6
商品零售价格指数	97.4	97	98.5	99.2	98.7	99.9	102.8	100.8	101	103.8	105.9	98.8	103.1	104.9	102	101.4	101	100.1	100.7	101.1
工业品出厂价格指数	95.9	97.6	102.8	98.7	97.8	102.3	106.1	104.9	103	103.1	106.9	94.6	105.5	106	98.3	98.1	98.1	94.8	98.6	106.3
价格指数基线	100	100	100	100	100	100	100	100	100	100	100	100	100	100	100	100	100	100	100	100

图11-3　1998～2017年我国主要价格水平波动情况

资料来源：国家统计局网站

三、新时代对深化价格改革的内在要求

（一）新时代我国经济发展的特点和目标

经过近40年的改革开放，中国经济社会得到快速发展，中国特色社会主义已经进入新时代，中国经济发展进入全面建设社会主义现代化强

国，实现“强起来”的新阶段。党的十九大明确了未来一个时期我国发展的主要任务和发展目标。主要任务是解决发展不平衡不充分问题，更好地满足人民日益增长的美好生活需要。“三步走”的发展目标是：到2020年，全面建设小康社会；从2020年到2035年，是在全面建设小康社会的基础上，再奋斗15年，基本实现社会主义现代化，我国经济实力、科技实力将大幅跃升，跻身创新型国家前列；从2035年到2050年，在基本实现现代化的基础上，再奋斗15年，把我国建设成富强民主文明和谐美丽的社会主义现代化强国。

我国经济经过多年的高速增长，已经进入中高速增长的新时期，要实现伟大梦想和宏伟目标，经济社会发展也将面临许多突出的矛盾和挑战，主要是：发展存在一些不平衡不充分的突出问题，发展质量和效益还不高，创新能力不够强，实体经济供求结构有待优化、水平有待提高，生态环境保护任重道远。因此，需要我们坚持新的发展理念，由高速增长转向高质量发展。必须坚持质量第一、效益优先，以供给侧结构性改革为主线，在充分发挥市场机制配置资源的决定性作用同时更好地发挥政府作用，推动经济发展质量变革、效率变革、动力变革，建设现代化经济体系，不断壮大我国经济实力和综合国力。

（二）新时代经济发展对深化价格改革的要求

新时代实现高质量发展、解决面临的困难和挑战，必须提高市场配置资源的效率，进而对深化价格改革提出了更高的要求。

第一，是全面深化改革的需要。中国改革开放40年，取得了举世瞩目的伟大成就，但要实现中华民族伟大复兴的中国梦，还存在一些深层次利益矛盾和妨碍社会生产力发展的体制机制障碍，必须在新的历史起点上全面深化改革。党的十八届三中全会《决定》指出：“经济体制改革是全面深化改革的重点，核心问题是处理好政府和市场的关系，使市场在资源配置中起决定性作用和更好地发挥政府作用。”对深化价格改革提出了更高的要求，既要继续坚持市场化改革方向，进一步完善市场形成价格机制，更好地发挥市场在资源配置中的决定性作用，破除体制机制弊端，进一步解放和发展生产力，完善社会主义市场经济体制。又要深化价格管理体制改革，更好地发挥政府作用，科学制定和管理好垄断行业、公共服务行业的价格；监督、管理市场主体的价格行为，创造公平竞争的市场环境，提高市场配置资源的效率。

第二，是建设现代化经济体系的需要。党的十九大指出建设现代化经济体系是我国战略发展目标，也是新时代转变经济发展方式、优化经济结构、转换经济增长动力的迫切要求。建立现代化经济体系核心是深化供给侧结构性改革，大力发展实体经济。实现经济高质量发展，必须依靠资源使用效率和资源配置效率的提高来实现，其根本是需要深化资源、要素等方面价格改革，提高市场运行效率，尤其是提高价格机制配置资源的效率，运用灵活的价格信号，引导实体经济积极地进行自我调整和转型，促进经济结构、产业结构和产品结构转换升级，鼓励自主创新，使用新技术，开发新产品，降低成本，增加附加价值，更好地满足人民日益增长的美好生活需要。

第三，是建设美丽中国的需要。党的十九大报告中指出：“必须坚持节约优先、保护优先、自然恢复为主的方针，形成节约资源和保护环境的空间格局、产业结构、生产方式、生活方式，还自然以宁静、和谐、美丽。”为建设美丽中国明确了基本路径和重点任务。我国人均资源短缺，环境承载能力脆弱，经济发展面临日益加剧的资源和环境的压力。要求我们必须深化生态环境领域价格改革，创新完善促进资源节约、环境保护的生态环保价格机制，利用市场手段推进绿色发展，构建资源消耗低、环境污染少、科技含量高的产业结构，形成绿色生产、生活方式，满足人民大众对优美生态环境需要。

第四，是坚持以人民为中心的发展理念的需要。习近平总书记在十三届全国人大一次会议上强调“始终要把人民放在心中最高的位置”，宣示了以人民为中心的发展思想。要树立全心全意为人民服务的根本宗旨，把人民对美好生活的向往作为奋斗目标。坚持在发展中保障和改善民生，在发展中补齐民生短板。需要加快完善城市供水供电、供气供热、医疗服务、教育等公用事业和公共服务价格机制，切实做好稳价安民工作，解决人民最关心最直接最现实的利益问题，兜住民生底线，努力使全体人民在共建共享发展中有更多获得感。

（三）我国价格领域中存在的问题和短板

40年的价格改革虽然取得伟大成就，我国价格领域中还存在一些问题和短板，一些重点领域和关键环节价格不合理的问题仍比较突出。同时随着经济社会发展变化和科技发展带来的市场新变化，对价格管理提出了新要求，价格改革任重道远。

第一，制约资源要素自由流动的价格机制障碍还没有完全消除。由于资源行业垄断程度较高，缺乏竞争，长期以来资源定价机制缺乏活力，资源价格一直不能充分反映市场供求，导致资源低效配置，严重阻碍了我国经济发展方式的转变。由于资源行业处于供应链的上游，价格改革滞后，会扭曲市场主体行为，对下游和终端产品的定价也会受到影响，难以实现完全意义的市场化定价；资金、土地、劳动力等大部分要素价格还没有完全市场化，政府管制的要素价格偏离了供需均衡水平，低于实际价值，扭曲了要素价格，导致要素利用低效率，不仅浪费有限资源，而且将直接影响整体竞争力的提升；国内市场环境不够健全、完善，国内统一市场尚未完全形成，物流成本、区域市场进入壁垒、地方保护主义等均对统一市场的形成造成制度障碍，竞争环境不公平导致要素流动受限，投入结构扭曲。

第二，生态环境成本在价格形成中还没有充分体现。随着我国经济快速发展，环境压力日益严峻，但目前环境损害成本和修复效益并没有在价格形成中得到充分体现，企业节能减排积极性、主动性也没有得到充分调动，无法激励环境治理，加剧了我国的环境恶化。

第三，民生价格稳定长效机制还不够健全。居民生活必需的食品价格时常呈现剧烈波动，农产品价格形成和调控政策有待进一步协调和完善；医疗、教育等公共领域价格监管不力，损害群众利益的价格违法行为还时有发生，直接影响居民基本生活支出，公共服务事业价格改革需要进一步深化。

第四，政府定价制度需要进一步健全，需要更加科学和透明；企业反映突出的价格收费问题还需要着力有效解决，地方各种收费需要规范和清理。随着科技进步，互联网平台成为流通和服务的主要载体，大量的商品流通和服务通过互联网平台实现，互联网平台形成的价格有别于实体市场，对价格监管提出了新要求。

可以预见，未来价格改革将进入“深水区”，改革难度也将进一步加大。

四、进一步深化价格改革的方向、目标和主要任务

（一）明确新时代价格改革的方向和目标

十九大报告中明确提出“经济体制改革必须以完善产权制度和要素市场化配置为重点，加快要素价格市场化改革”，为进一步深化价格改革指明了方向。2015年10月，中共中央、国务院颁布《关于推进价格机制改革的若干意见》（中发〔2015〕28号），对新时代深化价格改革进行了全面部署。2017年11月，国家发展改革委为深入贯彻落实党的十九大精神，进一步落实《中共中央国务院关于推进价格机制改革的若干意见》要求，出台了《关于全面深化价格机制改革的意见》（发改价格〔2017〕1941号），明确了未来价格改革的目标：到2020年，市场决定价格机制基本完善，以“准许成本+合理收益”为核心的政府定价制度基

本建立，促进绿色发展的价格政策体系基本确立，低收入群体价格保障机制更加健全，科学、规范、透明的价格监管制度和反垄断执法体系基本建立，要素自由流动、价格反应灵活、竞争公平有序、企业优胜劣汰的市场价格环境基本形成。

（二）准确把握新时代价格改革新任务

党的十九大对新时代中国特色社会主义建设进行了全面部署，作出了我国社会主要矛盾转化的重大判断，要求价格领域适应新形势发展的需要，全面深化价格机制改革，着力建立健全与现代化经济体系相适应的反应灵活、调控有度的价格形成机制。价格改革将准确把握新时代的特点，围绕充分发挥市场决定价格作用，聚焦重点、难点领域，着力解决发展不平衡不充分问题，更好地满足人民日益增长的美好生活需要，逐步向纵深推进。

1. 进一步深化垄断行业价格改革

垄断行业在资源要素领域占有重要地位，深化垄断行业价格改革对于优化资源要素配置、提高资源要素效益具有重要意义。按照“管住中间、放开两头”的思路，坚持稳步放开竞争性领域和环节价格、科学管理政府定价相结合的原则，深化垄断行业价格改革。一是推进电力、成品油、非居民用天然气等竞争性领域和环节价格市场化改革，建立主要由市场决定能源价格的机制。有序放开上网电价和公益性以外的销售电价，扩大市场形成发电、售电价格的范围，加快推进电力市场交易；择机放开成品油价格，适时放开天然气源价格和销售价格。逐步形成反映市场供求的合理价格，引导资源优化配置。二是建立科学、合理的成品油、铁路货运等价格动态调整机制，使价格灵活反映市场供求，更加贴近市场。三是建立健全以“准许成本+合理收益”为核心、约束与激励相结合的网络型自然垄断环节定价制度，准确核定成本，科学确定利润，建立合理的市场化疏导机制，严格进行监管。促进垄断企业技术创新、改进管理、降低成本、提高资源利用效率，维护消费者、经营者合法权益。

2. 加快完善公用事业和公共服务价格机制

深化公用事业和公共服务价格改革，既要保证这些行业具有可持续发展的能力，满足人民不断增长的各种生活需要，又要收费合理，保障人民的基本需求。一是建立健全公用事业和公益性服务财政投入与价格调整相协调机制，促进政府和社会资本合作，保证行业可持续发展，满足多元化需求。二是全面实行居民用水用电用气阶梯价格制度，推行供热按用热量计价收费制度，用经济手段促使居民增强节约资源的意识。三是分类管理教育、文化、养老、殡葬等服务价格。政府肩负的公益性事业，扶弱济贫要到位，收费要合理、透明；营利性服务收费在保证质量的前提下要放开，促进发展，满足居民多样化需求；四是积极稳妥推进医疗服务价格改革，合理调整医疗服务价格，确保医疗机构发展可持续、群众负担不增加。建立以成本和收入结构变化为基础的价格动态调整机制，逐步理顺医疗服务比价关系。进一步完善药品采购机制，发挥医保控费作用，药品实际交易价格主要由市场竞争形成。加强监管，放开非公立医疗机构医疗服务价格。

3. 创新和完善生态环保价格机制

坚持市场化的改革取向，统筹运用税收、收费及相关服务价格政策，建立能够反映生态环境成本的价格形成机制，利用价格杠杆促进生态环境的保护。一是完善生态补偿价格和收费机制，加大经济杠杆调节力度，提高企业主动治污减排的积极性。按照“污染付费、公平负担、补偿成本、合理盈利”原则，合理提高空气治理、污水处理收费标准，对空气治理、污水处理资源化利用实行鼓励性价格政策。二是积极推进排污权有偿使用和交易试点工作，完善排污权交易价格体系，运用市场手段引导企业主动治污减排。三是在总体不增加农民负担的前提下，扎实推进农业水价综合改革，统筹农业水价形成机制与精准补贴和节水奖励机制、工程建设和管护机制、用水管理机制的协同推进，促进农业节水和发展方式转变。四是完善可再生资源价格机制，实施风电、光伏等新能源标杆上网电价退坡机制；完善大型水电跨省跨区价格形成机制；探索通过市场化招标方式确定新能源发电价格，研究有利于储能发展的价格机制；围绕污水和垃圾处理、再生水回收利用等领域制定完善绿色消费价格政策。灵活有效地发挥价格杠杆的激励约束和利益调节作用，更好地体现生态产品价值，利用经济手段调动市场主体绿色生产、绿色消费的积极性，促进绿色发展。

4. 稳步推进农产品价格改革

农业是国民经济的基础，农产品价格直接影响农民的收入，又关乎普通老百姓的生活水平。多年来国家给予极大的政策支持和财政补贴，但仍存在价格结构不合理、供给结构不合理的问题。为推进农业供给侧结构性改革，服务实施乡村振兴战略，必须积极稳妥改革完善粮食等重要农产品价格形成机制。一是在确保国家粮食安全的基础上，坚持市场化改革取向和保护农民利益并重的原则，改革“价补合一”的收储政策，农产品价格主要由市场决定，改革完善玉米收储制度，继续实施棉花、大豆目标价格改革试点，稳步推进小麦、水稻等主要农产品的市场化改革，建立完善相应的补贴机制和配套政策。利用市场机制，理顺农产品价格，调整优化农产品供给结构。二是调整改进“黄箱”支持政策，逐步扩大“绿箱”支持政策实施规模和范围，保护农民生产积极性，促进农业生产可持续发展，确保谷物基本自给、口粮绝对安全。三是扩大开展“保险+期货”试点，探索利用市场机制保障农民收入的有效途径。四是加强农产品成本调查和价格监测，加快建立全球农业数据调查分析系统，为政府制定农产品价格、农业补贴等政策提供重要支撑。

5. 转变价格管理方式，更好为实体经济服务

在建立市场化价格形成机制的同时，要转变价格管理方式，更好地

发挥政府作用，为实体经济服务。一是加强政府定价管理。进一步缩小政府定价的范围，将政府定价范围主要限定在重要公用事业、公益性服务、网络型自然垄断环节，实施定价目录管理。进一步规范定价程序，定价机制由定标准向定规则转变，由事前审批向事中、事后监管转变，主动接受社会监督，有效约束政府定价行为。二是严格行政事业性收费管理，清理规范经营服务性收费，建立收费清单制度和具体监管办法，减轻实体经济负担。三是积极营造有利于公平竞争的市场环境，全面实施公平竞争审查制度，推进反价格垄断执法常态化精细化，加强和创新市场价格监管方式。四是坚持以人民为中心，加强价格监测分析预警，丰富调控手段，防范价格异常波动；不断学习和接受新事物，适应新形势发展变化，加强对互联网平台价格的监管；完善社会救助和保障标准与物价上涨挂钩的联动机制，加强价格改革中的民生保障。围绕充分发挥市场决定价格作用，更好满足人民日益增长的美好生活需要。

执笔：廖英敏

参考资料

[1] 《关于全面深化价格机制改革的意见》（发改价格〔2017〕1941号）. 国家发展改革委，2017–11–08

[2] 发展改革委有关负责人就全面深化价格机制改革答问.国家发改委网站，2017–11–11

[3] 许光建.深入推进价格改革 着力提升“放管服”水平——十八大以来价格改革的回顾与展望.价格理论与实践杂志社，2017–08–03

[4] 许光建. 价格改革30年的回顾与展望，中国国情国力，2008（9）

[5] 十八大以来价格改革稳步向纵深推进，经济日报，2017–10–17

[6] 我国价格市场化程度升至97.01%，经济日报，2017–07–27

[7] 简政放权 创新机制 十八大以来价格改革取得新突破.国家发展改革委政策研究室子站，2017–10–20

第十二章

中国竞争机制的形成与改革

我国竞争机制的建立经历了竞争机制引入、竞争机制范围扩大、竞争机制完善、竞争机制优化四个阶段。目前，市场竞争机制的作用范围和领域不断扩大，竞争机制在促进市场主体成长和提高产业竞争力等方面成效显著。与中国渐进式市场化道路相一致，竞争机制的完善形成了以循序渐进引入竞争、从局部到整体逐步强化竞争、以对外开放不断促进市场竞争等为特征的成功经验，保证了市场竞争的公平有序。当前，市场竞争仍面临以下问题：部分领域存在不当准入限制、行政性垄断和自然垄断依然比较突出、妨碍统一市场和公平竞争的规定和做法在一些地区领域和行业仍然存在、不正当竞争行为时有发生以及新经济领域竞争行为规制缺乏适用的法律法规等。与此同时，新的发展阶段和发展环境下，建设现代化经济体系更高的要求、全面对外开放后与世界规则的接轨、数字经济和平台经济等新经济发展，对市场经济和市场竞争机制提出了新的要求和挑战。应以建立公平有序的竞争环境为导向，以全面深化改革为主线，按照“除保护、宽准入、破垄断、强执法、立规范”的思路，促进市场竞争主体更具活力，市场竞争规则更加完善公平，市场竞争环境更加优良，市场竞争政策更加规范有效，市场竞争机制在更大范围内发挥作用。

竞争是指在市场经济条件下市场主体为了获取更多的经济利益而采取的策略性行为，是市场经济的本质特征。竞争机制在供求机制和价格机制的作用下引导市场主体的行为，市场主体通过高效率、低成本地向市场提供满足需求的产品和服务，以此获取正常的利润或超额利润。在竞争机制的作用下，市场主体通过激烈的竞争实现优胜劣汰，从而不断提高资源的利用效率和配置效率，不断改进社会福利水平。

一、竞争机制历程回顾和经验总结

1978年以来，随着市场经济的引入，竞争机制经过四个阶段的发展，逐渐建立并不断完善。到目前为止，市场主体数量不断增加，市场竞争规则和竞争环境不断优化，市场竞争机制在市场中的作用范围不断扩大，作用程度不断增强。竞争机制的建立和完善形成了独特的成功经验。

（一）历程回顾

与我国市场经济的发展历程基本一致，竞争机制的演变大致经历了四个阶段。

第一个阶段：竞争机制引入阶段（1978～1991年）。以1978年党的十一届三中全会召开为标志，我国正式开始启动市场化改革。在改革初期，放开价格成为市场化改革的重要内容，并首先从小商品和农副产品领域开始。相应地，在这些领域引入了市场竞争机制和供求机制。1980年国务院制定的《关于开展和保护社会主义竞争的暂行规定》，对开展和保护社会主义竞争的必要性、打破地区封锁和行业垄断、采取合法手段进行竞争等作出原则性规定。1984年《中共中央关于经济体制改革的决定》，将经济体制改革重心从农村转向城市，商品价格改革进一步加快，放开价格的领域由小商品和农副产品逐渐向工业产品拓展。相应地，市场竞争机制的作用范围扩大到工业品领域。特别是，1987年党的“十三大”报告中明确提出“加强建立和培育社会主义市场体系”之后，市场竞争机制的作用范围和领域进一步扩大。

第二个阶段：竞争机制基本建立阶段（1992 ~ 2002年）。1992年党的十四大确立了建立社会主义市场经济体制的改革目标。1993年党的十四届三中全会正式确立社会主义市场经济的改革方向和基本内容。1995年党的十五大报告提出，尽快建成统一开放、竞争有序的市场体系，进一步发挥市场对资源配置的基础性作用，健全市场规则，加强市场管理，清除市场障碍，打破地区封锁、部门垄断。在此之后，市场化改革开始提速，基本全面放开了竞争性商品和服务的价格，全国统一的商品市场基本形成。取消了生产资料价格双轨制，要素市场逐步形成。相应地，竞争机制在绝大多数商品市场中发挥了重要作用，作用强度显著提高，竞争机制在主要要素市场初步建立。在这一阶段，《关于禁止公用企业限制竞争行为的若干规定》（1993）、《价格法》（1997）、《招投标法》（1999）、《国务院关于禁止在市场经济活动中实行地区封锁的规定》（2001）、《国务院关于整顿和规范市场经济秩序的决定》（2001）等一系列法规和政策性规定开始颁布实施，市场竞争规则进一步完善。

第三个阶段：竞争机制完善阶段（2003 ~ 2011年）。2003年党的十六大提出到2020年建成完善的社会主义市场经济体制的改革目标，要求在更大程度上发挥市场在资源配置中的基础性作用，健全统一、开放、竞争、有序的现代市场体系。党的十六届三中全会对建设完善的社会主义市场经济体制做出全面部署。这一阶段，通过清理和修订限制非公有制经济发展的法律法规和政策性规定，大幅放宽非公有制经济的市场准入条件和准入领域；进一步放开要素市场，重要资源、要素的市场化价格形成机制加快形成。与此相适应，市场竞争机制扩大到几乎所有的经济领域，《制止价格垄断行为暂行规定》（2003）、《反垄断法》（2007）等一系列重要的市场竞争法规开始颁布实施，市场竞争规则基本完善，市场竞争环境进一步优化。

第四个阶段：竞争机制优化阶段（2012年至今）。党的十八大，特别是十八届三中全会提出，使市场在资源配置中起决定性作用，更好地发挥政府的作用。党的十九大报告进一步指出，要打破行政性垄断。按照上述总体要求，各级政府加快推进政府职能转变和“放管服”，加快推广市场准入负面清单制度，清理不合理的规定和做法，特别是通过供给侧结构性改革，推进僵尸企业退出，市场竞争环境不断优化。同时，出台《关于在市场体系建设中建立公平竞争审查制度的意见》（国发〔2016〕34号）和《公平竞争审查制度实施细则（暂行）》，以及涉及反垄断执法的部门规章、规范性和指导性文件和指南，与市场竞争相关的规章制度进一步健全。特别是，随着《反不正当竞争法》《反垄断法》《经营者集中审查办法》等法律法规的修订，市场竞争规则更加适应新阶段发展需要。

（二）竞争机制发挥作用的条件基本具备

经过40年的市场化改革，目前我国市场竞争机制发挥作用的条件基本具备，竞争机制呈现出新的特征。

第一，市场竞争主体大幅增加。截至2017年9月，全国实有企业总量2907.23万户，相比2012年9月底的1342.80万户，增长116.5%。十八大以来，企业数量年平均增长率达到16.7%。尤其是2014年商事制度改革以来，企业数量每年以20%左右的速度增长。从注册类型来看，截至2017年9月，全国实有内资企业2854.96万户，相比2012年9月底增长119.8%；私营企业实有企业数量2607.29万户，相比于2012年9月底增长146.0%；外国（地区）投资企业实有52.27万户，相比2012年9月底增长18.8%[①]（图12–1）。

① 资料来源：“党的十八大以来全国企业发展分析”，国家工商行政管理总局，http://home.saic.gov.cn/sj/tjsj/201710/t20171026_269949.html。

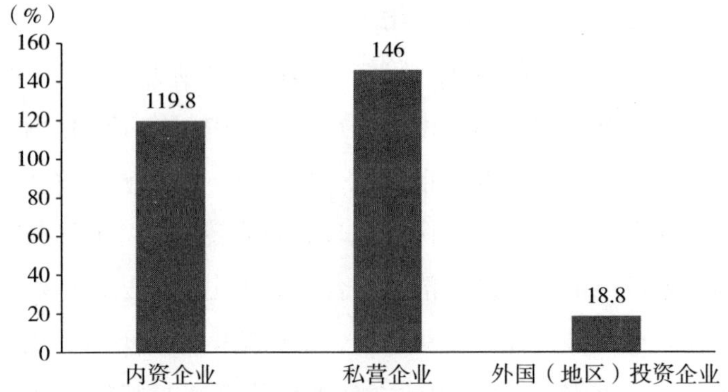

图12-1　2012年9月至2017年9月各类企业数量增速

数据来源：国家工商行政管理总局。

第二，市场竞争程度越来越激烈。随着市场主体的不断增加，市场竞争日趋激烈，企业整体平均回报率不断下降。以国有企业为例，2009～2017年，全国国有企业全行业净资产收益率平均值由5.8%下降到5.6%，总资产报酬率平均值由4.5%下降到3.4%，销售利润率平均值由9.5%下降到5.0%，资本收益率平均值由6.5%下降到6.2%（见图12–2）。

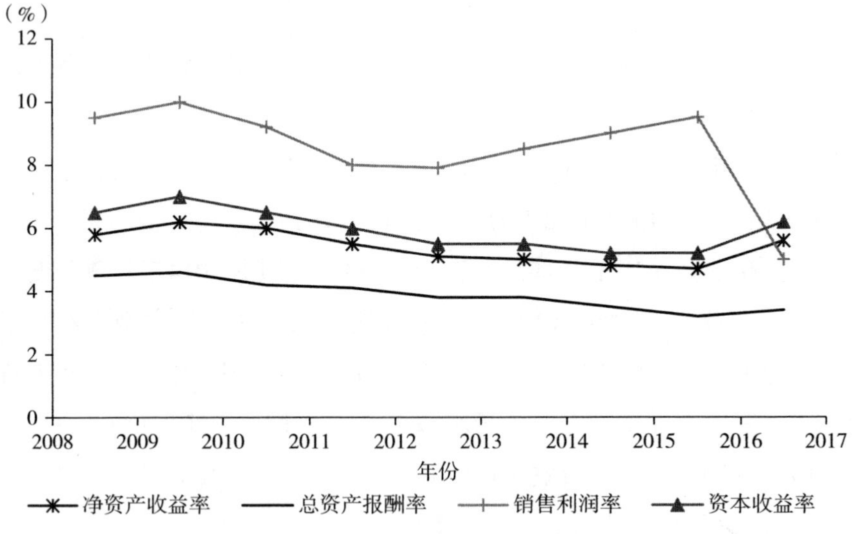

图12-2　2009～2017年全国国有企业绩效

数据来源：Wind。

第三，市场竞争规则基本完备。《反不正当竞争法》《反垄断法》等有关市场竞争规则的主要法律已建立，并先后经过修订、趋于完善。出台《国务院关于实行市场准入负面清单制度的意见》（2015），经过多次修订外商投资准入负面清单目录，有关市场准入的制度规章和规定基本健全。同时，出台《关于在市场体系建设中建立公平竞争审查制度的意见》和《公平竞争审查制度实施细则（暂行）》，公平竞争审查制度正在建立。此外，立法机构通过了涉及电子商务的相关法律，政府有关部门印发了共享经济、平台经济、数字经济发展的指导意见。2017年，国家发展改革委等八部委印发《关于促进分享经济发展的指导性意见》，对分享经济发展提出了规范性意见。2018年8月31日，十三届全国人大常委会第五次会议表决通过《电子商务法》，自2019年1月1日起施行（表12–1）。

表12-1　有关竞争和反垄断的主要法律法规

类型	时间	法规名称
法律	1993年①	《反不正当竞争法》
	1997年	《价格法》
	1999年	《招投标法》
	2007年	《反垄断法》
	2018年	《电子商务法》
规定	1980年	《关于开展和保护社会主义竞争的暂行规定》
	1993年	《关于禁止公用企业限制竞争行为的若干规定》
	2001年	《国务院关于禁止在市场经济活动中实行地区封锁的规定》
	2001年	《国务院关于整顿和规范市场经济秩序的决定》
	2003年	《制止价格垄断行为暂行规定》
意见	2014年	《国务院关于促进市场公平竞争维护市场正常秩序的若干意见》
	2015年	《国务院关于实行市场准入负面清单制度的意见》
	2016年	《关于在市场体系建设中建立公平竞争审查制度的意见》 《公平竞争审查制度实施细则（暂行）》
	2017年	《关于促进分享经济发展的指导性意见》

资料来源：2018年1《电子商务法》

① 已于2017年重新修订。

第四，竞争机制的作用范围和领域不断扩大。据相关研究测算，2008～2016年，中国市场化进程指数由5.48提高到6.64（见图12-3）。2008～2014年，产品市场发育得分由7.59提高到7.78，要素市场发育得分由4.01提高到5.93，中介组织发育和法律得分由3.58提高到6.13，非公有制经济发展得分由5.40提高到7.33[①]（见图12-4）。随着市场化进程的深入，竞争机制的作用范围覆盖了几乎所有的商品市场。

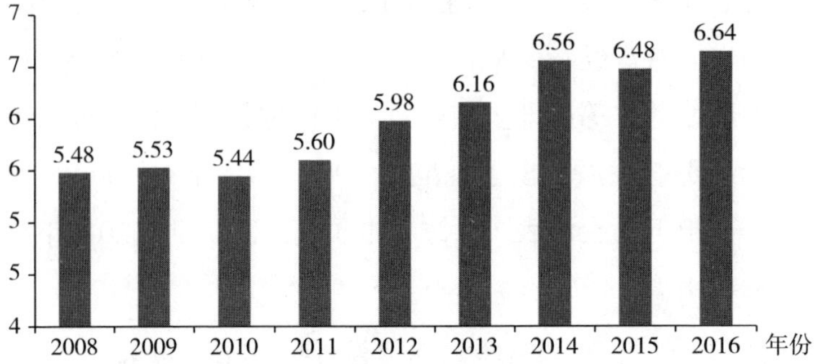

图12-3　2008～2016年中国市场化总指数变化趋势

数据来源：王小鲁、樊纲、余静文：中国分省份市场化指数报告（2016），北京：社会科学文献出版社，2017

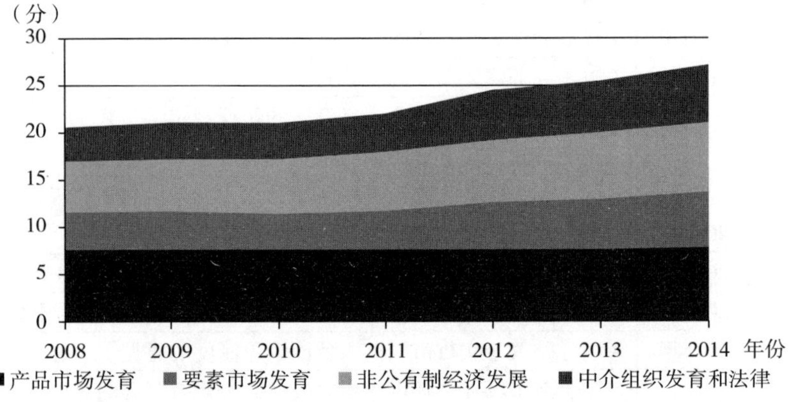

图12-4　2008～2014年中国市场化各方面指数变化趋势

数据来源：王小鲁、樊纲、余静文：中国分省份市场化指数报告（2016），北京：社会科学文献出版社，2017

① 王小鲁、樊纲、余静文：中国分省份市场化指数报告（2016），北京：社会科学文献出版社，2017年版。

第五，市场监管新机制基本建立。十八大以来，市场监管新机制建立提速，基本建立了精简事前审批、加强事中事后监管的市场监管新模式。建立了包括企业信息公示制度、经营异常名录制度和严重违法失信企业名单制度等在内的以信用为核心的新型监管机制，强化企业自我约束功能。依托全国信用信息共享平台，建立政府部门之间信息共享与联合惩戒机制，建设完成国家企业信用信息公示系统和“信用中国”网站。通过建立信用监管机制，不断提高信息透明度，降低了市场交易风险，减少了政府监管成本。

（三）竞争机制的成效比较显著

随着我国市场经济的发展，竞争机制在促进市场主体成长、增加供给能力以及提高产业竞争力等方面成效显著。

第一，企业成长加快，出现了一批具有国际影响力的企业。随着市场竞争程度不断增强，我国企业活力显著提高，成长壮大一批具有国际竞争力和影响力的代表性企业。1995 ~ 2018年，我国进入世界500强的企业由3家增加到120家，其中进入榜单的制造企业达到60家。再比如，在电子商务等新兴领域，涌现出了阿里巴巴、腾讯、百度、京东、蚂蚁金服、美团和滴滴等代表性企业。2017年，腾讯、阿里巴巴的市值分别达到3.2万亿元、2.8万亿元，进入全球互联网公司市值前10名。在信息通信行业，涌现出了诸如华为和小米等一大批具有国际竞争力和影响力的企业。2017年，华为实现全球销售收入6036亿元，其中海外收入占到其收入的近一半。

第二，主要工业产品产能大幅提高，重点行业集中度提升。市场机制和竞争机制的引入，极大地提高了我国主要工业产品的生产能力。例如，2017年煤炭、粗钢和水泥产量分别比1978年增长4.7倍、25.2倍和34.8倍；空调、冰箱、彩电、洗衣机、计算机和智能手机等一大批家电通信产品产量均居世界首位。与此同时，在竞争机制的作用下，落后企业不断被淘汰，优势企业不断得到成长壮大，相应地重点行业的市场集中度不断提高。例如，2010～2016年，我国煤炭行业市场集中度CR10由32.1%提高到38.3%，CR4由20.8%提高到24.1%；水泥行业市场集中度CR10由41%提高到75.1%，CR4由23%提高到54.6%（见图12-5和图12-6）。

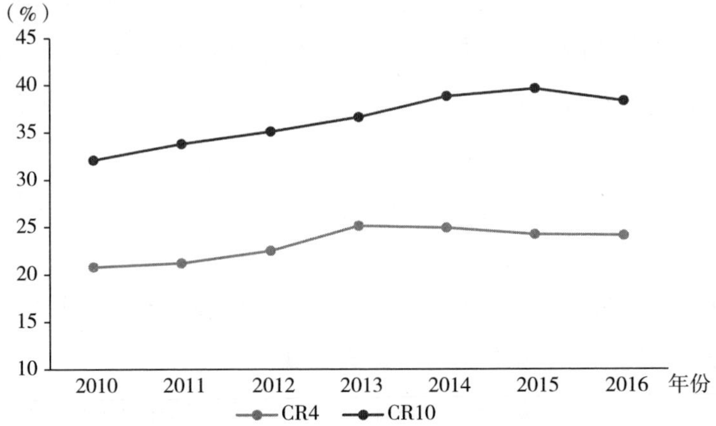

图12-5　2010～2016年我国煤炭行业市场集中度

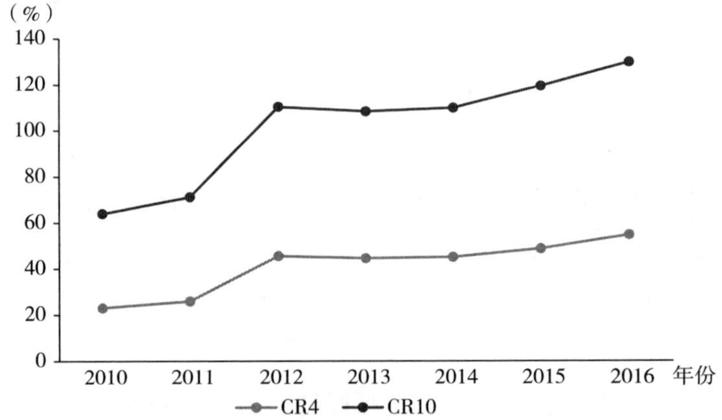

图12-6　2010～2016年我国水泥行业市场集中度

第三，企业创新不断加快，产业竞争力明显提高。随着市场竞争机制作用的日益增强，在日益增强的市场竞争压力下，企业不断加大创新投入，企业创新能力稳步增强。1999 ~ 2016年，大中型工业企业R&D人员全时当量由305000人年提高到1964441人年，大中型工业企业R&D研发经费投入由249.9亿元提高到8289.5亿元（见图12-7）。相应地，我国专利申请授理数量和授权数量也不断增加。特别是2001年加入WTO以后，随着对外开放的深入和竞争的加剧，研发投入和专利数量均出现大幅增加（见图12-8）。与此同时，在竞争机制的作用下，我国生产的产品质量不断提高，许多产业的国际竞争力明显增强，出口产品在全球市场中的份额不断提高。我国出口总值由1980年全球排名第26位，跃升到2009年全球第1位，现已连续9年保持全球货物贸易第一大出口国地位。2017年我国出口额达2.3万亿美元，占全球份额达到12.8%[①]。

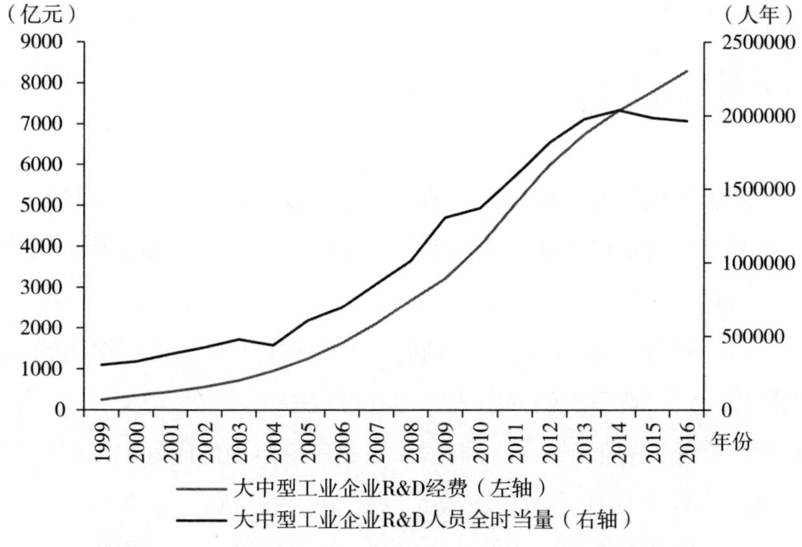

图12-7 1999 ~ 2016年我国大中型工业企业研发投入

数据来源：Wind。

① 国家统计局："改革开放铸就工业辉煌 创新转型做强制造大国"，http：//www.stats.gov.cn/ztjc/ztfx/ggkf40n/201809/t20180904_1620676.html。

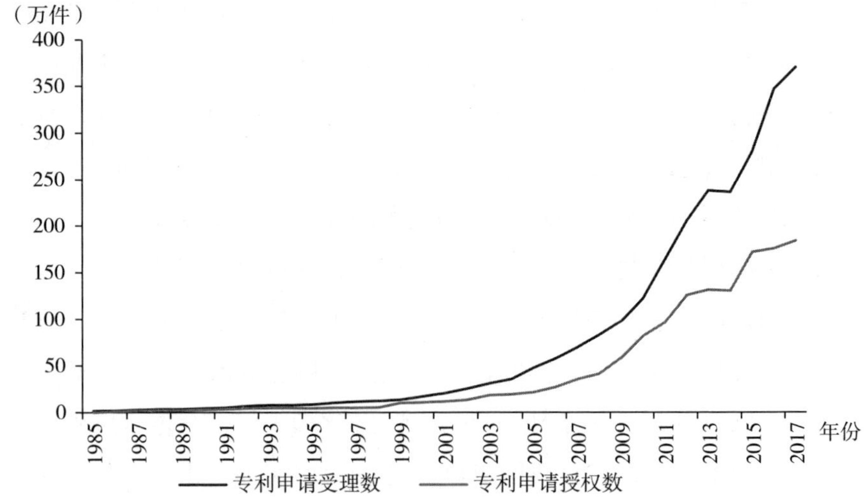

图12-8　1985～2017年我国专利申请受理和专利申请授权数

数据来源：Wind。

（四）竞争机制的经验总结

中国市场化转型过程中，采取了渐进式改革、由局部到整体以及以开放促进改革的推进方式。市场竞争机制的引入、建立和完善也采取了同样的方式，主要成功经验主要包括以下三个方面。

第一，循序渐进引入竞争机制。与渐进式放开价格、引入市场价格机制相一致，竞争机制的引入和建立过程中也采取了类似方式。首先放开对竞争行为的限制，然后根据市场竞争中出现的问题出台相应的法律法规，有针对性地推动政府改革、完善竞争规则、建立市场监管机制、营造市场环境，从而规范竞争行为。循序渐进引入市场竞争、建立市场竞争规则和监管机制，不断完善市场竞争环境，避免了休克疗法或极短时期内放开竞争可能造成的强力冲击和不适应，成功地处理好了改革、发展和稳定之间的关系，较好地实现了计划管制向市场竞争的平稳过渡。

第二，从局部到整体逐步强化竞争机制。商品市场竞争机制引入和建立过程中，为了避免全面引入竞争带来的可能冲击，最早在农产品和小商品领域引入市场竞争机制。在成熟稳定后放宽到工业品领域，进而引入几乎所有商品市场。同样，在服务业市场和要素市场也采取类似的做法和策略，而且在引入竞争过程中，采取先在商品市场引入竞争机制，待条件成熟后再在要素市场逐渐引入竞争机制的做法。在商品市场和要素市场引入竞争机制的过程中，采取类似于价格“双轨制”的做法，使得市场化转型整体平稳可控，避免局部的冲击对全局造成过大影响。

第三，以对外开放不断促进市场竞争完善。市场化转型以及竞争机制形成过程中，一直存在计划体制的惯性和既得利益的巨大阻力。通过对外开放，大量引进外资外企，提高市场竞争。2001年加入世贸组织后，大幅放宽开放领域外资准入限制，大量引进外企，多数行业的市场竞争格局得到改变。特别是十八大以来，随着自贸区建立以及外商投资准入负面清单制度的实施，倒逼政府推动简政放权，不断改善营商环境并积极推进相关领域改革，市场竞争规则和市场环境不断优化。同时，通过大力推进“一带一路”建设，加快国内统一开放市场的形成。以全面对外开放促进国内改革的做法和策略，有效克服了阻碍市场及市场竞争的力量，市场规则越来越完善且与国际日益接轨，市场竞争越来越规范有序，市场环境越来越优化。

二、竞争机制存在的问题和面临的挑战

尽管随着市场化改革的深入，市场竞争机制不断健全，但是受转型尚未完成以及相关制度和体制改革不彻底等因素的制约，当前我国市场竞争机制仍然存在一系列问题。同时，着眼于未来发展阶段和新技术变革，特别是与建议完善的现代化市场体系目标要求相比，我国市场竞争

机制还面临一系列挑战。

（一）存在的问题

我国市场化改革仅有20多年，相关制度和体制仍然处于继续完善过程中。与此相对应，当前我国市场竞争机制同样存在不少问题。

第一，部分领域仍然存在不当准入限制。当前，政府对经济活动的直接干预和管制仍然较多，部分行业和领域的显性和隐性准入限制仍然未完全消除，一些市场主体难以获得同等便利的市场准入条件。特别是民营企业和外资企业在进入要素市场和服务业的准入限制相对较多，要求也更为严格。例如，在资本、土地等要素获得以及电信等服务业市场准入方面，民营企业仍然面临着“弹簧门”“旋转门”和“玻璃门”等障碍。尽管先后出台有关支持非公有制经济发展的非公36条等文件，但仍然没有彻底消除这种不公平的市场准入限制条件。

第二，行政性垄断和自然垄断问题依然比较突出。当前，我国行政性垄断问题仍然比较突出，涉及的前置审批、核准、认证项目较多，执行层面变相设置的不合理规定现象也比较普遍，有些行政机关或其授权组织甚至滥用行政权力限制竞争。例如，2012年，某省道路运输管理局在推广使用机动车驾驶员计时培训管理系统工作中，要求全省各市驾培机构安装系统车载硬件设备的车辆，使用同一套计时培训监控系统，不允许再委托建设第二套计时培训监控系统，出现了只允许一家计时培训系统运营商独家运营的现象。上述做法违反了《反垄断法》第三十二条所列“行政机关不得滥用行政权力，限定或者变相限定单位或者个人经营、购买、使用其指定的经营者提供的商品”的规定，构成滥用行政权力，排除、限制竞争的行为[①]。此外，部分行业和领域的自然垄断问题也较为常见。例如，电信行业普遍存在的资费偏高、捆绑销售、不明扣

---

① “某省道路运输管理局纠正滥用行政权力排除限制竞争行为”，国家发改委，http://www.gxdrc.gov.cn/xsjg/ecjg/zzqjgjdjcfj/jdjc_39111/201709/t20170908_744458. Html。

费和垃圾短信退订难等问题。

第三，妨碍统一市场和公平竞争的规定和做法在一些地区领域和行业仍然存在。部分地方政府出台了许多地方保护政策和规定，对外地企业、产品和服务设置歧视性市场准入限制和市场壁垒。对外地和进口商品、服务实行歧视性价格和歧视性补贴政策，招标、采购、项目审批等方面向本地区企业倾斜，竞争规则和市场运行透明度不够。为本地企业提供各类政府补贴、隐性担保，影响了市场公平竞争。采用行政划拨手段等直接干预市场的方式为本地企业提供更低成本的资金和土地等。对经营业绩不佳的本地“僵尸企业”提供输血式补贴、避免其退出等干预市场正常竞争和淘汰的行为。

第四，不正当竞争问题时有发生。一些企业滥用市场支配地位限制相关企业发展，还有一些企业，采取仿冒名牌、虚假宣传、价格欺诈、商业贿赂、违法有奖销售、商业诋毁、销售无合法进口证明商品、模仿商标包装、侵犯专利和版权、采用不恰当广告语或引人误解的虚假宣传等不正当竞争手段，影响了市场竞争的公平和有序。例如，深圳市某公司使用与腾讯计算机系统有限公司相似的企业名称，违反了诚实信用原则，具有主观恶意和不正当性，足以造成市场混淆，法院一审判决两被告构成不正当竞争，立即停止在信息咨询领域、电子游戏机领域使用含有原企业字号①。

第五，新经济领域竞争行为规制缺乏可适用的法律法规。新经济领域出现的平台组织，具有连接消费者和生产者的双边性质，网络外部性特征和边际成本递减效应非常突出，市场集中度和市场支配力远高于传统企业②，平台组织在采取经营者集中、滥用市场支配地位或合谋等行为方面条件更为有利。平台组织的出现导致新经济领域出现了一系列不同于以往的竞争行为。例如，新经济领域中经常以免费方式提供服务

① “诉某企业不正当竞争一审胜诉该企业被责令停止使用原企业字号”，腾讯研究院，http：//www.tisi.org/4791。

② 阿里研究院与德勤：“平台经济协同治理三大议题”，http：//www.aliresearch.com/blog/article/detail/id/21402.html。

等。平台对内部经营商户以及生产制造企业实施限制性措施或排他性交易等，平台之间的跨界竞争，平台对消费者实施掠夺性定价或价格歧视等。但是，平台组织兼具市场和企业双重属性，在界定其行为是否构成不正当竞争或垄断存在较大难度。目前，仍然缺乏有效且完善的理论来分析其市场结构、市场行为和市场绩效，特别是难以对其行为的社会福利效应做出明确判断。

（二）竞争机制面临的挑战

着眼于未来发展阶段和新技术变革，特别是与建设完善的现代化市场体系目标要求相比，我国市场竞争机制还面临一系列挑战。

第一，建设现代化经济体系更高的要求对完善竞争机制提出了挑战。党的十九大提出了未来较长一段时期的总体发展目标和要求，特别是要求在加快完善社会主义市场经济体制过程中，全面实施市场准入负面清单制度，清理废除妨碍统一市场和公平竞争的各种规定和做法；深化商事制度改革，打破行政性垄断，防止市场垄断，加快要素价格市场化改革，放宽服务业准入限制，完善市场化监管体制[①]。上述目标要求，不仅对政府职能转变提出了很高的要求，而且对政府的治理能力也提出了很高的要求，但是政府职能转变、政府治理能力的提高涉及全方位、深层次的改革，这些改革都是以往改革过程中遗留下来的“硬骨头”，不仅改革任务艰巨复杂，而且面临的难度和阻力非常大。

第二，全面开放后与世界规则的全面接轨对完善竞争机制提出了挑战。新的发展阶段，我国将全面扩大开放，不断放宽对外资在农业、制造业和服务业等各个领域的市场准入限制，持续促进市场竞争规则与国际全面接轨，塑造更加优良的市场竞争环境。但是，这一过程离不开政府治理体系的完善和政府治理能力的提高，而这又涉及深层次的政府

① 《党的十九大报告学习辅导百问》，北京：党建读物出版社、学习出版社，2017

管理体制的根本性变革。同时，全面对外开放意味着国内企业更多地走向全球，但是国内相关竞争法规不可避免地要与相关国家发生摩擦和冲突，需要全面推动国内相关竞争规则和法律体系等与国际全面接轨，这又涉及一系列相关法律法规的修订与完善。

第三，电子商务、共享经济等新经济的快速发展对完善竞争机制提出了挑战。以大数据、云计算等为代表的新一轮科技革命和产业变革不断深入，电子商务、数字经济、共享经济等新产业、新业态、新模式不断涌现，颠覆了许多传统的生产经营模式和消费模式，对完善竞争机制提出了新要求、新挑战。例如，数字经济发展和个人信息隐私保护，平台经济中规模经济与滥用市场支配地位界定困难等难题，电子商务与实体商业不正当竞争的界定。特别是，上述领域作为全新的经济形态，缺乏成熟的可借鉴经验，对其的市场竞争行为的规制需要全新的规则理念和理论作为支撑，需要更高的规制能力和更多样的规制手段，也需要全新的法律法规来适应新经济领域的机制，这对未来竞争机制的完善提出了较大的挑战。

三、完善竞争机制的思路与政策

按照问题导向和目标导向双重要求，积极应对现代化经济体系建立、全面对外开放、数字经济发展等带来的挑战，以全面深化改革为主线，按照“除保护、宽准入、破垄断、强执法、立规范”的思路，以市场竞争机制在资源配置中发挥决定性作用为目标，促进市场竞争主体更具活力，市场竞争机制在更大范围发挥作用，市场竞争规则更加完善公平，市场竞争政策更加规范有效，市场竞争环境更加优良。

（一）消除地方保护，加快建立统一市场

引导地方政府转变竞争方式。适应高质量发展和现代化经济体系建设需要，加快推动地区竞争理念转变，以“一带一路”国内段互联互通为重点，推动地区间逐渐改变以邻为壑的传统竞争行为，强化地区间市场统一开放。积极推动由以低成本和优惠政策为主的竞争方式，向以改善营商环境为主的制度创新式地区竞争转变。加快构建完善地区间横向财政转移和地区间合作机制，积极推动地区间融合发展、协同发展和共同发展。

消除地方政府的市场保护行为。严格落实竞争审查制度，采取自我审查、社会监督、强化执法监督等多种方式，全面加大对地方性法规、政策规定的审查力度。加快在地区层面推广市场准入负面清单管理制度，清除对外地企业、产品和服务设置的歧视性市场准入限制和市场壁垒。清除针对产业发展、招商引资等方面的显性和隐性补贴政策以及对外地和进口商品、服务实行歧视性价格和歧视性补贴政策。进一步增强在招投标、政府采购、项目审批等方面竞争规则和市场运行的透明度。强化市场规则的统一性和市场监管执法的统一性，建立统一协调的执法体制、执法规则和执法程序，提高市场监管的公开性和透明度。

遏制地方政府对“僵尸企业”退出的不当干预。结合供给侧结构性改革，减少或消除地方政府对扭亏无望、缺造血能力、没有生存能力企业的财政输血、不当补贴和拖延式救助等行为。消除利用行政力量推动企业兼并重组，消除对辖区内企业施加超出其负担的就业压力和财税压力。减少地方政府对辖区内银行等金融机构的行政干预，减少强制为“僵尸企业”提供贷款、授信等不当要求。

（二）放宽准入限制，不断促进市场开放

进一步取消或放宽市场准入限制。在积极稳妥的前提下，继续放开

对外资和民营企业在石油、天然气、电信、军工等基础性领域和服务业领域的不合理限制和隐性壁垒，特别是加大消除对研发、金融、咨询、信息服务等生产性服务业以及医疗、教育、文化、体育等社会服务业的开放和市场准入限制，取消对民营企业单独设置的附加条件和歧视性条款。

减少市场准入的审批环节和流程。减少涉及经营资质、许可及评级等方面的行政审批、核准、认证项目，不断降低准入成本。加大改革力度，继续削减商事登记前置、后置审批，完善商事登记前置、后置审批事项目录管理，并适时动态调整完善。整合构建国家、省、市三级互联的网上政务服务平台，加快建设全流程、一体化政务服务在线平台，提高市场准入审批效率，降低审批成本。编制各级政府公共服务目录清单，实行办事要件和流程标准化，进一步优化审批流程和环节，不断缩短审批时限。

扩大对外资的开放范围和力度。继续完善市场准入负面清单制度和外商投资准入负面清单制度，对确需保留的准入限制，应建立公平、透明、规范的准入规范，明确市场准入的质量安全、环境和技术等标准。重点加大对禁止进入、限制市场主体资质、限制股权比例、限制经营范围和商业模式等方式直接或者变相限制市场准入等行为的审查。加快落实对外资放开领域的政策。

加快价格改革和价格放开。加快推进电力、石油、天然气等能源领域的价格放开，深化铁路、民航、邮政等重要领域价格改革，建立主要由市场决定价格的机制，促进市场主体多元化竞争。按照“公益性服务领域以政府定价为主，营利性服务领域以市场自主定价为主”的分类管理思路，稳步推进医疗服务、公用事业和公益性服务价格改革。

（三）破除垄断行为，强化市场竞争

加大反行政垄断力度。进一步遏制和禁止部门立法，清除已有的不

合理行政性垄断文件，对相关行政性文件和规范性文件加以限制。通过行政命令，废除和禁止行政部门自我授权的行政垄断权，鼓励各类企业进入没有现行法律规定垄断权的产业领域中。修改相关立法，使法院对行政性垄断案件享有实质的审查权以及对企业垄断地位的处分权。完善现行的反垄断行政执法机制，重点推进机构和职能整合，提高反垄断机构的权威。保证程序的正当性，确保反垄断过程的公正性、透明性和参与性。建立对行政性垄断的公诉制度。

深化自然垄断领域改革。进一步放松或取消国有控股的自然垄断部门中的竞争性业务进入管制，通过采取混合所有制等形式，积极吸引民营资本和国外资本进入，对外商开放的领域应同等对民营资本开放。在垄断行业进一步推广特许经营方式，不断完善社会资本进入特许经营领域的办法和规定。在开放竞争性业务的同时，放松或取消价格管制，逐步由市场来确定竞争性业务领域产品或服务的价格。进一步加强对供水、供电、供气、烟草、邮政等行业的监管和规制，严厉打击滥收费用、强迫交易、搭售商品、附加不合理交易条件等限制竞争和垄断行为。

规制平台组织垄断行为。进一步规范和限制平台组织对商家限制交易、排他性交易或选边站队等行为，加大对平台组织滥用市场支配力量行为的处罚力度。同时，加强规制平台组织利用数据信息优势对消费者采取的掠夺性定价、歧视性定价等行为，维护消费者合法权益。此外，依照国际经验和惯例，加强对平台组织跨界进入金融、媒体等领域的规制，避免出现不公平竞争。

（四）强化市场执法与监管，促进有序竞争

强化反不正当竞争执法力度。将常态化监管和专项整治相结合，重点围绕仿冒、虚假宣传、价格欺诈、商业贿赂、侵犯商业秘密、侵犯知识产权等不正当竞争行为，强化反不正当竞争执法力度。健全跨部门、

跨区域的反不正当竞争执法信息共享、协作查处联动机制，提高执法的统一性、权威性和协调性。按照新修改的《反不正当竞争法》有关互联网领域的条款规定，进一步加强对互联网领域、共享经济以及高技术领域存在的滥用市场支配地位、经营过度集中、窃取信息、删除差评、虚构交易和流量劫持等不正当竞争行为或恶性竞争行为的执法力度。

提高反不正当竞争执法能力。加快反不正当竞争和执法监管信息化建设，加强大数据、云计算、人工智能等新技术在反不正当竞争执法监管中的运用。大力推进不同部门间执法监管平台的开放共享，加强对相关数据信息的整合、分析和研判，形成执法监管合力。

强化社会信用的约束引导作用。推进社会信用体系建设，建立健全政府部门间协同监管和联合奖惩机制，完善国家企业信用信息公示系统，加强信用监管。加强信用信息的征集、存储和应用，健全守信联合激励和失信联合惩戒机制，提高违法失信成本。建立完善生产经营主体诚信档案和“黑名单”制度，相关信息纳入全国信用信息共享平台和企业信用信息公示系统，实施市场主体信用分类监管。

提高市场监管的公平透明和对称监管。进一步消除不同所有制、不同规模企业、不同类型企业之间的歧视，按照统一规则，实现市场监管的公平和一视同仁。全面推动市场监管由正面清单转向负面清单管理转变，进一步减少市场监管机构监管的自由裁量权，完善市场监管信息公开制度，不断拓展信息公开渠道，推动公开责任、公开内容、公开监督到位。适应电子商务、共享经济等新经济发展特点，加快推动监管理念、监管规则、监管方式和监管手段的调整和变革，实现监管行为与企业行为的同步、实时、对称。

（五）完善相关法律法规，保障市场竞争环境

加快修订完善相关法律。根据经济发展及市场竞争中的新情况、新特点，及时修订《反不正当竞争法》《反垄断法》《专利法》《广告

法》《知识产权法》《价格法》以及《商业秘密保护法》等与市场竞争相关的法律条款，增强法律法规的适用性和统一性。积极借鉴国际立法经验，按照审慎监管的原则，鼓励地方政府探索数字经济立法或制定地方条例，加快数字经济和共享经济领域的立法工作。

加快完善相关行政性法规、政策规定和标准体系。针对电子商务、数字经济等新兴领域，及时修订完善《电子商务模式规范》《网络商品交易及有关服务行为管理暂行办法》《网络零售第三方平台交易规则制定程序规定》《电子商务经营服务规范》等已有的政策法规，同时结合新现象新特征，进一步出台相关行政法规、规范或暂行管理办法等。推广健全企业标准领跑者制度，加快制定完善新兴产业各类服务规范。

加强新经济领域理论研究。加大对新经济领域研究的投入，在国家哲学社会科学基金、国家自然科学基金等重大科研项目中设立新经济领域研究专项，鼓励和引导高校、科研机构开展相关研究。鼓励有条件的高校，设立新经济领域相关专业，开设相关课程，加快高水平研究人才培养。积极支持相关机构建立新经济领域的合作研究平台和网络，推动国内外高校、研究机构、国际组织和代表性企业共同开展研究。

执笔：赵　勇

参考文献

[1] 党的十九大报告学习辅导百问.北京：党建读物出版社，学习出版社，2017

[2] 吴敬琏.当代中国经济改革教程. 上海：上海远东出版社，2010

[3] 张卓元，房汉廷，程锦锥.市场决定的历史突破. 广州：广东经济出版社，2018

[4] 田国强.中国改革：历史、逻辑和未来.北京：中信出版社，2016

[5] 王小鲁，樊纲，余静文.中国分省份市场化指数报告（2016）.北京：社会科学文献出版社，2017

[6] 刘华涛.发达国家自然垄断行业的政府管制改革及启示.行政论坛，2018（3）：127 ~ 131

第十三章

中国社会信用体系建立与发展

改革开放40年来，加快社会信用体系建设，成为国家完善社会主义市场经济体制、提升和创新国家治理体系以及治理能力现代化的重要手段。

社会信用体系建设是社会主义市场经济体制和社会治理体制的重要组成部分。它以法律、法规、标准和契约为依据，以健全覆盖社会成员的信用记录和信用基础设施网络为基础，以信用合规应用和信用服务体系为支撑，以树立诚信文化理念、弘扬诚信传统美德为内在要求，以守信激励和失信约束为奖惩机制。

改革开放以来，在党中央、国务院的领导下，社会信用体系建设取得了具有里程碑意义的重要成果，出台并实施了专项规划，建立了统一的社会信用代码制度，建设了全国信用信息共享平台，开通了“信用中国”网站，创建了信用城市，开展了多行业守信联合激励、失信联合惩戒工作，大力培育和规范了信用服务市场。各部门各地区信用体系建设积极探索和创新，诚实守信理念不断深入人心。

一、社会信用体系建设发展历程

根据国家对社会信用体系建设顶层设计陆续出台情况，同时考虑各部委、地方政府具体实施规章、细则的陆续出台与落实情况，我国社会信用体系建设的历程大致分为起步、初步发展、快速发展和全面推进等四个阶段。

（一）起步阶段（20世纪80年代末至1999年）

改革开放以前，中国实行计划经济体制，一切经济活动都是在指令性计划下进行，信用管理服务市场几乎不存在。[①]基本上是以国家信用替代市场信用。新中国的信用建设起源于金融领域，起步于信贷征信。[②]信用评级业务最早开始于债券评级。1986年，国家允许地方企业发行债券。为加强统一管理，1987年3月27日，国务院颁布了《企业债券管理暂行条例》，要求发债企业公布债券还本付息方式及风险责任。1988年2月15日，上海远东资信评估公司[③]成立，是中国第一家社会化专业资信评估公司。[④]随后，一些省市相继建立了信用评级机构，最多时曾有90多家，但这些机构多为中国人民银行各地分行的下属公司。

---

① 任兴洲：《建立市场体系——30年市场化改革进程》，中国发展出版社2008年版。

② 中国人民银行征信管理局：《现代征信学》，中国金融出版社2015年版。

③ 1988年1月14日，人行上海分行致上海社科院《关于同意上海资信评估公司更名为远东资信评估公司的函》（沪银金管（88）5084号文）。

④ 远东资信评估有限公司官网，http：//www.sfecr.com/ydgk/index_13.aspx。

1988年，在北京召开信用评级问题研讨会之后[①]，中国工商银行调查信息部和中国农业银行信息部等单位制定了《企业信用评估试行办法》和《企业信用等级评定试行办法》。[②]

不久，各地评估机构开始被清理整顿，评级业务处于维持甚至萎缩状态。[⑤]1989年9月，中国人民银行总行下发了《关于撤销人民银行设立的证券公司、信誉评级公司的通知》（银发〔1989〕272号），明确“人民银行分行出资设立的证券公司和信誉评级公司一律撤销，各地专业银行设立的信誉评级公司也一律撤销。信誉评级公司撤销后，信誉评级业务交由信誉评级委员会办理”。1990年8月，中国人民银行下发了《关于设立信誉评级委员会有关问题的通知》（银发〔1990〕211号），对银行内部信用评级的组织体系进行了规定[⑥]。

1990年3月26日国务院发布的《关于在全国范围内开展清理“三角债”工作的通知》（国发〔1990〕19号）提出：“由于市场疲软，产成品积压，工业生产中流动资金不足的矛盾很尖锐，企业、单位之间互相

---

① 中国人民银行金融研究所1988年3月13～16日在北京召开了信用评级问题研讨会，参加会议的有山西太原市工商银行信用评级公司、辽宁省评信公司、沈阳市信托投资公司、武汉企业信誉评级委员会、无锡市工商银行调研信息部、重庆市工商银行及黑龙江省农业银行信息咨询部门的相关人员。中国人民银行条法司、金融行政管理司、中国国际经济咨询公司也参加了会议。会议就信用评级理论、制度、政策、机构、程序和立法等问题，进行了较为广泛而认真的讨论，这是就中国建立信用评级制度问题第一次举行的较大范围的研讨会。秦池江：“强化信用观念，提供信用透明度——建立中国信用评级制度问题研讨会综述”，载《中国金融》，1988年第5期.

②⑤ 上海财经大学信用研究中心、上海国际金融中心研究院：《2015中国金融发展报告——社会信用体系建设的理论、探索与实践》，上海财经大学出版社2016年版。

⑥ 一、各地在评信公司、咨询公司等类似机构撤销后，可由当地人民银行牵头组建信誉评级委员会，委员会应由经济、金融、财政、科技、学术界的权威人士组成。其业务活动归口人民银行领导。二、信誉评级委员会下设办公室负责办理日常工作。办公室为独立事业法人，行政上挂靠人民银行。三、信誉评级委员会不以营利为目的，为维持业务的正常开展可对被评单位收到一定服务费用。具体收费标准由各地评委会根据不同情况制定，报当地物价部门批准后执行。四、原则上具备条件的省、自治区、直辖市只能成立一家信誉评级委员会，不具备条件的地区可暂不成立。五、信誉评级委员会的业务以对企业债券进行评级为主，同时可适当开展一些与评信工作有关的咨询业务。六、成立信誉评级委员会由人民银行各省、自治区、直辖市分行负责审批，报总行备案。

拖欠货款和前清后欠的情况十分严重，已成为影响当前生产正常进行的突出问题，也损害了社会信用。”这是国务院文件中第一次出现“社会信用”问题的表述。

上海新世纪资信评估投资服务有限公司（1992年7月）、中国诚信证券评估有限公司（1992年10月）[①]等为代表的独立、专业的信用评级机构先后设立并很快成为资信评级市场的主体。

1993年8月2日，国务院对1987年出台的《企业债券管理暂行条例》作出修订，去掉“暂行”二字，以第121号令发布施行了《企业债券管理条例》，规定“企业发行企业债券，可以向经认可的债券评信机构申请信用评级”。1996年4月1日，中国人民银行制定的《贷款证管理办法》正式开始实施，该办法将企业资信等级记录作为贷款证的内容之一，并规定“资信评估机构对企业所作资信评定结论，可作为金融机构向企业提供贷款的参考依据”。1996年5月，上海和深圳证券交易所各自发布《企业债券上市管理规则》，规定申请债券上市的公司（企业）须经过交易所认可的信用评估机构评估，且债券信用等级不低于A[②]。1999年，中国人民银行开始建设个人信用信息基础数据库。

这一阶段社会信用建设主要以国家层面的制度建设为发端，并集中在金融领域。对“社会信用建设”没有形成系统的法规制度安排，[③]其推进呈现“两端点状”模式，信用服务市场主体多是根据自身的需求开展信用活动和业务，呈现社会信用体系建设起步阶段的特征。

---

① 中国诚信证券评估有限公司是中国人民银行总行批准的第一家全国性评级公司。

② 根据中国人民银行2006年3月29日发布的“银发〔2006〕95号”文《中国人民银行信用评级管理指导意见》，以及2006年11月21日发布的《信贷市场和银行间债券市场信用评级规范》等文件的有关规定，银行间债券市场中长期债券信用评级等级划分为三等九级，符号表示为：AAA、AA、A、BBB、BB、B、CCC、CC、C。除AAA级，CCC级（含）以下等级外，每一个信用等级可用“+”“-”符号进行微调，表示略高或略低于本等级。

③ 1993年《企业财务通则》和《企业会计准则》，1994年《公司法》，1995年《商业银行法》《担保法》和《仲裁法》，1999年《合同法》对信用问题从侧面进行了规定。

（二）初步发展阶段（2000～2007年）

以2000年8月24日《国务院办公厅转发国家经贸委关于鼓励和促进中小企业发展若干政策意见的通知》（国办发〔2000〕59号）为标志，社会信用体系建设进入初步发展阶段。该文明确“建立和完善担保机构的准入制度、资金资助制度、信用评估和风险控制制度、行业协调与自律制度”。信用评估制度被特别提出。

2001年3月，《国民经济和社会发展第十个五年计划纲要》提到广泛应用信息技术“加快电子认证体系、现代支付系统和信用制度建设，大力发展电子商务”。2001年4月，国家经贸委、工商总局等十部委①联合下发了《关于加强中小企业信用管理工作的若干意见》（国经贸中小企〔2001〕368号）提出：“信用是市场经济的重要基础，规范有序的市场经济活动需要建立一个能够有效调动社会资源和规范市场交易的信用制度。”这是国家部委级机关首次对信用和信用制度的地位做出很高表述。

2002年11月，党的十六大提出了“整顿和规范市场经济秩序，建立健全现代市场经济的社会信用体系”的目标。这是党中央第一次提出“社会信用体系”这个概念。

2003年10月，党的十六届三中全会《关于完善社会主义市场经济体制若干问题的决定》对这一概念进行了权威解读，提出：“建立健全社会信用体系。形成以道德为支撑、产权为基础、法律为保障的社会信用制度，是建设现代化市场体制的必要条件，也是规范市场经济秩序的治本之策。”

个人信用建设方面，2005年8月18日，中国人民银行出台《个人信用信息基础数据库管理暂行办法》（中国人民银行令〔2005〕第3

① 十部委分别是：国家经贸委、工商总局、公安部、财政部、中国人民银行、海关总署、税务总局、证监会、质检总局、外汇局。

号），同年10月1日起实施。该令第二条规定："中国人民银行负责组织商业银行建立个人信用信息基础数据库（以下简称个人信用数据库），并负责设立征信服务中心，承担个人信用数据库的日常运行和管理。"第四条明确："本办法所称个人信用信息包括个人基本信息、个人信贷交易信息以及反映个人信用状况的其他信息。"

行业信用建设方面，2005 年 12 月，全国整顿和规范市场经济秩序领导小组办公室（下简称整规办）会同国资委联合发布了《商会协会行业信用建设工作指导意见》（整规办发〔2005〕29号），对全国范围内行业信用建设的原则、目标和工作任务提出了明确要求。2006 年5 月，又先后发布了《开展行业信用评价试点工作实施办法》（整规办发〔2006〕12号）和《关于开展首批行业信用评价试点工作的通知》〔2006〕22号），对行业信用评价工作进行了全面部署。

这个阶段，各部门开始推动信用信息系统的建设，归集行业信用信息。财政部、国家工商总局、海关总署、国家质检总局等部门依托"金财工程""金信工程""金关工程""金质工程"①等建设，加大本部门信用信息系统建设力度，推动纳税诚信、产品质量诚信、企业信用监管的建设。

在此阶段社会信用建设呈现了"条线体系"推进特征：（1）在制度层面，提出了企业信用体系建设的专项规划；（2）以政府部门为主体的信用信息披露体系和市场第三方中介为主体的联合征信体系开始起步并不断推进；（3）社会信用建设从"两端点状"的模式发展为从中

① 1993年12月，为适应全球建设信息高速公路的潮流，我国正式启动了国民经济信息化的起步工程——"三金工程"，即金桥工程、金关工程和金卡工程。"三金工程"的启动，标志着我国"金"字工程全面铺开。经过多年的持续发展，以"金"字头为代表的多项工程取得了突破性进展。

2002 年8月5日，中办发17号文件转发了《国家信息化领导小组关于我国电子政务建设的指导意见》，明确表示，要加快12个重要业务系统建设：继续完善已取得初步成效的办公业务资源系统、金关、金税和金融监督（含金卡）4个工程，促进业务协同、资源整合；启动和加快建设宏观经济管理、金财、金盾、金审、社会保障、金农、金质和金水等8个业务系统工程建设。相应构建标准化体系和安全保障体系，进一步推进电子政务的发展。业务系统建设要统一规划，分工负责，分阶段推进。业界把这12个重要业务系统建设统称为"十二金"工程。

央、地方到行业的“条线体系”建设治理模式。

（三）加速发展阶段（2007年至2014年5月）

以国办发〔2007〕17号文出台为标志，社会信用体系建设进入加速发展阶段。2007年3月23日，国务院办公厅为落实十六届三中全会精神，出台了《关于社会信用体系建设的若干意见》（国办发〔2007〕17号），比较系统地提出了社会信用体系建设的指导思想、目标、基本原则和推进的重要内容，这是我国政府第一个关于社会信用体系建设的专门文件。其内容包括四个方面：推进行业信用建设，加快信贷征信体系建设，培育信用服务市场，完善（信用）法律法规。同年4月，国务院办公厅发出《关于建立国务院社会信用体系建设部际联席会议制度的通知》（国办函〔2007〕43号），明确建立国务院社会信用体系建设部际联席会议制度，其职责为负责统筹协调社会信用体系建设工作，研究拟订重大政策措施；协调解决推进社会信用体系建设工作中的重大问题；指导、督促、检查有关政策措施的落实。这标志着我国社会信用体系建设从前期部分地区、部分行业单兵突进的阶段进入多部门、多领域整体协调推进的加速发展阶段。

2011年10月18日，党的十七届六中全会提出：“把诚信建设摆在突出位置，大力推进政务诚信、商务诚信、社会诚信和司法公信建设，抓紧建立健全覆盖全社会的征信系统，加大对失信行为惩戒力度，在全社会广泛形成守信光荣、失信可耻的氛围。”这是首次明确诚信建设的四大领域。会议强调，“十二五”期间要以社会成员信用信息的记录、整合和应用为重点，建立健全覆盖全社会的征信系统。

此外，社会信用体系建设的推进机制部际联席会议制度进一步完善。2012年7月17日国务院以国函〔2012〕88号批复，同意调整社会信用体系建设部际联席会议成员单位和主要职责，明确发展改革委、中国人民银行“双牵头”，成员单位从18家增加到35家。

国务院《征信业管理条例》（国务院令第631号）于2013年3月15日起施行。这一条例的出台，解决了征信业发展中无法可依的问题。有利于加强对征信市场的管理，规范征信机构、信息提供者和信息使用者的行为，保护信息主体权益；有利于发挥市场机制的作用，推进社会信用体系建设。

这一阶段我国社会信用体系建设呈现出“条线协调”推进的特征：（1）部际联席会议明确由国家发改委、中国人民银行“双牵头”，构建了金融领域信用与非金融领域信用体系框架，协同推进能力加强；（2）在制度层面上，社会信用体系建设的法律框架初步建立，失信惩戒机制逐渐形成；（3）信用服务机构不断发展壮大，信用市场逐渐规范。

（四）全面推进阶段（2014年6月至今）

2014年6月14日，《国务院关于印发社会信用体系将设纲要（2014–2020年）的通知》（国发〔2014〕21号）（下简称《纲要》）出台，以此为标志，我国社会信用体系建设工作进入全面推进阶段。这是我国第一个关于整个社会信用体系建设的顶层设计，是国家级专项规划。《纲要》第一次就全面推进政务诚信、商务诚信、社会诚信和司法公信四大领域的信用建设做出顶层设计，就政府信用建设、企业信用建设和个人信用建设工作任务做了全面安排。

在国家信用政策建设方面：（1）国家社会信用体系建设制度已具雏形。尤其是2016年，先后通过了6个对信用建设具有顶层设计意义的改革性文件[①]，分别以国务院、中办、国办、国家发展改革委和中国人

① 《国务院关于建立完善守信联合激励和失信联合惩戒制度加快推进社会诚信建设的指导意见》（国发〔2016〕33号）、《关于加快推进失信被执行人信用监督、警示和惩戒机制建设的意见》（中办发〔2016〕64号）、《关于加强政务诚信建设的指导意见》（国发〔2016〕76号）、《关于加强个人诚信体系建设的指导意见》（国办发〔2016〕98号）、《关于全面加强电子商务领域诚信建设的指导意见》（发改财金〔2016〕2794号）、《关于进一步健全相关领域实名登记制度的总体方案》。

民银行的名义出台执行。（2）联合奖惩政策体系填补了空白。[①]2016年出台的《国务院关于建立完善守信联合激励和失信联合惩戒制度加快推进社会诚信建设的指导意见》（国发〔2016〕33号）为联合惩戒确定基本方向。2017年以来，国家发展改革委、中国人民银行《关于加强和规范守信联合激励和失信联合惩戒对象名单管理工作的指导意见》（发改财金规〔2017〕1798号）、国家发展改革委《关于加强和规范守信联合激励和失信联合惩戒对象名单管理工作的指导意见》（发改办财金〔2018〕87号）、《关于对失信主体加强信用监管的通知》（发改办财金〔2018〕893号）3个文件出台。（3）信用约束优化营商环境[②]。2018年6月6日，国务院会议确定进一步建设和完善社会信用体系的措施。其主要内容为，一是围绕优化营商环境加快构建以信用为核心的监管机制，推广告知承诺制。二是建立黑名单制度，强化信用约束，对侵权假冒、坑蒙拐骗、虚假广告等违法违规行为要公开曝光、坚决整治，让失信者受到惩戒和震慑。三是坚决守住信息安全底线，保护商业秘密和个人隐私。四是加快推进重点民生领域信用体系建设，增进群众福祉。五是引导社会力量参与信用建设，发展第三方征信服务。强化政府部门诚信建设，依法依规处理“新官不理旧账”问题。

第三方信用市场在社会信用体系建设中发挥越来越重要作用。2018年2月2日，国家发展改革委办公厅发布《关于充分发挥信用服务机构作用 加快推进社会信用体系建设的通知》（发改办财金〔2018〕190号），要求各地充分认识引入有征信和评级资质的第三方信用服务机构的重要性，在七大项工作中发挥其作用。3月19日，在央行主导下，由芝麻信用、腾讯征信、前海征信、考拉征信、鹏元征信、中诚信征信、中智诚征信、华道征信等8家市场机构与中国互联网金融协会共同发起

① 截至2018年6月底，部门签署联合奖惩合作备忘录已扩大到37个，其中，联合惩戒备忘录29个、联合激励备忘录5个，既包括联合激励又包括联合惩戒的备忘录3个，联合惩戒备忘录数量增加为工作推进进一步打下基础。

② 2018年3月22日，由中诚信研发的首个具有知识产权的营商环境评价系统在广东珠海金湾上线。

组建国内首家市场化个人征信机构“百行征信公司”，并在深圳正式挂牌。

此阶段，在制度层面信用体系相关政策在各行业或部门、各地区加速落地和应用。政府与第三方信用机构之间的联系也更为紧密，以联合奖惩和行业专项治理为主的条线信用监管和以信用示范城市、区域合作示范区等为主的区域应用创新为代表，共同推进的多维治理模式已经形成。信用体系建设的重心正在从数据归集、平台搭建的“硬件”管理，向联合奖惩、行业治理、区域应用与创新的“软件”管理转变。

二、社会信用体系建设的成就与问题

（一）社会信用体系建设的成就

1. 政务诚信：以双公示为抓手推动政务公开，以专项治理让政务失信清零

在政务诚信方面，为提高行政管理透明度和政府公信力，国家以行政许可决定公示和行政处罚决定公示即“双公示”为抓手推动政务公开，并辅以对政府机构失信问题专项治理，成效显著。

（1）建立“双公示”评估机制。自2015年《国务院办公厅关于运用大数据加强对市场主体服务和监管的若干意见》（国办发〔2015〕51号）印发以来，国家建立了“双公示评估制度”，规定将行政许可、行政处罚这两项信息自作出行政决定之日起7个工作日内上网公示，以推动政务公开。2017年，国家发展改革委引入13家信用服务机构开展双公

示评估工作。2018年每季度开展一次。[①]工作已经进入常态化阶段，效果显著。据“信用中国”网站后台统计，2017年初，“双公示”数据归集量约2000万条；截至2018年5月，“双公示”数据归集量已逾8000万条，增幅约300%。[②]

（2）政务失信专项治理。2017年5月19日，国家发展改革委、最高人民法院开展政府机构失信问题专项治理，对未在规定时限内履行法定义务的政府机构，将采取约谈相关负责人、限制发放贷款、降低城市信用级别、纳入政务失信记录等惩戒措施。同年7月28日，国务院常务会议明确开展政务失信专项治理。9月，国务院办公厅发布《关于进一步激发民间有效投资活力促进经济持续健康发展的指导意见》，明确对造成政府严重失信违约行为的主要负责人和直接责任人要依法依规追究责任、惩戒到人。11月，国家发展改革委召开“省区市社会信用体系座谈会”，会议公布的数据显示，被列入失信被执行人的各级地方政府整改率达到99.68%。[③]

2. 商务诚信：形成红黑名单和联合奖惩治理的条线信用监管模式

商务诚信方面，主要通过联合奖惩制度和行业红黑名单专项治理为主线进行信用监管，近年来联合奖惩范围不断扩大、力度持续增强。

（1）联合奖惩政策体系填补了空白。目前国家已经形成了“3+38+N”联合奖惩监管体系。[④]“3”是指国家的3份顶层设计文件，即国务院《关于建立完善守信联合激励和失信联合惩戒制度加快推进社会诚信建设的指导意见》（国发〔2016〕33号）、国家发展改革委办公

---

① 评估内容涉及“双公示”目录编制和公开情况，建立“双公示”专栏情况，累计数据量占比，季度上传数据覆盖范围，季度数据更新情况，季度数据质量等。

② 《国家发展改革委办公厅关于通报2017年行政许可和行政处罚等信用信息公开工作第三方评估结果暨启动2018年评估工作的通知》，http：//www.ndrc.gov.cn/gzdt/201805/t20180518_886561.html。

③ 东湖信促会，武汉东湖示范区2017年社会信用体系建设总报告。

④ 截至2018年10月底，国家公共信用信息系统在“信用中国”网站公布情况。

厅《关于加强和规范守信联合激励和失信联合惩戒对象名单管理工作的指导意见》（发改财金规〔2017〕1798号）和《关于对失信主体加强信用监管的通知》（发改办财金〔2018〕893号）。这3份文件从红黑名单确定、联合奖惩实施、异议申请、信用修复以及红黑名单退出等方面明确了相关原则，为各地区抓工作落实指明依据。"38"是指有38个部委签署联合奖惩合作备忘录①。"N"是指各地方各协会（团体组织）等制定了联合奖惩依据。"3+38+N"联合奖惩监管体系是实现"一处失信，处处受限"，深入推进社会信用体系建设的基础。当前，这一体系仍在不断丰富和扩展。

（2）通过专项治理公示失信黑名单，实现重点行业领域突破。目前，国家发展改革委会同有关部委，在政务、涉金融、电子商务、农民工工资以及知识产权等领域，通过集中收集失信行为，公示失信黑名单，②分别开展专项治理行动。根据国家公共信用信息中心提供的数据，截至2018年5月，全国信用信息共享平台累计归集失信黑名单信息1295万条，涉及840万失信主体，涵盖失信被执行人、重大税收违法案件当事人、违法失信上市公司等领域。国家发改委已将信用信息嵌入行政审批，建立了"逢报必查、逢办必查"新机制，在有关资金融通和企业债券申报过程中，多家"黑名单"企业受到限制。

3. 社会诚信：围绕重点领域和重点人群加快提升信用建设

在医药卫生和计划生育、劳动用工、科研、环保等领域，建立健全市场主体诚信档案，并通过建立行业黑名单制度、市场退出机制

① 目前这38个联合奖惩备忘录共涉及36个行业、领域或群体，超过40个部门参与联合执法和执行奖惩措施，但需要指出的是，其中在食品药品、环境保护、优秀青年志愿者等领域属于社会诚信范畴。

② 2017年以来，据中国诚信集团信用研究院不完全统计，包括国家发展改革委、交通运输部、最高人民法院、中国银行业协会、国家质检总局（现归海关总署）、国家税务总局、中国证监会、应急管理部、国家民航局、生态环境部、国家安全监管总局、民政部等多家部级行业管理部门，均分发布或者分批次发布了行业管理黑名单。仅国家发改委一个部门，在2016年11月至2018年1月，就在电子商务、涉金融两大领域，先后分10批次发布失信黑名单。

以及信用联动机制，推动联合激励与惩戒机制建设。通过完善跨地域、跨部门、跨行业的失信联合惩戒机制，让违法经营者付出高昂代价。

在医药卫生和计划生育领域，通过建立健全部分医疗机构及从业人员信用记录，并纳入全国信用信息共享平台和企业信用信息公示系统，形成监管信息常态化披露制度。2017年7月医师执业信用系统上线，系统通过“红名单”“白名单”“黑名单”和信用积分管理对医师进行奖惩，促进行业自律。

在劳动用工领域，2016年7月25日，人力资源和社会保障部印发《企业劳动保障守法诚信等级评价办法》，各地对企业劳动用工行为信用等级进行评价并实行信用管理。

在科研领域，加强科研活动全流程诚信管理，推进科研诚信制度化建设、净化科研生态环境。2016年3月25日，科技部印发《国家科技计划（专项基金等）严重失信行为记录暂行规定》，对参与科技项目计划、项目管理和实施的相关承担人员、咨询评审专家等自然人，按照信用机制进行分类分级管理[①]。2018年5月30日，中共中央办公厅、国务院办公厅印发《关于进一步加强科研诚信建设的若干意见》。7月初，中共中央办公厅、国务院办公厅又印发《关于深化项目评审、人才评价、机构评估改革的意见》（中办发〔2018〕37号），明确要通过改革“三评”，加强科研诚信建设。7月18日，国务院印发《关于优化科研管理提升科研绩效若干措施的通知》（国发〔2018〕25号），提出“开

① 中国诚信集团信用研究院于2015年承接科技部发展规划司项目《科技信用评价理论与方法》，提出建立完善、健全的科技信用评级体系。科技信用评级是指由独立客观的第三方信用评级机构或人员，或由专门独立的信用评级机构根据一定程序、运用公认的指标和特定的评估方法，对参与科技项目研发、科技成果产业化的执行者以及科技成果验收和成果绩效的评估、评审专家或评估机构在各阶段执行国家相关法律法规及政策、遵守科技界公认行为、履行相关合约的能力和意愿进行的综合评价，并用专用的符号或简短的文字表述其信用行为风险的大小的过程。最终将根据科技项目参与主体的违约概率以及违约后的预期损失，评定预期损失率，从而确定主体的信用等级。科技信用管理的核心机制是以提高失信成本为基本出发点，保证诚实守信者的合法权益，让失信者受到应有的惩罚，承担相应的责任、付出高昂的失信代价。

展基于绩效、诚信和能力的科研管理改革试点”。

在教育领域从多个维度加强信用建设。如在学术诚信、招生考试和师德建设方面出台了系列措施[①]鼓励开展教师诚信承诺活动，发挥教师诚信执教、为人师表的影响作用；探索建立教育机构及其从业人员、教师和学生的信用评价制度，将信用评价与考试招生、学籍管理、学历学位授予、科研项目立项、专业技术职务评聘、岗位聘用、评选表彰等挂钩；强化诚信教育，将信用管理纳入专业课程。据统计，有26所高校开设信用管理本科专业。[②]

在环保信用领域，2017年继续深化改革，重点提出健全环保信用评价和加强环保信息强制性披露制度，各地在环保信用管理工作中进行了有益探索。

在社会组织诚信建设方面，民政部完善了社会组织登记管理信息，开通了“中国社会组织公共服务平台”，提供全国社会组织查询、社会组织活动异常名录查询、严重违法失信名单查询、涉嫌非法社会组织名单查询等服务功能，健全了社会组织信息公开制度。

4. 司法公信：公检法司齐动手，推进社会诚信正义

司法公信是社会信用体系建设的重要内容，是树立司法权威的前提，是社会正义的底线。

在法院公信建设方面，通过健全制度机制，加大惩戒力度，提高恶意逃债者的失信成本，着力根治“执行难”的顽疾，促使被执行人主动履行债务、回归诚信。最高人民法院先后出台《最高人民法院关于

---

① 《教育部关于切实加强和改进高等学校学风建设的实施意见》（教技〔2011〕1号）、《学位论文作假行为处理办法》（教育部令第34号）、《关于进一步加强国家教育考试诚信档案管理工作的通知》（教试中心函〔2010〕209号）、《关于建立健全中小学师德长效机制的意见》教师〔2013〕10号、《关于建立健全高校师德建设长效机制的意见》教师〔2014〕10号等。

② 以诚筑教，稳步推进教育行业信用体系建设——访教育部有关负责人，中国改革报.http：//www.creditsd.gov.cn/21/2476.html。

限制被执行人高消费及有关消费的若干规定》（法释〔2015〕17号）[1]和《关于公布失信被执行人名单信息的若干规定》（法释〔2017〕7号）[2]，针对有能力履行而拒不履行人民法院生效法律文书的被执行人，确立公布失信被执行人名单信息制度。同时，最高人民法院开通了“中国执行信息公开网”，公众可以在网上查询全国法院失信被执行人名单信息、被执行人信息、执行案件流程信息和执行裁判文书。截至2018年7月，法院执行领域共限制购买机票1160万人次，限制购买高铁动车票441万人次，限制担任企业高管26.5万人次，失信被执行人主动履行法律义务254万人次，有效地推动了社会诚信建设[3]。

在检察公信建设方面，充分发挥法律监督职能作用，进一步加大了对破坏生态环境和资源保护、食品药品安全领域侵害消费者合法权益等损害社会公共利益的行为提起检察公益诉讼的力度。完善行贿犯罪档案查询制度，规范和加强查询工作管理，建立健全行贿犯罪档案查询与应用的社会联动机制。

在公共安全方面，将公民交通安全违法情况纳入诚信档案。定期向社会公开火灾高危单位消防安全评估结果，并作为单位信用等级的重要参考依据。将社会单位遵守消防安全法律法规情况纳入诚信管理，强化社会单位消防安全主体责任。

在司法执法和从业人员信用建设方面，建立各级公安、司法行政等工作人员信用档案，依法依规将徇私枉法以及不作为等不良记录纳入档

---

① 2010年5月，最高人民法院公布《最高人民法院关于限制被执行人高消费的若干规定》（法释〔2010〕8号），2015年7月6日最高人民法院审判委员会第1657次会议通过的《最高人民法院关于修改〈最高人民法院关于限制被执行人高消费的若干规定〉的决定》修正，将《最高人民法院关于限制被执行人高消费的若干规定》修改为《最高人民法院关于限制被执行人高消费及有关消费的若干规定》（法释〔2015〕17号），并提出13条修改意见。

② 2013年7月，最高人民法院公布《最高人民法院关于公布失信被执行人名单信息的若干规定》（法释〔2013〕17号），2017年1月16日最高人民法院审判委员会第1707次会议审议又通过最高人民法院关于修改《最高人民法院关于公布失信被执行人名单信息的若干规定》的决定（法释〔2017〕7号），针对形势发展，在吸收各地实践经验的基础上，提出了12条修改意见。

③ 数据来源于国家公共信用信息中心：“全国信用信息共享平台建设应用情况报告”，2018年7月。

案，并作为考核评价和奖惩依据。推进律师、公证员、基层法律服务工作者、法律援助人员、司法鉴定人员等诚信规范执业。

5. 建设信用立体网络和平台，信用城市建设取得明显成效

（1）信用信息共享共用的全国“大动脉”已经贯通。以全国信用信息共享平台、“信用中国”网以及各级政府的门户网站为载体，形成国家部委到地方的立体信用网络，全国信用信息共享平台成为信用信息归集共享的总枢纽，“信用中国”网站成为面向社会公众，弘扬诚信惩戒失信的总窗口。

各地方在国务院《社会信用体系建设规划纲要》的指导下，搭建地方性的线上信用信息共享交换平台，对区域内的信用信息进行归集整理。截至2018年6月底，全国信用信息共享平台已连接44个部门和全国32个省级信用平台，归集各类信用信息225亿余条，并与所有接入部门和地方平台实现了核心数据机制化共享，每周定时向各部门和地方推送行政许可和行政处罚、各类红黑名单、企业经营异常名录等信息。据中国诚信集团信用研究院不完全统计，到2018年6月底，全国已经有170多个城市完成了信用信息共享平台建设。

（2）实现了企业基础信用信息的全覆盖。中国人民银行于1997年开始建设企业信用信息基础数据库，2006年7月实现全国联网查询，截至2018年6月底，已收录2500余万户企业和其他组织的相关信息。2014年2月，由国家工商总局建设的国家企业信用信息公示系统上线，该系统全面提供了全国企业、农民专业合作社、个体工商户等市场主体信用信息的填报、公示、查询和异议等功能，是我国企业基础信用信息最全的系统平台。

（3）个人征信系统极大满足金融服务需求。2005年8月底，中国人民银行完成与全国所有商业银行和部分有条件的农信社的联网运行，2006年1月，个人信用信息基础数据库正式运行。目前，由中国人民银行开发的国家金融信用信息基础数据库系统已成为全球最大的个人征信

系统。截至2018年6月底，已收录9.6亿自然人信息，个人信用信息报告日均查询达530万次。

（4）城市信用体系建设取得突破。国家发展改革委、中国人民银行鼓励地方开展试点示范、积极探索实践，自2015年起分两批、共同意43个城市（城区）创建社会信用体系建设示范城市。到2018年1月，国家发展改革委、中国人民银行公布首批有12个城市为信用示范城市。

6. 第三方参与的协同治理模式初步形成

2016年4月及2017年10月，国家发展改革委先后出台和发布了《国家发展改革委与信用服务机构合作开展行业信用体系建设暂行办法》及《关于引入第三方信用服务机构协同参与34个行业的信用建设和信用监管工作的函》，多方协同治理的模式开始起步。经过两年的探索，第三方信用服务机构参与的工作逐步丰富，涉及落实名单归集、记录覆盖、监管协同、公示监督、监测预警、记录追溯、惩戒协同和社会告知等八个方面。此外，第三方信用服务机构还协助政府做好“四个名单”，即失信企业黑名单、获得行业准入的资质名单、有造假行为的市场主体名单和有违法违规行为的市场主体名单。[①]

2018年2月，《国家发展改革委办公厅关于充分发挥信用服务机构作用加快推进社会信用体系建设的通知》（发改办财金〔2018〕190号），要求各地发改委充分认识各类信用服务机构在社会信用体系建设中的重要作用，从七个方面发挥它们的积极作用。

（二）尚存在的一些问题

40年来，我国社会信用体系建设取得了非常显著的成就，但同时要看到，我们的工作还存在不足。如，党的十八大报告曾指出：“一些领域存在道德失范、诚信缺失现象。”

① 刘梦雨、王砾尧：“第三方力量”，载《信用中国》，2017年第12期。

1. 区域信用体系建设发展不均衡

一方面，各地信用体系建设的牵头单位不一，从事该项工作的具体机构职能还未完善，全国大部分省、地市政府还未建立区域信用信息平台。在已建系统中，由于当地部门信息化水平有限、国家机构设置条块分割及信息采集、交换标准难以统一，各个地区信用信息归集质量及应用情况存在差别。近年来，长三角、珠三角和京津冀等区域开始探索区域信用建设，但还未形成稳定和制度化的过程。其他跨域建设和交流很少。

另一方面，信用体系建设的成效很大程度上取决于政府部门的推进力度，因工作力度、重视程度不同，各地方信用建设发展程度不一。先行先试经验又推广不足，示范性效应不够。这导致社会信用体系建设在总体上呈现出不平衡。

2. 政府失信问题依然存在

我国一直高度重视政府诚信建设，但政府失信、法治缺失、监管失位等现象不同程度存在，在局部领域、个别地方甚至还比较突出。主要表现为少数地方政府数据造假，政府施政过程不透明、不诚信，政府监管不力导致政府公信力下降等方面。在政务领域失信问题专项治理中，被列入全国法院失信被执行人名单的政府机构共5006家[①]。

3. 相关法律法规尚不健全

与发达国家相比，我国信用体系的法律法规尚不健全。当前，我国在国家层面尚未通过专门的《信用法》，仅陕西、湖北、上海、浙江、河北、江苏、北京和山东等省市出台了一些地方性条例。另外，在现存的一些法律法规中，虽然部分涉及信用管理方面的内容，但不够深入和全面，与信用管理和信用市场发展需求还有差距。

4. 联合惩戒工作机制尚有待加强

在制度层面，联合惩戒机制的系统性、协同性和规范性还有待进

---

① 连维良：《创造性地做好新形势下的社会信用建设工作》，载《信用中国》，2018年第10期。

一步提升。如联合惩戒工作还处于初级阶段，常态化运行机制还不够健全；惩戒的领域范围需要进一步拓展；惩戒的具体措施的实现方式也需要进一步完善。在联合惩戒制度执行落实层面，有些地方政府和行业“下不了手”，担心影响小微企业的生存，造成失业。

5. 公民社会诚信意识有待提高

虽然我国社会信用体系建设取得了重要进展，但只是在部分领域形成了“不敢失信”的初步氛围，从整个社会来看，规则意识、契约精神和诚信修养欠缺，传统道德的支持力有所弱化，信用交易风险问题仍较突出。违背法律法规、不执行合同契约、不兑现承诺和不遵守公共道德现象依然严峻。举例来看，考试作弊、学历造假、食品安全问题、商业欺诈、偷税漏税、公共部门数据造假、以权谋私等问题仍然存在。这些失信现象已超出经济交易范畴，涉及社会交往、商务交易、政务诚信和司法公信等诸多领域，这说明我国公民社会诚信意识仍有待提高。

（三）社会信用体系建设发展的主要经验

40年来，我国社会信用体系建设取得了长足进步，积累了不少经验。尤其是在“主动发挥市场无形之手，切实发挥政府有形之手”方面，取得了丰富的经验。

1. 坚持市场化导向、培育和发挥信用服务机构的作用，是全面可持续推进社会信用体系建设的根本出路

在成熟的市场经济国家，社会信用体系建设主要靠法律，靠第三方专业信用服务机构征信、评信，靠整个社会用信，靠公民守信。40年来，我们逐步认识到，信用服务市场作为社会信用体系的重要组成部分，是守信激励、失信惩戒机制发挥作用的重要载体。社会信用体系建设的大发展离不开信用服务机构和信用服务市场的大发展。目前，政府

在全面推进社会信用体系建设的过程中，积极培育和规范信用服务市场，发展各类信用服务机构，逐步建立公共信用服务机构和社会信用服务机构互为补充、信用信息基础服务和增值服务相辅相成的多层次、全方位的信用服务组织体系。

2. 政府政策引导和规范，是加快社会信用体系建设的重要保障

社会信用体系作为现代市场经济的一项基本制度，单靠市场经济的自发演进作用和市场主体呼唤还不够。从发达国家的社会信用体系发展历程看，在社会信用体系建立初期都离不开政府的大力推动和引导[①]。在我国，政府的真抓实干保障了社会信用体系建设的顺利推进。从国家到地方，不断出台社会信用体系建设的文件和规章，引导和规范我国社会信用体系建设，并推动了体制机制创新，如创造性开展专项治理、创造性推进信用惠民、创造性推动信用监管、创新性运用红黑名单、创造性实施联合奖惩、创造性探索信用评价、创造性开展信用修复等[②]。

3. 重视对外开放和国际经验，是社会信用体系建设发展的重要助推器

中国建立社会信用体系建设起步较晚，在发展的过程中也面临着应对全球经济一体化的挑战、甚至质疑，但我们非常重视国际经验的借鉴，并积极与国际市场规则接轨。政府有关部门、研究机构、信用服务中介机构等从多方面开展了对信用制度、信用服务行业发展模式等方面的比较研究，出版了多部研究报告和专著。[③]

在信用服务市场发展的过程中，非常重视对外开放。2003年10月，党的十六届三中全会《决定》提出：“逐步开放信用服务市场。”邓白

① 连维良：“创造性地做好新形势下的社会信用建设工作”，载《信用中国》，2018年第10期。

② 2018年8月29日，全国信用惠民便企现场交流会在广东省清远市召开，国家发展改革委副主任连维良在交流会上提出，要以主动的创造性推进信用建设迈上新台阶，包括创造性开展专项治理、创造性推进信用惠民、创造性推动信用监管、创新性运用红黑名单、创造性实施联合奖惩、创造性探索信用评价、创造性开展信用修复等七个方面的“创造性”。

③ 任兴洲：《建立市场体系——30年市场化改革进程》，中国发展出版社2008年版。

氏、惠誉和穆迪等国际知名信用服务机构通过在国内设立子公司、与国内企业合资合作等多种方式进入中国的信用服务市场。自2017年7月起，“资信调查与评级服务”从限制外商投资的产业目录里移除，中国市场允许符合条件的境外信用评级机构在境内开展债券信用评级业务，随着中国对国际评级机构独资经营的逐步放开，国外评级机构开始加速筹划在中国独资经营的事宜。2018年7月，上海华夏邓白氏公司获得央行上海总部企业征信机构备案，被视为外资进入中国征信行业的标志。

4. 不断发展现代信息技术，是加快社会信用体系建设的有力工具

互联网和大数据技术的发展，让信息的获取手段变得更为丰富，获取信息的成本也大大降低，信息的流动性加速，信息传递的半径扩大。全国建立信用信息的记录、整合、共享和交换在质和量上都有了提升和保障，同时伴随人工智能、云计算、区块链等技术不断涌现和创新，让社会信用产品和服务朝着更智能、更普惠的方向发展，推进社会信用体系建设从制度设计、平台建设到业务流程都更为成熟和完善。

三、社会信用体系建设的政策建议与展望

在今后的工作中，我们要在已有经验的基础上不断总结、创新，同时要以问题为导向，切实“补短板”。相关建议如下。

（一）理顺协同推进机制，强化跨域建设

社会信用体系建设是一项系统工程，需要高度敏锐的认识信用建设的重要性[①]。一方面，需要在制度上理顺协同推进机制，统一信用体系

① 连维良：“创造性地做好新形势下的社会信用建设工作”，载《信用中国》，2018年第10期。

建设的牵头单位，重视信用建设工作，明确机构职责，并在技术上统一信息采集和交换的标准；另一方面，鼓励地方政府探索区域合作，促进“信用”治理模式转变和创新，大力推进先试先行经验的交流和推广，确保社会信用产品和服务应用在各地能有效应用和落地。

（二）强化政务诚信，提升政府公信力

政务诚信的根本抓手是将《国务院关于加强政务诚信建设的指导意见》执行到位。各级政务机构和政务人员在执政过程中，需“内诚于心”和“外信于行”，坚持依法行政、坚持政务公开、坚持勤政高效、坚持守信践诺、坚持失信惩戒的要求。政务诚信的关键在于能严格执法、依法办事；在法律框架下“加快推进决策公开、执行公开、管理公开、服务公开和结果公开”，保障公共资源使用的公开、公平、公正，实现公众利益的最优化，取信于民。勤政高效是政务诚信的实现途径。守信践诺是政务诚信的内在要求。对于政务人员来说，履行职责，行使职权，应当行诚信之事并对公民负责，由此来提升政府公信力。

（三）加强诚信立法，夯实法治根基

《国务院关于印发社会信用体系规划纲要（2014–2020年）的通知》指出，社会信用体系要“以法律、法规、标准和契约为依据”。可见，“法律先行”是社会信用体系建设的基本原则，是规范诚信行为的法律保障。而当前，我国与信用相关的法律法规仍不健全，与信用管理和信用市场发展需求有较大差距。因此，建议全国人大加快信用立法，制定专门的《信用法》。

（四）完善联合惩戒机制

联合奖惩是社会信用体系建设的核心手段，同时联合惩戒是一项

系统工程，需要整体推进。因此，建议一方面加强联合奖惩机制的系统性、协同性和规范性。通过加快信用法规制度建设，建立较为健全的法律体系，形成规范，以此来威慑和惩戒失信者，使法律真正成为维护信用关系的有力武器；鼓励政府、行业协会、专业信用服务机构和社会公众共同参与，形成监督协同合力，约束各失信主体行为。另一方面，在国家信用制度的约束下，建立常态化的工作机制，鼓励各地方和城市试点开展联合惩戒工作，并创造性地下好“四个功夫”：一是扩围联合奖惩领域。各地方可结合实际在本辖区内，针对重点领域建立区域性联合奖惩机制；二是升级联合惩戒措施。在合法、合规和社会可接受程度内不断升级联合惩戒措施，将限制乘坐火车和民用航空器等措施的适用领域延伸到税收违法、财政性资金管理失信、保险失信以及证券、期货违法等领域，并鼓励各地参照、推广；三是丰富联合激励措施。鼓励各地方推出具有地方特色的个人信用分和市民诚信卡，创新联合激励场景，可通过在市政服务、医疗卫生、社会福利等方面给与优先办理、降低门槛、简化程序、免交押金的方式激励群众的守信行为；四是在形成自动启动奖惩机制上下功夫。按照党中央、国务院关于推进审批服务便民化有关要求，各地方要加快构建以全国信用信息共享平台为枢纽、以网上政务服务平台为基础的全流程一体化在线联合惩戒平台，形成自动启动惩戒机制。依托全国信用信息共享平台联合奖惩子系统，为各地方网上政务服务提供公共入口、公共通道和公共支撑，实现惩戒名单即时更新、惩戒措施即时显现、惩戒反馈即时推送[①]。

（五）加强诚信教育，营造诚信文化

诚实守信的理念是社会信用体系运行的支撑。家庭、市场和政府是现代市场经济中信用主体的组织载体，建议从三个层面来营造信用文

① 连维良：“创造性地做好新形势下的社会信用建设工作”，载《信用中国》，2018年第10期。

化：（1）普及诚信教育，推进公民道德建设工程，加强社会公德、职业道德、家庭美德和个人品德教育；（2）树立诚信典型，深入开展诚信主题互动；（3）从制度层面加强对信用文化的培育，遵守制度、法律、契约和承诺。

（六）创新性推进专项治理

信用建设工作要与时俱进，要创新手段、创新举措、创新领域。建议通过一系列制度创新，加强事中事后监管，加快化解存量失信行为的社会影响，建立防范和减少增量失信行为发生的长效机制，实现标本兼治，全面增强市场监管能力，增进各类主体诚信意识，提升全社会诚信水平。具体来看，可从以下几个方面进一步深化体制创新：创造性专项治理、创造性信用惠民、创造性信用监管、创新性运用红黑名单、创造性联合奖惩、创造性信用评价、创造性信用修复[①]。

（七）构建开放的信用秩序

建议在培育和完善中国信用服务市场、形成多层级信用服务体系的同时，加强国际交流合作，以配合“一带一路”倡议的推进及适应国际国内市场不断融合的趋势，做好国别信用工作和外商信用工作，不断提升我国在国际信用评价领域的话语权。

执笔：张英杰　何亚斌　刘　茜

陈　亮　刘　兵

① 连维良：“创造性地做好新形势下的社会信用建设工作”，载《信用中国》，2018年第10期。

参考文献

[1] 任兴洲.建立市场体系——30年市场化改革进程.北京：中国发展出版社，2008

[2] 连维良.创造性地做好新形势下的社会信用建设工作.信用中国，2018（10）

[3] 中国人民银行征信管理局.现代征信学. 北京：中国金融出版社，2015

[4] 吴晶妹.三维信用论.北京：中国当代出版社，2013

[5] 秦池江.强化信用观念，提供信用透明度——建立中国信用评级制度问题研讨会综述.中国金融，1988（5）

[6] 上海财经大学信用研究中心、上海国际金融中心研究院. 2015中国金融发展报告——社会信用体系建设的理论、探索与实践.上海：上海财经大学出版社，2016

[7] 东湖信促会.武汉东湖示范区2017年社会信用体系建设总报告

[8] 以诚筑教稳步推进教育行业信用体系建设——访教育部负责人.中国改革报.http：//www.creditsd.gov.cn/21/2476.html

[9] 刘梦雨，王砾尧.第三方力量.信用中国，2017（12）

[10] 李可，张子谏.大数据为诚信体系建设提供新契机. 光明日报，2018-01-29，http：//theory.people.com.cn/n1/2018/0129/c40531-29791760.html

[11] 王丽媛.中央文明委组织有关部门开展诚信缺失突出问题集中治理，着力提升全社会诚信水平.光明日报，2018-08-07.

[12] 何亚斌.论产权市场信用风险防范，见：中国产权市场发展报告（2009～2010）.北京：社会科学文献出版社，2010

[13] 张英杰，刘茜.六步走打造信用闭环，建立多层级社会信用治理模式.信用中国，2018（1）

第十四章

中国专业服务体系形成与发展40年

经过改革开放40年的培育和发展，我国专业服务业[1]迅速状大，基本形成了市场化为主导的专业服务体系，以及适合中国国情的专业服务的理论、方法和技术标准，并建立了相应的管理制度和相关的法律法规体系，拥有了一定规模的专业服务队伍（专业人员和机构），在维护正常的社会经济秩序，保证市场竞争的公平和公正，促进市场经济的发展，适应政府职能转变等方面发挥了重要作用。

一、专业服务体系发展的历程、现状及评价

伴随40年的改革开放历程，专业服务获得长足发展，已经发展成为社会主义市场经济体系重要的组成部分。

① 本章所指的专业服务是指包括法律、会计审计、公证、资产评估、市场信息服务等在内的多样的服务。

（一）服务人员和机构数量规模不断扩大

随着我国社会主义市场经济的建立和发展，政府职能特点向服务型政府转变，专业化服务逐步从政府监管职能中分离出来，这为专业服务行业迅猛发展提供了历史性机遇。目前，具有中国特色的专业服务体系和服务标准形成并逐步完善，符合市场准入门槛的相关机构规模和拥有专业资质的从业人员数量不断扩大。

律师专业服务的快速发展是我国改革开放法治化进程的重要表现之一。1978年五届全国人大通过了新的《宪法》，标志着司法制度和律师制度开始恢复。1979年12月9日，司法部发出关于恢复律师制度的通知，当时全国只有212名律师，律师业务仅限于刑事辩护、民事代理、代写法律文书、法律咨询等简单传统项目。自20世纪90年代开始，随着中国法治化进程加快，律师提供法律服务的范围不断扩大，内容不断丰富，更多地介入经济、金融、房地产等领域。截至2016年，全国律师事务所达到2.6万家，律师工作人员32.6万人（见图14–1）。

图14-1　律师事务所与律师从业人员数量

资料来源：国家统计局。

法治化进程也带来公证服务的发展，公证服务是根据自然人、法人或者其他组织的申请，依照法定程序对民事法律行为、有法律意义的事实和文书的真实性、合法性予以证明的活动。截至2016年底，全国有公证处3006个，公证员1.3万人，办理公证文书1221.6万件，为社会主义市场经济信用体系建设提供了重要支撑。

在注册会计师领域，改革开放初期，我国急需引进外资参与国内经济建设发展，三资企业①因此纷纷涌现。为此，按照国际通行做法，我国建立了注册会计师独立审计制度，为“三资企业”提供验资、查账和清算等审计服务，对我国改善投资环境、吸引外资发挥了积极的促进作用。1991年，全国会计师事务所有459家，批准注册会计师仅6722人，由于经济社会的快速发展，各类经济组织和公共服务机构对注册会计师的需求激增，更多会计师事务所和从业人员数量不断增加。截至2018年一季度，全国会计师事务所已达到8674家，年业务收入超过10亿元的会计师事务所12家，中国注册会计师协会的个人会员总数超过24万人。2017年全行业业务收入超过918亿元，行业服务对象由7年前的350万家增至420万家以上。

资产评估是评估机构及其评估专业人员根据委托对不动产、动产、无形资产、企业价值、资产损失或者其他经济权益进行评定、估算，并出具评估报告的专业服务行为。20世纪80年代末期，由于社会主义市场经济发展的需要，资产评估应运而生。随着国有企业股份制改革推进，资产评估机构和从业人员数量迅速增长，中国资产评估行业进入一个高速发展的时期。目前，全国注册资产评估机构3000余家，注册资产评估师近4万人。

（二）专业服务业的制度体系不断健全规范

一方面，在会计、审计、律师、资产评估等领域相继出台法律法规，为专业服务发展提供更加规范的路径。在会计领域，1980年颁布的《中外合资经营企业所得税法实施细则》规定，合营企业向税

---

① “三资企业”是指在中国境内设立的中外合资经营企业、中外合作经营企业机制、商独资经营企业三类外商投资企业。

务机关报送所得税申报表和会计决算报表时，应附送注册会计师查账报告。同年12月，财政部发布了《关于成立会计顾问处的暂行规定》，这是我国注册会计师制度恢复重建的一个重要标志。1993年10月，八届全国人大四次会议通过《注册会计师法》，对注册会计师资格取得、会计师事务所设立、业务范围、执业准则、法律责任以及注册会计师协会职责作出系统规定，全面规范注册会计师行业的建设发展。在律师领域，1993年6月，国务院批准了司法部《关于深化律师工作改革的方案》，对律师体制进行了一次重大改革，律师不再是国家行政干部，成为面向社会提供法律服务的执业人员；律师事务所也不再作为国家行政机关，而成为社会主义市场经济条件下的市场和法律服务机构。1996年八届人大常委会第十九次会议通过了新中国第一部《律师法》，2007年《律师法》修订后，又出台了《律师执业管理办法》《律师事务所管理办法》等一系列法律法规。在资产评估领域，1991年国务院91号令《国有资产评估管理办法》出台，标志着资产评估行业发展进入有法可依的阶段。2003年《国务院办公厅转发财政部关于加强和规范评估行业管理意见的通知》（国办发〔2003〕101号），针对企业改制、资产重组、中外合资与合作、产权交易，以及出租、抵押、保险等重大经济活动面临的新形势，提出严格评估专业资格设置管理，加强评估行业行政和自律性管理。2016年《资产评估法》颁布，对规范资产评估行为，保护资产评估当事人合法权益和公共利益，促进资产评估行业健康发展，维护社会主义市场经济秩序发挥了重要作用。

另一方面，在重点领域开展专项规范工作。由于专业服务发展初期出现了一系列“乱办、乱管、乱执业”等问题，2000年，国务院办公厅下发了《关于经济鉴证类社会中介机构与政府部门实行脱钩改制意见的通知》（国办发〔2000〕51号），明确要求经济鉴证类机构必须与挂靠单位在人员、财务等方面彻底脱钩。这项专项规范工作在很大程度上推动了与社会主义市场经济相适应的经济鉴证类机构管理体制建设，形成了更加符合市场经济要求的自律性运行机制，进一步促进了经济鉴证类中介机构独立、客观、公正地执业，使这些机构真正成为自主经营、自担风险、自我约束、自我发展、平等竞争的市场主体。

（三）国际化进程不断推进

2017年5月，习近平总书记在“一带一路”国际合作高峰论坛上深刻阐释了以和平合作、开放包容、互学互鉴、互利共赢为核心的丝路精神，为我国专业服务国际化提供了新的历史机遇。在全球经济一体化的大趋势下，在构建符合中国国情的专业服务体系的同时，专业服务也不断与国际对接，这既是提升对外开放水平的要求，也是全面实现行业国际化发展的需要。

第一，服务标准与国际准则对接。例如，2006年中国注册会计师协会正式发布48项审计准则，建立起一套适应市场经济发展要求、顺应国际合作不断深化大势的新审计准则体系，实现了我国审计准则与国际准则的对接。在此基础上，中国审计准则与发达市场经济国家和地区准则的互认工作不断推进，率先实现与我国香港审计准则的等效互认，为中国注册会计师职业国际化发展提供有力的技术支持。

第二，专业服务人才的国际化特征更加显著。例如，资产评估行业在规范境外并购市场经济秩序、引导资源在全球范围内合理配置、服务境外国有资本管理、维护公共利益等方面发挥着日益重要的作用。越来越多的资产评估人才更加熟悉国际商务规则，更加适应国际资产评估工作需要。此外，部分专业服务领域与境外职业组织进行考试科目互免，促进更多的中国专业服务从业人员取得境外认可的职业资格。更加开放的行业后备人才培养机制逐步形成，国内院校相关专业教学中也不断增加国际化内容，大力培养国际化后备人才。

第三，专业服务机构正在“走出去”。为了满足国内企业集团服务需求，应对日益激烈的国际竞争，2007年，中国注册会计师协会发布

《关于推动会计师事务所做大做强的意见》，提出大力发展能够服务于中国企业“走出去”战略、提供跨国经营综合服务的国际化事务所。同年，国务院九部委联合发布《关于支持会计师事务所扩大服务出口的若干意见》，支持有条件事务所积极“走出去”，建立国际化服务网络，树立国际化品牌，服务中国企业“走出去”战略。在专业服务企业做大做强战略的指导下，国内大型专业服务机构展开了强强联合和走向国际的步伐，在设立境外执业机构、开拓境外业务方面取得阶段性成果。

二、我国专业服务体系发展中存在的突出问题及成因

经过改革开放40年的发育完善，我国专业服务取得了较快的发展，基本形成了适应我国国情和经济发展阶段的专业服务体系：服务机构和执业人员规模不断扩大，行业协会组织得到长足发展，服务内容市场化、国际化程度不断提高，政府监管体系和监管制度基本形成。但我国专业服务市场在快速发展中，还存在一些不容忽视和亟待解决的问题和制度性障碍。

（一）专业服务机构多而不强，综合竞争力有待提升

改革开放40年来，经济体制改革和对外开放持续推进，市场经济不断发展，对专业服务的需求快速增长。特别是20世纪90年代以后，专业服务中介机构的重要作用逐步为社会所认识。在政府的推动下，专业服务市场迅速发展，中介机构数量迅速增长。由于管理经验不足，准入机制不健全，出现了盲目发展的现象。另外，人才队伍跟不上机构发展的速度，从业人员良莠不齐，执业水平偏低，综合竞争力不强，严重制

约和影响着专业服务中介市场的发育，也降低了人们对专业服务社会中介机构的信任度。以会计师事务所为例，截至2017年3月31日，中国注册会计师协会在册个人会员227728人，团体会员（会计师事务所及其分所）8461家。与之相对的是在世界四大会计师事务所中，仅普华永道在全球152个国家中就设有860余家分公司和办事处，拥有超过155000名的专业人才。正因为如此，我国证监会要求上市公司必须有境外会计师事务所出具的审计报告；由于我国长期缺乏熟悉国外会计制度和相关法规的人才，以至于国内企业到海外上市，往往是聘请国外会计师事务所、律师事务所和资产评估机构。我国专业服务中介机构多而不强，综合竞争力有待提升。

（二）行政干预和条块分割依然存在，专业服务机构的独立性和公正性有待加强

独立、客观、公正是专业服务最突出的特征和基本要求。我国专业服务中介机构最初基本上由行政单位发起设立，形成了依靠行政权力承揽和垄断专业中介服务业务的市场特征，引发种种弊端。针对这种制度带来的弊端，1999年和2000年，先后出台《国务院办公厅关于清理整顿经济鉴证类社会中介机构的通知》和《关于经济鉴证类社会中介机构与政府部门实行脱钩改制的意见》，要求挂靠单位必须与以本单位名义兴办或挂靠本单位的中介机构在人员、财务、业务和名称等方面彻底脱钩改制，中介机构以合伙制和有限责任制为组织形式，由具有专业执业资格的人员投资发起。

实践证明，脱钩改制在很大程度上使专业服务机构摆脱了挂靠单位的行政干预和执业人员对挂靠单位的依赖，较好地还原了专业中介机构“独立、客观、公正”的地位。但仍有部分地方存在虚假脱钩改制、标准不一的问题，加之以行业主管部门为依托的房地产交易所、土地交易所、拍卖公司等未列入清理整顿的范围，使得部分专业服务中介机构脱

钩改制存在不彻底的情况，行政干预和条块分割依然存在，种种弊端难以消除。

一是市场分割，垄断执业，大大削弱了专业服务中介机构所必需具备的独立性和公正性。在专业服务领域仍存在条块分割的体制障碍，以资产评估业务为例，专业服务市场分别被国资、国土、建设行政管理、乡镇企业行政管理以及农经管理部门分割和垄断，不仅如此，行政干预主导下的地区封锁问题也十分突出。

二是政府职能市场化，强制服务收费的现象时有发生，提高了交易成本。以房地产交易专业服务为例，无论交易当事人是否要求评估，交易当事人都必须无条件先交房地产评估费。

三是行政干预现象仍然普遍存在，影响专业服务的公正性和独立性。一些职能部门利用行政手段干预专业服务中介机构依法行使职责。例如部分政府职能部门变相干预注册会计师、律师执业甚至是律师的办案程序，又如部分政府职能部门将一些属于专业服务的业务抓在手里，尚未真正实现政府职能的转变。

（三）法律法规体系不尽完善，执业法律环境有待进一步改善

专业服务中介机构是依据法律规定并按照政府的调控和治理要求进行专项监督，是市场经济活动的监督者。专业服务业对法律制度和法律环境有较高的要求但是目前，我国专业服务相关法律、法规体系仍不完善，专业服务执业法律环境有待改善。

一是法律、法规和制度体系不健全，致使部分专业服务中介机构在执业中无法可依。除律师和注册会计师有《律师法》和《会计师法》，其余专业服务行业都存在法律法规不健全、法律层级过低以及规章制度混乱的情况。由于对部分中介机构的职责义务界定不清，一些中介机构借机钻法律空子，置委托人的信任于不顾，只顾收取中介费，却不顾委托人的满意程度和服务质量要求，常常导致委托人受损，而法院又无法

支持委托人的诉讼。

二是相关法律法规过于笼统，给专业服务中介机构执业造成困扰。以律师为例，《律师法》中律师事务所和法律事务所、律师与法律工作者、企业法律顾问等也存在职责不明、范围不清的问题，有些地方律师事务所、法律事务所并存，群众不明白他们有什么区别，难以选择。部分法律对某些执法程序和执法环节缺乏具体、明确、清晰的规定，一些法律规定解读弹性太大，不同中介机构理解和执行标准不统一，给依法服务带来困扰。

（四）行业监管和行业自律相对不足，无序竞争和低水平执业问题依然存在

专业服务中介机构门类较多，涉及经济发展的各个领域，部分专业服务机构如会计师事务所、律师事务所、资产评估事务所已初步实现了规范化和法制化的管理，但有关部门对各类中介机构有效、全面的规范和监管还停留在较低的层次上，缺乏有效、统一的监管措施，许多中介机构尚处于无序经营和缺乏有效管理状态。互联网、知识经济的出现催生了新型的专业服务项目，迫使不同类型的专业服务不断分解与重新组合，跨部门、跨行业的中介机构之间联合、重组不断出现，会计、评估与律师业之间的界限也变得越来越模糊，难以明确界定监管责任主体。加之部分专业服务行业自律缺失，部分专业服务业的行业协会未能有效承担起行业管理、服务、自律、代表、协调职能，无法对专业服务不规范行为形成有效约束。例如，一些中介机构出现压价竞争、业务回扣等无序竞争的问题，另外一些专业服务中介机构内部管理混乱，层层承包经营，出具虚假验资报告和内部审计报告，提供虚假证明材料；有的市场中介组织还勾结不法分子，出具和伪造虚假的验资报告来非法牟利，极大地破坏了市场竞争秩序。

（五）行业诚信体系建设滞后，执业诚信环境仍需完善

诚信是专业服务中介机构赖以生存和发展的基础，靠长期客观、公正、独立执业和高水平执业水准和业务成果积累而来。我国专业服务领域诚信体系建设滞后，从业人员整体诚信水平较低。一些专业服务中介机构和执业人员甚至为各种利益所诱惑，陷入多种形式的鉴证造假事件。例如，我国就先后出现过“银广夏”等上市公司报表造假及“中天勤”事务所舞弊事件，执业的注册会计师变造虚假财务报表，出具虚假审计报告，有的在国有资产、评估、土地评估和工程审计时，有意高估或者低估，造成国际资产的大量流失，资产评估师出具虚假的验资报告等违规违法行为并不鲜见。我国专业服务中介机构和从业人员缺乏必要的监督机制、执业操守和诚信规范，对失信机构及个人缺乏必要的惩戒机制，惩戒的强制力和处罚力度不足，进一步恶化了专业服务执业的诚信环境。

（六）扩大对外开放，放宽外资准入限制，内资专业服务机构面临较大的竞争压力

我国专业服务市场由于涉及的门类较多，专业特点各异，市场开放程度和步伐不尽相同。特别是近年来，随着我国服务业的快速发展，大幅扩大了专业服务业的对外开放，基本形成了全方位、多领域、深层次的对外开放格局。对外开放对我国专业服务业来说，其影响是一把“双刃剑”。一方面，由于外资专业服务中介机构发展历史较长、规模大、服务范围广、执业水平高、信誉好、抗风险能力强，与国际同行的竞争、合作和交流将给内资专业服务机构带来更多的直接经验，有利于国内专业人才素质的提高以及职业道德和执业水平的进一步提升，加快我国专业服务领域运行机制的不断完善以及行业管理的国际化、规范化，

直接推动我国专业服务业的发展。另一方面，对于执业水平相对较低、规模偏小专业服务中介机构，也不可避免地面临巨大压力甚至生存的挑战。突出表现为在激烈的竞争中内资机构被迫丧失部分国内优质高端市场。以注册会计师服务为例，根据我国的现行政策，要求在境外（B股、H股）上市的企业应当分别聘请中外两家会计师事务所进行审计，境外会计师事务所依照规定获得了一部分稳固的市场份额；同时，外资机构还通过中外合作事务所、成员所进一步侵占国内市场份额国内业务。全国业务收入前10名均为涉外会计师事务所，其中，中外合作所占8家。对外开放中，外资跨国企业在带来投资、技术、人才、管理方法的同时，也带来了国际专业服务机构，内资机构被迫让出部分国内专业服务市场在所难免，面临更大的竞争压力。

三、我国专业服务体系未来改革发展的思路与政策建议

专业服务的发展有利于满足人民不断增长的物质和精神生活方面多元化的需要，有利于促进产业的发展和产业结构的优化，其发达程度是衡量一国社会、经济发展水平的基本标志。世界专业服务市场的发展呈现综合性、多元化、联网化、系统化、一体化和国际化特征。我国正处于产业结构优化和消费结构升级的关键时期，进一步提升我国专业服务市场高质量发展具有重大意义。

（一）进一步促进专业服务机构发展，充分发挥专业服务中介机构在经济社会发展中的重要作用

一是要进一步促进市场整合和统一管理，做大做强专业服务中介机

构。鼓励专业服务中介机构跨地区联合、兼并、重组，培育一批综合实力强的中介机构，发展一批有专业特色的中介机构，走产业化集体化发展道路。

二是进一步转变政府职能，杜绝行政干预，减少条块分割，还原专业服务机构的社会中介服务职能。结合政府职能转变，进一步明确专业服务中介机构在经济社会活动中的作用，应由中介机构承担的社会职能交由中介机构行使。杜绝行政干预，防止垄断、鼓励竞争，按照公平、竞争的原则择优选定中介机构。除现行法律、行政法规另有规定外，法人、自然人有权自主选择并委托具有相应资质的中介机构为其提供服务，行政管理部门不得以任何形式进行干预。

三是严格准入制度，确保专业服务中介机构的独立性和公正性。对专业服务中介机构实行严格的专业资质认定制度和执业人员执业资格制度，除法律、行政法规另有规定外，中介机构的设立不进行前置审批，新设立的中介机构可直接到登记管理部门登记注册。

四是加强与国内外专业服务机构的交流与合作，提升执业水平。积极吸引国际知名中介机构在国内设立分支机构或总部，大力促进国内中介机构与国外同业机构通过进行业务交流等多种形式的合作。拓展海外市场，借助国际知名中介机构的品牌、人才、网络资源，重点发展一批与国际惯例接轨的会计师、律师、资产评估、房地产中介服务等专业服务社会中介机构。

五是重视人才队伍建设。多渠道引进和培养具有中介机构执业资格的各类人才。

（二）进一步改善专业服务业的执业环境，切实加强对专业服务机构的监督管理

一是不断完善专业服务行业的法律法规和规章制度建设，改善和提升执业环境。大力借鉴国内外先进的管理办法和经验，结合我国的实

际情况，不断改进和完善对专业服务机构的市场准入与监管等的法规、制度和办法。全面落实国家有关部门制定的《中介机构服务收费管理办法》，对中介机构收费实行政府定价、政府指导价和市场调节价分类管理。对实行政府定价和政府指导价的中介服务，要合理制定收费标准，并严格加强监管；对实行市场调节价的中介服务，要严禁强制服务。

二是规范专业服务机构的组织形式。专业服务机构的设立中介机构应当采用合伙制或有限责任公司制，条件成熟时可积极探索新的设立形式。

三是加强专业服务机构的诚信建设。坚持“法律规范、政府监督、行业自我管理”的原则，规范专业服务机构。按法律、行政法规的规定实行专业资质认定制度，其执业人员实行执业资格制度，健全专业服务机构和执业人员的年度资格审核制度。严格按照执业资格、资质等级、经营范围从事专业服务。逐步建立和完善专业服务机构信用评估机制，在行业内建立违法违规记录制度，实行行业停业整顿制度，探索机构违规禁入的处罚办法。要切实加强自身建设，坚持独立公正原则，健全内部管理制度，提高从业人员素质和服务质量，强化法律责任、诚信意识、职业道德和社会责任感，从根本上改善专业服务机构的公众形象和公信力。

四是改善行政管理部门的指导和监督。各行业业务管理部门要加强对本行业专业服务机构的业务指导和监督，依法审批进入本行业的专业服务机构和执业人员；加大行政执法力度，依法监督、依法查处专业服务机构和执业人员的违法违规行为；对行业协会制定的执业规则和操作程序实行备案监督等。登记管理部门要继续把好专业服务机构的行业准入关，与行业业务管理部门一起严格执行有关规定，严禁执业人员资格不符合条件的专业服务机构进入本行业。对已经不具备继续执业资格专业服务机构和执业人员要及时依法停止执业。

五是充分发挥社会舆论的宣传、监督作用。新闻媒体或大型招商活动要向社会推介有实力、信誉高的专业服务专业服务机构，树立中介机构的优秀品牌和良好的公众形象。对专业服务机构的无照执业、弄虚作假等违法行为，进行曝光。行业协会应定期向社会公布对专业服务机构的信用升级、降级及重大违规行为的处罚情况。

（三）加快专业服务中介机构的行业协会建设，强化行业自律

一是建立和完善专业服务机构行业协会。改变过去由政府有关行政管理部门发起组建行业协会的办法，原则上由中介机构依法自发组建行业协会，与政府行政管理部门彻底脱钩，一些行业特点不明显的行业协会要进行归并、重组，实行规范管理。专业服务机构的行业协会应参照国际惯例，充分学习借鉴推广律师协会、注册会计师协会的做法，逐步实行会员制。进入专业服务行业的执业人员和机构，都应加入行业协会，成为个人或团体会员，接受行业协会的监管。

二是发挥专业服务机构行业协会的职能作用，履行管理、服务、自律、代表、协调职能，维护会员的合法权益。各行业协会应制订和完善本协会的章程、行业职业道德准则、执业人员执业规范、行业内机构和人员惩戒制度等规范性管理办法。清理不适应行业协会发展的政府规章和政策措施，进一步转变政府管理经济社会活动的方式和方法，逐步形成政府指导行业协会，行业协会管理中介机构的新型管理体系。

三是加强专业服务机构行业协会建设。行业协会要进一步明确工作定位、转变职能，健全民主决策和选举制度，完善内部工作制度。

四是加强政府监管和推动同业互检。专业服务机构行业协会要采取多种途径和方式，与政府有关行政管理部门建立密切联系和合作关系，通过业内互查、巡检、年检和各种方式的抽查，进一步制定和完善日常监管的行业准则。建立行业内的“执业信息库”，完善信息管理系统，推动行业的诚信建设。

执笔：漆云兰　刘卫民

参考文献

[1] 李勇主编. 经济鉴证类社会中介服务行业发展理论研究.北京：中国财政经济出版社，2001

[2] 任兴洲，王微主编. 服务业发展制度、政策与实践.北京：中国发展出版社，2011

[3] 石良平，沈桂龙等，中国服务业扩大开放与服务贸易发展.上海：上海交通大学出版社，2016

[4] 任兴洲主编.建立市场体系：30年市场化改革进程.北京：中国发展出版社，2008

[5] 李晓西主编. 中国经济改革30年.重庆：重庆大学出版社，2008

[6] 任兴洲.影响我国经济鉴证类服务业发展的制约因素分析.经济研究参考，2011（40）

[7] 任兴洲. 入世后中国经济鉴证类服务业面临的挑战与对策.

[8] 王焕岳.对清理整顿经济鉴证类社会中介机构的思考.财经理论与实践，2002（115）

[9] 我国法律服务市场对外开放的风险与机遇.http：//chinawto.mofcom.gov.cn/article/br/bs/201801/20180102694277.shtml

[10] 发展改革委、商务部令2018年第18号《外商投资准入特别管理措施（负面清单）（2018年版）》.http：//www.mofcom.gov.cn/article/b/f/201806/20180602760432.shtml

第十五章

中国市场经济法律体系建设40年

在我国实行改革开放、推进社会主义市场经济的40年中，市场经济法律体系建设经历了起步、发展、丰富、完善和全面提升的过程。特别是党的十八大以来，市场经济法律体系建设进入了全面提升、日益完善的新时代。总结历史，我国的市场经济法律体系建设走出了一条与市场化改革同步、渐进式的道路。以政策为先导，地方先行先试，充分发挥法治对改革的引领、推动和保障作用，实现了发展中所需要的秩序和稳定，国家治理理念实现了由“法制”向“法治”的转变。然而，在全面推进依法治国的新时代，我国的市场经济法律体系建设仍然存在立法不足、立法质量不高等问题。在深化改革开放的背景下，如何正确处理政府与市场的关系，如何转变市场监管模式等问题仍需探索。同时，与新时代发展相适应的多元化纠纷解决机制尚需要进一步健全。在未来的改革发展中，国家将会继续推进科学立法、民主立法，提高立法质量，继续深化行政体制改革，创新监管方式，构建公正、高效、低成本、多元化的纠纷解决机制，为创新、协调、绿色、开放、共享的新发展理念提供更有力的政策与法律保障。

一、改革开放40年我国市场经济法律体系建设的进程

总体而言，可以将我国改革开放40年市场经济法律体系建设的发展进程分为以下几个重要阶段。

（一）市场经济法律体系建设的起步阶段（1978～1992年）

在1978年12月召开的中央工作会议闭幕式上，邓小平发表《解放思想，实事求是，团结一致向前看》的重要讲话，指出："为了保障人民民主，必须加强法制。必须使民主制度化、法律化，使这种制度和法律不因领导人的改变而改变，不因领导人的看法和注意力的改变而改变。"明确了要靠法制治理国家的理念和原则。1978年12月18日召开的中共十一届三中全会做出"把党和国家的工作重心转移到经济建设上来，实行改革开放"的伟大决策，并提出"有法可依，有法必依，执法必严，违法必究"的法制建设方针。这个阶段是我国经济体制改革的初始阶段，在发展社会主义民主、健全社会主义法制的基本方针指引下，我国开启了市场经济法律体系建设的历史进程，主要体现在以下几个方面。

一是《宪法》及《宪法》相关法律的建立和发展，为市场经济法制建设提供了制度基础和基本保障。1982年五届全国人大第五次会议审议通过了现行的《宪法》，1988年的《宪法修正案》规定国家允许私营经济在法律规定的范围内存在和发展。这一时期还先后颁布实施了一批国家机构方面的法律，建立和完善了人民代表大会制度和国家机构体系。

二是调整了农村生产经营政策，开启了农村改革的进程。十一届三

中全会后，一些重要的农业方面的文件相继制定并发布施行，有力地推动了农村改革的进程。比如1980年9月，中共中央印发了《关于进一步加强和完善农业生产责任制的几个问题》，全面推行“包产到户”的联产责任制。在农产品流通领域，以1985年取消了粮食和棉花等农产品统购，农村集贸市场重新获得了合法地位。

三是初步建立了与经济体制改革和对外开放相适应的市场主体法律制度。改革开放初期，一方面，为吸收利用外资，引进国外先进技术和管理经验，国家颁布了《中外合资经营企业法》《中外合作经营企业法》《外资企业法》等外商投资企业法律；另一方面，为推动国有企业改革、落实多种所有制经济共同发展，先后颁布了《全民所有制工业企业法》《全民所有制工业企业转换经营机制条例》《城镇集体所有制企业条例》等一系列反映改革开放要求的市场主体法律、法规。

四是初步建立了知识产权法律制度，鼓励知识创新，推进技术进步。国家先后颁布实施了《商标法》《专利法》《著作权法》等知识产权法律法规，同时初步建立了司法审判与行政执法协调运作的知识产权执法保护机制。

五是初步建立了适应对外开放、促进对外经贸和人员往来的法律制度。国家颁布实施了《海商法》《海关法》《外国人入境出境管理法》《公民出境入境管理法》等法律法规，适应了对外开放环境下对外经贸活动和人员交流的需要。

六是初步建立了资源和环境保护的法律制度。国家将资源节约和环境保护确立为基本国策，先后颁布实施了《土地管理法》《森林法》《草原法》《环境保护法》《水污染防治法》《大气污染防治法》等资源和环境保护方面的法律、法规，初步建立起了资源节约和环境保护方面的法律体系。

这个阶段的市场经济法律体系建设体现了经济体制改革和对外开放的基本要求，特别是颁布实施的企业法律制度、知识产权制度突出体现了我国从传统计划经济向市场化改革和转型的需要。但是，由于当时处于我国经济体制改革的初始阶段，市场体系发育尚不充分，市场经济法律体系尚处于起步阶段，有关市场竞争和市场管理、宏观调控方面的法律制度尚不健全。

（二）市场经济法律体系建设的快速发展阶段（1993～2000年）

1992年1月18日至2月21日，邓小平先后到武昌、深圳、珠海、上海等地视察，并发表了一系列重要讲话。邓小平“南巡”讲话标志着中国改革开放第二次浪潮的掀起，对中国20世纪90年代的经济改革与社会进步起到了关键性的推动作用。1993年11月党的十四届三中全会做出《关于建立社会主义市场经济体制若干问题的决定》，正式将 “建立社会主义市场经济体制”确立为国家经济体制改革的目标。1993年《宪法修正案》明确规定了“国家实行社会主义市场经济”“国家加强经济立法，完善宏观调控”。1999年第九届全国人大把“依法治国，建立社会主义法治国家”写进《宪法》，使中国的民主法制建设达到新的高度，我国的市场经济法律体系建设进入一个快速发展的新阶段。主要体现在以下几个方面。

一是实现了市场主体法律制度向以组织和责任形式为导向的立法转变，适应了市场经济对市场主体的基本要求。国家先后颁布实施了《公司法》《合伙企业法》《个人独资企业法》等有关市场主体法律、法规。特别是《公司法》为建立现代企业制度、保障公司投资者和利益相关人的合法权益奠定了制度基础。同时，国有企业改革也进入一个新的阶段，大量国有企业通过公司制改造，建立了现代企业制度。

二是不断加强民商事立法，符合社会主义市场经济要求的民商事法律制度基本形成。国家先后颁布实施了《合同法》《担保法》《保险法》《证券法》等重要立法，特别是统一《合同法》的颁布实施，健全了债权制度，确立了合同自由原则，成为商品流转关系的基本规范。

三是不断加强市场管理和宏观调控方面的法律制度建设。为了适应市场经济健康发展和国家调控经济活动的需要，国家通过法律手段一方面来维护市场公平竞争、规范市场管理，保障消费者合法权益，另一方面，对经济进行宏观调控，有效地发挥国家发展规划和产业政策在宏观调控中的导向作用，提高了宏观调控水平。主要立法有《反不正当竞争法》《产品质量法》《消费者权益保护法》《食品卫生法》《广告法》《价格法》《人民银行法》《预算法》等等。

这一阶段的市场经济法律体系建设体现了我国的改革开放进入了新的历史阶段，现代企业法律制度、民商事法律制度基本形成，规范市场管理与宏观调控的经济法律制度初步建立，依法管理、依法治市的理念逐步确立。体现了国家实行社会主义市场经济的基本要求，也体现了我国市场经济法律体系建设理念从“法制”向“法治”的转变，为我国社会主义市场经济体制的建立和发展提供了制度保障。

（三）市场经济法律体系基本形成阶段（2001～ 2011年）

这个时期，随着我国社会主义市场经济体制的日益完善和加入世界贸易组织，我国全面参与国际经济循环，经济制度不断与国际接轨，市场逐步全面对外开放。同时，以互联网为代表的信息技术促进了连锁经营、物流配送、电子商务等现代流通方式快速发展，新兴经济不断涌现。为满足市场经济发展的需要，我国的市场经济法律制度不断丰富，较为完善的市场经济法律体系基本形成。主要体现在以下几个方面。

一是对外贸易和对外开放的法律制度不断地丰富与完善。2001年加入世界贸易组织后，中国通过制定、修订《对外贸易法》等相关法律法规，建立起符合中国特色的统一、透明的对外贸易制度。同时，按照入世承诺，中国对利用外资和对外经贸领域内的有关法律法规、部门规章和其他规范性文件进行了清理，我国的对外开放水平进入一个全新的阶段，融入了新的全球化的浪潮。

二是推动市场竞争、维护市场秩序的法律体系不断完善。打破垄断、维护公平竞争的市场秩序是完善我国市场经济法制建设的重要领域。首先，《反垄断法》被称为“经济宪法”和市场经济的“大宪章”。我国2007年颁布的《反垄断法》，对于制止垄断行为，保护公平竞争，具有十分重要的意义。《反垄断法》实施后，相关政府部门和反垄断执法机构在执行层面上，针对其职责范围从实体规则和程序规则两方面进行了法律制度的细化，我国反垄断法律制度日趋完善。其次，在规范市场行为方面，2005年8月《直销管理条例》和《禁止传销条例》正式出台，为工商行政管理机关开展打击传销和监管直销工作提供了保证。2007年，国务院通过了我国商业特许经营管理方面第一部行政法规《商业特许经营管理条例》。在食品药品监管方面，我国先后出台了《食品安全法》《药品管理法》等有关的法律、法规，使我国在市场秩序、食品、药品安全治理等方面取得明显成效。

三是民商事立法进一步完善，物权、债权、知识产权等各类产权保护法律制度不断地丰富和完善。2007年3月，全国人大通过了《物权法》，起到了“明确物的归属，发挥物的效用，保护权利人物权”的重要作用。2006年8月通过的《企业破产法》为规范企业破产程序，公平清理债权债务，保护债权人和债务人的合法权益起到了重要作用。为了与世界贸易组织的要求相一致，我国修改完善了《商标法》《专利法》《著作权法》的相关规定，提高了知识产权保护的水平。另外，我国先后颁布实施了《计算机软件保护条例》《信息网络传播权保护条例》《知识产权海关保护条例》等行政法规。最高人民法院、最高人民检察院制定了大量的司法解释，推动了知识产权刑事案件、行政案件和民事案件的审判工作。这些民商事立法为维护国家基本经济制度、维护社会主义市场经济秩序和各类产权保护提供了制度基础。

四是环境保护和绿色发展的法律制度日益完善。进入21世纪后，在我国经济转型发展的背景下，绿色经济、绿色发展的政策制度逐步完善，先后制定并实施了《循环经济促进法》《清洁生产促进法》《固体废物污染环境防治法》等一系列环境保护、绿色发展方面的法律法规以及规章，为我国发展绿色发展和生态文明建设提供了法制保障。

五是加强了网络与电子商务方面的立法，为新经济发展保驾护航。跨入信息化、网络化的21世纪之后，网络经济和电子商务快速发展。为了给网络经济和电子商务的健康、快速发展创造一个良好的法律环境，我国先后颁布实施了《关于维护互联网安全的决定》《电子签名法》《电信条例》《互联网信息服务管理办法》等法律法规。其中《电子签名法》被称为“中国首部真正意义上的信息化法律”。另外，最高人民法院也发布了相关的司法解释，保障和推动了网络相关争议案件的司法解决。

这一阶段我国的市场经济法律制度不断丰富和完善，适应我国市场经济发展的具有中国特色的法律体系框架基本形成并不断发展和完善，为我国经济的全球化、国际化和现代化发展提供了制度支撑。

（四）市场经济法律体系建设的全面推进和提升阶段（2012年以来）

党的十八大以来，统筹推进“五位一体”总体布局、协调推进“四个全面”战略布局，党的十八届三中全会审议通过了《中共中央关于全面深化改革若干重大问题的决定》，提出全面深化改革的总目标是完善和发展中国特色社会主义制度，推进国家治理体系和治理能力现代化。十八届四中全会出台了《中共中央关于全面推进依法治国若干重大问题的决定》，确立了建设社会主义法治国家的总目标。党的十九大作出了“中国特色社会主义进入新时代”的重大判断，明确了“两步走”战略的路线图与时间表。在新时代全面依法治国的战略方针指引下，法治中国建设驶入“快车道”。在此背景下，市场经济法律体系建设也进入一个全面推进、全面提升的新时代。其主要体现在以下方面。

一是宪法制度不断修改完善，为我国经济社会发展提供了根本法的保障。2014年11月，全国人大常委会通过关于设立国家宪法日的决定，将12月4日设立为国家宪法日。2015年7月，全国人大常委会通过了关于实行宪法宣誓制度的决定，建立了宪法宣誓制度。2018年3月，第十三届全国人民代表大会第一次会议通过了《宪法修正案》，完善了依法治国和《宪法》实施举措，增加有关监察委员会的各项规定。通过《宪法》修改，我国《宪法》又一次得到重大完善，同时也成为新时代市场经济法制建设的根本依据。

二是以公平为核心原则的产权保护制度不断加强，相关的民商立法日臻完善。2016年11月，中共中央、国务院发布了《关于完善产权保护制度依法保护产权的意见》，提出了加快推进民法典编纂工作，完善物权、合同、知识产权相关法律制度。党的十八届四中全会也提出编纂民法典，建立与全面小康社会相适应的民事法律制度。2017年3月，十二届全国人大第五次会议通过了《民法总则》。至此，我国完成了编纂民法典任务的第一步，也标志着我国的民事法律制度日臻完善。另外，修改完善了《商标法》《商标法实施条例》《植物新品种保护条例》《计算机软件保护条例》《著作权法实施条例》等知识产权法律法规，加大了知识产权保护力度。

三是行政法制建设全面推进，法治政府建设取得重大进展。党的十八大以来，按照全面依法治国的战略布局，依法行政深入推进，法治政府建设加快。全国人大立法机关修改完善了《行政诉讼法》《行政复议法》等相关立法，同时不断加强重点领域政府立法，实现了立法和改革决策的统一和衔接，并建立起了行政法规、规章和规范性文件清理的长效机制。2015年12月，中共中央、国务院印发了《法治政府建设实施纲要（2015–2020年）》，对法治政府建设的指导思想、总体目标、主要任务和具体措施、组织保障和落实机制做出了全面部署。同时，大力推行权力清单、责任清单、负面清单制度并实行动态管理，正确处理了政府与市场的关系，推进了国家治理体系和治理能力现代化。

四是完善和加强了宏观调控和市场监管方面的法律制度。按照全面深化改革的要求，全国人大常委会先后修改了《预算法》《政府采购法》《药品管理法》《消费者权益保护法》《反不正当竞争法》等法律，充分发挥了立法对宏观调控和市场监管的引领、推动和保障作用，体现了立法与改革决策相衔接。

五是修改和完善了市场主体法律制度。为了激发各类市场主体创造活力，降低准入门槛，优化营商环境，转变监管方式。全国人大常委会2013年修改了《公司法》，2014年2月国务院印发了《注册资本登记制度改革方案》，并相应修改了有关行政法规。另外，2016年9月全国人大常委会做出了修改《外资企业法》《中外合资经营企业法》《中外合作经营企业法》《台湾同胞投资保护法》四部法律的决定，对外商投资企业和台湾同胞投资企业不涉及国家规定实施准入特别管理措施的，不再实行审批管理，适用备案管理。

六是加强和完善了环境保护和生态文明法律制度。党的十八大把生态文明建设纳入“五位一体”的总体布局中，十八届三中全会、四中全会又进一步提出要加快生态文明制度建设，用严格的法律制度保护生态环境。全国人大新制定了《环境保护税法》《深海海底区域资源勘探开发法》，并修改完善了《环境保护法》《大气污染防治法》《水污染防治法》《环境影响评价法》等法律。特别是新修改的《环境保护法》，对环境违法行为加大了法律制裁，强化了政府对环境保护的监督管理职责和企业防治污染的主体责任，标志着我国的生态文明法律体系日趋健全和完善。

这一阶段我国的市场经济法律制度体现了全面深化改革开放和全面推进依法治国的总要求，体现了鲜明的新时代特色，正确处理了政府与市场的关系，推进了国家治理体系和治理能力现代化。

（五）小结

我国改革开放40年的历程，是从计划经济体制逐步向市场经济体制转变的过程，是经济社会领域逐步市场化改革和发展的历程，也是市场机制与现代法治逐渐融合的历程，同时也是我国市场经济法律体系不断发展和完善的过程。改革开放40年，我国的市场经济法律体系建设经历了起步、发展、丰富、完善和全面提升的过程。目前我国已经形成了涵盖市场主体、市场运行、市场秩序、市场调控与管理等方面较为完善的市场经济法律体系，与统一、开放、竞争、有序的现代市场体系相适应的市场经济法律体系框架已经形成并不断完善。

我国市场经济法律体系建设的一个基本特征，就是根据改革开放的伟大实践，及时将党的路线方针政策和重大决策部署贯彻落实到立法中，“坚持立法与改革决策相结合，坚持在法治下推进改革、在改革中完善法治”[①]，充分发挥立法对改革的引领推动作用，实现立法与改革协调推进，做到重大改革于法有据，这是我国市场经济法律体系建设的一条鲜明主线。同时，改革开放40年来我们形成了一条重要的共识，即法治是现代市场经济的本质特征，也是建立现代市场经济的重要基石，完备的法律制度和先进的法治理念是市场经济健康发展的前提。

改革开放以来，我国高度重视市场经济法律体系建设，制定、修改、完善了一系列调整市场经济关系的法律法规，不断加强经济立法、完善宏观调控，健全市场监管，使整个经济运行逐渐步入制度化、法治化轨道，为社会主义市场经济健康提供了强有力的法治保障。比如在维护市场公平竞争方面，《反垄断法》实施10周年以来，“查结垄断协议案163件和滥用市场支配地位案54件，累计罚款金额超过110亿元人民币，查结滥用行政权力排除、限制竞争案183件，震慑了违法者，净化了市场环境；审结经营者集中案件2283件，查处未依法申报案件22件，

① 朱宁宁：“锻造治国重器，以良法促善治”，载《法制日报》，2017年8月22日。

有效预防市场垄断，维护市场公平竞争”。[①]

二、我国社会主义市场经济法律体系建设的基本经验、面临的主要问题

（一）基本经验

1. 从制度运行的角度看，改革开放40年的法律制度建设与市场改革发展背景同构，也是一个渐进发展完善的过程

20世纪70年代末，市场之门从封闭状态逐渐打开，经营主体多元化，市场交易丰富化，以确立不同市场经营主体地位和行为规范的《企业法》《合同法》等涉及市场交易主体权利义务、交易规则的法律制度逐渐建立起来。20世纪90年代后，随着竞争的加剧、市场问题的出现，为维护市场竞争秩序、加强市场监管，以约束经营者行为、保护消费者利益为基础的竞争规则逐步建立、以维护市场竞争机制为目标的保护正当竞争、价格、税收、宏观调控等立法逐渐加强，市场经济法律体系逐渐发展形成。21世纪初期，中国加入WTO，为应对逐步对外开放的市场需要，与国际接轨，市场经济法律制度不断补充和完善，建立起与WTO规则相协调、适应社会主义市场经济发展需要和促进社会全面进步的较完备的法律体系。至此，社会主义法律体系基本形成。近10年，随着信息技术、新兴商业业态、互联网、电子商务等发展，以及虚拟经济带来市场新变化、新问题，推动着我国市场经济法律制度的进一步丰富完善。

从市场经济法律制度建立与发展的轨迹可以看到，这些法律法规是

① 吕倩雯：“10年反垄断法，有效维护市场公平竞争”，载《新民晚报》，2018年8月7日。

在计划经济向市场经济转轨过程中发展起来的，是在市场开放下，政府行政管制不断减少的过程中丰富完善起来的。我国市场经济法律制度的建立、发展与市场经济发展的背景同构，是市场经济充分发展的结果、是脱胎于现代市场经济的法制现象，并随着市场经济的发展而不断完善、丰富[①]。

2. 党和国家的经济体制改革政策对于市场经济法律制度的产生和形成有巨大的影响，使其具有鲜明的时代特征

我国经济体制改革是在中国共产党领导下为完善社会主义制度进行的自上而下的制度变迁，党和政府的政策法令主导着改革的方向和路径。

从历史发展来看，改革开放之初的1978年，中共十一届三中全会召开，会议作出了改革开放的重大决策。1982年，党的十二大会议提出"计划经济为主，市场调节为辅"的方针。1984年，中共十二届三中全会通过的《关于经济体制改革的决定》明确指出，中国的社会主义经济不是计划经济，而是以公有制为基础的有计划的商品经济，强调必须自觉依据和运用价值规律，充分重视经济杠杆作用。1989年，中共十三届三中全会提出"计划经济与市场调节相结合"的改革模式。1992年，党的十四大召开，明确了经济体制改革的目标是建立社会主义市场经济体制。1993年，中共十四届三中全会通过的《中共中央关于建立社会主义市场经济体制若干问题的决定》指出：建立社会主义市场经济体制，就是要使市场在国家宏观调控下对资源配置起基础性作用。2013年，中共十八届三中全会通过《中共中央关于全面深化改革若干重大问题的决定》指出：经济体制改革是全面深化改革的重点，其核心问题是如何处理好政府和市场的关系，使市场在资源配置中起决定性作用和更好地发挥政府的作用。

在改革开放每一个关键时期，中国共产党的政策发挥了巨大作用。

① 尚珂："市场经济下商品流通法制的建立与完善"，载《中国流通经济》，2008年第11期第60页。

从"计划经济为主、市场经济为辅"到"有计划的商品经济"，从"计划与市场相结合"到"市场对资源配置的基础性作用"，直至"使市场在资源配置中起决定性作用"过程转变，是政府对自身职责与市场边界认识的转变过程，是社会主义市场经济发展中处理"有形之手"和"无形之手"关系的政策指引。随着改革深入，对政府与市场关系认识的不断调整，推动着政府职能转变，市场机制愈发明显。经济体制改革作为整体改革和开放的核心路径，带来的许多领域的制度变革推动了经济法律制度的变迁，而不断变革的经济法律制度，又进一步为相关领域的改革开放提供了重要保障。

3. 以政策推进改革，地方部门（区域）立法先行先试，在中国法律制度体系建设过程中发挥了引领和推动作用

先行先试伴随着整个改革开放的进程。在社会转型期，立法需要适应社会变革的要求，采取先行先试政策、暂行管理办法、地方（区域）立法等试点的过程以柔性的法律试错机制协调立法价值取向稳定性和适应性的内在矛盾[①]。改革开放过程中，对于立法条件尚不成熟、需要先行先试的改革举措，立法机关按照法定程序作出授权决定，确保有关改革有序推进，这是我国法制建设中的一项宝贵经验。

从我国的法治实践来看，充满了实践主义精神。以政策推进改革，先探索实践、试点试验，改革成果经过检验后，再通过立法予以确认[②]。地方（区域）试点立法的先行先试，体现其试验性特征。这种试验性立法是消解法律保守性与创新性之间张力的有效办法。在市场化和法治化的社会转型时期，具有非同寻常的实践意义。

4. 改革开放实践推进了国家治理理念由"法制"向"法治"的转变

改革开放初期，十一届三中全会提出"有法可依、有法必依、执法

① 王彬："'先行先试'立法模式的经济分析"，《山东警察学院学报》，2010年第1期第68页。

② 冯玉军："中国法治的发展阶段和模式特征"，《浙江大学学报（人文社会科学版）》，2016年第3期第112页。

必严、违法必究”十六字法制建设方针，开启了中国特色社会主义法制体系建设。2014年，十八届四中全会提出全面推进依法治国，建设中国特色社会主义法治体系，建设社会主义法治国家，实现“科学立法、严格执法、公正司法、全面守法”新法治十六字方针，推动国家治理体系和治理能力现代化。期间，国家治理理念由“法制”向“法治”转变。法制是法治之“法”，是指一个国家、一定时代当下的法律和法律制度；法治是一种基本的治国方略，这种治国方略当然离不开“法制”。在全面依法治国的背景下，中国的法治建设进入一个新的阶段，从探索法治之“治”的道路，迈向了实质法治的历史进程。

（二）面临的主要问题

1. 面对市场发展新需要，仍然存在立法不足和立法质量不高的问题

改革开放带来市场经济快速发展，我国法律制度建设取得卓越成就，这些法律法规为我国社会主义市场经济法治化建设提供了有力的保障和推动作用。但是从现状看，仍然不能满足当今市场经济发展需要，特别是共享经济、互联网、人工智能等虚拟经济、新兴市场的发展、市场的多样性、多变性，使得基于实体经济社会关系制定的法律制度应对不足，虚拟经济下的公平竞争、知识产权的保护等问题亟待解决。

在立法质量上，还存在着一定程度的立法冲突和矛盾问题，包括下位法和上位法相互抵触的问题，比如《公司法》和《企业国有资产监督管理条例》的不同规定就形成了国有控股公司治理和国资监管的矛盾问题，制约了公司的自主发展和自主经营权。另外，部分地方性法规和部委规章在一定程度上存在着部门利益和地方保护主义的倾向和问题，也存在着重复立法和立法冲突的问题。比如，许多地方大量存在重复立法的现象，一定程度上浪费了立法资源，且地方立法的特色和创新性不足，这在一定程度上也影响了立法的质量。“究其原因，主要还是将地方立法的任务局限于根据中央立法或上位法制定在本地贯彻落实的实施

细则和配套措施这样狭隘的范围里，因而表现为地方立法不敢贸然进行自主性和创新性立法。”[①]同时，改革发展对立法提出了新要求，需要以立法做好顶层设计、引领改革进程、推动科学发展。

2. 在深化改革、进一步开放市场的背景下，行政执法和市场监管模式亟待转变

改革开放40年是一个制度变迁、制度框架重构的过程，也是市场放开与政府管制的关系不断调整的过程。从计划经济向市场经济转轨过程中，市场监管主要是采用行政监管模式，然而在当今市场开放、新兴市场发展的背景下行政监管模式不适应性增强，面对商品多样化、交易复杂化、国际化，以及市场主体与市场行为实体与虚拟结合的现状，现有的法律、法规和市场监管制度，监管效果大大降低，以政府为主体的单一监管模式不能有效克服市场失灵，存在过度监管或“政府失灵”的风险，需要及时调整和创新监管思路，构建符合市场良性发展和监管规律要求的新型监管机制。

3. 与法治化营商环境和新时代发展相适应的司法制度和多元化纠纷解决机制尚需进一步健全

改革开放40年也是我国司法体制改革不断推进的历史过程，司法作为维护社会公平正义的最后一道防线，公正、高效、廉洁的司法在化解民商事和经济纠纷中的作用毋庸置疑。但是，与其他社会领域的矛盾和纠纷类似，经济活动领域也出现了“诉讼爆炸”现象。案件数量的迅速增长，造成司法资源较为紧张，纠纷不能及时、妥善处理，纠纷解决成本居高不下，对纠纷当事人造成较大的诉累。同时，部分经济纠纷化解不当造成缠讼、信访等不良现象影响了司法公信力，降低了司法效率。另外，新一代信息技术革命带动新经济、新业态的出现，较为复杂的新型经济活动纠纷不断涌现，也对传统的纠纷解决机制提出了新的挑战。

---

① 冯玉军：“中国法治的发展阶段和模式特征”，载《浙江大学学报（人文社会科学版）》，2016年第3期第108页。

因此，深化多元化纠纷解决机制改革，完善和解、调解、仲裁、公证、行政裁决、行政复议与诉讼有机衔接、相互协调的多元化纠纷解决机制，为当事人提供高效、快捷、低成本、多元化的纠纷解决途径，仍然是我国市场经济法制建设中的一个重要问题。

三、我国市场经济法律体系建设的未来展望

经过改革开放40年的发展，我国的市场经济法制建设取得了历史性的成就，积累了丰富的实践经验，但仍存在一些亟须解决的问题，在全面推进依法治国的新时代背景下，我国经济社会发展也对市场经济法律体系提出了新的要求：一是贯彻落实社会主义法治理念和全面推进依法治国对我国市场经济法律体系建设提出了新的要求。这就要求我们必须坚持科学立法、民主立法、法制统一、体系完备，继续制定和完善市场经济基本法律，加强配套法规的制定工作，及时进行法律法规的清理，为我国市场经济健康发展提供制度保障。二是全面深化改革对我国市场经济法律体系建设提出了新的要求。一方面，要充分发挥立法对改革的引领和推动作用，做到重大改革于法有据；另一方面，经济体制改革的成果要依靠法律确立和保障。三是全面对外开放对我国市场经济法律体系建设提出了新的要求。“推动形成全面开放新格局”是以习近平同志为核心的党中央适应经济全球化新趋势做出的重大战略部署。这就要求我国的市场经济法律体系建设一方面要与国际通行的经贸规则协调接轨，同时，面对目前以绿色壁垒、技术壁垒、反倾销和知识产权保护等为主要表现形式的贸易保护主义挑战，我们要主动应对，提高我国在国际经济规则领域的话语权。总之，我们认为，未来我国的市场经济法制建设应着力思考和解决以下几个主要问题。

（一）继续推进科学立法、民主立法，提高立法质量，填补立法空白和不足

首先，科学立法，民主立法是全面推进依法治国的必然要求，也是实现善法良治的关键，同时也是保证立法质量的基础。随着我国市场经济法制建设的不断完善，我国的市场经济立法工作也逐步从过去的数量快速增长向提高立法质量转变。一方面，我们要进一步推进立法体制改革，合理配置立法权限，充分发挥各级人大及其常委会在立法中的主导作用，加强立法的审查监督，减少和避免立法冲突，维护法治权威，特别是要避免地方性法规和部委规章等重复立法和立法冲突问题，从体制机制和工作程序上有效防止部门利益和地方保护主义法律化；另一方面，也要尊重地方立法的自主权，鼓励地方创制性立法的开展。“目前地方立法的工作重心，已由实施性立法向创制性立法转变，而创制性地方立法与实施性地方立法相比，更能发挥地方立法的积极性、自主性，更能反映地方立法的特色。”①同时，也要完善重要立法的立法前评估，法律实施效果评估以及立法后评估制度，为提高立法质量提供有力的制度保障。

其次，要充分发挥立法对经济领域改革开放的引领、推动和保障作用。全面深化经济领域的改革开放，是我国面临新时代，新机遇作出的战略抉择，这要求我们要运用法治思维和法治方式，正确处理经济领域改革决策、政策与制定民商事法律、经济法律和对外开放法律的关系，确保在法治轨道上推进改革开放的新征程。比如，要修改完善财税体制、税收征管、所得税、对外贸易和对外投资等领域的立法，以适应我国改革开放的新形势。

最后，要加快相关领域立法，填补立法的空白和不足。比如在产权保护方面，要推动公有制经济和非公有制经济财产权的同等保护制度建设，落实平等保护原则。要健全新兴知识产权及其他各种无形财产权

① 刘风景：“‘摸着石头过河’立法的价值重估”，载《北京联合大学学报（人文社会科学版）》，2016年第7期第38页。

（如域名权、网络虚拟财产权，数据产权等）保护制度，落实全面保护原则；再比如，随着互联网、云计算、大数据和人工智能的迅猛发展，新技术进步和革命产生了大量的新经济、新业态，有必要加强互联网金融、共享经济、个人数据和个人信息、人工智能等领域的立法。

（二）深化行政体制改革，推进依法行政，创新监管模式

一方面，要依靠法治手段处理好市场与政府的关系，深化行政体制改革，深化“放管服”改革，推进依法行政全面实施。依法行政是现代市场经济的基本要求，也是正确处理政府和市场关系的关键问题。这就要求我们既要依法规范政府行为，依法界定政府权力，全面推行政府权力清单制度，落实“法无授权不可为”原则。又要继续深化行政体制改革，深化“放管服”改革，将属于市场的权利真正地还给市场，落实市场主体“法无禁止即可为”的原则。同时“要打好放权、严管、优服组合拳，实施行政审批制度、商事制度、监管制度与政务服务制度的综合配套改革”[①]。另一方面，政府要围绕保护市场竞争、维护市场秩序、促进创新创造、激发经济活力等主要方面更好地发挥政府的作用，创新监管方式、监管方法和监管手段。要充分发挥行业组织、中介机构、消费者组织等在市场监管中的作用，实现社会共治，多元监管，将刚性监管与柔性监管有机结合。充分发挥运用互联网、大数据等手段创新监管方式，推动“智慧监管”，提高监管效率。

（三）深化司法改革，构建公正、高效、低成本、多元化的经济纠纷解决机制

一方面，继续深化司法改革，体现司法公正和司法为民的宗旨，

---

① 李军鹏：“改革开放40年：我国放管服改革的进程、经验与趋势”，载《学习与实践》，2018年第2期第33页。

真正使司法成为社会公平正义的最后防线，提高司法活动的公信力。同时，加强司法信息化和“智慧法院”建设工作，创新在线纠纷解决方式，提高司法效率，降低司法成本。另一方面，深入推进多元化纠纷解决机制改革，构建具有中国特色的多元化纠纷解决体系。我国经济的转型发展和经济活动当事人在利益、价值观和各种实际需要等方面的多元化，客观上需要多元化的纠纷解决机制。因此，合理配置和解、调解、仲裁、公证、行政裁决、诉讼等纠纷解决的社会资源，构建有机衔接、相互协调的多元化纠纷解决机制是我国市场经济法制建设的重要任务之一，特别是要充分发挥仲裁机构、商会、行业协会、中介服务机构等社会力量在化解纠纷中的重要作用。

（四）为新发展理念提供更有力的政策与法律制度保障

党的十八届五中全会上提出了必须牢固树立并切实贯彻创新、协调、绿色、开放、共享的新发展理念。我国的市场经济法制建设也必须为新发展理念提供更有力的政策与法律制度保障，主要着力点是：一是加强和完善在促进新技术、新产业、新业态和促进大众创业、万众创新等领域的政策和法律。二是加强和完善在城乡区域协调发展、经济社会协调发展、经济建设和国防建设融合发展等方面的政策和法律。三是要加强和完善在生态文明以及全球生态安全合作等领域的政策和法律，特别是要建立健全用水权、排污权、碳排放权等制度，实行最严格的环境保护制度，落实大气、水、土壤污染防治行动计划。四是完善法治化、国际化、便利化的营商环境，全面实行市场准入前国民待遇加负面清单管理制度。在新的国际经济形势下，要积极参与全球经济治理，提高我国在全球经济治理中话语权和规则主导权，维护全球自由贸易体系。同时，推进国际立法、执法和司法合作，为国家“一带一路”等重大建设的实施提供法律服务与保障。五是需要作出更有效的政策和制度安排，加强和完善就业、教育、医疗、扶贫等重点民生领域的政策和法律，使全体人民共享改革开放和经济发展的成果。

执笔：尚　珂　高　泉

参考文献

[1] 尚珂.市场经济下商品流通法制的建立与完善.中国流通经济，2008（11）：60

[2] 冯玉军.中国法治的发展阶段和模式特征.浙江大学学报（人文社会科学版），2016（3）：112

[3] 王彬."先行先试"立法模式的经济分析.山东警察学院学报，2010（1）：68

[4] 李军鹏.改革开放40年：我国放管服改革的进程、经验与趋势.学习与实践，2018（2）：33

[5] 乔晓阳.党的十八大以来立法工作新突破.中国人大，2017（10）

[6] 朱宁宁.锻造治国重器，以良法促善治.法制日报，2017-08-22

[7] 吕倩雯.10年反垄断法，有效维护市场公平竞争.新民晚报，2018-08-07

[8] 中共中央关于全面深化改革若干重大问题的决定.2013年11月12日中国共产党第十八届中央委员会第三次全体会议通过

[9] 中共中央关于全面推进依法治国若干重大问题的决定.中国共产党第十八届中央委员会第四次全体会议审议通过，自2014年10月23日起实施

[10] 法治政府建设实施纲要（2015-2020年）.中共中央、国务院2015年12月23日印发，中发〔2015〕36号

[11] 国务院新闻办公室.《中国的法治建设》白皮书，2008

后　记

作为国务院发展研究中心的直属研究部门，市场经济研究所始终致力于围绕中国市场经济改革和现代市场体系发展中的全局性、战略性、前瞻性、长期性以及热点、难点问题，进行相关政策研究和开展重大政策评估及解读，为党中央、国务院提供政策建议和咨询意见。市场所主要研究领域涉及市场经济理论与体制机制、现代市场体系建设、价格与市场形势分析、商品流通与消费、现代服务业、房地产市场与住房制度、期货和大宗商品市场发展等方面。

自1994年以来，市场经济研究所对我国改革开放进程中市场体系建设和发展进行了持续跟踪研究，并且与时俱进，紧跟发展的脚步，把握时代的要求，在市场体系研究中取得了许多高质量的政策研究成果，提出了一系列有价值的政策咨询建议。同时，市场经济研究所组织本所研究人员和有关部门与机构的专家、学者，于1994～2003年间连续十年撰写并出版了《中国市场发展报告》，并于2008年组织撰写了《建立市场体系——30年市场化改革进程》，力图真实、客观地记录下我国市场体系发展的足迹，为改革和开放的伟大事业留下忠实的记录。这些报告和著作在社会上产生了良好的反响。

值此改革开放40周年之际，市场经济研究所再次组织本所研究人员、相关部门和研究机构的专家、学者，对改革开放40年来市场体系的发展历程、取得的成就、存在的问题进行认真的回顾和总结，并面向新时代对现代市场体系建设的前景进行分析和展望。在各位作者近一年的辛勤努力下，这些研究成果得以集中、完整地呈现给广大读者。

本书包括一个总论和15个专题报告，涵盖商品市场和要素市场，涉及批发市场、消费品市场、期货市场、电子商务市场、劳动力市场、金融市场、产权市场、技术市场、土地市场及房地产市场等，也包括与市场体系运行与发展密切相关的价格机制、竞争机制、信用体系、专业服务体系及市场经济法律体系等。

由于市场体系涉及面广，加上我国的具体国情以及各区域间、城市间市场体系发展不平衡等诸多因素，市场体系的建设和完善是一项长期而艰巨的任务，各种新市场、新业态、新服务不断创新涌现，新问题、新挑战、新思路也会不断出现。因此，本书的研究成果还是阶段性的，有些认识也难免有局限性。我们真诚地欢迎读者批评指正。今后，我们还将以高度的责任感和使命感，继续加强对我国建设现代市场体系的研究，为推进我国改革开放的伟大事业尽我们的绵薄之力。

本书的作者均为在各自领域工作多年的专家、学者，他们分别是：第一章：任兴洲，第二章：王微、黄雨婷，第三章，廖英敏、王立坤，第四章：王青、李汉卿，第五章：莫荣、陈云，第六章：管晓明，第七章：邓志雄、何亚斌、吴汝川、陈志祥、苗伟、刘闻，第八章：雷庆西、张江雪、陈彦，第九章：邵挺，第十章：邓郁松，第十一章：廖英敏，第十二章：赵勇，第十三章：张英杰、何亚斌、刘茜、陈亮、刘兵，第十四章：漆云兰、刘卫民，第十五章：尚珂、高泉。全书由王微、王青和王立坤统稿。

本书组织编写的过程中，得到了国务院发展研究中心李伟主任、马建堂书记、王安顺副主任（正部长级）和隆国强副主任的悉心关怀和精心指导，并作为2018年的中心年度重点项目给予支持。市场经济研究所全体工作人员也为本书的编写和出版工作付出了很多努力，特别是王立坤同志承担了本书编写过程中的联系、协调、文字编辑等大量工作，为本书顺利出版提供了有力的支撑。

本书的出版得到了中国发展出版社的大力支持。他们在很短的时间内，完成了大量、繁杂的编辑出版工作。他们的辛勤努力，使本书得以尽快地与读者见面。在此谨致谢忱！

王 微

2018年12月5日